Starke · Hess · Belviso

DAS PATCHWORKBUCH

Claudia Starke • Thomas Hess • Nadja Belviso

DAS PATCHWORK BUCH

Wie zwei Familien zusammenwachsen

Dieses Buch ist auch als E-Book erhältlich:
ISBN 978-3-407-22284-8

Die im Buch veröffentlichten Ratschläge wurden mit größter Sorgfalt und nach
bestem Wissen von den Autoren erarbeitet und geprüft. Eine Garantie kann
jedoch weder vom Verlag noch von den Verfassern übernommen werden. Die
Haftung der Autoren bzw. des Verlages und seiner Beauftragten für Personen-,
Sach- oder Vermögensschäden ist ausgeschlossen.

www.beltz.de

© 2015 Beltz Verlag, Weinheim und Basel
Umschlaggestaltung: www.anjagrimmgestaltung.de, Stephan Engelke (Beratung)
Umschlagabbildung: © plainpicture/Etsa, © plainpicture/Oscar, © plainpicture/
Mielek, © Guido Mieth/Getty Images, © BeTa-Artworks/Fotolia
Satz: Lelia Rehm
Druck und Bindung: Beltz Bad Langensalza GmbH, Bad Langensalza
Printed in Germany

ISBN 978-3-407-85839-9
1 2 3 4 5   19 18 17 16 15

Inhalt

Empfehlungen ...

Einleitung

Nach wie vor wird die herkömmliche Familie als Ideal hochgehalten und von einem Großteil der europäischen Bevölkerung angestrebt. Doch wer heute in einer alternativen Familienstruktur lebt, ist längst kein Exot mehr. Er teilt seine Lebensform mit 9 Millionen Menschen allein im deutschsprachigen Raum.

Zu diesen dennoch bis heute als unkonventionell bezeichneten Lebensformen gehört auch die Patchworkfamilie. Von Film und Fernsehen immer wieder als bunte Bereicherung für alle Beteiligten dargestellt, ist die Bildung einer solchen Familie in Wahrheit eine große Herausforderung, die allen Beteiligten eine ungeheure Arbeit abverlangt, damit eben nicht ein mehr schlecht als recht genähtes Flickwerk, sondern ein stabiles Beziehungsnetz entsteht.

Welchen persönlichen und gesellschaftlichen Zerreißproben diese Familien ausgesetzt sind, sehen wir tagtäglich in unserer Praxis. Stiefmütter wenden sich verzweifelt an uns, weil sie plötzlich merken, dass zwischen ihnen und ihrem Stiefkind Hassgefühle entstanden sind, obwohl sie all ihre Energie und Aufmerksamkeit in die Patchworkfamilie gesteckt haben. Wir sehen Männer, die mit aller Kraft den Ansprüchen als Stiefvater gerecht werden wollten und dabei die Frau, die sie liebten, verloren. Sie alle fühlen sich als Versager, geraten in tiefe persönliche Krisen, werden von Schuldgefühlen erdrückt, weil sie nicht verhindern konnten, dass ihre Kinder ein weiteres Mal das Zerbrechen einer Familie erleben mussten.

Drei Viertel aller Familien, die unsere Hilfe suchen, sind Patchworkfamilien. Für die meisten von ihnen ist der Gang zum Familientherapeuten die letzte Hoffnung. Bereits vorher haben sie gekämpft. Davon zeugen die zahlreichen Sachbücher und Ratgeber über Patchwork, die bereits auf dem Markt sind. Wieso können auch sie nicht verhindern, dass über die Hälfte aller Patchworkfamilien zerbricht?

Wir glauben, dass viele der bereits existierenden Ratgeber zwar die Problematik einleuchtend umreißen und Motivation und guten Willen wecken. Aber in Fachkreisen ist bekannt, dass Einsicht alleine noch keine Verhaltensänderung nach sich zieht. Besonders, wenn die Emotionen hochkochen, wird man Vorsätze wie »Beim nächsten Streit werde ich erst einmal ruhig zuhören« nicht so einfach umsetzen können.

Aus unserer Sicht ist die wichtigste Voraussetzung für das Gelingen einer Patchworkfamilie, dass man die Handlungen und Reaktionsweisen der anderen Beteiligten nachvollziehen kann. Wer sich in andere einfühlen und deren Handeln verstehen kann, beharrt weniger auf seiner eigenen Sichtweise und reagiert verständnisvoller und flexibler. Dadurch kommt ein Prozess in Gang, der eine bessere Beziehungsgestaltung und einen konstruktiven Umgang mit Konflikten ermöglicht.

Deshalb beschränkt sich das vorliegende Buch nicht darauf, Tipps für ein harmonisches Patchworkleben zu geben, sondern ermöglicht den Lesern auch, sich in die Perspektive seines Expartners oder seiner neuen Partnerin einzufühlen. Dazu haben wir jene Fälle aus unserer jahrelangen Arbeit mit Patchworkfamilien und getrennt lebenden Elternteilen gesammelt, die immer wieder auftauchende Muster besonders gut illustrieren, und sie im ersten Teil dieses Buches zu einer romanhaften Geschichte zusammengefügt. Um das Einfühlen in die anderen Beteiligten eines Patchworksystems zu erleichtern, erzählen wir diese Geschichte aus verschiedenen Perspektiven.

Wir sind überzeugt, dass jeder Moment – von der ersten Ehekrise, über die Trennung, das Neuverlieben, die Gründung einer neuen Familie und die damit verbundenen Krisen bis hin zu einem erneuten drohenden Scheitern – die Möglichkeit bietet, die Weichen *neu* zu stellen. Deshalb halten wir während der Geschichte immer wieder inne und zeigen alternative Handlungsmöglichkeiten auf, die zu besseren Lösungen führen können. Bei jeder dieser Schlüsselstellen finden die Leser außerdem einen Hinweis auf die passenden

Kapitel und Abschnitte der theoretischen und therapeutischen Überlegungen, die den zweiten Teil des Buches zusammen mit konkreten Empfehlungen bilden. Dort finden sich ausführliche psychologische und beziehungsdynamische Informationen, die das Verständnis für bestimmte Verhaltensweisen fördern, und konkrete Empfehlungen für Menschen in Trennungs- und Patchworksituationen. Einen besonderen Platz haben wir in diesem Rahmen der sorgfältigen Begleitung und dem einfühlsamen Umgang mit den eigenen Kindern und den Stiefkindern eingeräumt.

GESCHICHTE EINER PATCHWORKFAMILIE

Wie alles anfing ...

Lars
Im Juli

Ich habe noch nie zuvor eine Polizeiwache von innen gesehen. Und ich bin weiß Gott nicht immer ein braver Bürger gewesen. Ich meine, als Jugendlicher schraubte ich in einer Sommernacht im Stadtpark einen Kahn ab, um meiner Freundin bei einer Bootsfahrt im Mondschein den ersten Kuss abzuringen. Einmal nahm ich an einer Anti-Atomkraft-Demonstration teil. Da füllte die Polizei einen ganzen Kastenwagen mit Demonstranten, aber wenigstens war ich nicht dabei. Und mit dreiundzwanzig entkam ich einer vorübergehenden Festnahme nur, weil das Blasdings der Verkehrskontrolle wahrscheinlich nicht geeicht gewesen war. Ich hatte sechs Bier und zwei Gin Tonic intus, aber auf dem Display erschien bloß die Zahl 0,48. Und jetzt sitze ich auf diesem unbequemen Holzstuhl und starre auf ein Bild an der Wand gegenüber, das die Fahrzeugflotte der Stadtpolizei zeigt. Ich sitze da, ohne dass ich etwas verbockt habe. Und warte auf meinen 14-jährigen Sohn.

Den haben sie vor ein paar Stunden gute 50 Kilometer nördlich von zu Hause aufgegabelt. Als sie ihn fanden, hatte er ein halbes Gramm Gras in der Hosentasche (»0,5 Gramm des Rauschmittels Marihuana mitgeführt«, wie es die Polizistin genannt hat, die mich empfing). Das ist aber nicht der Grund gewesen, dass sie ihn mitgenommen haben. Es verschlimmert die ganze Misere bloß noch. Das eigentlich Schreckliche ist, dass er vorgestern ausgerissen ist und meine Exfrau mir die Schuld daran gibt. Und wenn ich ehrlich sein soll, bin ich auch schuld. Denn ich habe eine neue Freundin, die zwei Kinder hat, mit denen wir lustige Dinge unternehmen, während Timo sich um seine Mutter sorgt, was er zwar nie zugibt, was aber auf der Hand liegt. Immerhin ist sie – nun ja ... depressiv. Glaube ich zumindest.

Ich sitze also da mit diesem Formular, das mir die freundliche, aber auch etwas nervig mitleidige Polizistin in die Finger gedrückt hat, und bin nicht fähig, es auszufüllen. Ich will mich in eines dieser Polizeifahrzeuge setzen und mich selbst aus dem Staub machen. Nicht wegen des Formulars – jeder wird verstehen, dass ich nicht in der Lage bin, mich zu konzentrieren. Sondern, weil ich nicht weiß, was ich Timo sagen soll, wenn er gleich durch die Tür neben dem Foto kommt. Soll ich ihm ordentlich den Kopf waschen? Soll ich in Tränen ausbrechen und den verlorenen Sohn in die Arme schließen? Soll ich mich von Beate trennen und zurück in den Schoß der Familie kehren? Ich weiß, dass das albern ist. Meine Familie hatte es schon lange nicht mehr gegeben, als ich Beate zum ersten Mal begegnete. Und Maria hatte schon immer unter einem melancholischen Gemüt gelitten. Deshalb sind wir ja gescheitert, wobei sie die Sache wohl anders beurteilen würde.

Jedenfalls ist meine Reaktion auf das Erscheinen meines Sohnes nicht die, an die er sich eines Tages mit feuchter Rührung in den Augen erinnern wird. Das heißt, ich halte ihm nicht die Sorgen seiner Mutter vor (von meinen eigenen ganz zu schweigen), ich klaube keine entsprechende lehrreiche Erfahrung aus meinem Leben hervor. Ich umarme ihn noch nicht mal, weiß der Teufel, warum, denn erleichtert bin ich schon, und ich kann auch jedem ins Gesicht sagen, dass ich meinen Sohn liebe, ohne rot zu werden.

Ich sage: »Hey Kumpel.«

Worauf er sagt: »Hallo.«

Und mir nichts mehr zu sagen einfällt.

Beate
Am gleichen Abend

Meinen Kindern habe ich gesagt, ich müsse Anne am Bahnhof abholen, weil ihr Auto eine Panne habe. Sammy vergöttert Timo. Ich will nicht, dass er auf dumme Gedanken kommt. Einen Moment lang habe ich mit mir gerungen. Ich sähe gern Konrads Gesicht, wenn sie ihm erzählen, ich sei bei der Polizei gewesen. Die Noch-Ehefrau eines Juristen spätabends auf der Polizeiwache. Was würde er sich schämen! Aber abgesehen davon, dass ich sein Gesicht gar nicht würde sehen können, weil ich ja nicht dabei bin, wenn die Kinder übers Wochenende zu ihm gehen, wäre das ziemlich kindisch und obendrein ein zu kleines Vergnügen, als dass ich meinen Sohn deswegen in Gefahr bringen würde. Dass wir uns richtig verstehen. Ich würde meinen Sohn auch für ein großes Vergnügen nicht in Gefahr bringen. Und schließlich würde ja doch durchdringen, dass ich nichts ausgefressen, sondern einfach nur Taxidienst für meinen neuen Freund und dessen Sohn gespielt habe. Womöglich käme es Konrad auch noch wie ein Triumph vor, dass bei uns nicht alles rundläuft.

Mein Aufenthalt auf dem Polizeiposten ist denn auch nicht besonders spannend. Genauer gesagt, ich bin gar nicht da. Lars hat es für sinnvoller erachtet, alleine reinzugehen. Ich stehe also nur davor, warte, friere und trete von einem Fuß auf den anderen, weil ich dringend aufs Klo muss. Trotzdem habe ich das Gefühl, bei einer großen Sache dabei zu sein, und komme mir einigermaßen wichtig vor. Ich weiß, es ist nicht witzig, wenn ein 14-Jähriger von zu Hause abhaut, aber ich versuche nur, die Wahrheit zu sagen. Und die Wahrheit ist: Ich finde es spannend, nachts im dünnen Sommerkleidchen ein wenig fröstelnd vor einer Polizeiwache zu stehen, um jemanden abzuholen, der dort nicht freiwillig ist. Ich finde mich irgendwie edel. Timo hingegen scheint meine Meinung nicht zu teilen.

»Wo ist Mama?«, fragt er Lars, kaum dass er zur Tür heraustritt. Und ich höre seiner Stimme an, dass er nicht erfreut ist, mich zu sehen.

»Wir bringen dich jetzt zu ihr«, antwortet Lars. Ich versuche, freundlich zu lächeln, was mir nach Timos Bemerkung schwerfällt.

»Wieso ist *sie* dabei?«, fragt Timo weiter, mit einem kaum sichtbaren Schulterzucken auf mich deutend.

»Weil mein Auto in der Werkstatt ist. Beate war so nett, mitten in der Nacht Taxidienst zu spielen.«

»Ich hätte auch mit dem Bus nach Hause fahren können.«

Ich finde ihn ziemlich undankbar. Plötzlich interessiert es mich nicht mehr, ob ich mich gerade wie in einem Film fühle. Es interessiert mich nicht mehr, ob mich Lars durch meine Hilfsbereitschaft noch etwas mehr liebt. Und es interessiert mich schon gar nicht mehr, ob ich Konrad damit ärgern könnte, dass ich mich in der Nähe einer Polizeiwache aufhalte. Mir ist kalt, ich bin müde und ich muss dringend aufs Klo. War es das, was ich mir unter meinem neuen Leben vorgestellt hatte, als ich mich vor einem halben Jahr unter der Dusche entschied, mein Leben zu ändern?

Ehekrise

Beate
6 Monate früher, im Januar

Nachdem mir meine Mutter zu verstehen gegeben hat, dass ich geworden sei wie sie, steige ich unter die Dusche. Sie hat nicht gesagt: »Du bist wie ich«, im Gegenteil, sie würde vehement bestreiten, dass ich auch nur einen Hauch ihrer Weitsicht, ihrer Vernunft und ihrer Lebenstüchtigkeit besitze. Sie hat meine Überlegungen, unsere Tochter mit fünf Jahren einschulen zu lassen, mit dem Satz quittiert, ich wisse doch, dass Konrad dagegen sei. Und ich hörte mich antworten: »War ja nur so eine Idee.« Genau diese Resignation hatte ich in ihrer Stimme von klein auf gehabt. Kein schöner Einstieg in den Tag. Dabei wollte ich ihr nur zum Geburtstag gratulieren.

Es wirke reinigend auf die Seele, wenn man versuche, das Wasser auf der Haut bewusst zu spüren und sich vorzustellen, man stehe unter einem Wasserfall an einem wunderschönen Ort in der Natur. Steht in der aktuellen Chic. Ja, ja, ich weiß, in der Chic steht hauptsächlich Schund. Aber ich bin mir ziemlich sicher, dass die meisten, die so denken, selbst ein paar Exemplare zu Hause herumliegen haben. Ich lese sie, weil Anne mir ein Abo aufgedrängt hat, damit sie ein Schminkset von Tresbelle bekommt. Aber die »10-Minuten-Wellness« funktioniert nicht. Jedenfalls haben die Tropfen, die auf meine Haut prasseln, nichts mit mir zu tun. Ich spüre sie so wenig, als stünde ich im Skianzug unter der Dusche. Der Dampf ist dicht, ich kann kaum atmen.

Immer wieder höre ich, wie meine Mutter sagt: »Du weißt doch, dass Konrad dagegen ist.« Wieso interessiert es sie, was Konrad meint? Ich bin ihre Tochter. Mich sollte sie unterstützen. »Kommt nicht infrage«, wird er antworten, wenn ich ihm von meinen Plänen für Clea erzähle. Kurz, knapp, abschließend, während sein Blick bereits weiterwandert. Weg von mir. Zum Essen, zur Zeitung, zum

Modellhelikopter. Und ich werde wie immer so tun, als sei das »nur so eine Idee« gewesen. Mein Gott! Wie lange geht das schon so?

Blöde Frage. Ich weiß genau, dass das schon immer so ging. Mit meinen 31 Jahren habe ich noch keine einzige Entscheidung alleine getroffen. Ich hatte nie die Wahl. Meine Eltern haben mir das Gefühl gegeben, sie seien Regen und Erde und Sonne für mich. Und ich sei das Bäumchen, das ohne sie eingeht. Jetzt wird mir klar, dass sie tatsächlich Sonne und Regen und Erde waren, aber sie waren eben auch die Hand, die mich zu einem Bonsai gestutzt hat. Ich sehe aus wie ein Baum, bin aber kein richtiger. Und ich hatte tatsächlich gedacht, wenn ich noch während meiner Ausbildung ausziehe, um mit Konrad zusammenzuleben, könnte ich meiner Mutter beweisen, dass ich ihre klugen Ratschläge nicht mehr brauche. Das scheint gründlich in die Hose gegangen zu sein. Sie behandelt mich immer noch wie eine 12-Jährige.

Ich drehe den Hahn zu, ich ziehe den Vorhang zurück, ich steige auf den Badezimmerteppich, der sich anfühlt wie eine Wolke. Ein Gefühl wie den Boden unter den Füßen zu verlieren. Das hat meine Mutter geschafft, denke ich. Dass ich die Wassertropfen nicht mehr spüre und auch nicht den Boden. Ich erschrecke über ihre Macht, mir die Welt rauben zu können. Mit einem einzigen Satz: »Du weißt doch, dass Konrad das nicht erlaubt.« Ich schaue an mir herunter und sehe tausend Wassertropfen auf meiner Haut, glänzend und prall, als wäre meine Haut ein Regenmantel. Innerlich fühl ich mich vertrocknet.

Als ich später vor den Stellenanzeigen zweier frisch gekaufter Zeitungen zwischen den marmeladebeschmierten Frühstückstellern meiner Familie sitze, geht es mir bedeutend besser. Ich wollte Goldschmiedin werden und wurde stattdessen jene Floristin, die meine Mutter nicht werden konnte. Mit meinen zwei Kindern und einem viel beschäftigten Mann werde ich das jetzt zwar nicht mehr ändern können. Aber immerhin will ich meinen Beruf in einem Laden ausüben, der mir gefällt, ohne mäkelnde Chefin, die der Meinung ist, in jedes Gesteck gehöre ein kitschiger Drahtschmetterling oder eine biedere Gipsraupe. Ich erobere mir die Welt zurück. Und ich beginne damit, dass ich mir eine Stelle suche, bei der Aussicht auf eine

Beförderung besteht. Ich werde mich nicht mehr darauf beschränken, einen Alibitag in der Woche zu arbeiten, damit Konrad sich irgendwie großzügig und modern fühlen kann, während er zu Hause ständig den angeblich schlecht geführten Haushalt beklagt.

Das Geschirr steht noch immer auf dem Tisch, als er nach Hause kommt. Nicht dass ich zwischen meinen Bewerbungstelefonaten keine Zeit zum Aufräumen gehabt hätte. Doch er sollte sehen, dass sich etwas verändert hat, dass *ich mich verändert habe*. Ich lasse ihm keine Zeit, sich über die Unordnung aufzuregen. Stattdessen überfalle ich ihn mit meinem Entschluss, die Einladung zum Bewerbungsgespräch in einem Gartencenter anzunehmen, wo sie jemanden für den Vormittag suchen. Perfekt für mich. Konrad meint jedoch, mit einem kategorischen »Kommt gar nicht infrage« die Diskussion für beendet erklären zu können, bevor sie überhaupt angefangen hat. Natürlich bin ich gewappnet und sage kühl: »Entweder du unterstützt mich oder ich lasse mich scheiden.« Zugegeben, das ist eine extrem verkürzte Version unseres Gesprächs, aber sie gibt das Wesentliche wieder. Alles andere ist ein Streit, der verläuft, wie er bei uns immer verläuft. Erst als ich diesen Satz sage, kapiert Konrad, dass eine neue Beate vor ihm steht. Doch er weigert sich, das zu akzeptieren. Er stutzt ein wenig, lächelt dann herablassend und sagt: »Wenn du mehr Haushaltsgeld brauchst, dann veranstalte hier doch keinen Zirkus. Ab nächstem Monat überweise ich dir 100 Euro mehr.«

Erst als ich blitzschnell das Wasserglas vom Tisch hochhebe und es mit aller Kraft samt Inhalt an die Wand schmeiße, wacht er auf.

Konrad
Am nächsten Morgen

Dass Beate dann und wann ihre Krise hat, ist ja nichts Neues. Ich habe stets versucht, ihren Phasen mit Nachsicht zu begegnen. Aber jetzt hat sie den Bogen überspannt. Das muss man sich mal vorstellen: Man rackert sich Tag für Tag ab, damit es der Familie an nichts fehlt, muss dann zusehen, wie die Ehefrau das teuer erstandene Mobiliar zertrümmert, und ist am Ende auch noch der Böse. Klar bin ich sauer. Ich bin so wütend, dass ich noch vor dem Kaffee Lust habe, ein Bier zu leeren. Was ich natürlich nicht tue.

Ich habe diese Nacht auf dem Sofa geschlafen, obwohl ich der Meinung bin, dass das Bett mir zugestanden hätte. Schließlich war sie es, die mit dem albernen Blödsinn angefangen hat. Sie war es, die aus einer Laune heraus plötzlich das Gefühl hatte, eine Superemanze sein zu wollen. Und dann auch noch eine Grundsatzdebatte vom Zaun brach. Peinlich, ihre Drohung, sich scheiden zu lassen. Als wäre sie fähig, alleine für die Kinder zu sorgen. Sie kann noch nicht einmal eine Spinne selber vor die Tür setzen. Jedenfalls fühle ich mich beim Aufwachen so kaputt, dass ich mir einen Moment lang überlege, zu Hause zu bleiben. Auch das tue ich selbstverständlich nicht.

Während ich vorsichtig meine Beine über die Kante des Sofas schwinge, verfluche ich die Stahlfedern unter dem ausgesessenen Polster. Und ich verfluche Beate, die mich damals mit ihrem Rehblick dazu gebracht hat, das dämliche Sofa aus dem Nachlass ihrer Oma zu retten. Wahrscheinlich war das der Moment, an dem ich es verpasst habe, mich durchzusetzen. Um das gleich klarzustellen: Ich bin kein Antifeminist oder so. Wenn wir mal nicht der gleichen Meinung sind, rede ich mit ihr, bis wir eine Lösung finden. Ich räume morgens den Geschirrspüler aus, wenn sie ihn die Nacht über laufen lässt, und ich habe unseren Kindern oft die Windeln gewechselt. Ich habe noch nicht mal protestiert, als sie nach drei Jahren Babypause wieder einen Tag pro Woche arbeiten wollte.

Aber inzwischen hat meine Toleranz dazu geführt, dass sie sich einen regelmäßigen Weiberabend erzwungen hat, an dem ich jeweils auf die Kinder aufpassen darf, statt mich nach einem anstrengenden Arbeitstag wenigstens mal ein bisschen ausruhen zu können. Inzwischen hat sie außerdem ihr Yoga am Samstagmorgen, das eine Frechheit von 800 Euro im Jahr kostet, während ich aus Zeitmangel kaum noch zum Modellhelifliegen komme. Mir dämmert langsam, dass ich ein Vollidiot bin.

Man kann sich vorstellen, dass ich nicht den Triumphmarsch pfeife, während ich mir einen extrastarken Kaffee mache, um wenigstens einigermaßen über den Tag zu kommen. Sie wird heute ihr Vorstellungsgespräch haben. Wenn ich Glück habe, bekommt sie die Stelle nicht und der ganze Mist löst sich in Wohlgefallen auf. Es kann doch nicht sein, dass sie nicht da ist, wenn Clea vom Kindergarten und Sammy von der Schule nach Hause kommen. Und *sie* wirft *mir* Egoismus vor.

Als ich am Abend meine Wohnungstür öffne, schlägt mir der Duft von Hackbraten und Rosmarinkartoffeln entgegen. Beate steht summend am Herd. Sie sieht hinreißend aus mit dieser Kochschürze, ihren roten Wangen und diesem Lächeln auf dem Gesicht. So unglaublich es klingt, in diesem Moment denke ich nicht darüber nach, woher diese gute Laune kommen könnte. Deshalb erschrecke ich ehrlich, als sie mit einem Satz die Illusion eines gemütlichen Zuhause zunichtemacht: »Ich hab die Stelle«, jauchzt sie theatralisch und schmeißt sich mir an den Hals. Ich erstarre und sie lässt von mir ab.

»Du freust dich nicht«, stellt sie fest.

»Ganz richtig, ich freue mich nicht«, antworte ich und versuche, meine Stimme klingen zu lassen wie einen Eiszapfen, an dem die Zunge kleben bleibt, wenn man es wagt, daran zu lecken.

Und was eben noch meine Traumbeate war, verwandelt sich in eine zornige Furie, die einer hübschen Reihe von Flüchen eine noch viel längere von Vorwürfen folgen lässt. Ich kann mich nicht erinnern, dass sie je die Beherrschung verloren hat, und jetzt passiert es bereits zum zweiten Mal innerhalb von zwei Tagen. Ich frage mich, ob das ein Anzeichen einer beginnenden psychischen Krankheit ist, und ich weiß nicht, ob mich dieser Gedanke beruhigt oder entsetzt. Ich nehme mir vor, beim nächsten Heli-Treffen Bernhard zur Seite zu nehmen und mit ihm zu reden. Als leitender Krankenpfleger in einer Psychiatrie wird er wohl einen Tipp für mich haben und möglicherweise sogar ein Medikament kennen, das in solchen Fällen hilft. Vorerst verlege ich meine helfende Aktivität auf ein beruhigendes Tätscheln ihrer Schulter, was sie aber überhaupt nicht zu goutieren scheint.

»Vergiss es«, brüllt sie. »Dieses Mal ist es mit ein bisschen Tätscheln nicht getan.«

»Gut«, sage ich. »Reden wir.«

Ich hab keine Lust auf Beziehungsgespräche. Aber mir ist klar, dass ich eine Menge Stress vermeiden kann, wenn ich ihr geduldig zuhöre und sie, wenn ich Glück habe, mit vernünftigen Argumenten von meiner Meinung überzeuge. Weit gefehlt.

»Das kannst du dir auch sparen«, zischt sie. »Man weiß ja, worauf das hinausläuft. Wir diskutieren stundenlang und am Ende machen wir trotzdem, was du willst. Dieses Mal nicht, mein Lieber. Meine Entscheidung steht fest. Denk mal darüber nach, warum du dich nicht darüber freuen kannst, wenn deine Frau erfolgreich ist.«

Sie knallt das liebevoll gekochte Essen lieblos auf meinen Teller, um dann mit zuckersüßer Stimme die Kinder an den Tisch zu rufen. Sie will mir unter die Nase reiben, dass die im Zweifelsfall auf ihrer Seite stehen.

»Na, hattet ihr einen schönen Tag?«, fragt sie in penetrant fröhlichem Kasperletheatertonfall. Was erwartet sie? Dass die Kinder zu johlen beginnen und ihr im Chor ein »Jaaa« entgegenschmettern?

»Doof«, antwortet Sammy prompt.

»Was doof?«

»Schule doof.«

»Mach doch einen ganzen Satz.«

»Deiner war auch nicht ganz.«

Ich zitiere dieses Gespräch nur, um zu zeigen, dass mein 9-Jähriger zu klug ist, um sich von der eigenen Mutter heile Welt vorspielen zu lassen. Andererseits interessiert er sich einen Dreck darum, ob wir Stress haben oder nicht. Jedenfalls schaufelt er selbst dann noch ungerührt in einem Affentempo seine Kartoffeln in sich hinein, als Clea geradeheraus fragt, warum wir gestritten hätten. Auch sie, ein kluges Kind.

»Nichts Weltbewegendes«, sagt Beate noch immer süß lächelnd und tätschelt Cleas Hand. »Nur Kleinigkeiten.«

Kleinigkeiten, sagt sie. Das hat vorhin noch anders geklungen.

Als wir am Abend, dieses Mal wieder beide, im Bett liegen, weiß ich die Antwort auf Beates Frage, warum ich mich nicht mit ihr freuen kann. Ich weiß viele Antworten. Ich sage ihr, dass sie mir immer nur Aufmerksamkeit schenkt, wenn sie etwas von mir will.

Dass sie hingegen mit den Kindern ein dermaßen eingespieltes Team ist, dass ich mir immer wie das fünfte Rad am Wagen vorkomme. Dass sie es außerdem noch nicht mal fertig bringt, das Haus ordentlich aufzuräumen. Und ich frage sie, wie das erst sein wird, wenn sie noch mehr arbeitet.

Sie dreht das Licht aus und bleibt mir die Antwort schuldig.

Beate
Einen Monat später

Es fehlt nicht viel und ich knalle meiner 5-jährigen Tochter an den Kopf, dass die ganze Welt gegen mich ist, dass ich kurz vor dem Nervenzusammenbruch stehe und dass sie mich gefälligst in Ruhe lassen soll, wenn sie nicht schuld am frühen Herztod ihrer Mutter sein will. Ich kann mich gerade noch zusammenreißen. Freundlich klingt es trotzdem nicht, als ich ihr unmissverständlich klarmache, dass sie sich um alles in der Welt selbst eine Beschäftigung ausdenken solle und ich nicht ewig der Pausenclown in ihrem Leben sein könne.

Natürlich fängt sie an zu weinen. Ich weiß, sie ist die Letzte, die es verdient hat, dass ich meine Wut an ihr auslasse. Aber es gibt nun mal diese Momente, in denen man trotz aller Vorsätze, es besser zu machen als die eigenen Eltern, nichts gebacken kriegt. Das ist ein solcher Moment. Als ich soeben das Fenster in unserem Schlafzimmer schließen wollte, weil der Wind meinen Papierkram auf dem Küchentisch durcheinandergewirbelt hatte, bin ich über einen von Konrads halb gepackten Umzugskartons gestolpert, die wie überdimensionale Zündholzschachteln neben dem Bett herumliegen. Noch während ich mir fluchend den großen Zeh rieb, hörte ich, wie sich Clea näherte, um zu gucken, ob ich vielleicht klammheimlich doch noch ein spannendes Spiel spiele, das ihre Langeweile vertreiben könnte. Im letzten Moment ist es mir gelungen, die Kartons unter das Bett zu schieben, bevor die Kleine den Raum betrat und meine Schimpftirade über sie hereinbrach.

Ich nehme sie in den Arm und entschuldige mich. »Weißt du«, sage ich, »die Mama hat heute wahnsinnig viel zu tun und kann sich nicht ständig um dich kümmern. Magst du nicht ein Bild malen?«

Clea willigt ein, was mir ermöglicht: a) mir nochmals heimlich den Zeh zu reiben, b) Nudeln fürs Mittagessen in die Pfanne zu hauen, c) im Gartencenter anzurufen, um einen Probetag zu vereinbaren, d) mich über Konrads Unordnung aufzuregen, die er täglich veranstaltet, seit sich abzeichnet, dass er wahrscheinlich in die Einliegerwohnung im Haus seiner Eltern ziehen kann. Tagtäglich räumt er seinen Kram demonstrativ von einer Ecke in die andere, um zu zeigen, wie ernst er es meint. Wie ist es nur möglich, dass er das Offensichtliche nicht erkennt: dass *er* der Sturkopf von uns beiden ist und jegliche Lösungsfindung boykottiert. Ein paar Beispiele gefällig? Er hat mich nie gefragt, warum ich mehr arbeiten möchte. Er hat mir nie einen Kompromiss angeboten. Er hat nie …

»Mama, warum hast du Papa nicht mehr lieb?«, reißt mich Clea erneut aus meinen Gedanken. Sie schaut mich mit traurigen Augen an, den grünen Filzstift in der Hand, den Inhalt des blauen auf ihrem T-Shirt verteilt. Und ich hab erst heute Morgen eine Waschmaschine gefüllt.

»Aber, Clea, Kleines, natürlich habe ich ihn lieb.«

»Wieso will er dann weg von uns?«

Um Himmels willen. Wie kommt sie darauf? Wir haben uns Mühe gegeben, uns vor den Kindern nichts anmerken zu lassen. Ich jedenfalls. Dabei hätte ich es ihnen doch längst gesagt, wenn Konrad nicht absolut dagegen wäre, die Kinder mit reinzuziehen, wie er es nennt. Was denkt er sich nur? Dass sein Umzug unbemerkt bleiben wird? Ich muss es ihnen sagen. Ich muss es ihnen bei der nächstbesten Gelegenheit sagen. Konrad hin oder her. Doch jetzt ist nicht die Gelegenheit. Deshalb lächle ich Clea schief an und sage:

»Möchtest du nicht dein Bild fertig malen, bevor das Mittagessen fertig ist?« Ja, ja, ich weiß, nicht die ideale Reaktion. Aber, mein Gott, was soll ich denn antworten? Soll ich ihr sagen, dass ihr Vater ein sturer, unfreundlicher, egoistischer Trottel mit altmodischen Vorstellungen einer Ehe ist? Eben.

»Wenn du nicht mehr mit ihm schimpfst, dann bleibt er vielleicht hier.«

Wie macht Konrad das nur? Warum kapiert kein Mensch, dass meine Reaktionen nur Notwehr sind? Ich habe geschlagene 13 Jahre lang zurückgesteckt. Ist es so schwer, zu verstehen, dass ich auch ein bisschen was vom Leben will? Und damit das klar ist: Ich beschwere mich hier nicht über die Meinung meiner kleinen Tochter. Es fing ja schon mit Konrads Vater an, der mir eindringlich zu erklären versuchte, dass es normal sei, mal eine Krise zu haben, aber dass es nun Zeit sei, Ruhe einkehren zu lassen. Ich müsse doch sehen, wie schlecht es Konrad gehe.

Ich stecke mir eine Nudel in den Mund. Sie ist labberweich und komplett ungesalzen. In diesem Moment klingelt es an der Tür.

»Mama, zeichnest du mir einen Schmetterling zum Ausmalen?«

Aaaaaargh!!!!!

Entnervt lasse ich den Kochlöffel in die Pfanne mit der Sauce fallen, wobei sich die ganze Wand hinter dem Herd mit roten Sprenkeln überzieht. Als ich die Tür öffne, gucke ich meiner Mutter ins Gesicht. Das hat mir gerade noch gefehlt. Lächelnd reicht sie mir eine Gratinform, die bis oben gefüllt ist mit buntem knackigem Gemüse, kleinen Butterflocken und frisch geriebenem Käse. Das Ding könnte glatt in einem Kochbuch abgebildet werden, ohne dass man Photoshop bemühen müsste.

»Für euch«, sagt sie und blickt demonstrativ über meine Schulter zum gesprenkelten Herd, auf den gerade zischend das überlaufende Nudelwasser fließt. So was macht sie ständig. Ich könnte sie ohrfeigen. Doch ich zwinge mich zu einem Lächeln und nehme den Auflauf dankend entgegen. Ich habe keine Nerven, ihr zu sagen, ich sei durchaus imstande, selber für meine Familie zu sorgen, sie solle nicht hier auftauchen wie ein Blitzer hinter der nächsten Kurve, um meine Fähigkeiten als Hausfrau zu überprüfen. Ich lächle bloß und hasse mich.

Kommentar

Beate stellt fest, dass sie bisher kaum selbst über ihr Leben bestimmt hat. Als sie diesen Zustand ändern will und von ihrem Mann keine Unterstützung erfährt, sieht sie keine Zukunft mehr mit ihm. Doch noch bevor sie die Trennung durchgezogen hat, fühlt sie sich schon überfordert. Die Situation ist für Beate bezeichnend: Sie handelt meist impulsiv und denkt erst dann über die Konsequenzen nach, wenn sie eintreffen. So droht sie Konrad mit der Scheidung, obwohl sie bis zu diesem Moment noch gar nicht ausführlich über diese Möglichkeit nachgedacht hat.

Neben dem Konflikt mit Konrad hat sie noch eine zweite Beziehungsbaustelle: einen seit Jahren schwelenden Konflikt mit ihrer Mutter, der bisher aber nie ausgebrochen ist, weil Beate den Aufstand nicht gewagt hat. Sie kann kaum noch unterscheiden, welcher Konflikt ihr mehr zu schaffen macht, und verwechselt die beiden Baustellen: Sie streitet mit Konrad über ihren Wunsch nach Unabhängigkeit, ein Thema, das sie in erster Linie mit ihren Eltern klären müsste. Wenn sie ihre Probleme auf diese Weise zu lösen versucht, kommt sie weder mit Konrad noch mit ihrer Mutter weiter.

Beate hätte bisher auch andere Möglichkeiten gehabt, mit ihren Problemen umzugehen. In der folgenden Alternative beginnt sie, ihr Leben aufzuräumen, indem sie sich dem Konflikt mit ihrer Mutter stellt.

Alternative 1

Beate

Als ich die Tür öffne, gucke ich meiner Mutter ins Gesicht. Das hat mir gerade noch gefehlt. Lächelnd reicht sie mir eine Gratinform, die bis oben gefüllt ist mit buntem, knackigem Gemüse, kleinen Butterflocken und frisch geriebenem Käse. Das Ding könnte glatt in einem Kochbuch abgebildet werden, ohne dass man Photoshop bemühen müsste.

»Für euch«, sagt sie und blickt demonstrativ über meine Schulter zum gesprenkelten Herd, auf den gerade zischend das überlaufende Nudelwasser fließt. So was macht sie ständig. Ich könnte sie ohrfeigen. Doch schon merke ich, wie sich mein Gesicht zum Brave-Tochter-Lächeln verzieht und meine Hand sich in einer dankbar anmutenden Bewegung ausstrecken will, um ein Abendessen in Empfang zu nehmen, das ich nicht geplant hatte und worauf ich keine Lust habe. Heute Abend ist – wie jeden Dienstag – Pizza an der Reihe, und das weiß Mama genau. Nur hält sie Pizza für ungesunden Italienerfraß. »Deshalb sind die alle klein und dick«, pflegt sie zu sagen. Ich frage mich, was die Körpergröße mit der Ernährung zu tun hat. Aber selbst diesen Schwachsinn habe ich stets unwidersprochen gelassen. Ganz zu schweigen von ihren Vorwürfen, ich sei für das Scheitern meiner Ehe allein verantwortlich. Mein Verhalten Konrad gegenüber sei unsäglich, hat sie erst kürzlich gesagt, er habe es doch immer gut mit mir gemeint. Und als wäre das noch nicht genug, unterstellte sie mir doch tatsächlich, ich würde bei meinem Egotrip kein einziges Mal an die Kinder denken. Wo ich mich seit Sammys Geburt um nichts anderes als unseren Nachwuchs kümmere.

Als ich an dieses Telefongespräch vor ein paar Tagen denke, werde ich so wütend, dass ich plötzlich die Kraft finde, zu sagen: »Genug.«

»Was genug?«, fragt sie und beobachtet verblüfft, wie ich meine bereits ausgestreckte Hand wieder zurückziehe.

»Genug, dass du hier unangemeldet aufkreuzt, um zu überwachen, ob ich meinen Haushalt richtig führe. Genug, dass du mir vorschreiben willst, was ich meiner Familie zum Abendessen serviere. Genug, dass du dich in meine Eheprobleme einmischst. Genug, dass dich *in mein Leben* einmischst!« Den letzten Satz hätte ich geschrien, wenn ich nicht im letzten Moment noch an Clea gedacht hätte, die hinter mir am Malen ist.

Ich gucke meine Mutter herausfordernd an. Sie guckt erschrocken zurück. Sie kapiert es nicht, denke ich. Seufzend trete ich einen Schritt zur Seite und lasse sie herein. Mir wird klar, dass ich die Sache, die ich angefangen habe, nun auch zu Ende bringen muss.

Nachdem ich die verkochten Nudeln weggekippt und das Gratin in den Ofen geschoben habe, bitte ich Clea fernzusehen, bis das Gratin gar ist. Das muss ich ihr nicht zweimal sagen.

Ich setze mich zu meiner Mutter an den Küchentisch und drehe gedankenverloren die Zeichnung zu mir, die Clea ihrer Großmutter geschenkt hat.

»Blume auf Hügel«, sagt meine Mutter erklärend. Ein hilfloser Versuch, ein Gespräch in Gang zu bringen.

»Blume auf Scheißhaufen«, antworte ich halb grimmig, halb belustigt und weiß, dass sie gleich verschämt lachen wird. Meine Mutter hat schmutzige Wörter immer heimlich gemocht, doch ihre Erziehung hat ihr verboten, sie zu benutzen. Ich blinzle ihr zu und sie lässt ihr leises, hohes Kichern hören.

Leider währt der Frieden nicht lange. Noch während ich mit dem Zeigefinger die Konturen der Blume nachzeichne, die auf dem Hügel steht, der farblich und der Form nach tatsächlich eher einem Scheißhaufen gleicht, sagt sie: »Schätzchen, ich wünsche mir doch nur, dass es dir gut geht.«

»Es geht mir nicht gut, wenn ich mit Konrad zusammenbleibe«, antworte ich.

»Aber warum denn nicht? Er tut doch alles für euch, bringt genug Geld nach Hause, ermöglicht euch …«

»Mama!«, unterbreche ich sie laut und vorwurfsvoll. »Willst du mir jetzt schon wieder sagen, dass ich alleine schuld an dieser Misere bin?«

Erschrocken hält sie inne und schaut mich an.

»Aber ... was tut er denn so Schreckliches?«, fragt sie fast schüchtern.

»Verstehst du denn nicht? Ich möchte endlich das Gefühl haben, *selber* entscheiden zu können, wo mein Leben hinführt, wie ich es lebe und was ich für richtig halte.

Auch für die Kinder. Ich bin zum Beispiel nach wie vor davon überzeugt, dass Clea eingeschult werden sollte. Aber du wolltest es mir ausreden, genau wie früher. Nur weil du vermeiden wolltest, dass ich mit Konrad streite. Warum unterstützt du mich nie in *meinen* Entscheidungen?«

Mama schaut mich betroffen an.

»Ach, ich habe alles falsch gemacht«, sagt sie weinerlich.

Ich möchte die Augen verdrehen. Es ist so typisch. Wenn sie mir mal keine Vorwürfe macht, dann versinkt sie im Selbstmitleid.

Sie holt tief Luft und fährt leise fort: »Dabei wollte ich bei dir alles anders machen.«

»*Was* wolltest du anders machen?«, frage ich und kann die Gereiztheit in meiner Stimme kaum verbergen. Was will sie mir erzählen, was ich nicht schon wüsste?

Sie schaut mich an, als hätte sie meine Gedanken gelesen und sagt: »Macht es dir nichts aus, wenn ich dir erzähle, wie es früher bei mir war?«

Ich schüttle ergeben den Kopf.

»Meine Eltern führten damals ein Hotel. Sie waren tolle Gastgeber, charmant, freundlich, immer zu Späßen aufgelegt. Für mich hatten sie aber nie Zeit. Zum Beispiel erwarteten sie schon früh von mir, dass ich mich alleine bettfertig machte und schlafen ging. Ich wollte Floristin werden. Doch wann immer ich das meinen Eltern klarmachen wollte, wurde mein Vater wütend: ›Ich habe mich doch nicht mein ganzes Leben lang im Hotel abgeschuftet, damit meine Tochter ihre Chance mit Füßen tritt‹, sagte er immer. Ich gab nach und begann als Serviertochter im Betrieb zu arbeiten – unter den wachsamen Augen meiner Eltern, denen ich nie gut genug war, finanziell abhängig, ohne Perspektive auf ein anderes Leben. Dann tauchte dein Vater auf. Und ich stürzte mich in die Ehe, als wäre diese ein angemessener Ersatz für die Floristinnenlehre, die ich mir so ersehnt hatte.«

Meine Mutter seufzt, als sie nichts mehr zu erzählen weiß. Und ich bin verblüfft. Mir war nicht klar gewesen, wie einsam sie als Kind gewesen war. Für *mich* hatten meine Großeltern Unmengen Zeit gehabt. *Mir* haben sie Gutenachtgeschichten vorgelesen. Zwar wusste ich bereits, dass sie gerne Floristin geworden wäre, jedoch nicht, dass ihr Vater sie dermaßen vehement davon abhielt.

»Ich verstehe bloß nicht, warum hast du nach allem, was du erlebt hast, mich genauso wenig in meinen eigenen Entscheidungen unterstützt?«, sage ich leise. »Immer wolltest du, dass ich auf Nummer sicher gehe. Ich hätte so gern mal etwas Mutiges gemacht. Mein Traum war, Goldschmiedin zu werden. Und deinetwegen wurde ich Floristin.«

Meine Mutter wischt sich eine Träne weg. »Und ich hab mir geschworen, es mit meinem Kind besser zu machen, immer für dich da zu sein, dich nicht so allein zu lassen«, erklärt sie mit dünner Stimme. »Das wird in Zukunft alles anders. Ich verspreche dir, deine Bedürfnisse ernst zu nehmen, auch dann, wenn ich nicht auf den ersten Blick damit einverstanden bin.«

Als sie sich nach dem Mittagessen verabschiedet, weiß ich, dass ich jetzt eine Verbündete habe.

Kommentar

Beate beginnt, die nie stattgefundene Ablösung von ihren Eltern zu vollziehen. Sie kann der Mutter klarmachen, dass sie unabhängig von ihr leben kann und wichtige Entscheidungen eigenständig treffen will. Die Mutter erkennt daraufhin die tiefer liegenden Gründe für Beates Wunsch, sich von Konrad zu trennen, und nimmt sich vor, sie in Zukunft zu unterstützen. Gleichzeitig gibt sie es auf, die Ehe ihrer Tochter retten zu wollen, ein Bemühen, das Beate sowieso nur als Parteinahme für Konrad verstanden hat.

Natürlich ist diese erste Annäherung nur der Anfang eines längeren Prozesses, der aber letztlich dazu führen wird, dass die Mutter ihrer Tochter zutraut, ihr Leben in die eigenen Hände zu nehmen. Ein solcher Prozess kann Wochen oder Monate dauern, wird aber gelingen, weil nun endlich ernsthafte Auseinandersetzungen ohne Angst vor einem Beziehungsabbruch möglich sind.

Wenn es Beate gelungen ist, sich von ihrer Mutter auf gute Art und Weise abzulösen, und wenn sie gelernt hat, unabhängige Entscheidungen zu treffen, wird es ihr auch besser gelingen, sich mit Konrad konstruktiv auseinanderzusetzen. Auch in dieser Beziehung wird sie aufhören, sich ihm trotz verborgenen Grolls anzupassen und unterzuordnen.

Da sie bisher kaum je um ihre Anliegen gekämpft hat, fällt Konrad aus allen Wolken, als Beate nun plötzlich ihren Wunsch nach einer neuen Arbeitsstelle klar äußert. Dank des klärenden Gesprächs mit ihrer Mutter, hat Beate jetzt bessere Voraussetzungen: Erstens hat sie gerade im Gespräch mit ihrer Mutter erfahren, dass Auseinandersetzungen konstruktiv verlaufen und die Beziehung festigen können. Zweitens hat sie nun deren Rückhalt und kann so selbstsicherer für ihre Anliegen einstehen.

☞ *Falls Sie mehr über Trennungen und Ablösung erfahren möchten, lesen Sie darüber das Kapitel 3, »Bindungen und Trennungen« (S. 241 ff.).*

Trennung

Konrad
Zwei Wochen später, im Februar

Ans Abstürzen gewöhne ich mich nie. Wenn ich es kommen sehe, schwebe ich jedes Mal in Todesangst, und zehn Minuten danach klopft das Herz immer noch auf eine wirklich schmerzhafte Weise. Aber dieses Mal pustet es mich buchstäblich weg. Ich kann mir das nicht erklären. Es ist ein verdammter Modellhubschrauber. Kein Flugzeug, in dem ich sitze. Nicht mein Haus, das abbrennt. Nicht meine Kinder, die verunfallen. Nur ein kleiner dämlicher Modellhubschrauber.

Ich stapfe bange durch die Wiese, und obwohl ich weiß, dass der Bauer diesbezüglich selbst im Winter empfindlich ist, gebe ich mir keine Mühe, im bereits ausgetretenen Pfad zu laufen. Ich muss zum Unglücksort und zwar sofort. Endlich sehe ich ihn, meinen T-Rex 550. Beide Heckrotorblätter, ein Taumelscheibenarm und die Hauptwelle sind hinüber. Letztlich ist es aber die verbogene Kufe, die mir die Tränen in die Augen treibt. Ausgerechnet die Kufe, deren Ersatz mich nur ein paar Cent kostet. Es ist nicht das Geld, das mir diese Abstürze so schwer macht. Klar, alles in allem habe ich jetzt wieder 40 Euro ins Gras gesetzt. Aber was mich wirklich krank macht, ist das Versagen. Beim Fliegen habe ich die Steuerung in der Hand. Ich kontrolliere alles. Wenn ich am Fliegen bin, ist es für mich der wichtigste Job der Welt, dafür zu sorgen, dass alles ganz bleibt, wofür ich verantwortlich bin.

Ich habe mich tief über das kleine Wrack gebeugt, damit die Kumpel meine Tränen nicht sehen können. Ich weiß nicht, was sie sollen. Ich habe noch nie geweint, wenn ich einen Heli versenkt hab. Geflucht vielleicht. Aber nicht geweint. Ich kann mich nicht aufraffen, die Trümmer aufzuheben und auf das Campingtischchen neben die Bierflaschen zu legen, damit die gemeinsame Absturz- und Schadensanalyse beginnen kann. Ich kann jetzt niemandem ins Gesicht schauen, vor allem nicht Peter, der im Grunde schuld an diesem Desaster ist.

»Sag mal, Alter, bist du noch nicht auf die Idee gekommen, dass sie einen Neuen hat?« Das hatte er gesagt, bevor ich startete. Und dies, nachdem ich nebenbei erwähnt hatte, Beate benehme sich in letzter Zeit seltsam. Was denkt er sich? Nur weil meine Haarspitzen nicht blondiert sind und ich nicht dauernd ins Solarium renne, würde mir die Frau davonlaufen?

Und Martin hatte lüstern gelacht, als würden wir nicht von meiner Ehefrau, sondern von einem Amateurporno aus dem Internet sprechen. Aber was soll man denn auch von einem erwarten, der ein T-Shirt trägt mit der Aufschrift »Kostenloser Alkoholtest für Frauen« und einem Pfeil, der nach unten zeigt. Das dämliche Lachen ist nicht mein Problem. Mein Problem ist Peter. Mein ältester Freund Peter. Wie er diesen Satz gesagt hat. Als würde ihm der Gedanke, Beate könnte fremdgehen, gefallen. Dieser Blick von oben herab. Als könnte ihm so etwas nie passieren. Ich habe plötzlich Lust, ihm eine reinzuhauen. Und gleichzeitig habe ich das Gefühl, noch nicht mal meinen Kopf heben zu können.

»Hey Kumpel, ist es so arg, dass du gleich eine Trauerfeier abhältst?«, ruft Martin und reißt mich damit aus meinen Gedanken.

»Für heute ist Sense«, rufe ich zurück und versuche, dabei noch irgendwie cool zu klingen.

Bald wird die Wohnung bei meinen Eltern frei. Dass meine Mutter dem Vormieter sofort gekündigt hat, rechne ich ihr hoch an. Sie hat es getan, obwohl sie wusste, dass es nicht von Dauer sein würde. Und mein Plan schien aufzugehen: Beate war offensichtlich erstaunt, dass ich so schnell in die Trennung einwilligte. Damit hatte sie nicht gerechnet. Doch inzwischen hat sich nichts getan, was darauf hindeuten könnte, dass sie es sich nochmals anders überlegt. Sie hat diesen bescheuerten Job angenommen und wird ihn in wenigen Wochen antreten. Sobald die Wohnung frei ist, muss ich mich entscheiden, ob ich nun tatsächlich ausziehen werde. Wenn sie wirklich einen anderen hat, dann kann ich nicht so einfach das Feld räumen. Allerdings ... seien wir realistisch: Beate hat einen anderen? Absurd. Wo sollte sie den getroffen haben? Im Yoga? Sie ist nicht eine von denen, die Männer im Vorbeigehen an der Supermarkt-kasse kennenlernen. Ich erinnere mich noch genau, wie es war, als ich sie im Blumenladen kennenlernte. Sie errötete bei jedem zweiten Satz.

Auch wenn mich Peter aus der Fassung gebracht hat. *So* weit sind wir noch lange nicht. Trotzdem bin ich sehr, sehr müde, als ich meinen kaputten Heli und die Akkus in den Kofferraum lege. Ich denke daran, dass noch vor wenigen Wochen alles gut war. Ich stand kurz vor einer Beförderung, ich hatte eine Frau, die mich bewunderte, und einen Freund, der mich respektierte. Jedenfalls werde ich dafür sorgen, dass Beate das Minimum bekommt, falls ich dennoch befördert werde. Das sollte klappen, wenn ich bei den Vertragsver-handlungen so taktiere, dass das Fixum niedrig gehalten wird und dafür Prämien und Spesenvergütung großzügiger ausfallen. Mal sehen, wie sehr Beate noch von ihrer Entscheidung begeistert ist, wenn sie von 1 000 Euro pro Monat leben muss. Mal sehen, wie mich Peter anschaut, wenn ich plötzlich 2 000 mehr verdiene als er.

Beate
Zwei Wochen später

Ich kann gut kochen. Ich weiß genau, welche Gemüse ich mit welchem Fleisch, welche Beilagen mit welcher Sauce kombinieren muss, damit es allen in der Familie schmeckt. Das ist wie mit dem Schmetterling, den ich Clea zeichnen sollte, damit sie was zum Ausmalen hat. Meine Familie gibt mir die Form vor, damit ich sie schmackhaft füllen kann. Ohne diese Grenzen könnte ich nicht so gut kochen. Das weiß ich. Und ich vermute, das weiß auch Konrad.

Er hat eben angerufen, um zu sagen, dass es später werde und wir mit dem Essen nicht auf ihn warten sollten. Damit macht er mir alles kaputt. Ich wollte Putengeschnetzeltes mit getrockneten Tomaten und dazu Limettenrisotto kochen. Clea liebt Risotto, Sammy steht auf Rahmsaucen und Konrad mag Geschnetzeltes in allen Variationen. Wir hätten alle zusammen am Tisch gesessen, und trotz der Spannungen zwischen Konrad und mir wäre die Stimmung freundlich gewesen. In einem solch harmonischen Rahmen hätten wir unseren Kindern schonend beibringen können, dass wir uns trennen. Gleichzeitig hätten wir beweisen können, dass wir trotzdem als Eltern für sie da sind. Es hätte die Kinder beruhigt, zu sehen, dass Konrad und ich friedlich miteinander an einem Tisch sitzen können, obwohl wir uns für getrennte Wege entschieden haben.

Das Problem ist nur: Wir können es eben nicht. Jedenfalls kann es Konrad nicht. Es war so klar, dass er es vermasseln würde. Er war von Anfang an gegen alles. Dagegen, dass wir uns trennen, dagegen, dass wir es den Kindern sagen, dagegen, dass meine Trennungswünsche überhaupt real sind. Ich kann seine Gedanken regelrecht hören: Wenn sie sich trennen will, soll sie zusehen, wie sie das den Kindern beibringt. Wieso sollte ich dabei sein? *Ich* will mich ja nicht trennen. Klar, das kann er mir nicht sagen, denn er tut ja die ganze Zeit so, als wolle er ausziehen. Vielleicht denkt er sogar, dass ich mich ohne ihn nicht trauen würde, es den Kindern zu sagen. Pech, mein Lieber. Die Zeiten, in denen ich mich ohne dich nichts traute, sind vorbei. Manchmal kann ich es kaum fassen, dass ein Mann, der mir immer so erwachsen vorkam, sich so kindisch verhalten kann.

Ich ertappe mich dabei, dass ich schon seit geraumer Zeit vor dem offenen Kühlschrank stehe und hineinstarre, während das Lämpchen darin inzwischen blinkt: an – aus – an – aus, im Sekundentakt, als wollte es mich daran erinnern, dass ich Zeit verschwende. Bald ist 18 Uhr, und die Kinder sind wie die Raubtiere im Zoo. Schnell gereizt, wenn sie auf das Essen warten müssen. Ich will keine gereizten Kinder am Tisch. Sonst bringe ich es nicht über mich, sie mit unseren Problemen zu konfrontieren. Schnell schnappe ich mir die Putenstücke. Ich werde dafür sorgen, dass keine mehr übrig sind, wenn Konrad nach Hause kommt.

Als mir die Kinder eine halbe Stunde später gegenübersitzen und mit sichtlichem Appetit (Clea hat in der Eile dreimal gekleckert und Sammy verlangt bereits Nachschub), ist Konrad plötzlich mein kleinstes Problem. Was ist, wenn sie wissen wollen, warum wir uns trennen? Ich weiß warum. Ich weiß es sehr genau. Aber ich kann mir nicht vorstellen, meinen Kindern zu erklären, dass meine Freundinnen mir Selbstverleugnung, Verlust meiner Attraktivität und

Resignation prognostiziert haben für den Fall, dass ich bei Konrad bleibe.

Ich kann es nicht, ich kann es nicht, ich kann es nicht, schreit es in mir drin. Einen Moment lang habe ich das Gefühl, in Ohnmacht zu fallen. Ich greife nach dem Wasserglas und werfe einen ängstlichen Blick auf meine Kinder. Hoffentlich sehen sie mir nicht an, wie elend ich mich fühle. Sie dürfen auf keinen Fall fragen, was los ist, denke ich panisch. Ich kann es nur sagen, wenn ich den Zeitpunkt selbst wähle. Doch die Kinder machen keine Anstalten, etwas zu bemerken. Sie mampfen unbeirrt weiter, als müsste der Langsamere von beiden befürchten, der Schnellere würde sich auch noch über seine Ration hermachen. Das Wasserglas in meiner Hand zittert. Ich stelle es wieder hin, ohne einen Schluck genommen zu haben.

»Sammy, Clea ...«, sage ich, und sie schauen beide hoch und mein ganzer Mut will sich aus dem Staub machen. Jetzt oder nie, denke ich, und statt meiner wohlüberlegten Formulierungen sprudelt ein Chaos von Worten heraus, deren ich mich später beim besten Willen nicht mehr erinnere.

»War ja klar. Ist doch alles nicht mehr normal hier«, sagt Sammy lapidar und ich bin verblüfft. Bevor ich etwas erwidern kann, bombardiert mich Clea mit Fragen: Ob sie selber aussuchen dürften, bei wem sie wohnen. Ob wir in den Sommerferien nicht mehr zum Campingplatz am Gardasee fahren. Ob Papa eine neue Freundin habe. Darauf bin ich nicht vorbereitet. Ich hatte Tränen erwartet, Rückzüge in die Zimmer, knallende Türen, Vorwürfe.

Aus lauter Erleichterung über ihre coole Reaktion hätte ich ihnen alles versprochen, was sie wollten, aber sie forderten nichts. Außer der Erlaubnis, nach dem Abendessen eine DVD zu gucken.

Konrad
Am gleichen Abend

Als ich den Schlüssel ins Schloss stecke, wappne ich mich. Sie wird wieder einen hysterischen Anfall haben, so viel ist klar. Beate wird nicht verstehen, warum ich nicht dabei sein wollte, wenn sie den

Kindern sagt, dass sie sich trennen will. Und ich werde es ihnen nicht erklären können. Das Problem ist, dass ich seit dem Heliabsturz nicht mehr ich selbst bin. Beim geringsten Anlass könnte ich losheulen, und ich muss jedes Mal meinen ganzen Willen aufbringen, es nicht zu tun. Nicht vorstellbar, was geschehen wäre, wenn ich vor den Kindern geheult hätte. Die hätten mich für ein Weichei gehalten. Ich halte mich ja selbst für eines. Zumindest im Moment. Aber ich werde mich hüten, das an die große Glocke zu hängen. Dafür nehme ich in Kauf, dass sie mich vor den Kindern wohl als den letzten Deppen hingestellt hat.

Beate empfängt mich mit eiskaltem Blick. Darüber bin ich froh. Weil sie mit diesem überheblichen Gesichtsausdruck meine Weinerlichkeit verscheucht und so einer anständigen Wut Platz macht. Was will die Frau eigentlich?, denke ich. *Sie* hat doch erst die ganze Unruhe in die Familie gebracht. Und jetzt will sie *mir* Vorwürfe machen.

»Warum bist du nicht nach Hause gekommen?«, zischt sie mich an. »Du wusstest genau, dass wir es heute den Kindern sagen wollten.«

»Genau deswegen«, antworte ich kühl. »*Du* wolltest es ihnen sagen. Und *du* bist diejenige, die sich trennen will. Weshalb sollte ich da mitmachen?«

»*Ich* will mich trennen? Hab *ich* etwa die Kisten gepackt?«

»Du lässt mir ja keine Wahl mit deinem sturen Beharren auf dem dämlichen Job.«

Das hat gesessen. Ich sehe es daran, wie sie ihren Blick senkt. Sie schämt sich, denke ich triumphierend. Aber schnell wird mir klar, dass ich mich getäuscht habe, denn schon holt sie aus zum nächsten Schlag.

»Es kann doch nicht sein, dass es dir wirklich um diesen Job geht. Konrad, wir leben im 21. Jahrhundert. Sag schon, was steckt wirklich dahinter? Hast du Angst, mich zu verlieren, wenn ich nicht mehr von dir abhängig bin?«

»Das ist ja unfassbar. Jetzt soll *ich* plötzlich psychische Probleme haben, wo doch du hier seit Wochen rumspinnst.«

Sie atmet tief aus. Und holt dann umso mehr Luft. Diese Macke hat sie erst seit Kurzem und ich hasse sie. Sie sieht dann aus wie ein Comic-Stier, der den Kopf zum Angriff senkt. Fehlen nur noch die Wölkchen vor der Nase.

»Liegt dir echt nichts daran, etwas zu verändern?«, fragt sie mit leiser, mit veränderter Stimme, die mich ein bisschen schwach macht, weil sie irgendwie schutzbedürftig klingt. Das ist mein Schwachpunkt. Das weiß Beate genau. Sie weiß, dass ich sie in den Arm nehmen will, wenn sie so redet. Und deswegen reiße ich mich jetzt zusammen.

»Warum sollte ich etwas verändern wollen? Im Grunde geht es uns doch gut.«

»Dir ist es also egal, wenn ich unglücklich bin.«

»Du kannst mir doch nicht erzählen, dass du unglücklich bist. Du hast doch alles: zwei liebe Kinder, eine tolle Wohnung, dein Yoga, deine Freundinnen. *Ich* bin doch der, der zu nichts kommt. Und hab ich mich jemals beklagt?«

»Okay, wir sind beide unglücklich«, sagt sie in einem Tonfall, als würde sie etwas feststellen. Das macht mich rasend.

»Nein«, sage ich, um einiges zu laut. »Ich – bin – nicht – unglücklich.«

»Liebst du mich denn noch?«

Ich seufze. Es ist bereits halb zwei. Ein Ende zeichnet sich noch nicht ab.

Kommentar

Beate lässt sich von ihrer momentanen Wut auf Konrad leiten und setzt sich über das Vorhaben hinweg, die Kinder gemeinsam über die Trennung zu informieren. Sie zieht ihr Ding durch, obwohl sie ein schlechtes Gefühl dabei hat.

Als die Kinder erfahren, dass sich Beate und Konrad trennen wollen, reagieren sie ruhig.

Beate realisiert nicht, dass ihre Kinder die emotionale Bedeutung der Botschaft nicht an sich heranlassen können, und ist erleichtert, es hinter sich gebracht zu haben.

Doch mit ihrem Alleingang bringt sie die Kinder in einen Loya-litätskonflikt: Konrad wird ihnen bei anderer Gelegenheit seine eigene Sicht auf die Trennungsgründe aufzeigen, was dazu führt, dass die Kinder nach dem Schuldigen suchen und sich verpflichtet fühlen, sich auf eine Seite zu schlagen.

Eine umsichtigere Handlungsmöglichkeit wäre die folgende:

Alternative 2

Beate

Ich kann es nicht, ich kann es nicht, ich kann es nicht, schreit es in mir drin. Einen Moment lang habe ich das Gefühl, in Ohnmacht zu fallen. Aber dann stelle ich das Glas entschlossen auf den Tisch zurück. So entschlossen, dass die Kinder aufschrecken und mich einen Moment lang anschauen, als forderten sie eine Erklärung. Doch während mir klar wird, dass ich mich soeben entschieden habe, es den Kindern auf keinen Fall allein zu sagen, beugen diese ihre Köpfe schon wieder über die Teller und mampfen unbeirrt weiter, ganz so, als wäre ihnen nicht gerade die schlimmste Botschaft ihres Lebens erspart geblieben.

Nachdem ich sie ins Bett gebracht habe, fühle ich mich elend. Feige, schwach und besiegt. Zögerlich greife ich zum Telefon und meine Finger streichen suchend über die Tasten. Ich möchte reden. Aber mit wem? Nach einigen trägen Überlegungen wähle ich Katys Nummer. Sie ist nicht so quasselig wie Sylvia und nicht so besserwisserisch wie Anne.

Ich fühle mich sofort sehr viel besser, als Katys Atem am anderen Ende der Leitung Luftsprünge vor Erleichterung darüber macht, dass ich das Gespräch mit den Kindern nicht ohne Konrad durchgezogen habe.

»Sieh zu, dass du Konrad dazu bringst, die Sache mit dir gemeinsam über die Bühne zu bringen«, sagt sie. »Ich habe es bei meiner Cousine gesehen. Die hat es den Kindern auch allein gesagt, und ab diesem Moment war sie die Schuldige, obwohl *er* sich die ganze Zeit benommen hat wie ein Vollarsch. Ich schwöre es dir, das hätten dir deine Kinder noch in der Pubertät vorgeworfen.«

Es ist still im Haus. Eine friedliche Stille. Die Kinder schlafen ruhig und unbekümmert. Was wäre hier wohl los gewesen, wenn ich mich anders entschieden hätte? Wie hätte ich die Kinder beruhigen können, wenn sie nicht direkt von ihrem Vater gehört hätten, dass er weiterhin für sie da sein werde? Wie hätte ich ihnen klarmachen können, dass wir gemeinsam Eltern bleiben, wenn gerade in diesem Moment von gemeinsamer Elternschaft nicht die Spur zu sehen war? Auch wenn ich weiß, dass ich den Kindern den Schmerz nicht ersparen kann, bin ich doch froh, dass sie heute noch sorglos in ihren Betten liegen.

Ich erinnere mich, wie sehr sich alles in mir gesträubt hat, als ich es den Kindern sagen wollte, und bin plötzlich ein bisschen stolz auf mich, dass offenbar etwas in mir ist, das ganz kluge Entscheidungen treffen kann, und dass ich am Ende doch auf diese innere Stimme gehört habe. Ich nehme mir vor, in Zukunft mehr darauf zu achten.

Konrad
Am gleichen Abend

Als ich den Schlüssel ins Schloss stecke, wappne ich mich. Beate wird wieder einen hysterischen Anfall haben, so viel ist klar. Sie wird nicht verstehen, warum ich nicht zusehen wollte, wie sie den Kindern sagt, dass sie sich trennen will. Und ich werde es ihr nicht erklären können.

Mein Herz klopft mir bis zum Hals, als ich die Tür aufstoße. Das kann doch nicht wahr sein, denke ich, dass ich Schiss habe, nach Hause zu kommen. Ich stelle den Aktenkoffer mit lautem Rums auf den gefliesten Boden im Flur. Sofort geht es mir besser.

Beate kommt aus der Küche, und ich hoffe, dass sie gleich sagen wird, ich solle hier nicht so einen Krach veranstalten, die Kinder lägen bereits im Bett. Dann könnte ich ihr um die Ohren donnern, dass die Kinder überhaupt nur ein anständiges Bett hätten, weil ich bis jetzt gearbeitet hätte. Dann würde sie wieder irgendwas Doofes über ihren doofen Job sagen, und ich könnte sie im Flur stehen lassen mit den Worten, ich sei müde und hätte keine Lust auf diesen Kindergarten.

Doch sie sagt bloß ganz ruhig: »Ich habe es den Kindern *nicht* gesagt. Ich mache das nicht allein.«

Ich weiß nicht, was ich sagen soll. In einem Moment ist meine

Frau ein hysterisches Weib und im nächsten tut sie so, als sei sie die Ruhe in Person. Mir wird sofort klar, worauf das hinausläuft: Sie versucht mir gerade weiszumachen, dass sie ganz vernünftig ein Problem besprechen möchte, und ich bin der kindische Idiot, wenn ich jetzt einen Streit anfange. Fast möchte ich sie dafür bewundern, wie gut sie mich kennt.

Aber sie vergisst, dass ich sie mindestens ebenso gut kenne: Offensichtlich hat sie sich nicht getraut, es den Kindern allein zu sagen. Wenn sie nicht einmal das ohne mich schafft, denke ich, wie glaubt sie dann, den Alltag alleine meistern zu können?

Ich setze mein überheblichstes Lächeln auf und antworte kühl: »Du bist diejenige, die sich trennen will. Du erwartest doch nicht etwa, dass ich dir dabei auch noch helfe?«

Beate
Am nächsten Wochenende

Anne hätte gerne eine Flusswanderung gemacht. Irgendwas mit Geradeauslaufen. Aber mir war klar, dass mir ein gemütlicher Spaziergang nicht helfen würde, einen klaren Kopf zu kriegen.

Jedenfalls hab ich den Nationalpark Eifel vorgeschlagen. Dort stehen auch nicht gerade Schweizer Berge. Aber immerhin überquert man bei den Rundwanderungen den einen oder anderen Hügel. Zusammengerechnet ist das dann auch das Matterhorn. Ich mag es, nur das Knirschen unter den Schuhen zu hören und den eigenen Atem, ich mag den Rhythmus und das Gefühl, eine Dampfmaschine zu sein. Und ich mag es, dass man den eigenen Gedanken folgen kann, statt dass sie einen verfolgen. Und nachzudenken hab ich einiges.

Wir sind schon am vierten Anstieg. Unter uns glitzert der Stausee in der Sonne. Wir reden nicht, aber ich höre Anne hinter mir gehen und atmen. Ein Schritt, ein Atemzug, ein Schritt, ein Atemzug. Genauso streiten Konrad und ich. Ein Satz, eine Verletzung, ein Satz, eine Verletzung. Plötzlich wird mir klar, dass ich Mitleid habe. Mit uns beiden. Wir sind wie zwei kleine Kinder, die ein Spielzeug verloren haben: Statt es zusammen zu suchen, beschuldigen sie sich gegenseitig, es verlegt zu haben.

Ich seufze. Ich hab unsere Liebe nicht versteckt. Sie ist mir irgendwann abhandengekommen, und ich habe es zu lange nicht gemerkt. Jetzt bleibt mir nur, mit Konrad einen friedlichen Weg zu finden, damit unsere Trennung für die Kinder erträglich wird.

Als ich spät am Abend nach Hause komme, empfängt mich nichts als Stille. Konrad ist mit den Kindern zu seinen Eltern abendessen gegangen. Ich schaue mich um. Mein Schatten bewegt sich langsam auf der Wand. Nur wir beide. Und keiner sagt ein Wort.

So werden die Wochenenden also aussehen, wenn wir getrennt leben, denke ich. Obwohl: Werde ich mir eine solche Wohnung überhaupt noch leisten können? Von meinem Job im Green Paradise werde ich kaum eine Familie alleine durchbringen. Ob Konrad Probleme mit den Unterhaltszahlungen machen wird? Ich kann doch den Kindern nicht auch noch einen Wohnungswechsel zumuten. Eines ist jedenfalls klar: Die Kinder brauchen uns beide. Sie brauchen Eltern.

Konrad
Einen Monat später

Krampfhaft versuche ich zu rekonstruieren, wie innerhalb weniger Monate aus einer ganz normalen, glücklichen Familie dieser Scherbenhaufen werden konnte. Aber viel zu rekonstruieren gibt es nicht. Es hat damit angefangen, dass Beate unbedingt diesen Job wollte, dann ist sie komplett durchgedreht und jetzt fordert sie ultimativ, dass ich ausziehe.

Beate schaut mich mit diesem Blick an, den sie neuerdings hat, wenn sie wieder einmal Streit sucht. Eine Mischung aus Ängstlichkeit und Entschlossenheit, scheint mir. Ein Reh, das sich plötzlich in den Kopf setzt, Bären zu besiegen. Das macht mich ganz unkonzentriert.

Ich gebe zu, dass ich mich in dieser Jobsache auch nicht sehr raffiniert verhalten habe. Meine Reaktion auf ihre Pläne musste den Eindruck erweckt haben, ich sei im vorletzten Jahrhundert hängen geblieben. Dabei habe ich doch gar nichts dagegen, wenn eine Frau arbeitet. Mein Problem lag woanders, doch das war mir zu jenem

Zeitpunkt nicht klar. Inzwischen weiß ich es: Sie hat mich kein einziges Mal gefragt, wie ich dazu stehe. Und so etwas tut man in einer guten Ehe nicht. In einer guten Ehe trifft man Entscheidungen *gemeinsam*. Jetzt gibt es nichts mehr zu entscheiden. Sie sagt: »Wenn du nicht bald ausziehst, drehe ich durch.« Sie sagt: »Wenn du nicht gehst, gehe ich.« Sie sagt: »Lass uns ausprobieren, wie es sich anfühlt.« Und schaut mich an mit diesem Blick, und ich weiß nicht, was ich denken soll.

Das ist schon kein Streit mehr, schießt mir durch den Kopf. Das ist schon höhere Schule der Kampfkunst. Und wenn ich nicht das Opfer wäre, ich würde eine gewisse Bewunderung für Beate verspüren.

Damit hat es allerdings nichts zu tun, dass ich dieses eine Mal nachgegeben habe. So weit sind wir noch lange nicht, dass ich vor meiner eigenen Ehefrau kusche. Ausschlaggebend für meine Zustimmung war, dass sie mich an die Geschichte von Luise und Lukas erinnert hat: »Weißt du noch, wie viel besser es den Kindern ging, als nicht mehr ständig Krach in der Bude war?«

Ehrlich gesagt weiß ich das nicht mehr. Aber ich weiß, dass die beiden vor ein paar Monaten wieder zusammengezogen sind. Ist doch völlig klar, was es zu bedeuten hat, wenn Beate mir ausgerechnet von den beiden erzählt: Sie hofft, dass uns der Abstand hilft, wieder ein Paar zu werden. Auch wenn ich glaube, dass man das auch einfacher haben könnte, lasse ich sie in diesem Glauben. Sie arbeitet jetzt seit drei Wochen im Green Paradise. Wenn ich weg bin, wird sie sehr schnell merken, dass sie überfordert ist mit Wohnung und Kindern. Ich würde wetten: In spätestens zwei Monaten bin ich wieder zu Hause.

Ich lege meine Hand auf die ihre und lächle ihr zu. Der irritierende Ausdruck in ihrem Gesicht zerbricht.

Beate
Drei Wochen später

Konrad ist erstaunlich kooperativ. Er sitzt am Küchentisch, den er selbst komplett frei geräumt hat, wahrscheinlich um dem Ganzen eine geschäftliche Atmosphäre zu verleihen. Vom Kopfende aus blickt er der Reihe nach jedem Einzelnen von uns ins Gesicht, und ich habe das seltsame Gefühl, auf der falschen Seite zu sitzen, bei den Kindern statt bei den Erwachsenen. Doch ich bin erleichtert genug, dass er sich bereit erklärt hat, gemeinsam mit den Kindern zu reden, um nicht wegen einer solchen Kleinigkeit alles aufs Spiel zu setzen. Nur noch diese Hürde, sage ich mir, obwohl ich dieses Chefgetue mehr als affig finde, und dann habe ich es endlich geschafft.

Ich habe mir vorgenommen, ihm das Reden zu überlassen. Zu klar höre ich noch Katys Worte, die Kinder würden sonst mich für die Schuldige halten. Doch schnell merke ich, dass es vielleicht doch klüger gewesen wäre, wenn ich das Reden übernommen hätte.

»Kinder, eure Mutter und ich, wir werden uns trennen«, sagt Konrad in einem feierlichen Tonfall, als würde er verkünden, dass wir im Lotto gewonnen haben. Sammy schaut ihn gebannt an, als wartete er auf die Pointe eines Witzes. Doch als Clea zu weinen beginnt, merkt auch Sammy, dass das kein unverständlicher Erwachsenenscherz ist. Er blickt zu seiner kleinen Schwester, hebt die Hand, als ob er sie gleich tröstend streicheln wollte. Eine Geste, die mich berührt. Doch er lässt sich keine Zeit, sie zu einer Geste des Zornes zu verwandeln, eine geballte Faust, die auf die Tischfläche kracht, als wäre Sammy Karate-Kid und der Tisch ein lumpiges Stückchen Holz.

»Ich hab's gewusst«, schreit er uns an. Er steht auf, rennt aus der Küche, dreht sich an der Tür noch einmal um und ruft uns zu: »Ihr blöden Arschlöcher. Ihr seid genauso dumm wie alle anderen.« Dann verschwindet er in seinem Zimmer und wir hören seine Tür rumsen. Cleas leises Weinen hat sich inzwischen zu einem marternden Geschrei ausgewachsen und meine Nerven fühlen sich an wie ausgefranste Nähfäden, an denen sich eine ganze Familie auf einmal festhalten will. Ich habe den Impuls aufzustehen, die Wohnung zu verlassen, nach Honolulu zu reisen und dort im Kreise der Eingeborenen ein neues Leben zu beginnen.

Konrad sitzt da wie ein zusammengefallener Heißluftballon und starrt ins Leere. Von ihm ist jedenfalls keine Hilfe zu erwarten.

»Soll dich der Papa mal auf den Schoß nehmen?«, frage ich Clea, so sanft es eben geht, wenn man eine Lautstärke über den erlaubten Grenzwerten übertönen muss. Sie nickt. Und während sie dem langsam wieder zum Leben erwachenden Konrad auf den Schoss klettert, betrete ich Sammys Heavy-Metal-Hölle. Ich hatte keine Ahnung, dass mein noch nicht mal pubertierender Sohn überhaupt solche Musik besitzt.

Als sich endlich alle so weit beruhigt haben, dass wir das Gespräch fortführen können, läuft eigentlich alles ziemlich rund.

Die Ratschläge aus dem Internet, man solle den Kindern erklären, dass sie nicht schuld seien, dass sie weder Mama noch Papa verlieren und wir sie immer lieb haben werden, klangen gut. Doch in der Praxis erweisen sie sich als reichlich überflüssig. Als ich die einstudierten Sätze in beschwörendem Tonfall anbringe, unterbrechen mich die Kinder mit Fragen, wer wo wohnen werde und ob wir zu Weihnachten trotzdem noch gemeinsam in den Schwarzwald fahren würden. Sie benehmen sich gerade so, als sei das Ganze eine verrückte Weltreise, die wir planen, ein Abenteuer auf Zeit.

Die Festlegung der Umgangsregelungen auf einem großen Blatt Papier, das wir gemeinsam gestalten – ebenfalls ein Rat aus dem Internet – beginnt als harmonische Familienunternehmung und endet in einer Schlacht darüber, wer welche Farbe benutzen darf.

Als die Kinder schließlich im Bett sind und ich das Plakat an der Wand betrachte, fühle ich mich, als wären wir tatsächlich gerade eben von einer Weltreise nach Hause gekommen. Punkt für Punkt lese ich die Regeln durch. Ganz unten, sogar außerhalb des aufgemalten Rahmens, steht in krakeliger Handschrift: »Mama und Papa sint gämein.«

Kommentar

Beate sucht das Gespräch mit Konrad konsequent und macht so deutlich, dass ihr Trennungswunsch keine Flause ist und er sich mit dieser Realität vorerst abfinden muss. In der Hoffnung, seine Frau zurückzugewinnen kooperiert er vordergründig mit ihr und lässt sich auf ein gemeinsames Gespräch mit den Kindern ein. So hören die Kinder eine einzige Botschaft statt zweier unterschiedlicher Versionen darüber, wie es zur Trennung gekommen ist. Das ermöglicht ihnen, ihre echten Emotionen auszuleben und auf beide Eltern wütend zu werden. Dadurch können die Eltern Loyalitätskonflikte bei den Kindern vermeiden, und die Kinder haben nicht das Gefühl, zwischen den Eltern vermitteln oder sie trösten zu müssen.

☞ *Mehr über den Umgang mit Kindern in Trennungssituationen erfahren Sie im Kapitel 4 im Abschnitt »Kinder in Trennungssituationen« (S. 251 ff.).*

Neue Liebe

Konrad
Ein paar Tage später, im März

Claudius wirft seine Lederjacke aus einiger Entfernung auf den Kleiderständer und sie hängt wie 'ne Eins. Dann lässt er sich mit einem etwas übertriebenen Seufzer auf den nächstbesten Bürostuhl plumpsen und klaubt sich seine Pilotenbrille vom Kopf (es ist eine Ray Ban, wie er gerne betont, und ich frage mich, warum er das Markenlogo abgefummelt hat, wenn ihm doch dermaßen wichtig ist, dass jeder weiß, was er auf seiner Nase spazieren trägt). Er fährt mit der Hand durch seine zerzausten Haare und schaut mich an.

»Vier Stunden musste ich in dieser miefigen Karre warten. Ich hab quasi die Zeitung auswendig gelernt. Aber dann ist die Falle zugeschnappt. Ha! Der Mistkerl hält sich nicht einmal am Geländer fest, um die Treppe runterzusteigen. Ich sag's dir: Eher mach ich Marlène einen Heiratsantrag, als dass der an einer ISG-Arthropathie leidet. Und ich hab die Fotos.«

Unser Versicherungsdetektiv ist mir schon immer auf den Keks gegangen. Er ist eine Spur zu großspurig. Was heißt eine Spur? Einen größeren Wichtigtuer als ihn hat die Welt noch nicht gesehen. Aber ich mag ihn. Im Gegensatz zu den anderen Kollegen kommt er auch mal auf eine persönliche Plauderei vorbei. Und meistens bringt er mich zum Lachen. Wie auch jetzt. Dazu muss man zwei Dinge wissen. Erstens: Claudius ist ein absoluter Heiratsverächter. Er hat selbst die Frau seines Lebens nicht zurückgehalten, als sie ihn deswegen verließ. Zweitens: Marlène ist unsere Sekretärin, und sie ist mollig. Also, eigentlich müsste man sie wohl als dick bezeichnen. Sie ist eine Klassefrau, dass wir uns richtig verstehen, aber bestimmt nicht Claudius' Typ. Und meiner, wenn ich ehrlich bin, auch nicht.

Kaum hat Claudius von seinem jüngsten Erfolg erzählt, fängt er an herumzumaulen. Das macht er immer, keine Ahnung warum.

Zuerst: Ich bin der Held des Jahrtausends. Dann: Ich hab den beschissensten Job der Welt. Der ständige Wechsel zwischen Resignation und Euphorie mache ihn fertig, sagt er. Er sei zu alt, um sich den Arsch in der Kälte abzufrieren oder das Gehirn in der Hitze zu Brei schmelzen zu lassen. Ich finde, er übertreibt. Würde man 100 Leute vor die Wahl stellen, Versicherungsjurist oder Versicherungsdetektiv zu werden, würden sich bestimmt 80 für Letzteres entscheiden. Die übrigen 20 sind Leute wie ich. Leute, die gerne Klarheit haben. Die wissen möchten, wer im Recht ist. Behauptet zumindest Beate.

Päng. Da ist sie wieder. Ich möchte einmal erleben, dass irgendeine Unterhaltung, irgendeine Tätigkeit, irgendein Film, irgendein Song nicht zu ihr führt. Ich möchte eine einzige Stunde erleben, in der sie mich nicht umschwirrt wie eine Fliege, die immer wieder kommt, auch wenn man noch so rumfuchtelt.

»Nun, was sagst du?« Claudius schaut mich herausfordernd an.

»Was sag ich zu was?« Ich gehe davon aus, dass Claudius die letzten fünf Minuten geredet hat. Nur war ich nicht dabei. In letzter Zeit habe ich das Gefühl, bei nichts mehr wirklich dabei zu sein. Ich sitze im Sitzungszimmer, aber die Sitzung findet ohne mich statt. Ich halte die Fernsteuerung in der Hand, aber mein Heli fliegt ohne mich. Ich liege auf dem Bett in meiner neuen Wohnung und mein Leben ist woanders. Beate hat mich gestern aufgefordert, ihr den Schlüssel unserer Wohnung zurückzugeben. Natürlich hab ich mich geweigert. Ich kann nicht verstehen, wie sie mir das antun konnte. Nach allem, was ich für sie getan habe.

1000 Kilometer weit weg labert Claudius noch immer vor sich hin: »Ob ich von den Chefs einen Assistenten fordern soll? Das würde den unangenehmen Teil der Arbeit erleichtern. Ich könnte ihn Kaffee holen schicken, könnte jederzeit pinkeln gehen, ohne in Panik zu geraten ...«

Ich verstehe noch immer nicht, was eigentlich los ist. Beate und ich hatten die ganzen Jahre nie Probleme. Warum sollte sie jetzt plötzlich unzufrieden sein? Keiner versteht es. Selbst ihre Mutter ist auf meiner Seite. Aber seltsamerweise ist sie dieses Mal durch nichts auf der Welt von ihrer Idee abzubringen. Und wenn doch ein anderer Mann dahintersteckt, wie Peter vermutet? Das würde immerhin alles erklären.

»Weißt du, so eine Observierung ist harte Arbeit, auch wenn es aussieht, als würde ich nur rumsitzen. Im Grunde bist du immer zweigeteilt zwischen äußerster Wachsamkeit und brutalster Langweile.«

Observierung! Das ist es! Wie blöd bin ich eigentlich gewesen, dass mir das nicht eher in den Sinn gekommen ist? Was helfen mir die ganzen Spekulationen? Ich muss es jetzt einfach rauskriegen. Und zwar bevor jemand aus dem Büro etwas von unserer Trennung erfährt. Ich hör sie schon tuscheln, die Kollegen.

»Claudius? Sag mal, wie machst du das eigentlich … Fällt so ein Auto nicht auf, wenn es den ganzen Tag an einer Straße steht, an der es sonst nie geparkt ist?«

Beate
Zwei Wochen später

Ich bin schon halb weggedämmert, als Konrads Schnarchen den nahenden Schlaf abrupt vertreibt. Wie üblich strecke ich den Arm aus, um ihn ein wenig zu schütteln. Normalerweise dreht er sich dann auf die Seite und schläft weich atmend weiter. Doch heute merke ich sofort, dass etwas anders ist. Es beginnt damit, dass er sich offensichtlich außer Reichweite befindet, was mich sehr erstaunt, denn in der Regel beansprucht er von unserem 160 Zentimeter breiten Bett mindestens 120. Und es endet damit, dass mir, jetzt hellwach, klar wird, dass Konrad gar nicht da ist und ich sein Schnarchen nur geträumt habe. Ich zünde das Licht an und sehe die leere Betthälfte neben mir. Sein Kissen liegt unberührt und glatt.

Und plötzlich tut mein Herz so rasend weh, dass mir Tränen in die Augen schießen. Dann kommt der ganze Film: Konrad, wie er das erste Mal im Laden steht und sich erkundigt, welche Blumen geeignet wären, um der Frau des Chefs zum Tod ihres Vaters zu kondolieren. Konrad, wie er zum zweiten Mal vor der Ladentheke steht und einen Strauß rote Rosen kauft, um ihn danach mir zu schenken. Ich erinnere mich, wie heiß sich mein Kopf anfühlte, als ich den eben verkauften Strauß in der Hand hielt und nicht wusste, wohin damit. Ich erinnere mich an den dunkelgrauen Sakko, der sich über seinem breiten Rücken spannte und in dessen Tasche jetzt der Zettel mit meiner Telefonnummer steckte. An seine Arme, die fast schon bedrohlich behaart waren, aber sich sanft um meine Schultern legten. An die erste Nacht in unserer gemeinsamen Wohnung, in der noch nichts stand außer dem Bett, einer Kerze und einem Radio. An sein Gesicht, als ich ihm das Ultraschallbild zeigte, auf dem der kleine Sammy zu sehen war. Ich erinnere mich, wie er das Bild in seinen Geldbeutel steckte, liebevoll und vorsichtig, als sei es aus Pergament.

Mir ist kalt, das Bett ist groß, die weißen Wände stehen abweisend um mich herum wie Fels, als ich im Flur ein vertrautes Tappen höre. Ich bin froh, dass Clea unter meine Decke schlüpft und ihre Kinderkörperwärme verströmt. Während sie in meiner Armbeuge einschlummert, fasse ich den Entschluss, das Schlafzimmer neu zu gestalten, um Konrads Geist zu vertreiben. Dann schlafe auch ich endlich ein.

Im Baumarkt merke ich schnell, dass es ein Fehler gewesen ist, die Kinder mitzunehmen. Sie langweilen sich und kommen auf dumme Gedanken. Zum Beispiel mit den Kindereinkaufswagen Rennen zu fahren. Oder sämtliche wasserfesten Filzstifte auszuprobieren, allerdings nicht auf dem dafür vorgesehenen Stück Papier, sondern in ihren Gesichtern. Sie hätten Indianer spielen wollen, so ihre Rechtfertigung. Worauf ich sage, sie hätten zu Hause Schminkfarbe und sie seien doch wohl alt genug, den Unterschied zu kennen. Während Clea schuldbewusst zu Boden blickt, mault Sammy:

»Bei Papi ist es viel schöner als bei dir. Da gehen wir ins Kino, nicht in den Baumarkt.«

Ich stehe in einem der 100 breiten Gänge des Baumarktes zwischen endlos hohen Regalen und könnte mich nicht kleiner fühlen. Ich versuche, unauffällig nach Luft zu schnappen, und schaffe es, mit den Kindern und einem einigermaßen unverrutschten Gesicht die Toiletten aufzusuchen, wo ich mit Seife und Wasser aus der Kriegsbemalung eine olivbraune Soße mache, die den Kindergesichtern tatsächlich einen indianischen Touch verleiht.

Inzwischen bin ich nicht mehr verletzt, sondern wütend. Auf Konrad. Ich habe geahnt, dass er die Kinder gegen mich aufhetzt. Und zwar auf eine sehr raffinierte Weise. Zum Beispiel kommt er alle paar Tage Kram holen, um unseren Tagesablauf durcheinander-zubringen. Er zielt jeweils auf Punkt 18 Uhr, weil er weiß, dass die Kinder ihn dann bitten, zum Abendessen zu bleiben. Dann schaut er mich herausfordernd an, und ich weiß, dass ich nun die Wahl habe, die Böse oder die Verliererin zu sein. Aber jetzt ist aus der Ahnung, dass er die Kinder gegen mich aufhetzt, Sicherheit gewor-den. Und ich hab ihm letzte Nacht auch noch nachgeweint!

Jetzt sind es die Kinder, die weinen. Dicke Tränen kullern über die rot geriebenen Backen. Ich war grob, ich weiß es. Und sie können nichts dafür. Am liebsten möchte ich mich in eine Ecke verkriechen.

Stattdessen kaufe ich Sammy einen Chemiekasten und Clea ein Perlenkettenset. Zusammen mit meinen Farbkübeln und den Rol-lern macht das 63,27 Euro mehr, als ich ausgeben sollte, aber ich möchte meinen Kindern etwas Gutes tun. Sie haben es ja auch nicht leicht, so zwischen den Fronten. Und wenn ich erst einmal arbeite, dann kommt auch wieder mehr Geld rein. Entschieden stecke ich die Kreditkarte ins Lesegerät.

Doch der Tag ist nicht auf meiner Seite. Erbarmungslos blinkt mir das Lesegerät entgegen: »Karte gesperrt«. Ich hasse meinen knauserigen Noch-Ehemann.

Konrad
Zwei Wochen später

Meine erste richtige Freundin (also die erste, mit der ich Sex hatte) hieß Giuseppina Bortolani. Sie war wild, leidenschaftlich, selbstbe-wusst und ... – eine Nummer zu groß für mich. Das komplette Ge-genteil von Beate, allerdings nicht so hübsch wie sie. Trotzdem hat-te sie etwas an sich, jetzt mal abgesehen von ihrem Superbusen, das nicht nur mich wahnsinnig machte. Jeder, der sie sah, und ich mei-ne *jeder*(!), glotzte ihr nach, als sei sie Jennifer Lopez. Na ja, damals standen wir eher auf Brooke Shields. Ich hatte mich von Anfang an gefragt, wie eine Frau wie sie auf einen Typen wie mich stehen konnte. Ich bin nicht hässlich oder so. Ich bin auch nicht einer von denen, die plötzlich tollpatschig werden, wenn sie eine tolle Frau sehen. Aber ich würde mich niemals als leidenschaftlich bezeichnen. Ich kann es nicht leiden, wenn ich die Kontrolle über mich verliere. Deshalb bin ich auch nie betrunken.

Aber Giuseppina brachte es fertig, dass ich mich zum Idioten machte. Abendelang saß ich in einem Gebüsch gegenüber dem Haus, in dem sie wohnte. Ihr Vater passte auf sie auf wie ein Wachhund und zu jenem Zeitpunkt waren wir über das Austauschen von feuchten Küssen noch nicht hinausgekommen. Jeder dieser Küsse machte mich dermaßen scharf, dass ich meinte, sterben zu müssen, wenn wir nicht endlich den nächsten Schritt in Angriff nehmen würden. Sie wusste das. Deshalb versprach sie mir, sich abends direkt vor dem Fenster auszuziehen und die Vorhänge offen zu lassen. Man stelle sich das mal vor: eine 17-Jährige, die ihrem Freund den Vorschlag macht, sie durch das beleuchtete Fenster zu beobachten, wenn sie sich auszieht. Wer jetzt aber denkt, das sei ein sicheres Zeichen dafür, dass sie verrückt nach mir war, der täuscht sich. Sie ließ mich nach unserem »ersten Mal« für Giacomo sitzen. Der war wohl eher ihre Kragenweite. Die anschließenden Monate lehrten mich eines: Nie, nie, nie wieder würde mich eine Frau zum Vollidioten machen.

Daran muss ich denken, als ich vor Beates Haus in Claudius' ausgeliehenem Wagen warte, bis sie nach Hause kommt, bis vielleicht ihr Freund sie besuchen würde, bis überhaupt irgendetwas passiert. Ich komme mir sehr dumm dabei vor. Denn im Gegensatz zu Giuseppina hat mich Beate nicht eingeladen, vor ihrem Haus herumzulümmeln. Außerdem bekomme ich hier nicht gerade viel geboten. Trotzdem spüre ich dieselbe fieberhafte Aufregung wie damals: Was, wenn mich jemand erwischt? Was, wenn ich nun meinen ganzen Feierabend opfere und *nichts* dabei herausschaut?

Andererseits ist es ja nicht so, dass ich etwas verpasse. Im Gegenteil. Seit ich aus meiner Familie aus- und bei meinen Eltern eingezogen bin, hat Beate in keinster Weise erkennen lassen, dass sie ihre Entscheidung bereut. Langsam frage ich mich, ob ich sie unterschätzt habe. Ich frage es mich nächtelang. Tja, so sieht's aus.

Ich kann nicht mehr schlafen. Ich hoffe nur, dass meine Kollegen das nie erfahren. Was würden die wohl denken? Sie wissen noch nicht mal, dass wir uns getrennt haben, geschweige denn, dass mich das zu Schlaflosigkeit und pubertären Aktionen treiben könnte.

Niemand kann sich vorstellen, wie es ist, wenn man von der Familie, die man jahrelang ernährt und beschützt hat, plötzlich ausgespuckt wird wie ein abgelutschter Kirschkern. Niemand kann sich vorstellen, wie es sich anfühlt, wenn man die Kinder plötzlich nur noch wochenendweise sieht und sie dann dafür gleich 48 Stunden am Stück um sich hat. Ich hab mir angewöhnt, diese Wochenenden akribisch zu planen. Wir machen Ausflüge, zum Beispiel zum Hansapark, eine halbe Weltreise, aber wenigstens weiß ich, was ich mit den Kindern anfangen soll. Und denen gefällt's, wie man sich denken kann. So kommen sie nicht auf die Idee, mir Fragen zu stellen, auf die ich keine Antwort weiß. Zum Beispiel, wann ich wieder nach Hause komme.

Ich schrecke hinter meiner Zeitung hoch, von der ich in den letzten anderthalb Stunden kein einziges Wort gelesen habe (nicht einmal darauf kann ich mich konzentrieren). Ein Mann steuert direkt auf unser Haus zu. Ich recke mich, um zu sehen, bei wem er klingelt, aber ich kann es nicht erkennen. Hastig falte ich die Zeitung zusammen, schmeiße sie auf den Beifahrersitz und greife nach dem Feldstecher. Doch der Typ in dieser bescheuerten Jeansjacke hat sich genau vor der Klingeltafel aufgebaut. Gleich wird Beate den Türöffner betätigen und dann verschwindet der Typ im Haus, ohne einen Beweis zu liefern. Ich lasse keine weitere Sekunde verstreichen, sondern steige aus dem Auto und renne über die Straße. Ich bin ganz froh, dass mir Claudius diesen seltsamen Filzhut und die Sonnenbrille geliehen hat (natürlich nicht seine Ray Ban). Falls Beate aus dem Fenster schaut, wird sie mich nicht erkennen. Ich bin etwas außer Atem, als ich den Typen grob an der Schulter packe und sage:

»Ich warne dich. Ich bin Jurist. Wenn du nicht die Finger von Beate lässt, werde ich in deiner Vergangenheit wühlen. Und ich werde nicht aufgeben, bis ich etwas finde, das dich zu Fall bringt.

Job, Familie, Haus: Egal, was du besitzt, am Ende wirst du nichts mehr davon haben.«

Ich kann nicht glauben, dass ich das sage. Der Typ auch nicht.

»Hast du sie nicht mehr alle? Wer zum Teufel bist du überhaupt? Und eine Beate kenn' ich auch nicht. Eines ist aber sicher: Die Frau kann einem leidtun, einen Wichser wie dich an der Backe zu haben.«

Erst jetzt sehe ich, dass er ein Paket mit Express-Aufkleber in der Hand hält. Wie hab ich das Teil nur übersehen können? Ich krieg nicht einmal mehr ein »Sorry« über die Lippen.

Und ich habe geglaubt, ich würde mich nie mehr für eine Frau zum Affen machen.

Lars
Ein paar Tage später

Als ich sie zum ersten Mal sehe, bin ich dabei, Blumentöpfe zu stapeln. Meine Nase läuft, und bei jedem 10er-Stapel, den ich beiseite stelle, denke ich: Jetzt nehm ich ein Taschentuch. Stattdessen greifen meine Hände nach dem nächsten Blumentopf. Es ist also nicht der ideale Moment, um ein Wesen auf sich zuschweben zu sehen, dessen Anblick einen Taumel im Kopf auslöst, der für einen Moment alle Funktionen lahmlegt. Als mein Gehirn wieder anspringt, spielt es dieselbe Szene in Endlosschlaufe ab, aber dieses Mal ohne Kleider. Nackte Frau im Gewächshaus. Wow.

»Ich bin Beate, die neue Mitarbeiterin«, sagt sie und unterbricht endlich meinen außer Kontrolle geratenen Gedankenstrom.

Ich will mit dem Handrücken den Tropfen von meiner Nasenspitze wischen, bevor mir einfällt, dass sie kaum eine Hand ergreifen wollen würde, an der ein Rotztropfen klebt. Es bleibt mir nur, den selbstbewussten Naturburschen zu spielen, der seine triefende Nase stolz in die Höhe reckt, als sei sie ein Merkmal besonders ausgeprägter Männlichkeit.

Es ist nicht so, dass ich einer Frau gleich bei der ersten Begegnung verfalle und sie im Sturm erobern will. Aber Frauen, die ich nackt sehen möchte, sollen sich bei meinem Anblick zumindest nicht wünschen, ich würde mir einen Blumentopf über den Kopf stülpen. Ehe ich mir weiter Gedanken über meinen Auftritt machen kann, sehe ich ihren Hintern davonschaukeln. Ich verbiete mir weitere kleiderlose Fantasien und krame endlich ein Taschentuch aus meiner Hosentasche.

Ich habe mir vorgenommen, mich nicht allzu sehr für Frauen zu interessieren. Das war, nachdem Maria die Koffer gepackt und mir erklärt hatte, ich hätte so viel Feingefühl wie ein Holzfäller beim Bonsaischneiden. Obwohl der Vergleich etwas holprig war, fand ich ihre Bemühung, ein Sinnbild aus meiner Lebenswelt zu finden, so süß, dass ich ihr die Koffer am liebsten aus der Hand genommen und sie zurück in die Wohnung geführt hätte. Ich tat es aber nicht. Ich meine, ich wusste ja, dass unsere Beziehung am Ende war, auch wenn in der Liste *meiner* Gründe mangelndes Feingefühl nicht aufgeführt war. So viel zu Maria. Die Geschichte bestätigte nur, was ich mit Siegrid bereits erkannt hatte: Man konnte sich den Arsch aufreißen, wie man wollte, eine Frau wäre nie zufrieden. Als ich mich wieder meinen Blumentöpfen zuwende, lasse ich deshalb nur noch einen einzigen Gedanken an Beate zu: dass selbst ein so freundliches, wenn auch etwas traurig dreinblickendes Gesicht wohl kaum mehr als ein nimmersattes, mäkelndes Geschöpf tarnen kann.

Kaum lege ich mich am Abend ins Bett, sehe ich ihr Gesicht wieder vor mir. Kein Wunder, setze ich meinem Ärger über mich selbst entgegen, ist ja auch sonst nicht viel gelaufen heute. Wie übrigens auch gestern nicht. Und vorgestern. Wie ich so liege und nach Themen suche, die spannender sind als Beates Gesicht, merke ich, dass da nichts in meinem Leben ist, das einen Gedanken vor dem Einschlafen wert wäre. Nicht, dass mir mein Sohn nichts bedeuten würde. Aber das letzte Mal, dass ich Timo sah, ist acht Tage her. Die gemeinsame Radtour vom vorletzten Wochenende habe ich bereits siebenmal als Einschlafhilfe bemüht. Langsam ist die Sache verbraucht. Wäre ich die Hauptfigur eines Romans, würde ich jetzt beschließen, mein Leben zu ändern, würde die Decke mit einer großen Geste zurückschlagen, eine Lederhose über meine Boxershorts ziehen, mich auf mein Motorrad setzen und in die Nacht hinausbrausen. Ich würde die Stadt und mein bisheriges Leben hinter mir lassen und mich mit Gelegenheitsjobs durchschlagen, während ich immer weiter Richtung Osten führe. Meinem Sohn würde ich Postkarten aus Polen, der Ukraine, aus Kasachstan und der Mongolei schicken und ihm versprechen, dass ich ihn mitnehmen würde, sobald er alt genug wäre. Ich besitze kein Motorrad. Ich kann noch nicht mal ein Motorrad fahren. Und dann trage ich auch noch einen Pyjama. Plötzlich fühle ich mich ziemlich unmännlich. Deshalb empfinde ich es am Ende doch als tröstlich, dass da wenigstens eine Frau ist, die mir nicht aus dem Kopf will. Und dass, wenn ich ehrlich bin, auch nicht nur ihr Gesicht in meinem Gedächtnis haften geblieben ist.

Es scheint ein Trugschluss gewesen zu sein, dass Beate nur als Fantasieobjekt taugt, das dem Realitätscheck niemals standhalten würde und es sich deshalb gar nicht erst lohnt, ihn durchzuführen. Sie lacht über meine Witze. Sie bedankt sich, wenn ich ihr die schweren Säcke mit der Blumenerde trage. Sie hört mir zu, wenn ich von meinen Radtouren erzähle. Und sie hat mich gefragt, ob wir zusammen mittagessen gehen. Sie. Mich.

Es gibt zwei Dinge, die mich dabei irritieren. Erstens: Ich beginne zu glauben, dass Beate vielleicht anders sein könnte als andere Frauen, und frage mich, wie ich so naiv sein kann, diesen Gedanken überhaupt zuzulassen. Mir ist klar, dass meine bisherigen zwei ernsthaften Beziehungen statistisch nicht relevant sind. Um eine Aussage über die Frau an sich machen zu können, müsste ich mit 1 000 zufällig ausgewählten zusammen gewesen sein. Natürlich wähle ich meine Frauen nicht zufällig aus. Und dass es nicht 1 000 waren, kann sich jeder denken, der weiß, dass ich im Pyjama schlafe und nicht in der Lage bin, ein Motorrad zu lenken. Trotzdem: zwei von zwei, die mit mir überhaupt nicht zufrieden waren, ist eine Quote von 100 Prozent. Und würde der Mensch nur aus statistisch relevanten Erfahrungen lernen, würde er überhaupt nie etwas lernen.

Zweitens: Es passiert mir immer öfter, dass ich mir vorstelle, ich könnte mich durch ihre Augen sehen und erstaunlicherweise sehe ich einen recht charmanten, zuvorkommenden Typen mit Feingefühl. Viel Feingefühl. Hörst du, Maria? Es ist, als hätte Beate mir die

ganzen hässlichen Kleider vom Leib gerissen, den Pyjama der Un-
männlichkeit, die Brille der Vorurteile, die Jacke des Griesgrams usw.
usw. Poesie steht mir offensichtlich nicht allzu gut. Trotzdem: Was
zum Vorschein kommt, ist nett anzuschauen. Ich stelle fest, dass ich
beginne, mir zu wünschen, ich könnte meine neu entdeckten Eigenschaften an jemandem ausprobieren. An Beate ausprobieren, um
die Wahrheit zu sagen.

Beate
Drei Wochen später

Ich sitze auf einer eben fertig abgeräumten Palette und schaue zu,
wie Michelle kreischend durch das Gewächshaus rennt, während
Christian sie mit einer vollen Gießkanne verfolgt. Lars, der am Rahmen der Eingangstür lehnt, schaut der Jagd ebenso amüsiert zu wie
ich und zwinkert mir fröhlich zu. Wir werden hier langsam alle
bekloppt vor Aufregung. Ich hätte mich auch über einen stinknormalen Job in einem stinknormalen Gartencenter gefreut. Aber die
Stelle, die ich gefunden habe, ist noch um Lichtjahre besser. Das
Green Paradise ist einem Baumarkt angeschlossen, der in drei Tagen
eröffnet wird. Ich bin Anfang April mit der zweiten Einstellungs-
welle gekommen, direkt nach den Ladengestaltern, den Einkäufern
und den Bereichsleitern, was bedeutet, dass ich den Anfang einer
richtig großen Sache miterleben werde, und ich trage dazu bei, dass
diese Sache gut wird. Wir alle tragen dazu bei. Deshalb herrscht hier
eine Stimmung, wie ich sie zum letzten Mal vielleicht erlebt habe,
als wir mit der ganzen Schule »Momo« aufgeführt haben. Obwohl
ich damals nur einen blöden, grauen Mann spielen durfte, bin ich
gestorben vor Aufregung. Und obwohl ich heute nur eine von acht
unbedeutenden Floristinnen bin, habe ich bereits schlaflose Nächte
vor fiebriger Vorfreude.

Hätte ich damals, als ich unter der Dusche beschloss, mein Leben
zu ändern, einen Wunsch frei gehabt, ich hätte mir nichts halb so
Gutes ausdenken können wie das, was ich jetzt bekommen habe.
Und ich finde, das Schicksal war gerecht, mir diesen Job zu schicken.
Denn meine Wochenenden ohne die Kinder sind endlos und lang-

weilig. Je nach Tageszeit sitze oder liege ich dann in einer Wohnung, die mich spüren lässt, dass sie mich bis dahin der Familie zuliebe akzeptiert, jedoch noch lange nicht gemocht hat. Sie tut die ganze Zeit so, als wollte sie mich ausspucken, und ich säße dann auf der Straße ohne die Aussicht, jemals wieder irgendwo dazuzugehören.

Doch im Green Paradise gehöre ich dazu. Ich kann mich nicht erinnern, wann ich zum letzten Mal so zufrieden war. Wenn ich nicht gerade in einer schwierigen Trennungsphase steckte, würde ich meinen Zustand als glücklich bezeichnen.

Lars setzt sich neben mich und knufft mir sanft seinen Ellbogen in die Seite.

»Und wie vertiefen wir zwei unsere Beziehung?«, fragt er.

Oh. Mein. Gott. Oh, mein Gott. Ohmeingottohmeingott. Er flirtet mit mir. Dabei habe ich ihn gestern nur gefragt, ob wir zusammen mittagessen, um ein bisschen Anschluss zu finden. Ich werde rot. Und ich weiß, dass meine blonden Haare die Farbe noch betonen. Ich lasse sie vor mein Gesicht fallen und kichere blöd. Aber mir will beim besten Willen keine schlagfertige Antwort einfallen.

Am Abend im Bett bin ich zum ersten Mal froh, dass die andere Hälfte frei ist. Nicht, dass ich mir ernsthafte Chancen bei Lars ausrechne. Und schon gar nicht, dass ich mich schon in die nächste Beziehung stürzen möchte. Aber es ist ganz nett, ein bisschen umschwärmt zu werden. Ich weiß nicht, wann mir Konrad zum letzten Mal ein Kompliment gemacht hat. Wahrscheinlich noch vor Cleas Geburt. Und weil ich der Überzeugung bin, dass mir ein bisschen Abwechslung guttun würde, habe ich Lars' Einladung zu einem Abendessen beim Italiener am nächsten Samstagabend angenommen. Endlich ein Wochenende, vor dem ich keine Panik habe.

Panik habe ich nur davor, dass ich mich in Lars verlieben könnte. Ich weiß, wie bescheuert das klingt. Verlieben. Nachdem ich mich gerade mal eine Stunde lang mit ihm unterhalten habe. Und hin und wieder ein bisschen geblödelt. Und – ja, gut – auch den einen oder anderen Blick etwas länger in seinen wahnsinnig grünen Augen verloren habe, die durch die Green-Paradise-Schürze noch betont werden.

Konrad
Ein paar Tage später

Ich sitze mit meiner Familie beim Abendessen. Ich gebe zu, ich kann es selbst kaum glauben.

Ich hatte etwas früher Feierabend, weshalb ich nicht um 18 Uhr bei Beate klingelte, sondern schon um 17:40 Uhr. Ich wollte meine Schieblehre holen, weil ich dringend meinen Hubschrauber stabilisieren sollte. Er eiert irgendwie rum in letzter Zeit. Jedenfalls hatte ich damit gerechnet, dass sie wieder sauer wird und mir unterstellt, ich käme nur vorbei, um den Tagesablauf zu stören, den die Kinder gerade in dieser Zeit dermaßen nötig hätten. Lächerlich, denke ich immer, wenn sie das sagt. Den Vater haben sie nötig, den kann auch kein Tagesablauf ersetzen.

Aber heute sagte sie nichts. Sie trat nur stumm beiseite, um mich reinzulassen. Clea kam auf mich zugestürmt, Sammy fragte einmal mehr, ob ich zum Abendessen bliebe. Ich wollte schon abwinken, weil ich meinen Heli bis morgen fit haben muss, da sagte Beate plötzlich zu mir: Es gibt Geschnetzeltes mit Rosmarinkartoffeln.

Versteht jemand die Tragweite dieses Satzes? Noch nie hat sie mich gebeten zu bleiben, selbst wenn sich die Kinder auf den Boden geschmissen haben. Und sie weiß, dass ich Kartoffeln und Geschnetzeltes liebe. Sie sagte es mit einem Lächeln. Ich wusste nicht, wie mir geschah. Mein Heli war vergessen. Ich zog das Jackett aus und wollte es auf das Sofa werfen, besann mich dann aber. Es schien mir nicht angebracht, so zu tun, als sei alles normal. Deshalb hängte ich es in die Garderobe. Beate, so schien mir, schaute mir belustigt zu.

Würde mich jemand fragen, wie die Kartoffeln schmecken und ob sie das Geschnetzelte genauso gemacht hat, wie ich es mag, nämlich mit Cognac, ich könnte es nicht sagen. Ich habe ständig das Gefühl, nur zu träumen. Es ist dermaßen unwirklich, dass Beate mir zulächelt. Es ist unwirklich, dass ich plötzlich weiß, was ich mit den Kindern reden soll. Die Idee, sie könnte vielleicht einen anderen haben, erscheint mir plötzlich absurd. Diese Szene am Küchentisch ist so normal, so vollkommen vertraut. Alles, was verzogen und verrutscht war, wie in einem dieser Bilderrätsel am Fernseher, rückt plötzlich an die richtige Stelle, und ich kann wieder klar sehen und weiß wieder, wie alles funktioniert und welches meine Position in diesem Gefüge ist. Diese plötzliche Klarheit macht mich dermaßen glücklich, dass ich einen Moment lang ganz sentimental werde. Der Wein tut das Übrige.

»Was haben wir an diesem Tisch alles erlebt«, sage ich und erhasche Beates überraschten Blick.

»Weißt du noch?«, fahre ich seltsamerweise ermutigt fort. »Als wir ihn frisch gekauft hatten, legten wir uns mit einem Glas Wein darunter, starrten bis in die Früh die Maserungen an, während wir uns darüber unterhielten, was wir täten, wenn wir im Lotto gewinnen würden.«

Jetzt lacht sie ein wenig. Sie ist unglaublich hübsch. Wenn sie ernst blickt, könnte man denken, sie sei eingebildet. Aber wenn sie lacht, dann wirkt sie völlig natürlich, als wüsste sie selbst gar nichts von ihrer Schönheit. Keiner meiner Kollegen hat eine so attraktive Frau. Ich wünsche mir nichts mehr, als sie zurückzuhaben. Aber ich traue mich nicht, meine Hand über den Tisch wandern und auf ihrer ausruhen zu lassen. Angestrengt denke ich über eine Fortsetzung nach. Sie hilft mir kein bisschen dabei. Sie schaut mich nur an, freundlich und amüsiert.

Warum sind Frauen so? Warum ticken sie jahrelang wie eine Schweizer Uhr, immer gleich, immer verlässlich, und eines Tages ticken sie aus? Warum können sie jahrelang dermaßen unauffällig, fast schutzbedürftig wirken und plötzlich sind sie strahlend souverän? Ich kenne diese Beate nicht, aber ich muss sie wiederhaben.

»Du wolltest diesen Tisch unbedingt haben damals. Ich weiß noch, wie ich gezögert habe. Er kostete immerhin DREIHUNDERT-NEUNUNDZWANZIG EURO NEUNZIG. Aber ich bereue keine Sekunde, dass ich ihn gekauft habe. Es ist so schön, wieder zu Hause zu sein.«

Beates Augen verengen sich und mir wird sofort klar, dass etwas schiefgelaufen ist.

»Du bist nicht wieder bei uns«, zischt sie. »Du bist nur heute Abend hier und auch das nur deshalb, weil ich den Kindern einen Gefallen tun wollte.«

Als ich später am Abend im Bett liege, habe ich das Gefühl, ein fetter Zwerg sitze auf meiner Brust. Das Atmen fällt mir schwer. Eine Träne läuft mir aus dem Augenwinkel und kitzelt unangenehm, als sie in meinem Ohr landet. Ich weine nie. Ich verstehe nichts. Warum ist sie dermaßen sauer geworden? Wo doch alles so gut begonnen hat. Noch eine Träne. Was ist nur in mich gefahren? Wieder eine. Und plötzlich ist mir alles klar. Sie wird nicht zurückkommen.

Beate
Ein paar Tage später

Ich frage mich, ob andere diesen Zustand auch kennen: Man sieht alles sonnenklar. Man weiß genau, wo man steht, was man denkt und was man fühlt. Und gleichzeitig zieht man ernsthaft in Betracht, dass man komplett verblendet ist und genau das Gegenteil von allem, was man glaubt, zutrifft. So geht es mir im Moment in zweierlei Hinsicht. Erstens: Ich weiß, dass ich Lars sehr mag, aber mir ist auch klar, dass ich nicht in der Lage bin, jetzt schon eine neue Beziehung einzugehen. Deshalb gelingt es mir auch, meine Gefühle für ihn in Schach zu halten. Aber dann ertappe ich mich dabei, wie ich abends im Bett liege und mir ausmale, wie er mich küsst, wie er die Kinder kennenlernt, wie wir zusammen in den Urlaub fahren. Ich sehe alles im Detail vor mir und glaube, sterben zu müssen, wenn diese Wachträume nicht wahr werden sollten. Zweitens: Manchmal habe ich das Gefühl, es müsse für jeden offensichtlich sein, dass ich ihn minutenlang anstarre, dass ich sinnlose Sätze zusammenbrabble, wenn er in der Nähe ist. Ich habe das Gefühl, jeder, und allen voran Lars, müsse hören, dass mir das Herz aus der Kehle zu springen droht. Und dann schimpfe ich mit mir selbst, dass ich so wenig Vertrauen in meine Pokerface-Fähigkeiten habe.

Fühlt sich mein Kopf im Moment etwa rot an? Nein. Und das, obwohl ich, während ich die Setzlinge wässere, gerade zuschaue, wie Lars eine ältere Dame berät. Ich höre nicht, was sie reden, aber ich sehe, wie freundlich und offen sein Gesicht ist. Ich sehe, wie die Kundin ihm interessiert zuhört und plötzlich über das ganze Gesicht strahlt. Ich nehme an, er hat ihr ein Kompliment gemacht. Ich habe schon öfter beobachtet, wie feinfühlig er mit älteren Menschen umgeht. Konrad ist da ganz anders. Fremden gegenüber ist er so korrekt, dass kein Funke Herzlichkeit zu spüren ist, und seiner Familie gegenüber legte er eine Ungeduld an den Tag, dass wir uns alle gefühlt haben wie Dienstboten, die Anweisungen immer einen Tick zu langsam befolgen.

Ist das nicht verrückt? Ich habe einen Mann geheiratet, der keinen Moment lang darüber nachdenkt, wie es den Menschen in seiner Umgebung geht, was sie brauchen und – vor allem – was sie ganz und gar *nicht* brauchen können. Wenn man sich den Traummann ausmalt, dann denkt man vielleicht an blaue Augen, an muskulöse Oberarme, einen Dreitagebart und schöne Hände, aber man ist bereit, in der Realität Kompromisse einzugehen, wenn man dafür das Gefühl bekommt, geliebt und begehrt zu werden. An Eigenschaften wie Einfühlungsvermögen, Humor, Großzügigkeit und Spontaneität denkt man nicht. Man setzt sie einfach voraus. Welch unglaublich dummer Fehler. Konrad zum Beispiel hat keine einzige dieser Eigenschaften, und heute frage ich mich, warum ich dennoch bereit war, auf schöne Hände zu verzichten.

Man führe sich nur dieses gemeinsame Abendessen neulich vor Augen. Einen Moment lang begann ich tatsächlich zu glauben, die Trennung habe bei Konrad etwas bewirkt, habe ihn verändert. Wie er die Jacke aufhängte und nicht einfach aufs Sofa warf wie früher, das war für mich ein Zeichen von Respekt. Und wie er in Erinnerungen schwelgte, sich an die Details unserer Nacht unter dem Küchentisch erinnerte. Ich hatte das Gefühl, der neue Konrad sei romantisch. Aber dann dieser Satz: Er bereue nicht, dass er damals den Tisch für 172,55 Euro (oder wie viel es auch immer war) gekauft habe. Hallo? Geht's noch? Das ist so typisch Konrad: Er erinnert sich an jeden Cent, den er für mich ausgegeben hat. Und er erinnert sich in Großbuchstaben daran. Und dann fand er es schön, zu Hause zu sein. Es ist unfassbar, dass ich glauben konnte, er sehe plötzlich etwas anderes in mir als Dekoration und Putzfrau. Er fand es nicht schön, bei *mir* zu sein, er fand es schön, im gemachten Nest zu sitzen. Ich könnte kotzen, wenn ich daran denke.

Während ich die frisch gegossenen Setzlinge auf die Auslage zurückstelle, sehe ich, wie ein Teenager den Laden betritt. Ein ungewohnter Anblick. Ich kann mich nicht erinnern, dass in den vergangenen Wochen jemals einer hier war. Gespannt beobachte ich, was er tun wird. Sucht er ein Geschenk für seine Freundin? Allerdings sieht er dafür noch etwas jung aus. Allerhöchstens 15, schätze ich. Was will er nur? Er steht einfach nur da und scheint zu warten. Aber worauf?

Und dann sehe ich, worauf er gewartet hat: auf Lars, der eben seine Kundin samt ihrem Margeritenstock zur Tür begleitet und sich dann dem Jungen zuwendet. Mein Herz beschleunigt sofort auf 180. Was hat dieser Mann nur, dass ich jedes Mal fast ohnmächtig werde, wenn ich ihn sehe? Er hält dem Jungen die Hand zu diesem verkehrten Handschlag hin, der unter Jugendlichen üblich ist und nimmt ihn dann in den Arm. Er hat einen Sohn ... Wow! Das hab ich nicht gewusst.

Und wie cool er mit ihm umgeht! Wie gut er weiß, was Kinder brauchen! Konrad hat sich nie mit Sammy auf eine Stufe gestellt. Er hat ihn immer nur nach seinen Schulnoten gefragt. Wenn ich einen Mann wie Lars hätte: Wie gut würde das nicht nur mir, sondern auch den Kindern tun! Ob ich ihm und meinen Gefühlen für ihn trotzdem eine Chance gebe? Immerhin weiß er offensichtlich, wie es ist, Kinder zu haben. Er weiß, wie es ist, eine Trennung hinter sich zu haben. Er wäre der erste Mensch in meinem Leben, der mich verstehen würde.

Lars
Zwei Wochen später

Beate ist die erste Frau, die nicht an mir herummäkelt. Im Gegenteil: Sie scheint alles an mir zu mögen. Klar, auch ihre Vorgängerinnen hatten am Anfang nicht genörgelt. Aber ich sah sehr wohl dieses nachsichtige Lächeln bei Maria, als ich mich vom Anblick bungeejumpender Männer begeistern ließ und es schließlich selbst probieren wollte. Ich habe ihren mütterlichen Tonfall noch im Ohr, als sie anschließend sagte: »Und? War die adrenalinbedingte Erregung ein angemessener Ersatz für echte Gefühle?« Einmal habe ich sie auf eine sehr romantische Weise verführt, mit einem selbst gekochten Candle-Light-Dinner und einem sehr langen, einfühlsamen Vorspiel. Will jemand wissen, wie ihr erster Satz lautete, als sie danach in meinen Armen lag? »Ist dieser ganze Aufwand wirklich weniger anstrengend, als zu sagen, dass du mich liebst?« Sie sagte solche Dinge immer in einem liebevollen Tonfall, als würde sie mit einem dummen kleinen Kind sprechen. Sie konnte so verdammt klug reden, dass mir stets die Argumente fehlten, obwohl ich wusste, dass sie unrecht hatte.

Oder Siegrid. Da konnte man sie morgens in den Zoo einladen, weil sie doch Elefanten mochte, nachmittags zum 50 Kilometer entfernten See fahren, weil sie zwar gerne schwamm, aber Chlor so schlecht vertrug, und wenn man abends zum Griechen ging, weil Zaziki sie an die Urlaube ihrer Kindheit erinnerte, und man eine Viertelstunde auf einen freien Platz warten musste, sagte sie enttäuscht: »Hast du etwa vergessen zu reservieren?«

Beate ist anders. Wenn ich ihr von meinen Abenteuern erzähle, hört sie atemlos und mit vor Bewunderung großen Augen zu und sagt dann: »Ich wünschte, ich wäre auch so mutig.« Wenn ich ihr aus der Mittagspause ihre Lieblingspralinen mitbringe, seufzt sie: »So etwas Romantisches hat noch nie jemand für mich getan.« Sie ist wie ein Wellensittich, der aus seinem Käfig geflohen ist und gerade die Welt entdeckt: voller Staunen und frei von jeglichen Vorurteilen, sodass sie manchmal schon fast naiv erscheint.

Mir ist klar, dass sie so naiv nicht sein kann. Immerhin hat sie sich gerade aus einer 10-jährigen Ehe gelöst. Da gehört schon einiges dazu. Sie hat mir alles erzählt über ihren Mann, der nicht nur ein humorloser Geizhals sein muss, sondern wohl überhaupt keine Ahnung von Frauen hat. Und als wäre damit nicht genug, hat er sie offenbar auch noch gestalkt. Na ja, zumindest hat er in einem fremden Auto vor ihrem Haus herumgesessen, um sie mit einem anderen Mann zu erwischen. »Er muss echt gedacht habe, ein bescheuerter Hut würde ihn angemessen tarnen«, hat sie erzählt und dabei gelacht, obwohl sie das Ereignis ziemlich aus der Bahn geworfen hatte.

An all diese Dinge muss ich denken, als wir zusammen in meinem Bett liegen. Sie hat ihren Kopf auf meinen Arm gebettet und ihr linkes Bein über meinen Bauch gelegt. Mein Oberschenkel ist nass, ich weiß nicht, ob von ihrem Saft oder von meinem. Es war unglaublich. Ich hatte alles erwartet, aber nicht, dass eine Frau wie sie so leidenschaftlich und so hingebungsvoll ist. Ich hatte sie eher etwas verklemmt eingeschätzt und die leise Befürchtung gehegt, dass sie Sex nicht viel abgewinnen kann. Sie wirkt so kindlich und hat keine Ahnung, wie hübsch ihr Gesicht und wie unglaublich sexy ihr Arsch ist.

So zufrieden und wohl habe ich mich seit Ewigkeiten nicht mehr gefühlt, stelle ich fest, als ich ihr mit meiner freien Hand über die Haare streichle. Ich könnte stundenlang so neben ihr liegen, obwohl der Arm, auf dem sie liegt, schon vor Minuten gekribbelt und sich inzwischen ganz verabschiedet hat. Mir wird klar, dass meine Abende mit ihr an meiner Seite nie mehr leer sein werden. Mir wird klar, dass mein Leben aufgehört hat, langweilig zu sein.

Beate
Zwei Wochen später

Lars hat eine verkürzte Sehne im kleinen Finger der linken Hand. Er kann ihn aus eigener Kraft nicht strecken. Wenn man aber den einen Zeigefinger an seine Fingerspitze legt und den anderen oben auf das Mittelgelenk, geht es ganz leicht. Kaum lässt man los, schnellt sein kleiner Finger wieder in seinen Urzustand zurück. Er erinnert mich an meine Oma. Die schien auch von Natur aus verkrümmt zu sein. Clea ist ganz verrückt nach diesem Finger. Immer wieder streckt sie ihn gedankenverloren durch, lässt ihn wieder los, tippt ein paarmal leicht auf das Gelenk usw. Lars überlässt ihr seine Hand großzügig, wann immer sie will.

Jetzt bin ich diejenige, der er die Hand überlassen hat. So gehen wir nebeneinander über die Holzschnitzel, die den Gehwegen im Wildpark wohl Indianerpfadcharakter verleihen sollen. Die Kinder sind weit vorausgerannt, um Kastanien zu sammeln, und einen Moment lang fühlt es sich an, als ob wir eine Familie seien. Ich schaue Lars von der Seite an. Er passt gut hierher mit seinen dunkelblonden Haaren, die an den Spitzen von der Sonne ein wenig ausgebleicht sind. Er passt zu den Bäumen und dem Geruch nach Erde, mit diesen grünen Augen, die freundlich und ruhig blicken. Ich könnte ihn stundenlang anschauen.

Mit dieser Mischung aus Gelassenheit und Abenteuerlust hat er nicht nur mich, sondern auch die Kinder im Sturm erobert. Ich denke an jenen Abend zurück, als er zum ersten Mal bei uns zu Besuch war. Ich stellte ihn den Kindern als Kollegen vor, genauso wie sie Michelle oder noch früher Anne als Kolleginnen kennengelernt haben. Kaum hatte ich mich zu meinen Pfannen und Töpfen umgedreht, waren Sammy und Lars auch schon verschwunden. Sammy hatte kurz zuvor von seinem Vater ein Computerspiel bekommen. »Magic Jungle« oder so ähnlich. Das Spiel ist ab 12 empfohlen. Aber mit Lars' Hilfe ist Sammy jetzt praktisch Dschungelkönig. Bei Clea hat es kaum länger gedauert. Sie hängt an ihm wie eine Klette, spielt mit seinem Finger, zupft an seinem Ohrläppchen, klemmt ihm Haarspangen in die Haare. Seine Geduld ist grenzenlos.

Gerade will ich Lars sagen, wie glücklich ich bin, als Clea angestürmt kommt. Sie hat ihr Engelslächeln im Gesicht. Mir ist klar, dass sie etwas im Schilde führt, aber ich kann nichts Verdächtiges darin sehen, dass sie Lars übermütig von mir wegzerrt, um ihm die jungen Wildschweine zu zeigen. Erst als sie Sekunden später zurückkommt und meine von Lars noch warme Hand ergreift, verstehe ich, was sie mit ihrer Wildschweingeschichte bezweckt hatte. Ich tue so, als hätte ich nichts gemerkt und greife mit der anderen Hand nach Lars. Clea rennt beleidigt davon. Und Sammy weiß nichts Besseres, als Öl ins Feuer zu gießen, indem er singt: »Mama und Lars, die k-ü-s-s-e-n sich.« Es ist offensichtlich dringend an der Zeit, mit den Kindern zu reden.

Lars
Am gleichen Abend

Das Glas Rotwein in meiner Hand setzt dem Tag die Krone auf. Ich war ja zuerst nicht besonders erfreut, als ich erfuhr, dass Beates Mann die Kinder an diesem Wochenende nicht nehmen konnte. Ich hatte mir eine kleine Wanderung zu zweit vorgestellt mit einem köstlichen Picknick, wie es nur Frau Schulthess vom kleinen Tante-Emma-Laden in der Innenstadt zusammenzustellen weiß. Ich hatte mir gedacht, dass wir unsere Füße in den Schwarzfischsee baumeln lassen, ein Glas Wein trinken und später vielleicht unter freiem Himmel Liebe machen. Ich darf gar nicht daran denken, sonst wird mir schwarz vor Augen.

Jedenfalls machte ich gute Miene zum bösen Spiel, als mir nicht Beate, sondern Clea die Tür öffnete und vergnügt verkündete, wir würden heute in den Wildpark fahren. Beate hatte entschuldigend mit den Schultern gezuckt und mir später, während die Kinder mit einem Euro in ihren heißen Händen zum Eisstand liefen, erklärt, Konrad habe von einem Notfall gesprochen. Sie habe nicht nachgehakt, weil sie vermutet habe, dass er nur ihre Aufmerksamkeit habe erheischen wollen. Seine Notfälle gingen sie nichts mehr an, sagte sie. Das hat mich ein bisschen glücklich gemacht, und ich dachte mir, dass der Schwarzfischsee und die umliegenden Hügel auch am nächsten Wochenende noch dort wären.

Dass der Wildparkbesuch aber gleich so viel Spaß machen würde, hätte ich nicht gedacht. Sammy bat mich, mit ihm zusammen den Kletterparcours zu absolvieren. Ich hatte schon erwartet, dass Beate hinterherrufen würde: »Macht euch nicht schmutzig.« Doch Beate ist eben nicht Maria. Bei Beates Kindern muss man nicht befürchten, dass sie zu jenen ungeschickten Hampelmännern mit einer Neigung zur Astrophysik werden, die noch nicht mal Spaghetti kochen können. Ich meine, dass unser Timo mit seinen 13 Jahren auf seinem Skate schon Tricks kann, die andere mit 16 noch nicht können, hat er jedenfalls nicht Maria zu verdanken. Aber ich schätze, sie weiß noch nicht einmal, welches Talent ihr Sohn hat.

Ich nippe am Rotwein, den Beate aus dem Keller geholt hat, bevor sie mit den Kindern nach oben ging, um sie ins Bett zu bringen. Ein guter Tropfen, scheint mir, aber mein Urteil bedeutet nichts, ich kenne mich mit dem Zeug nicht aus. Ob sie ein Händchen dafür hat? Oder ist der Wein ein Überbleibsel ihres Mannes?

Aber zurück zu Timo. Ich habe heute ein paarmal an ihn gedacht. Inzwischen verbringe ich fast mehr Zeit mit Beates Familie als mit meinem eigenen Sohn. Ich sollte unbedingt wieder mal etwas mit ihm unternehmen. Die Radtouren haben ihm immer großen Spaß gemacht. Andererseits hat er inzwischen andere Dinge im Kopf. Ich bin mir sicher, dass er lieber skaten geht, als Zeit mit seinem alten Vater zu verbringen. Einen kleinen Moment lang wird mir etwas weh ums Herz, aber dann beruhigt mich der Gedanke, dass Timo inzwischen groß genug ist, um nicht mehr so sehr von der Aufmerksamkeit seiner Eltern abhängig zu sein.

Ich höre, wie Beate die Treppe herunterschleicht, und ich hoffe, dass wir nachher gemeinsam wieder hinaufschleichen. Doch Beate scheint der Sinn nach etwas anderem zu stehen.

»Wir haben ein Problem«, sagt sie.

Ich meine, sie scherze, und lache auf.

»Was denn? Dass wir noch die Töpfe abwaschen müssen?«

»Im Ernst, Clea ist eifersüchtig.«

»Eifersüchtig?«

Ich denke an den wundervollen Tag zurück, sehe die Kleine vor mir, wie sie lachend vor uns herrennt. Wie sie vor Freude quietscht, als ich sie hochhebe und im Kreis herumwirble. Wie sie halb ängstlich, halb fasziniert Popcorn an die aufsässigen Ziegen verfüttert. Ich kann beim besten Willen kein Problem erkennen.

»Hast du nicht gemerkt, dass sie dich nur zu den Wildschweinen gelockt hat, um dich von meiner Hand wegzukriegen?«

»Klar hab ich das gemerkt«, antworte ich, obwohl es nicht im Geringsten der Wahrheit entspricht. Ehrlich gesagt erinnere ich mich noch nicht mal daran, dass Clea mir die Wildschweine überhaupt zeigen wollte. Hatte nicht *ich sie* auf die Frischlinge aufmerksam gemacht? Aber ich will keine Diskussion über ein Detail beginnen, denn ich sehe meine Felle davonschwimmen. Es ist bereits 21 Uhr vorbei und ich habe eine wahnsinnige Sehnsucht nach Beate. Ich habe den ganzen Tag ihren süßen Arsch in diesen engen Jeans herumwackeln sehen. Dass ich nicht über sie hergefallen bin, lag nur daran, dass ich davon ausging, ich würde ihr diese Jeans ausziehen können, sobald die Kinder im Bett sind. Ich weiß, das klingt furchtbar egoistisch, aber ich schwöre bei Gott, dass ich diese Frau liebe und sie nur deshalb so sehr begehre.

»Und?« Beate reißt mich aus meinen Gedanken.

»Ich habe das nicht als Eifersucht gedeutet.«

»Als ich ihr eben einen Gutenachtkuss gab, fragte sie, ob ich dich lieber hätte als sie.«

Okay, das klingt irgendwie ungut. Ich seufze. Und schlage dann vor:

»Vielleicht sollten wir in ihrer Nähe nicht allzu offensichtlich verliebt sein.«

Beate nickt zufrieden, gibt mir einen ihrer weichen, warmen Küsse. Und schickt mich dann nach Hause. Scheiße. Ich nehme einen Umweg zur Bar »Rafaeli«.

»Hey«, begrüße ich Pit, als ich mich neben ihm auf einem Hokker niederlasse und aus Gewohnheit seinem Blick zur gegenüberliegenden Seite der Bar folge. Mich überrascht nicht, dass ich dort eine Blondine mit dicken Möpsen sehe. Billig, denke ich, nicht einen Hauch von Beates Klasse.

»Ach, gibt's dich auch noch?«, antwortet Pit statt einer Begrüßung.

»Nerv nicht«, antworte ich, bestelle mein Bier und sehe zu, dass ich es schnellstmöglich leer kriege. Ich kann es nicht ausstehen, wenn mir Freunde vorschreiben, wie oft wir uns zu sehen haben.

»Spaß verstehst du auch nicht mehr?«

Langsam hebe ich den Kopf, um Pit anzusehen, und einen Moment lang komme ich mir wie ein einsamer Cowboy vor, aber dann lacht mir Pit ins Gesicht. Was will ich machen? Inzwischen habe ich fast das ganze Bier getrunken und das Glas mit einem kräftigen Rums auf die Theke geknallt. Klar, jetzt fühle ich mich besser. Und lache zurück. Einen Moment lang überlege ich sogar, ob ich ihm erzählen soll, wie frustriert ich bin. Ich meine, jetzt habe ich endlich eine tolle, lustige und supersüße Frau gefunden und bin ganz betrunken von ihr und gleichzeitig muss ich tun, als wär ich in einer Polizeikontrolle, und den Stocknüchternen geben. Ich versteh einfach nicht, warum sie mich nach Hause geschickt hat, nachdem die Kinder ja bereits schliefen.

Allein der Gedanke daran verdirbt mir das Bier. Ich kippe den Rest noch hinunter und verabschiede mich.

»Sorry, Kumpel, aber ich bin müde.«

»Dann also bis in zwei Jahrhunderten wieder«, ruft mir Pit hinterher.

Arschloch.

Zu Hause schmeiße ich den PC an. Wer zum Geier ist Robert Zimmermann? Ich gehe jetzt mal nicht davon aus, dass Bob Dylan mir eine Freundschaftsanfrage schickt und ignoriere sie. In diesem Moment sehe ich, dass Timo gerade online ist.

Hallo Sohn, schreibe ich. Alles okay bei dir?

Ach, gibt's dich auch noch?, kommt umgehend die Antwort.

Leckt mich doch alle, denke ich und schalte den Computer wieder aus.

Kommentar

Bisher war für Lars die Welt komplett in Ordnung. Er hat einen schönen Tag mit Beate verbracht, mit deren Kindern er sich wunderbar zu verstehen scheint. Er kann sich beim besten Willen nicht vorstellen, dass die eifersüchtige Reaktion von Clea auf tiefer liegende Probleme hinweist. Auch die Ansprüche seines Freundes und seines Sohnes frustrieren ihn. Bisher ist Lars in seinem Leben vor Beziehungsproblemen davongelaufen. Wer jedoch eine Beziehung mit einem Partner eingeht, der bereits Kinder hat, wird mit einer solchen Verhaltensweise die neue Liebe aufs Spiel setzen.

Wenn Lars hingegen Verantwortung für die verschiedenen Beziehungen übernimmt, könnte es so weitergehen:

Alternative 3

Lars

Zu Hause schmeiße ich den PC an. Wer zum Geier ist Robert Zimmermann? Ich gehe jetzt mal nicht davon aus, dass Bob Dylan mir eine Freundschaftsanfrage schickt, und ignoriere sie. In diesem Moment sehe ich, dass Timo gerade online ist.

Hallo Sohn, schreibe ich. Alles okay bei dir?

Ach, gibt's dich auch noch?, kommt umgehend die Antwort.

Leckt mich doch alle, denke ich und erschrecke im gleichen Moment darüber. Das ist immerhin mein Sohn. Mein Gewissen meldet sich. Es ist nicht willkommen.

Bitte entschuldige, dass ich mich nicht früher gemeldet habe, schreibe ich zurück, komm, wir unternehmen am Wochenende etwas zusammen.

Zehn Minuten warte ich auf eine Antwort. Als mir klar wird, dass sie nicht kommen wird, wünsche ich, ich wäre bei Pit geblieben und hätte ein zweites Bier vor mir stehen. Mir dämmert, dass ich gerade dabei bin, so ziemlich alles zu vermasseln. Ich habe meinen Sohn in der letzten Zeit arg vernachlässigt, und wenn Beate mit ihrer Beobachtung recht hat, beginnen ihre Kinder gerade, sich zwischen mich und sie zu stellen.

»Kinder meiner Freundin mögen mich nicht«, google ich, auch wenn mir klar ist, dass dieser Satz die Dinge so sehr vereinfacht, dass sie nicht mehr der Wahrheit entsprechen. Doch als ich in einem der unzähligen vorgeschlagenen Foren zu lesen beginne, wird mir klar, dass ich nicht der Einzige bin, der solche Szenen erlebt. Als mir klar wird, wohin solche Schwierigkeiten führen können, erschrecke ich: Die Frauen der allermeisten Männer, die von ihren Erfahrungen berichten, haben sich früher oder später gegen ihren neuen Partner entschieden, um die Kinder nicht weiter zu verstören. Ich schreibe Beate in einer SMS, dass wir reden müssten.

Beate
Ein paar Tage später

Wir treffen uns in einem dieser Lokale, in denen man asiatisches Essen bekommt. Ich kann die Dinger nicht auseinanderhalten: Thai, chinesisch, indisch ... Für mich ist alles dasselbe. Ich mag asiatisches Essen nicht sehr, vor allem hasse ich die Stäbchen. Aber ich mag die Atmosphäre, das schummrige Licht, die warmen Farben. Besonders wenn ich mit Lars zusammen bin.

Er überlässt mir den Platz an der Wand, und während ich mich setze, erhasche ich seinen bewundernden Blick auf meine Beine, die, wie ich zugeben muss, zwischen dem kurzen Schwarzen und meinen einzigen High Heels echt saugut aussehen. Wie gern wäre ich jetzt mit ihm woanders. An einem Ort mit Bett. Aber ich weiß, dass wir Ernstes zu besprechen haben. Er hat mir bereits am Telefon gesagt, dass wir einen anderen Umgang mit den Kindern finden müssten. Und ich war erleichtert darüber, dass er über den Rauswurf an jenem Abend nach dem Wildpark nicht sauer war.

»Ich möchte dich ausziehen und von oben bis unten ablecken, so süß bist du«, raunt er mir zu, nachdem er sich gesetzt hat. Mir wird ganz anders.

»Dann beiß ich dich in die Schulter, so knackig bist du«, antworte ich frech, um meinen Schwindel in den Griff zu bekommen. Und wir schauen uns an wie die Hauptdarsteller eines Sexfilms. Lächerlich, ich weiß. Aber es fühlt sich gut an.

Während ich gerade dabei bin, den eigentlichen Grund unseres Treffens zu vergessen, besinnt sich Lars.

»Ich hab mir Gedanken gemacht«, sagt er. »Ich habe viel im Internet gelesen. Ich glaube, wenn wir uns beide wieder mehr um unsere eigenen Kinder kümmern, dann wird sich Clea weniger darüber aufregen, dass wir ein Paar sind.«

Süß, dass er es »aufregen« nennt, denke ich. Typisch Mann. Dabei war es doch offensichtlich, dass Clea Angst hatte, sie könnte mich verlieren.

»Clea hat sich nicht aufgeregt. Sie hatte Angst«, sage ich deshalb.

»Ich weiß«, antwortet Lars. »Und Sammy? Hat er auch etwas gesagt?«

»Ich glaube, er macht sich schon so seine Gedanken. Aber bis jetzt hat er sich nichts anmerken lassen.«

»Tja, so sind die Jungs. Die machen alles mit sich selber aus.«

»Dein Timo also auch?«

»Ich weiß nicht, ob man das Angst nennen kann. Jedenfalls scheint er nicht besonders gut auf mich zu sprechen zu sein.«

Ich seufze, worauf Lars beginnt, mit den Fingerspitzen über meine Fingerknöchel zu streichen. Er hat eine Gabe, auf eine Weise zu streicheln, dass sich die ganze Welt auf diese Berührung reduziert. Ich glaube, er weiß das gar nicht, denn während meine Welt nur noch aus Fingern besteht, redet er davon, dass er mehr mit seinem Sohn unternehmen und ihn behutsam auf ein erstes Treffen mit mir vorbereiten wolle.

Seltsam, denke ich, der Junge ist doch schon ein Teenager. Aber ich sage mir, dass Lars seinen Sohn besser kennt als ich und schon wissen wird, warum er die Dinge so kompliziert machen will. Immerhin habe ich ja bei meinen eigenen Kindern gesehen, dass es schwieriger war als erwartet. Wenn Lars sich vermehrt um seinen Sohn kümmert, verschafft mir das auch mehr Zeit, mit meinen Kindern allein zu sein.

»Wie ist er denn so?«, frage ich Lars.

Schlagartig verändert sich sein Gesichtsausdruck. Zu Stolz und Liebe, die mich fast ein wenig eifersüchtig machen. Timo sei cool, sagt er. Ein super Skater, ein begabter Fotograf, sportlich und klug. Fällt nur mir auf, dass er mit keinem Ton Timos Art erwähnt?

Vorsichtig frage ich deshalb: »Und ist er freundlich?«

»Freundlich?«, echot Lars, als wäre dieses Wort das letzte, das er mit Timo in Verbindung bringen könnte. »Freundlich ist vielleicht das falsche Wort. Aber er hat das Herz am rechten Fleck.«

Na toll, denke ich. Ein unfreundlicher Bursche ist genau das, was ich kennenlernen möchte.

Lars
Vier Monate später

Nun dauert es nicht mehr lange, und Timo wird mich mein Alter spüren lassen können. Er fährt mir jetzt bei den Steigungen schon dicht auf. In ein paar Monaten werde ich hinter *ihm* herfahren. Ich weiß, dass mich diese Gedanken vor einem Jahr noch gestört hätten. Aber seit ich Beate habe, gibt es nichts, das mich aus der Bahn werfen könnte. Als wäre sie eine gute Fee, erfüllt sie mir Wünsche ungefragt. Ich habe eine wunderbare Beziehung, meine Arbeit macht mir noch mehr Spaß als früher, und meinem Sohn fühle ich mich näher als je zuvor. Früher war ich eine Art Wochenendfreund für ihn. Jetzt habe ich das Gefühl, ein echter Vater zu sein. Früher haben wir zusammen Dinge unternommen, jetzt reden wir auch miteinander. Plötzlich habe ich nicht mehr das Gefühl, jemand habe mir mein Leben geklaut und ich müsse nun mit einer minderwertigen Alternative vorliebnehmen.

Ich weiß, dass ich das alles Beate zu verdanken habe. Nicht, dass sie es bewusst in die Wege geleitet hätte. Aber seit ich sie kenne, sehe ich die Welt einfach klarer und weiß, was zu tun ist. Ihre natürliche Herzlichkeit macht alles einfacher. Wenn ich nur daran denke, wie gut sie sich mit Timo verstanden hat. Wir hatten vorher abgemacht, dass sie sich nicht extra um ihn bemühen solle. Den Tipp, sich den Stiefkindern nicht anzubiedern, sondern sich langsam heranzutasten, haben wir auf einer dieser Internetseiten gelesen, die wir beide jetzt regelmäßig besuchen.

Bei der ersten Begegnung war Beate wie immer: freundlich und fröhlich, ohne überdreht zu sein. Ich kenne wenige Frauen, die das hinbekommen. Timo schien es zu schätzen.

Als wir uns für eine Pause mitten im Wald auf den Boden setzen, frage ich ihn, wie er sie findet.

»Ganz okay«, sagt er.

»Sie fand dich nett«, sage ich. Er scheint überrascht.

»Wirklich?«

»Wirklich.«

»Sind ihre Kinder auch nett?«

»Zwei kleine, ungezogene Bälger«, antworte ich grinsend.

Er grinst zurück. »Nerven sie?«

»Und wie.«

»Find ich gut«, sagt er.

»Willst du sie kennenlernen?«

»Von mir aus.«

Das ist mein Sohn.

Kommentar

Statt von aufkommenden Problemen abzulenken, nimmt Lars Beates Beobachtung ernst, dass Clea eifersüchtig auf ihn reagierte. Auf eigene Faust informiert er sich über die Probleme, die Stiefelternschaft mit sich bringt, und realisiert, dass es für die Kinder nicht einfach ist, einen neuen Mann an der Seite ihrer Mutter zu akzeptieren. Er versteht, dass sie Zeit und Verständnis brauchen, um mit der neuen Situation umzugehen und sucht das Gespräch mit Beate.

Zusammen setzen sich die beiden erstmals mit ihren Rollen als Stiefeltern auseinander. Das hilft ihnen, mehr auf die Bedürfnisse der Kinder zu achten, ihren Wunsch nach Nähe zu den leiblichen Eltern und nach Abstand zu den neuen Partnern wahrzunehmen. Die Beziehung zu den Stiefkindern bauen sie sorgsam auf. Indem sie immer wieder das Gespräch darüber suchen, können Beate und Lars in Zukunft mehr darauf achten, wie stabil die Beziehung der Kinder zum neuen Stiefelternteil ist.

☞ *Mehr über die Rollen von Eltern und Stiefeltern und wie die Kinder damit umgehen, erfahren Sie im Kapitel 4 im Abschnitt »Kinder in Patchworksituationen« (S. 269 ff.) und im Kapitel 6 »Eltern und Stiefeltern« (S. 301 ff.).*

Rosa Brille

Konrad
Ein paar Tage später, im Juni

Als ich auszog, verschwendete ich keinen Gedanken daran, dass die Übergabe der Kinder der nervigste Teil der ganzen Übung werden würde. Ich stellte mir vor, Beate klingelt an der Tür, die Kinder geben Oma und Opa artig ein Küsschen auf die Wange und fallen mir zum Abschied um den Hals, lassen sich dann von Beate an der Hand zum Auto führen und nach Hause fahren. Die Realität sieht anders aus.

Clea schreit wie am Spieß, weil sie ihre Puppe nicht findet und unter keinen Umständen ohne sie fahren will, obwohl sie zu Hause noch mindestens zehn weitere hat und obwohl sie sie am Samstag noch geohrfeigt hat mit der Begründung, sie sei nicht brav gewesen. Nur damit das klar ist: Beate und ich, wir schlagen unsere Kinder *nie*. Ich weiß also nicht, woher Clea die Idee hat, man bestrafe Kinder mit Ohrfeigen.

Während Clea herumbrüllt, als sei der Teufel hinter ihr her, sitzt Sammy bereits im Auto, wo er gedankenverloren Schaumstoff aus den Autositzen klaubt, woraufhin ich ihm gehörig die Meinung sage, woraufhin er wiederum in ein missmutig brütendes Schweigen verfällt, das er auch angesichts unserer Fragen aufrechterhält, ob er seine Schulbücher eingepackt habe und wo seine schmutzige Wäsche sei.

Kurz: Ich bin fix und fertig, als ich die Rücklichter von Beates Auto um die Ecke verschwinden sehe. So fertig, dass ich noch nicht einmal die Wehmut empfinde, die ich sonst immer habe, wenn ich meine Kinder ziehen lasse. Ein seltsames Phänomen übrigens: Früher war ich froh, wenn die Kinder mal außer Haus waren, weil sie bei Schulfreunden schliefen oder bei der Oma. Heute zerreißt es mir jedes Mal das Herz.

Beate
Zwei Wochen später

Ehrlich, es ist kein Problem, dass ich Sammy schon um 16 Uhr wieder bei mir habe, statt erst um 18 Uhr, wie es mit Konrad abgemacht gewesen wäre. Er war eben auf dieser Geburtstagsparty, da bot es sich an, dass ich ihn direkt abhole, und jetzt ist es etwas früher geworden als geplant. Kein Drama, echt. Ich bin deswegen nicht überzeugt, dass eine Verschwörung gegen mich im Gang ist, wie es Konrad wäre. Aber ein bisschen stört es mich schon, denn gerade die letzten zwei, drei Stunden, bevor die Kinder jeweils nach Hause kommen, mag ich vom ganzen Wochenende am liebsten. Das ist, wie wenn man einen Schokoriegel isst und jemand davon abbeißen will. Man ist gerne bereit, jeden erdenklichen Biss abzugeben, aber eben nicht den letzten.

Es ist nicht so, dass die kinderlosen Sonntage plötzlich Schokoriegel für mich wären, nur weil ich Lars habe. Denn Lars kümmert sich manchmal genau dann um seinen Sohn, wenn auch meine Kinder bei ihrem Vater sind. Ich verbringe die Wochenenden also immer noch oft alleine. Aber ich fühle mich nicht mehr einsam.

Ich lese jetzt einfach etwas länger Zeitung als früher und trinke zwei Kaffee statt nur einen. Dann ist schon mal Mittag. Manchmal hat eines meiner Mädels am Sonntagnachmittag Zeit für noch mehr Kaffee mit sehr viel Klatsch über die restlichen Mädels unserer Gruppe – vor allem wenn es Silvia ist, die sich am Sonntag Zeit für mich nimmt. Von ihr weiß ich, dass Katy einen Scheidenpilz hatte. Von ihr weiß ich, dass Anne eine Stange im Schlafzimmer montieren ließ, um ihren Mann mit im Wochenendkurs erlernten Pole-Dance-Künsten zu überraschen, und von ihr weiß ich auch, dass Gabi bei einem IQ-Test im Rahmen einer Bewerbung nur 90 Punkte erreichte, was offenbar nicht besonders gut ist.

Wenn sie mir solche Geheimnisse weitererzählt, frage ich mich manchmal schaudernd, was sie über *mich* so erzählt. Ja, ja, ich hör schon alle denken: Selber schuld, so einer erzählt man eben nichts. Möchte mal sehen, wer es fertigbringt, Silvia nichts anzuvertrauen. Die hat eine Art ... Man kann nichts dagegen tun. Deshalb weiß sie zum Beispiel auch, dass ich manchmal Angst habe, Lars würde mich mit seiner Ex vergleichen und ich käme dabei nicht besonders gut weg. Sie weiß auch, dass ich mich in Lars' Armen in eine Wildkatze verwandle und über meine eigene Hemmungslosigkeit staune. Oh, mein Gott. Dass ich ihr das erzählt habe.

Ich spaziere mit Sammy an Lars' Lieblingseisbude, an seinem Friseur und seiner Stammwäscherei vorbei und schließlich stehen wir vor dem Haus, in dem er wohnt. Er erwartet mich eigentlich später. Ich sollte Sammy zusammen mit Clea direkt bei Konrad abholen und erst dann bei Lars aufkreuzen. Da Sammy nun halt eine halbe Stunde früher als erwartet angerufen hat und wir gerade in der Nähe waren, fand ich es klug, Lars zuerst und Clea erst danach abzuholen.

Ich weiß, dass er einen Sohn hat. Ich weiß, dass sie das Wochenende zusammen verbracht haben. Und trotzdem trifft es mich völlig unvorbereitet, als mir Timo die Tür öffnet. Ich erkenne ihn wieder, obwohl die Jugendlichen heute alle gleich aussehen: Hosen, die zu weit unten sitzen und seit ein paar Jahren zum Knöchel hin auch noch enger werden, einen Kapuzenpullover, eine Schirmmütze. Ich bin froh, dass Sammy noch nicht in diesem Alter ist. Es sieht einfach nur bescheuert aus. Aber er hat ein hübsches Gesicht, wenn auch ein völlig anderes als Lars. Was mich wieder verunsichert, da es auf eine schöne Mutter hindeutet.

Ich stammle eine lange Erklärung, weshalb wir früher als angekündigt kämen, und obwohl ich sehe, dass es Timo nicht die Bohne interessiert, quassle ich weiter. Ich weiß nicht, wieso. Endlich erlöst Lars mich (und wohl auch Timo), indem er uns hereinbittet. Timo sitzt bereits wieder an seiner Spielkonsole und würdigt uns keines Blickes, bis Sammy sich neben ihn setzt und schüchtern fragt, worum es bei dem Spiel gehe. Als ich zum Aufbruch mahne, ist Timo gerade dabei, zu erklären, wie die verschiedenen »Tricks« beim Skaten genannt werden, und Sammy stellt sich quer. Er will bleiben.

»Von mir aus kann er bleiben, aber du musst mich um 18 Uhr abliefern«, sagt Timo zu Lars.

Ich bin verblüfft über seine Hilfsbereitschaft und irgendwie gerührt, dass er sich freiwillig mit einem kleinen Jungen abgeben will.

Doch mir ist klar, dass wir es nicht rechtzeitig schaffen werden, und ich glaube nicht, dass es mir recht ist, wenn sie Sammy zum »Abliefern« mitnehmen und er auf Lars' Ex trifft. Lars bemerkt meinen Blick auf die Uhr und bietet an, mich zu Konrad zu fahren und – damit er nichts merkt – um die Ecke auf mich und Clea zu warten.

»Es wird trotzdem nicht reichen«, sage ich. Gleichzeitig schäme ich mich ein wenig, dass wir immer noch so ein Geheimnis um unsere Beziehung machen müssen.

»Ach, schreib doch deiner Mutter schnell eine SMS, dass du eine halbe Stunde später kommst«, sagt Lars zu Timo.

Als wir wenige Minuten später im Auto sitzen, schaue ich Lars verstohlen von der Seite an. Wie gelassen er ist. Mich machen die Kinderübergaben noch immer halb verrückt, weil ich jedes Mal damit rechne, dass mir Konrad eine Szene macht: »Du stiehlst mir die Kinder«, »Wie kannst du mir das antun, nach allem, was ich für die Familie getan habe« und so weiter und so fort. Doch bei Lars scheint alles geregelt zu sein. Da geht es auch ohne starre Regeln, ohne Seilziehen um jede Minute, um jeden Cent, um jede Entscheidung. Mit Lars sind selbst Trennungen angenehmer als mit Konrad, denke ich. Kein Wunder ist sein Sohn ebenso unkompliziert wie er, denke ich weiter. Erst als ich und Lars ihn zwei Wochen später von der Polizeiwache abholen und er nichts als ein paar verächtliche Blicke für mich übrig hat, revidiere ich meine Meinung ein wenig.

Maria
Zwei Wochen später

Normalerweise beruhigt mich die 8. Symphonie von Gustav Mahler. Aber heute nicht. Angst um den entlaufenen Sohn zu haben ist nun einmal etwas anderes, als auch dann noch Überstunden machen zu müssen, wenn man bereits zwei Dienste für krank gewordene Kollegen übernommen hat. Es ist nicht dasselbe, wie wenn einem der Chef vorwirft, man würde zu langsam arbeiten. Es ist noch nicht mal dasselbe, wie in einem Abstrich Hinweise auf ein Zervixkarzinom zu entdecken und dann stundenlang darüber nachzudenken, wie eine fremde Frau bisher gelebt haben könnte und was die Diagnose Gebärmutterhalskrebs in ihrem Leben verändert. Mir ist selbstverständlich klar, dass Krebs ein sehr viel tragischeres Schicksal ist als die Flucht des eigenen Sohnes aus dem Elternhaus. Doch für den Krebs einer anderen kann ich nichts. Am Unglücklichsein meines Sohnes hingegen bin ich irgendwie beteiligt, selbst wenn mein Versagen bloß darin besteht, dass ich ihn mit einem Mann gezeugt habe, auf den nicht der geringste Verlass ist. Lars nimmt Timo auf Biketouren mit, die für einen Jugendlichen zu gefährlich sind, und ich hab dann zwei Wochen lang einen Jungen mit Armschiene zu Hause, der sich als Einhändiger nicht einmal selber anziehen kann. Aus jedem normalen Vater-Sohn-Wochenende macht Lars ein Adventure-Event. Aber einmal mit seinem Sohn für eine Prüfung zu lernen, das schafft er nicht.

Dabei wäre es so dringend nötig. Timos Noten sind im Keller, und im Elterngespräch habe ich von seinem Klassenlehrer erfahren, dass sie ihn nur unter der Bedingung mit ins neue Jahr nehmen, dass seine Noten bis zu den Herbstferien den erforderlichen Durchschnitt ohne Hilfe der Lehrer in Form besonders gut gemeinter Mündlich-Noten erreichen.

Ich habe mich längst damit arrangiert, dass Lars den Jungen nie pünktlich nach Hause bringt, dass er seine Erziehungspflichten nicht wahrnimmt und weniger zur Haushaltskasse beisteuert als ich. Aber ist es übertrieben, dabei ein kleines bisschen Hilfe zu erwarten? Es kommt nun wirklich nicht oft vor, dass ich übers Wochenende eine Fortbildung besuche. Doch was geschieht, wenn ich es doch einmal tue? Unser Sohn verschwindet. Und damit nicht genug: Ich erfahre auch erst davon, als alles schon vorbei ist. Ich könnte mich ohrfeigen, wenn ich daran denke, dass ich damals auf Lars' Spitzbubencharme reingefallen bin und nicht gemerkt habe, dass ich mir statt eines Mannes einen kleinen Jungen ins Haus geholt habe. Damit keine Missverständnisse aufkommen: Ich will ihn um nichts in der Welt zurück. Sollte also irgendjemand auf die Idee kommen, mein Ärger sei bloß Ausdruck einer tiefen Verletzung, ist er auf dem Holzweg. Es ist eine ganze Weile her, dass Lars und ich uns getrennt haben, und die Gründe dafür hat er mir an diesem Wochenende wieder einmal deutlich vor Augen geführt. Und das sage ich ihm auch, als er zusammen mit seiner Neuen hier aufkreuzt, um Timo zurückzubringen, den sie von der Polizeiwache abgeholt haben.

»Was hast du dir dabei gedacht, einen Zettel an die Tür zu hängen, wenn du deinen Sohn zu Besuch erwartest?«

»Ich dachte, er sei alt genug, um den Bus zu nehmen, zwei Stationen zu fahren und dann bei der richtigen Haustüre zu klingeln.« Es ist nicht zu fassen, wie gelassen er ist. Versteht er nicht, dass unser Junge seinen Vater braucht?

»Hast du dir mal überlegt, dass er seinen Vater vielleicht mal für sich alleine haben will? Hast du dir überlegt, dass die Familie deiner Wahl eventuell nicht seine Wunschfamilie ist?«, frage ich ihn und sehe aus dem Augenwinkel, wie seine Freundin betreten zu Boden schaut. Ich habe nichts gegen sie. Auch wenn sie mir etwas dümmlich erscheint. Bisher hat sich unser Sohn jedenfalls nicht über sie beschwert. Aber ich habe etwas dagegen, dass Lars noch unzuverlässiger geworden ist, seit er sie kennt.

»Mein Gott, Maria«, sagt Lars, »was soll das jetzt? Du weißt genau, dass Timo mit Beates Familie gut klarkommt.«

»Stimmt das, Timo?«, frage ich, ich weiß nicht warum, denn mir ist tatsächlich klar, dass er Beate und die Kinder mag. Mir schmeckt bloß Lars' unsägliche Gelassenheit nicht. Ich will nicht, dass er Zettel an die Türe klebt, statt sie zu öffnen. Ich will nicht, dass er seinen knapp pubertären Sohn einfach unbeaufsichtigt lässt, damit er mit seiner neuen Freundin in Ruhe rumturteln kann. Ich will, dass er auf Timo aufpasst, dass er Verantwortung übernimmt.

»Ach, lasst mich doch in Ruhe«, schnauzt uns Timo an und läuft in sein Zimmer.

Ich schaue ihm nach und fühle mich elend. In meinem Beharren darauf, dass Lars versagt hat, bin ich selber eine Versagerin geworden. Wie konnte ich bloß übersehen, dass ein solcher Streit nicht das richtige Willkommensgeschenk für einen Jungen ist, der abgehauen ist. Vielleicht ist er sogar genau deswegen abgehauen. Weil wir uns in letzter Zeit plötzlich wieder ständig streiten. Und ich hatte gedacht, wir seien Vorzeigescheidungseltern.

Nachdem ich Lars und seine Begleitung mit einer halbherzigen

Entschuldigung und einem nachdrücklichen Abschiedsgruß hinaus-
befördert habe, gehe ich schnell, aber leise die Treppe hoch zu Timos
Zimmer. Ich will wiedergutmachen, dass ich ihn vor allen unter
Druck gesetzt habe. Ich will herausfinden, warum er abgehauen ist.
Und ich will wissen, wie ich verhindern kann, dass sich dieses Er-
eignis wiederholt.

Lars
Eine Woche später

Maria führt mir gerade mal wieder vor Augen, wie gut es ist, dass
wir uns getrennt haben. Noch am Wochenende hat sie bei mir ein
Maß an Verantwortungslosigkeit festgestellt, »das mir nicht mehr
erlaubt, dir Timo über Nacht anzuvertrauen«. Und jetzt das:

»Kannst du Timo dieses Wochenende nehmen? Ich bin kurzfristig zu einem Kongress eingeladen worden.«

Ich sage nichts.

»Meine Eltern können nicht«, sagt sie. Und ringt sich dann ein
»Bitte« ab.

Ich hatte eh nicht geglaubt, dass ich ihn nicht mehr übers Wochenende bekommen würde. Ich meine, wie oft hat sie mir schon
gedroht. Trotzdem. Ein bisschen erleichtert bin ich schon, dass sie
es sich dieses Mal so ungewöhnlich schnell anders überlegt hat.
Doch gleichzeitig denke ich an Beate, die mir schon vorgestern in
einer SMS geschrieben hat, wie sehr sie sich darauf freue, endlich
einmal ein Wochenende nur zu zweit zu verbringen. Und sie hat
mir »weiche Küsse und einen Biss in den Hals« geschickt. Wie wird
sie reagieren?

Sie reagiert, wie ich es mir hätte denken können. Nämlich klasse. Wie sie dasteht und ein kleiner Schatten über ihr Gesicht huscht.
Oder sind es bloß ihre Haare, die ihr über die Augen fallen, als sie
den Kopf für einen kurzen Moment ein bisschen hängen lässt? Doch
dann strahlt sie mich an, gleißende Sommersonne. Ich muss für
einen Moment die Augen schließen, wie um zu verhindern, dass
mich die Woge von Liebe, die ich für sie empfinde, einfach davon-
spült.

»Das ist überhaupt kein Problem«, sagt sie lächelnd.

»Aber wir hatten doch ein romantisches Wochenende geplant, nur wir zwei.«

»Dann machen wir eben ein schönes Wochenende zu dritt. Wir fahren zum Baggersee, baden und lassen uns die Sonne auf den Pelz scheinen. Wird sowieso langsam Zeit, dass ich Timo besser kennenlerne.«

»Er ist in einem schwierigen Alter.« Ich will sie gewarnt haben. Ich will, dass sie weiß, worauf sie sich einlässt. Das Wochenende kann alles werden: Lustig. Desaströs. Langweilig. Aber auf keinen Fall romantisch. Das muss ihr klar sein. Nicht, dass sie nachher enttäuscht ist.

»Klar, das waren wir alle mal«, sagt sie, lacht, knufft mich in die Seite und flüstert: »Angsthase.«

Ich muss meinen rechten Arm um ihren Hals legen. Sie bettet ihren Kopf in meine Beuge und blinzelt mich an.

»Und du möchtest wirklich dabei sein. Du musst dich nicht verpflichtet fühlen.« Ich lasse ihr noch diesen Ausweg.

»Noch ein Wort, und ich werde sauer.« Ihre Augen funkeln immer noch vergnügt. Endlich küsse ich sie.

Beate
Ein paar Tage später

Kinder brauchen vor allem Liebe. Davon bin ich überzeugt. Wahrscheinlich brauchen sie auch noch eine Menge andere Dinge, aber wenn sie genug Liebe bekommen, dann verzeihen sie einem alles, was sie sonst nicht kriegen. Wenn auch nicht sofort. Clea im Supermarkt zum Beispiel: Sie ist so nachtragend, wenn ich ihr den PEZ-Spender mit Hello-Kitty-Kopf verweigere, dass man denken könnte, sie betreibe Politik. Aber ich gehe davon aus, dass sie als Erwachsene nicht mehr an Hello Kitty denkt. An eine schöne Gutenachtgeschichte, die ich ihr unter meiner Bettdecke erzähle, aber schon. Oder an meinen Trost, wenn sie wegen einer Grippe den Kindergeburtstag ihrer besten Freundin verpasst. Schenkte ich ihr PEZ in rauen Mengen, erzählte ihr aber nie eine Geschichte oder veranstaltete keine Miniparty am Krankenbett für sie allein, würde sie als Erwachsene ihren Freundinnen oder einem Psychologen erzählen, ich hätte mein mangelndes Engagement als Mutter mit Süßigkeiten ausgeglichen und deshalb sei sie jetzt fett und unglücklich.

Man kann sich also denken, wie sehr mich die Begegnung mit Maria schockiert hat. Dass sie ihrem Sohn weder die saumäßig teure Markenjeans verweigert noch das bescheuerte, übergroße Cap, das ihn aussehen lässt wie eine Comicfigur, ist nicht mein Problem. Jugendliche sind anders. Sie sollen sich auch doof kleiden dürfen. Schlimm finde ich, dass Maria absolut kalt ist. Sie ist die Art von Frau, bei deren Anblick einem der Atem stockt. Man weiß nicht, ob wegen ihrer Schönheit oder vor Kälte. Diese schwarzen, langen Haare, die sich niemals ineinander verwickeln, von denen jedes einzelne in einer vollkommen geraden Linie fällt. Dieses weiße Gesicht. Die blauen Augen. Ehrlich, man beginnt zu frieren, wenn man den Fuß nur auf die Türschwelle setzt.

Als Lars mich fragte, ob wir Timo übers Wochenende nehmen können, obwohl wir endlich mal wieder nur für uns zwei geplant hatten, musste ich keine Sekunde nachdenken. Na gut, eine Sekunde hab ich gezögert, aber das war nur die Sekunde, die mein Gehirn brauchte, um zu verstehen, dass sich die Pläne geändert hatten. Einen Entscheidungsprozess gab es nicht. Mir war sofort klar, dass das eine Gelegenheit sein könnte, Timo das zu geben, was seine Mutter nicht zu geben fähig ist. Wenn ich es richtig anstellte, würde Timo bald nicht mehr den Wunsch haben, abzuhauen.

Es ist allerdings schwerer als gedacht. Timo scheint nicht gerade auf mich gewartet zu haben. Um ehrlich zu sein, er interessiert sich einen Dreck für mich. Beim Händeschütteln hebt er die Mundwinkel gerade mal so weit, dass man es mit viel gutem Willen als Höflichkeit interpretieren kann. An der Diskussion um die Frage, an welchen See wir fahren, beteiligt er sich nicht, und auf der Autofahrt steckt er sich Kopfhörer in die Ohren.

Na warte, Bürschchen, du wirst schon noch deinen Spaß haben, denke ich. Aber es gelingt mir nicht, irgendeine Art Freude in ihm zu wecken. Er wackelt zwar brav hinterher, wenn wir Eis holen gehen, und taucht seinen schmächtigen, weißen Körper ohne Widerspruch ins kühle Wasser. Aber Leben kommt erst in ihn, als er zwei Mitschüler trifft, die ihn zum Arschbombenwettbewerb überreden. Aus der Ferne beobachten wir, wie er ein ums andere Mal auf den Sprungturm klettert, wie er im See verschwindet und stattdessen Fontänen auftauchen.

»Er hasst mich«, sage ich. Lars legt den Arm um mich.

»Er hasst dich nicht. Frag seine Lehrer. Er interessiert sich für nichts außer Skaten. Ist doch auch normal. Ich war in diesem Alter komplett verrückt nach Michael Jackson. Mich hat auch nichts anderes interessiert.«

Als Timo vom Sprungturm zurückkommt, lässt er sich prustend auf das Handtuch neben mir plumpsen und dabei fliegen ein paar Tröpfchen auf meinen Arm. Seltsam, ich genieße es. Es ist, als hätte er mir ein Zeichen gegeben. Und plötzlich bin ich zuversichtlich.

»Darf ich ein Foto von euch zusammen machen?«, frage ich heiter und packe meine Spiegelreflexkamera aus. Eine der billigsten zwar, aber ich bin trotzdem stolz auf sie.

»Geiles Teil«, sagt Timo. Verblüfft schaue ich ihn an.

»Du kennst dich aus damit?«

»Ich wünsch mir schon lange eine«, sagt er mit Seitenblick auf Lars. Der lacht.

»Du wünschst dir seit zwei Monaten eine.«

Timo zuckt mit den Schultern und schaut dann wieder zu mir. Sprich, auf die Kamera in meiner Hand.

»Willst du?«, frage ich und strecke sie ihm hin.

»Du schickst uns dann die Bilder, ja?«, fragt er, während er Knöpfe drückt und Rädchen dreht, von denen ich nicht einmal wusste, dass sie existieren.

Ich werfe Lars einen Blick zu, der bedeuten soll: »Warum hast du mir nichts von *diesem* Interesse erzählt?« Und er fuchtelt mit den Händen so, dass sie mir »Ich Dummkopf hab's vergessen« mitteilen. Ich lache leise. Und antworte dann Timo etwas verschämt:

»Ich weiß nicht, wie das geht.«

»Du kannst es direkt aus dem Bearbeitungsprogramm schicken.«

Ich kann ihm nichts schicken. Ich kann nichts bearbeiten. Ich kann gar nichts außer Knipsen. Das immerhin ziemlich gut. Als er kapiert, dass ich keine Ahnung habe, wovon er überhaupt spricht, setzt er sich mit seinem Smartphone neben mich aufs Badetuch und beginnt, mir anhand eines entsprechenden Apps zu erklären, was man mit einem Bearbeitungsprogramm anfangen kann. Seine Finger fliegen regelrecht über den kleinen Bildschirm. Seine Stimme klingt wie Vogelgezwitscher. Er lacht. Er schaut mich an mit riesigen Augen. Er stupst mich aus Versehen mit dem Ellbogen an und zuckt nicht zurück. Er sagt:

»Weißt du was? Ich lade dir eine gehackte Version herunter. Die Dinger sind im Laden schweineteuer.«

Ich verstehe nicht viel von dem, was er sagt. Aber mir ist klar, dass er mir gerade einen Gefallen tun will. Ich muss den Drang unterdrücken, meinen Arm um ihn zu legen und ihn zu drücken.

Für mich ist es »zur Feier des Tages«, als ich mir in der Frittenbude Schnitzel und eine Portion Pommes frites gönne. Für die Jungs ist es wohl eher einfach Hunger. Während ich vorsichtig ein bisschen Ketchup auf den Tellerrand drücke, reißt Timo bereits das zweite Tütchen auf und schmiert den Inhalt spiralförmig über seine Fritten. Dasselbe macht er mit der Mayonnaise. Zwei rot gebrannte Rentner am Nebentisch schauen angewidert zu und beginnen zu tuscheln. Ich könnte sie erwürgen, obwohl ich selber fast Brechreiz bekomme, als ich Timos Kreation sehe.

Mit Argusaugen beobachten die Alten, wie sich Timo nach getanem Werk zurücklehnt, die Füße auf einen der freien Plastikstühle an unserem Tisch legt und seine Mahlzeit auf den Oberschenkeln platziert. Gerade als er genüsslich eine seiner Fritten aus dem rotweißen Haufen zieht, zetert die Alte vom Nebentisch los.

»Haben dir deine Eltern keinen Anstand beigebracht?«, giftet sie mit einem Seitenblick auf Lars und mich. »Machst du das zu Hause auch, einfach die Füße hochzulegen? Eine Schweinerei ist das. Alles Schweine die heutigen Jugendlichen.«

Mit einem Ruck reiße ich einen freien Stuhl unter dem Tisch hervor. Laut kratzen die metallenen Stuhlbeine über den Boden und ich lege meine Füße auf die rote Sitzfläche mit den Luftlöchern.

»Ja, das macht er zu Hause auch«, schimpfe ich zurück. »Was er hingegen nicht macht, ist, wildfremde Leute anzuquatschen, ohne sich vorher ordentlich vorzustellen. Er beleidigt niemanden und hält seine Füße sauber. Deshalb ist es auch überhaupt kein Problem, wenn er sie irgendwo hochlegt.«

Ich sehe, wie der Gatte der Giftzicke unwillkürlich seine sandigen Zehen zu säubern versucht, indem er sie aneinanderreibt. Ich sehe, wie Timo mich mit großen Augen anstarrt, während er einen Fuß zurückzieht, ihn einen Moment lang unschlüssig in der Luft schweben lässt und ihn dann wieder hinlegt. Ich sehe, wie Lars seinen Mund zu diesem jungenhaften Grinsen verzieht, das ich so an ihm liebe. Ich höre, wie die Alte »Das ist ja unglaublich« ausstößt. Und ich bin so glücklich, dass ich schreien und hüpfen könnte.

Lars
Zwei Wochen später

Es gibt nichts Faszinierenderes, als wenn Kinder so tun, als ob. Man meint, durch ihre Augen sehen zu können, dass alles, was sie sich ausmalen, tatsächlich vorhanden ist. Als Clea in diesem kahlen Zimmer steht und vor einer weißen Wand auf dem noch rohen Betonboden Ballettposen ausprobiert, glaube ich, sie tatsächlich im Spiegel zu sehen. Sogar als sie mit dem Rücken zur Wand steht, überprüft sie mit einem Blick über die Schulter, ob sie ihre Übung korrekt ausführt. Dann trippelt sie auf den Zehenspitzen zur Wand hin und legt ihre Hand zielsicher auf den nicht vorhandenen Barren. »Plié«, sagt sie und klappt ihre Knie zur Seite aus wie ein Frosch.

Ein Ballettzimmer für sie allein. Das war das Erste, was uns Clea im wahrsten Sinn des Wortes vor Augen führte, als wir das leer stehende Haus betraten, an dem wir auf unserer Wanderung zufällig vorbeigekommen waren. Da dachte ich noch darüber nach, wie schade es sei, dass man die Fähigkeit zu solch real werdender Fantasie im Erwachsenenalter verliert. Und ich bedauerte, dass sie selbst bei Timo schon verloren gegangen war. Aber Clea belehrte mich eines Besseren. An diesem Nachmittag träumen wir alle. So höre ich jetzt, wie Sammy im Nebenzimmer laut sein Vorhaben kommentiert, einen riesigen Drachen an seine Schlafzimmerwand zu malen. Direkt über dem Bett. Damit er ihn vor Dämonen schützt.

Und ich höre meinen Sohn, wie er Beate erklärt, welches Markenlogo an seinen Boxen prangen und welche Musik er hören wird – in aller Lautstärke wohlverstanden, da er selbstverständlich wisse, wie man Wände isoliere.

Klar, denke ich. Er träumt davon, dass kein Mensch von »primitiven Lärmerzeugnissen« spricht, wenn er seine hart zusammengesparte CD von Linkin' Park in den Player legt. Ich weiß, dass er seine Musik zu Hause nur per Kopfhörer genießen darf. Ich kann mir Marias Kommentar dazu vorstellen: »Davon krieg' ich Migräne«, sagt sie wahrscheinlich. Das hat sie immer gesagt. Bei allem, was ihr nicht in den Kram passte.

Aber Clea hat nicht nur die Kinder angesteckt mit ihren Fantasien. Selbst Beate und ich haben uns im obersten Zimmer vorgestellt, wie toll es wäre, von unserem Bett aus durch das Dachfenster hindurch Sterne zählen zu können.

Wir sind alle etwas aufgekratzt, als wir wenig später an einem Bach in der Nähe »unseres« Hauses unser Picknick auspacken. Sammy motzt, weil Beate ihm Schinken statt Salami ins Sandwich gelegt hat, worauf Timo ihm seines mit Thunfisch anbietet. Clea lehnt an meiner Schulter und versucht, mir eine Blume ins Ohr zu stecken. Beate schneidet das Törtchen, das wir beim Bäcker gleich neben »unserem« Haus gekauft haben in gleiche Teile und sucht dann mit klebrigen Händen verzweifelt nach einem Feuchttuch. Ich hocke bloß da, schaue den kleinen, bunten Menschenhaufen an, vermute einen Gesichtsausdruck auf meinem Gesicht wie Shrek ihn hatte, als er Fiona zum ersten Mal gegenüberstand, und komme mir kein bisschen blöd dabei vor. Ich meine, es ist nicht das erste Mal, dass ich mich zusammen mit Beate, Timo, Sammy und Clea wie eine richtige Familie fühle. Aber heute hat Clea mit ihrem Kinderzauber alles noch ein bisschen plastischer gemacht. Ein bisschen realer.

Beate
Am gleichen Abend

Warum nicht, denke ich. Sofort verdoppelt mein Herz die Anzahl Schläge pro Minuten und meine Hände werden schlagartig feucht.

Warum um Himmels willen nicht?, denke ich und gebe mir einen Ruck.

»Lars«, sage ich. »Die Kinder wollen, dass wir alle zusammenziehen. Und ich frage mich gerade, was dagegen spricht.«

Lars bleibt regungslos neben mir liegen, den Arm unter meinem Nacken, den Blick an der Decke. Ich habe erwartet, dass er mich entgeistert anschaut. Oder zu lachen beginnt. Oder mir den Vogel zeigt. Oder einen Witz macht. Aber er liegt nur so da und sagt nichts und starrt die Decke an. Mir rutscht das Herz in die Hose. Ich habe was Falsches gesagt, denke ich.

Da dreht Lars den Kopf zu mir. Er lächelt. Und zieht mich an sich. Das ist alles. Wir sprechen nicht weiter darüber. Zumindest nicht an diesem Abend. Stattdessen machen wir Liebe.

Am nächsten Morgen nehme ich als Erstes Lars' Atem wahr. Dicht an meinem Ohr. Obwohl er schläft und ich wach bin, fühle ich mich geborgen und beschützt, allein durch die Tatsache, dass er so nah ist, dass ich seinen Atem hören kann. Ich öffne die Augen und schaue ihn an.

Die meisten Menschen sehen im Schlaf aus wie Babys. Lars nicht. Er sieht zwar friedlich und ruhig aus. Aber als Raubtier würde ich mir zweimal überlegen, ob ich reinbeißen soll. Er wirkt wie ein Krieger, der sich gerade eine Pause gönnt, dessen Ohren aber niemals schlafen. Immer wachsam. Immer kampfbereit. Immer auf Stand-by, nie auf Off. Ich streichle seinen muskulösen Oberarm und denke daran, wie mühelos er Clea damit herumträgt. Stundenlang, wenn es sein muss. Kein Problem für ihn. Und dass er trotz aller Muckis auch Hirn und Herz hat. Er ist der perfekte Mann.

Ich denke daran, wie gut es sein wird, wenn die Kinder wieder einen Mann im Haus haben. Einen, der ihnen ein Vorbild sein kann. Wenn sie wieder eine richtige Familie haben. Man bedenke nur, in welcher Lage meine beiden Kleinen jetzt sind: Jedes zweite Wochenende bei ihrem Vater, der keine Ahnung hat, was er mit ihnen anfangen soll, und noch nicht mal selber kochen kann. Ich hatte erwartet, dass er hin und wieder Pizza bestellt oder vielleicht lernt, Spaghetti zu machen. Aber nichts dergleichen. Jede einzelne Mahlzeit, die die Kinder bei Konrad zu sich nehmen, hat seine Mutter gekocht. Sie sitzt auch jedes Mal mit am Tisch und – wie ich erst vor ein paar Tagen erfahren habe – betet mit ihnen.

Ohne eine Sekunde Verzögerung sprudelt die Wut wieder in mir hoch, als ich daran denke, was mir Clea darüber erzählt hat. Eigentlich wollte sie nur das Gebet aufsagen, das ihre Oma ihr beigebracht hatte: »Segne, Vater, unser Essen. Segne, Vater, unser Brot. Lass uns jene nicht vergessen, die da hungernd sind in Not.« Dagegen hab ich nichts. Echt. Auch nicht dagegen, dass die Oma ihr auch noch ein Abendgebet beigebracht hat. Clea scheint die Vorstellung zu mögen, dass da oben jemand ist, der auf sie aufpasst. Aber *wie* sie gemäß Oma beten soll ... Ich kriege Krämpfe, wenn ich daran denke.

»Oma sagt, bei einem Abendgebet müsse man immer Danke, Entschuldigung und Bitte sagen«, hat Clea erzählt.

»Danke, Entschuldigung und Bitte?«

Clea machte ein kluges Gesicht und sagte: »Du musst Danke sagen, dass er gutes Wetter gemacht hat, du musst Entschuldigung sagen, wenn du einen Keks gestohlen hast, und du musst Bitte sagen, wenn du ein Kätzchen zu Weihnachten willst.«

»Das hat Oma gesagt?«

»Danke, Entschuldigung und Bitte.«

»Und will Oma auch eine Katze zu Weihnachten?«

»Nö, die wünscht sich, dass Papa wieder nach Hause zu seiner Familie darf.«

Kann jemand nachvollziehen, dass ich die Frau erwürgen könnte? Jedes Mal, wenn ich daran denke. Ich könnte sie stundenlang würgen.

Es ist noch sehr früh, und ich hätte gerne noch ein bisschen geschlafen. Doch mit solchen Gedanken schläft es sich nicht, wie ich mir bald eingestehen muss, da helfen alles Augenzukneifen und langsam Atmen nichts. In meinem Kopf läuft das Gedankenkarussell im Turbogang. Meinem Körper bleibt nur aufzuspringen.

Mit meinem Kaffee setze ich mich vor den Fernseher. Ich will nur gleich klarstellen, dass das die absolute Ausnahme ist. Denn wenn meine Kinder je erfahren sollten, dass ich am Morgen ferngesehen habe, bin ich geliefert. Dann nehmen die mich nie mehr ernst. Aber jetzt hab ich einfach keine Lust, den Tag ohne Lars zu starten und Fernsehen zögert das Aufstehen heraus, es ist eine Art Träumen im Wachzustand, nur weniger kreativ. Ich stelle ganz leise, als würde ich etwas Verbotenes tun.

Als Lars kurze Zeit später mit Kaffeetasse und tadelndem Blick im Wohnzimmer erscheint und sich dann doch genüsslich meiner dekadenten Morgenaktivität anschließt, läuft gerade »Türkisch für Anfänger«.

Wir lachen uns kaputt. Ich weiß nicht, ob es an der Serie liegt oder daran, dass sich der Kopf frühmorgens irgendwie immer ein wenig anfühlt, als hätte man gekifft, wobei ich ehrlicherweise zugeben muss, dass ich gar nicht weiß, wie sich Bekifftsein anfühlt.

Natürlich erinnert uns die Geschichte der deutschen Mutter und des türkischen Vaters, die zusammengezogen sind und eine Patchworkfamilie gegründet haben, an unser Vorhaben. Unsere Kinder sind zwar kleiner und die Mutter ist eine Therapeutin, die sich dermaßen therapeutisch benimmt, dass es mir schwerfällt, mich mit ihr zu identifizieren. Dazu kommt, dass wir im Gegensatz zu den Figuren in der Serie nicht mit kulturellen Unterschieden zu kämpfen hätten. Wobei mir Lars in diesem letzten Punkt widerspricht.

»Na ja«, sagt er und grinst frech, »bei uns Baumstöckls treibt man Sport.«

»Hallo?!«, rufe ich gespielt entrüstet, »ich mache Yoga.«

»Ich sprach von Sport.«

Wir ziehen uns noch ein bisschen auf, balgen herum und ich wehre Lars' Versuche ab, aus der Balgerei nahtlos zum Sex überzugehen. Die Kinder werden bald aufstehen. Wir machen uns daran, den Frühstückstisch zu decken.

Kommentar

Beate und Lars sind über beide Ohren verliebt. Als sie auf ein leerstehendes Haus stoßen und die Kinder so tun, als wäre es ihr eigenes, lässt Beate sich von den Fantasien der Kinder sofort anstecken. Auch Lars stürzt sich in die allgemeine Euphorie. In ihrer Begeisterung gehen die beiden aber darüber hinweg, dass das Gelingen einer Patchworkfamilie wesentlich davon abhängt, wie gut das Verhältnis zu den Expartnern ist. An einen Zusammenzug sollten Beate und Lars deshalb erst denken, wenn sie sicher sind, dass die Beziehung zu den Expartnern so weit geklärt ist, dass das jeweilige Expaar als Eltern kooperieren kann.

Auch haben sich Beate und Lars zu wenig bewusst gemacht, was es heißt, Stiefeltern zu werden. Es reicht nicht, dass die Kinder die neuen Partner ihrer Eltern mögen. Nur wenn Beate und Lars mit ihren zukünftigen Stiefkindern eine stabile Beziehung aufbauen, werden sie auch Konflikte austragen können.

Alternative 4

Beate

Natürlich erinnert uns die Geschichte der deutschen Mutter und des türkischen Vaters, die zusammengezogen sind und eine Patchworkfamilie gegründet haben, an unser Vorhaben. Unsere Kinder sind zwar kleiner und die Mutter ist eine Therapeutin, die sich dermaßen therapeutisch benimmt, dass es mir schwerfällt, mich mit ihr zu identifizieren. Dazu kommt, dass wir im Gegensatz zu den Serienfiguren wenigstens nicht mit kulturellen Unterschieden zu kämpfen hätten. Wobei mir Lars in diesem letzten Punkt widerspricht.

»Na ja«, sagt er und grinst frech, »bei uns Baumstöckls treibt man Sport.«

»Hallo?!«, rufe ich gespielt entrüstet, »ich mache Yoga.«

»Ich sprach von Sport.«

»Mein Lieber, ich glaube, unsere kulturellen Unterschiede sind nicht sportlicher Natur. Wir sprechen eine unterschiedliche Sprache, das ist das Problem.«

Nachdem wir uns noch eine Weile gegenseitig mit Albereien aufgezogen haben, fangen wir an, uns auszumalen, wie es denn tatsächlich wäre, wenn wir mit all unseren Kindern in einem Haus wohnten, obwohl ich mir nicht vorstellen kann, dass Maria Timo jemals hergeben würde.

Uns wird schnell klar, dass sich auch in den Beziehungen zu unseren eigenen Kindern einiges ändern würde, wenn sie uns plötzlich mit fast fremden Geschwistern teilen müssten.

»Denkst du, dass sie am Ende doch damit überfordert wären?«

»Ach was«, sagt Lars bestimmt. »Schau doch, wie gut du es mit deinen Kindern machst. Maria war mit Timo niemals so kreativ und liebevoll wie du mit deinen Kindern. Ich finde es klasse, dass du den Haushalt auch mal liegen lassen kannst, um mit ihnen zu spielen. Ich bin sicher, du würdest sofort merken, wenn ihnen etwas auf dem Magen läge. Und dann müssten wir eben mit ihnen reden und eine Lösung finden.«

Es ist schön, zu hören, dass man als Mutter etwas taugt, wenn man sonst von allen Seiten vorgeworfen bekommt, dass man den Kindern den Vater weggenommen habe. Das ist eben auch so eine Sache, die ich an Lars liebe: dass er netten Kram über andere Menschen nicht nur denkt, sondern auch sagt. Doch meine größte Angst sind gar nicht meine eigenen Kinder. Wenn ich an all diese Reality-Dokus und Talkshows denke, in denen Frauen erzählen, sie seien von ihrem Stiefsohn fotografiert worden, als sie nackt unter der Dusche standen, und die Bilder seien danach ins Internet gelangt. Oder Männer, die von ihren Stieftöchtern beschuldigt wurden, sie sexuell missbraucht zu haben.

»Was, wenn mich Timo nicht akzeptiert? Stell dir vor, er würde mich eines Tages verprügeln. Was würdest du tun?«

»Spinnst du? Warum sollte er das tun?«

Ich erzähle ihm von den Dingen, über die die Leute im Fernsehen reden.

»Blödsinn«, entgegnet mir Lars. »Timo ist gar nicht der Typ dazu. Außerdem würdest du dich niemals so blöd anstellen wie die Leute in diesen Sendungen. Die sind doch alle strohdoof.«

Ich weiß, dass Timo nicht so ist. Aber das hört man doch auch so oft: dass niemand je gedacht hätte, dass es so weit kommt.

»Die sind nicht alle strohdoof«, sage ich deshalb. »Da sind auch ganz normale Frauen dabei. Im Ernst: Was würdest du dann tun?«

»Ich würde natürlich dazwischengehen. Denkst du, ich würde zulassen, dass dich jemand schlägt?«, antwortet er, als wäre es die sonnenklarste Sache der Welt.

»Aber würdest du nur dazwischengehen, oder würdest du mich auch verteidigen?«

»Ich würde keine Position beziehen, sondern schlichten. Aber wenn es so weit käme, hätten wir sowieso ein Problem. Im Moment frage ich mich eher, wie ich reagieren dürfte, wenn deine Kinder in deiner Abwesenheit frech wären. Erinnerst du dich an den Abend, als du zu deiner kranken Mutter musstest? Sammy wollte nicht ins Bett, und als ich es ihm befahl, antwortete er, ich hätte ihm nichts zu sagen, ich sei ja nicht sein Vater. Womit hätte ich ihm drohen können ohne deine Erlaubnis?«

»Das habe ich mir noch nicht überlegt«, antworte ich beschämt. »Darüber müssen wir gemeinsam nachdenken.«

»Vielleicht sollten wir mal zusammen Urlaub machen«, sagt Lars nachdenklich, als wir Geräusche aus Cleas Zimmer hören. Hastig machen wir den Fernseher aus und eilen in die Küche zum Frühstückmachen.

Lars
Zwei Wochen später

Nachdem wir endlich auch noch für die Kühlbox mit Proviant ein Eckchen gefunden haben, setze ich mich hinter das Steuer. Die Reise hat noch nicht einmal begonnen, und ich bin schon jetzt fix und fertig. Obwohl wir extra Pits Van ausgeliehen haben, habe ich das Gefühl, zu fünft in einem VW-Käfer zu sitzen.

Wir machen uns auf den Weg nach einem Dorf in der Nähe von Brügge in Belgien. Dort gibt es Meer, wie Sammy es wollte. Es gibt schöne Küstendörfer, wie Beate sie mag. Tolle Wanderungen, wie ich sie mir wünsche. Timo kann kajaken. Einen Vergnügungspark für Clea gibt es auch. Und unzählige Trödelmärkte. Ich bin stolz auf meine Idee, mit der ich so ziemlich alle Sonderwünsche abdecken konnte. Wenn ich daran denke, dass unsere gemeinsame Ferienplanung fast im Desaster geendet hätte.

»Europapark«, hatte Clea geschrien. Alle hatten gelacht. Nur sie fand es nicht lustig. Als Beate ihr erklärte, dass man im Europapark keinen Urlaub verbringen könne, schob sie trotzig die Unterlippe vor und sagte: »Kann man wohl.«

Ich weiß noch, dass ich dachte: Das kann ja heiter werden – eine Minute Ferienplanung, und schon ist die Erste eingeschnappt. In diesem Stil ging es dann auch weiter.

»Italien«, sagte Sammy. »Ich will an den Strand.«

»Viel zu weit weg«, erklärte ich. »Da fahren wir 12 Stunden mit dem Auto.«

»Ja und?«, blaffte er in einem gefährlich aggressiven Unterton,

»Lukas geht nach Amerika. Das dauert noch viel länger. Und sein Vater sagt auch nichts.«

Das saß. Viel eindrücklicher hätte er mir nicht unter die Nase reiben können, dass ich nur ein dusseliger Möchtegern-Vater bin, dem eigentlich kein Platz in seinem Leben zusteht. Wäre Sammy nicht erst neun, dann wäre *ich* jetzt derjenige gewesen, der schmollt.

»Sammy, wir sagten Nein«, griff Beate ein. Wir, sagte sie, und ich war ihr dankbar. Noch bevor Sammy den Mund zu einem neuen Protestschwall öffnen konnte, meldete sich Timo zu Wort.

»Holland ist nicht weit.« Na wunderbar, dachte ich und gab ihm mit hochgezogenen Augenbrauen und rollenden Augen zu verstehen, dass ich wenig davon hielt, mit einem Jugendlichen, der bereits Bekanntschaft mit Marihuana gemacht hat, ausgerechnet nach Holland zu fahren.

»Was ist?«, stellte er sich dumm.

»Mit *dir* fahren wir bestimmt nicht nach Holland.«

»Warum nicht?«, fragte Clea, die mit der Sensibilität eines Seismografen erdbebengefährdetes Gebiet in Beziehungen anderer aufspürt. Ich blickte Hilfe suchend zu Beate, doch die schaute mich nur tadelnd an.

Kurz, ich war schon bei den Vorbereitungen so entnervt, dass ich das Gefühl hatte, ich bräuchte alleine von der Urlaubsplanung Urlaub.

Clea quengelt. Sie muss aufs Klo. Wir sind seit genau 20 Minuten unterwegs. Ich rechne: Wenn wir alle 20 Minuten eine 10-minütige Klopause machen, wird aus der vierstündigen Fahrt eine sechsstündige. Gerne würde ich Sammy die Rechenaufgabe geben, wie lange wir nach Italien gebraucht hätten. Aber ich bin erwachsen genug, mich nicht für seinen Seitenhieb zu rächen, und denke daran, dass wir es schaffen müssen, diesen Urlaub einigermaßen entspannt hinter uns zu bringen. Ich meine, wenn wir keinen Urlaub miteinander hinkriegen, wie sollen wir dann je zusammenwohnen? Und zusammenwohnen will ich mit Beate – eines Tages, irgendwann.

Wenn ich gewusst hätte, wie leidvoll der Weg dahin ist! Denn mit der Entscheidung, wohin wir fahren, war die Sache noch längst nicht geritzt. Wir hatten noch Maria und Konrad vor uns. Schon als wir das erste Mal davon sprachen, alle zusammen in die Ferien zu fahren, hatte Timo gefragt, ob wir Maria nicht mitnehmen könnten. Als ich ihn anschaute, als wäre er irre, zuckte er mit den Schultern.

»Sie wär ja dann die ganze Zeit allein«, sagte er. Puh. Plötzlich tat er mir sehr leid, wie er dastand, zwischen Stuhl und Bank, zwischen Maria und mir.

Doch Maria war gar nicht das Problem. Sie verlangte nur, dass ich mit Timo Französisch übe, und als sie hörte, dass wir nach Belgien fahren wollten, wurde sie sogar fast ein wenig freundlich. Konrad war es, der sich als harte Nuss herausstellte. Man hätte meinen können, wir planten eine Entführung. Ich darf gar nicht davon sprechen, sonst kriege ich wieder Lust, mit bloßer Hand die Fensterscheibe zu zertrümmern.

Jetzt sind wir jedenfalls unterwegs. Und Clea hat für ihre Klopause nur fünf Minuten gebraucht. Belgien rückt näher.

Beate
Einen Monat später

Lars und ich, wir kommen uns ein bisschen vor wie kleine Kinder, die gerade dabei sind, einen Süßigkeitendiebstahl im Dorfladen zu planen. Wir kichern und haben ein schlechtes Gewissen und freuen uns trotzdem darauf, zu Hause gleich die Ferienfotos anzuschauen – als Erste, ohne die Kinder.

Es ist das erste Mal, dass wir im Green Paradise gleichzeitig einen freien Tag unter der Woche bekommen haben. Ehrlich, es ist besser als Schulschwänzen. Wir haben uns in der Stadt getroffen und sind zusammen Kaffee trinken gegangen. Lars hat den Laptop mit Timos Ferienfotos mitgebracht. Nach dem Kaffee sind wir zu mir nach Hause gegangen, haben die Tür ins Schloss, die Schuhe in die Ecke und uns selbst aufs Sofa geschmissen. Einen Moment lang hat es fast so ausgesehen, als würden wir ein bisschen Liebe machen, aber dann musste Lars auf die Toilette und danach war die Neugier auf die Bilder stärker.

Er klickt das erste Foto auf: Sammy mit Helm und Weste im

Kajak. Dahinter Timo, der mit dem Paddel winkt. Wenn Konrad das wüsste, denke ich. Und sage:

»Eigentlich hatte uns Konrad doch verboten, mit den Kindern Extremsportarten zu machen.«

Lars verdreht die Augen. »Extremsport? Schau dir doch mal den Fluss an. Wenn er nicht lang wäre, wär das ein See.« Er lacht, wie ich erleichtert feststelle. Denn ich weiß, dass er nicht besonders gut auf Konrad zu sprechen ist, seit dieser seinen Segen für den Urlaub an absurde Bedingungen geknüpft hat. 1) Wir sollten täglich anrufen. 2) Die Kinder bleiben nie mit Lars alleine. 3) Keine Extremsportarten. Wie man sich denken kann, war es die zweite Forderung, die Lars verletzt hat. Wie gesagt, ich verstehe das. Aber ich muss schon auch sagen, dass ich.eine weit schlimmere Reaktion von Konrad erwartet hatte. Ich hatte mir eine wochenlange zermürbende Auseinandersetzung ausgemalt. Und am Anfang sah es ganz danach aus. Konrad hat getobt. Gedroht, er würde die Zahlungen stoppen. Sich scheiden lassen und das Sorgerecht beanspruchen. Ich solle mich ruhig mit einem Juristen anzulegen versuchen etc. etc. Obwohl ich alle Lust hatte, abzuhauen und die Tür hinter mir zuzuknallen, versuchte ich, ruhig zu bleiben. Sagte, ich verstünde seine Reaktion und ob er Lars zuerst kennenlernen wolle. Sagte, dass wir ihn regelmäßig anrufen würden und er selbstverständlich auch mal mit den Kindern in die Ferien fahren könne. Am Ende war ich dankbar, dass er nur diese drei Bedingungen stellte. Aber das reibe ich Lars natürlich nicht unter die Nase.

»Schau, das war an dem Tag, den du generalstabsmäßig durchgeplant hattest und an dem du dann sauer wurdest, weil wir alle ganz undankbar trödelten«, neckt mich Lars und zeigt mir ein weiteres Bild. Lars' und Timos Bungalow – ein Schlachtfeld. Ich muss lachen, als ich daran denke, wie wir zwar wohlweislich zwei Bungalows nebeneinander gemietet, aber nicht darüber nachgedacht hatten, dass es anschließend Diskussionen darüber geben würde, wer mit wem wohnen darf. Und das Chaos, das jedes Mal los war, wenn wir am Morgen eine Uhrzeit vereinbart hatten und dann weder Lars und Timo noch ich und die Kinder pünktlich bereitstanden.

Ich will schon wieder aufstöhnen, aber dann denke ich daran, wie lustig der Tag noch geworden war, obwohl wir meinem Zeitplan ständig hinterherhinkten.

»Wir ergänzen uns gut, du und ich«, sage ich. »Ohne mich hättet ihr in den ganzen Ferien gar nichts gesehen, und ohne dich hätten wir Stress ohne Ende gehabt.«

Lars küsst mich auf die Nasenspitze und sagt: »Wir sind ein perfektes Team. Weißt du noch, wie du geguckt hast, als Timo mit den Händen gegessen hat?« Er klickt auf das nächste Bild, auf dem Timo zu sehen ist: in der einen Hand das Handy, in der anderen ein Hühnerschenkel. Am rechten Rand des Bildes sind noch Cleas Arm und ein Teil ihres Tellers zu sehen. Sie hält eine Gabel in der Hand.

Ich muss lachen. »Und du warst ganz schockiert, als ich dich darauf aufmerksam machte, dass meine Kleinen anständiger essen können als dein Großer.«

»Zum Glück hast du das nicht vor den Kindern gesagt.«

»Das haben wir uns doch versprochen, dass wir solche Dinge nicht vor den Kindern besprechen.«

»Versprichst du mir auch, dass wir einander auch in Zukunft immer sagen werden, wenn uns etwas am anderen oder an dessen Kindern stört?«

Das ist die Gelegenheit, denke ich und hole tief Luft: »Du meinst, auch wenn wir zusammenwohnen?« Einen Moment lang kriege ich Panik. Was, wenn er meine Idee völlig verfrüht und unangebracht findet?

Aber er legt den Arm um mich und sagt zärtlich: »Wunderbarer Plan, Frau General.«

Kommentar

Als Beate und Lars zusammen »Türkisch für Anfänger« schauen, wird ihnen zum ersten Mal bewusst, dass das Beziehungsgefüge in einer Patchworkfamilie komplizierter ist als in einer Kernfamilie. Statt dass sie diese Erkenntnisse durch Albereien verdrängen, beginnen sie sich ernsthafte Gedanken über die eigene Situation und ihre gemeinsamen Wohnpläne zu machen. Die Diskussion über ihre Rollen als Eltern und Stiefeltern bringt sie auf die Idee, das Leben als Patchworkfamilie erst einmal in einem Urlaub auszuprobieren, statt ihrem Impuls nachzugeben und möglichst rasch zusammenzuziehen. Vor dem Urlaub realisieren sie, wie herausfordernd es ist, sich mit den Expartnern zu einigen und deren Bedingungen gerecht zu werden. Im Urlaub erleben sie, dass unterschiedliche Erziehungsstile aufeinanderprallen und sie lernen müssen, liebevoll und tolerant mit diesen Unterschieden umzugehen. Damit die Kinder im Zusammenleben die volle Erziehungsverantwortung des Stiefelternteils akzeptieren, ist es nötig, dass Beate und Lars bereits vorher hinter dem Erziehungsstil des anderen stehen können. Die Ferien sind zwar nicht besonders erholsam für das Paar, aber sie helfen, die rosa Brille abzulegen.

☞ *Mehr über die Herausforderungen von Eltern und Stiefeltern in Patchworkfamilien und ihren jeweiligen Rollen finden Sie im Kapitel 6 »Eltern und Stiefeltern« (S. 301 ff.).*

Zusammenziehen

Konrad
Sechs Wochen später, im September

Ich habe die Drachensache noch nie genau verstanden. Seit er sechs Jahre alt ist, hat Sammy die fixe Idee, Dämonen könnten sich in seinem Kopf einnisten, während er schläft, und ihn dann sozusagen fernsteuern. Wenn das passierte, wären wir alle verloren, weil er sich dann in eine Art gemeingefährlichen Roboter verwandelte. Aber die Fantasie meines klugen Jungen hat vorgesorgt. Sammy besitzt nämlich einen Drachen, der ihn vor diesen Dämonen beschützt. Das Problem: Der Drache arbeitet erst ab 23 Uhr. Glaube ich zumindest. Wie gesagt, ich hab's nie wirklich verstanden.

Was ich aber sehr gut verstanden habe, ist, dass Beate offenbar Pläne schmiedet, mit ihrem Neuen zusammenzuziehen. Ich weiß, es ist abartig. Ich kann es selbst kaum glauben. Aber nach der eben geführten Unterhaltung am Esstisch, bestehen keine Zweifel.

»Wir beten jetzt Sammys Dämonen weg«, hat meine Mutter gesagt.

Ich finde die Beterei jetzt nicht gerade prickelnd, aber okay, ist ihr Ding. Was soll's. Aber wenn sie an meinem Sohn eine Teufelsaustreibung vornehmen will, komme ich an eine Grenze.

»Mama, red keinen Blödsinn«, hab ich deshalb gesagt. »Das sind ganz normale Kinderfantasien.«

Sie hat mich angeschaut, als wäre ich ein kleiner, naiver Junge.

»Also, wenn der Junge vor Angst nicht einschläft, ist das mehr als eine normale Fantasie.«

»Natürlich schläft er ein. Er liest eben bis elf Uhr. Das schadet ihm nicht. Nicht wahr, Sammy?«

Sammy nagte an seinem Hähnchenschenkel herum und antwortete gelangweilt.

»Im neuen Haus darf ich mir den Drachen an die Wand malen. Dann kann er schlafen, solange er will, und ich muss nicht mehr warten, bis er aufwacht. Die Dämonen können nämlich gemalte und echte Drachen nicht unterscheiden.«

Ich habe sofort kapiert, was das zu bedeuten hat. Und ich war ehrlich komplett von den Socken. Zwölf Jahre lang habe ich mit Beate zusammengelebt. Ich weiß, dass sie nur schlafen kann, wenn das Fenster offen steht, dass sie vom Zähneputzen am Morgen Brechreiz bekommt, dass sie ein bisschen Kardamom in den Kaffee rührt, weil sie glaubt, dass er so im Magen weniger Säure verursache. Ich weiß, dass sie aufgeklebte Preisschilder immer restlos entfernen muss, weil jedes kleinste Fitzelchen sie wahnsinnig macht, dass sie als Kind meinte, die Butter komme vom Stier und die Margarine von der Kuh, dass sie vor dem Niesen immer leise gluckst, als hätte sie den Schluckauf. Ich weiß, dass sie Regen liebt, allerdings nur im Sommer, und dass sie Menschen verabscheut, die Filme nacherzählen. Doch wenn jetzt einer käme und mir erzählte, sie stehe auf Swingerklubs, ich könnte nicht mit Sicherheit sagen, dass es nicht wahr ist. Das ist keine Übertreibung. Ich kenne sie nicht mehr.

Zum Beispiel hätte ich niemals gedacht, dass sie so schnell einen Neuen sucht. Wer weiß, ob Peter nicht sogar recht gehabt hatte. Vielleicht hat sie mich tatsächlich wegen dieses Lars verlassen. Sie sagt es mir nicht und lässt es auch noch so aussehen, als sei ich kindisch.

»Wieso hab ich nichts davon gewusst?«, fragte ich sie, nachdem sich die Kinder bei mir verplappert hatten.

»Weil es dich nichts angeht. Wir sind getrennt.«

»Es geht mich nichts an? *Es geht mich nichts an?* Wir sind gerade mal ein halbes Jahr getrennt! Und wer da an meinen Kindern rumerzieht, geht mich sehr wohl was an.«

Beate zog die Augenbrauen hoch und lächelte. »Ach ja«, sagte sie schnippisch, »dann würde mich mal sehr interessieren, was du dazu sagst, dass *deine* Mutter *meinen* Kindern das Beten beibringt.«

Ich hätte ihr sagen müssen, dass meine Mutter immerhin die Großmutter der Kinder ist und sie von Geburt an kennt. Ich hätte sagen müssen, dass ihr Neuer nur ein dahergelaufener Fremder sei. Und ich hätte sie fragen sollen, wie oft sie denn ihre Kinder in Zukunft mit immer wieder neuen Erziehungsberechtigten zu konfrontieren gedenke. Aber natürlich kommt mir das alles erst jetzt in den Sinn.

Jedenfalls habe ich bisher gedacht, der Neue sei ein Ablenkungsmanöver, weil Beate nicht allein sein kann. Ich dachte, der würde einem Vergleich mit mir nicht standhalten. Schließlich ist er nur ein Gärtner. Ich dachte, nach ein paar Monaten würde sie ihn auf den Mond schießen. Keine Sekunde dachte ich, dass sie auch noch *zusammenziehen* könnten. Bis eben Sammy mit seinem bescheuerten Drachen ankam. Ich könnte meinen Teller samt Tomatensuppe an die Wand schmeißen. Als ich sehe, wie meine Mutter sich bekreuzigt und ihren Blick zum Himmel hebt, reiße ich mich zusammen. Sie leidet schon genug darunter, dass meine Familie kaputt ist und ihre Enkelkinder offensichtlich traumatisiert sind.

Aber gleich nach dem Mittagessen ist Schluss mit der guten Miene zum bösen Spiel. Mir wird nämlich gerade einiges klar. Warum sie mir so lange nichts von ihrem Neuen erzählte. Warum sie ständig jammert, sie bekomme zu wenig Geld von mir. Warum Sammys Hosen schon seit Wochen zu kurz sind. Mein großzügig bemessenes Geld für die Kinder muss offensichtlich auch noch für den dahergelaufenen Idioten ausreichen.

Vor meinem Computer verhaue ich vor Wut zweimal mein Login für das E-Banking. Hätte es beim dritten Mal nicht geklappt, ich weiß nicht, was passiert wäre. Jedenfalls bin ich sehr erleichtert, als ich den Dauerauftrag für ihre Wohnung stoppe. Gleich morgen werde ich mit Jochen darüber reden, wie ich eine Scheidung am schnellsten über die Bühne bringe und wie ich finanziell am meisten für mich raushole. Soweit ich weiß, hat er sich nach unserem gemeinsamen Studium auf Scheidungen spezialisiert. Beate wird sich keinen guten Juristen leisten können. Tja. Wär sie bei mir geblieben, hätte sie einen gehabt. Mal sehen, wie ihr der Gärtner aus dieser Nummer raushilft.

Beate
Zwei Wochen später

Ich bade selten. Im Normalfall wird es mir nach fünf Minuten langweilig. Aber wer schon mal ein Haus renoviert hat, weiß, dass eine Badewanne unersetzlich ist. Das heiße Wasser, das den Schmerz in den Knochen, den Muskeln und den Gelenken in Watte packt. Der Schaum, der auf der geschundenen Handfläche knistert und kitzelt. Der Duft, der einen vergessen macht, wie schimmelresistente Farbe stinkt oder ein sich im Umbau befindendes Haus, wenn es regnet. Im Badewasser zu liegen fühlt sich an, als würde wie durch Zauberhand alles wieder an den richtigen Ort gerückt.

Ich tauche so weit ab, dass meine Augen praktisch waagerecht über die Wasseroberfläche schauen können. Aus dem Wasser ragen nur meine Knie. Alles andere liegt wohlig verborgen unter der Schaumdecke. Schade. Ich schaue mich gerne an in letzter Zeit. Seit wir unser Traumhaus gefunden haben, habe ich zwei Kilo abgenommen. Das steht mir gut. Finde ich. Und findet vor allem Lars. Ich hab ihn ja schon immer damit aufgezogen, dass er ein wenig sexbesessen sei, aber inzwischen kann er die Finger keine Stunde lang von mir lassen. Er behauptet, es liege nicht an ihm, sondern an mir.

Seltsam. Ich wusste schon immer, dass man mich als attraktiv bezeichnet. War ja auch nicht schwer mitzubekommen, wenn ich Konrad etwa zu einem Mitarbeiteressen begleitete und er die ganze Zeit aufgeregt um mich herumscharwenzelte und in einem fort rief: »Klasse! Das sieht spitze aus. Nimm noch die goldene Halskette. Die werden Augen machen! Warum ziehst du nicht die Schuhe mit dem höheren Absatz an? Ha! Da kann Torben mit seiner Tussi einpacken, mit der er so gerne angibt.« Er redete viel über mein Aussehen. Aber spüren ließ er mich selten, dass er mich attraktiv fand. Im Bett war er etwa so initiativ wie ein Verkehrspolizist fünf Minuten vor Feierabend. Zu müde, sagte er oft, war ein anstrengender Tag. Mir war's recht. Ich war auch nicht besonders scharf auf Sex.

Mit Lars ist alles anders. Er ist nie zu müde, obwohl er nicht nur ein bisschen am Schreibtisch rumsitzt. Aber auch ich selbst bin nie zu müde. Dabei arbeite ich mehr als doppelt so viel wie früher. Und seit wir den Mietvertrag des Hauses unterschrieben haben, ist auch die Freizeit anstrengend geworden. Ich kann mich schon fast nicht mehr an ein Wochenende erinnern, an dem wir nicht mit Renovierungsarbeiten beschäftigt gewesen wären. Trotzdem war ich noch nie so energiegeladen. Noch nie habe ich mich so lebendig gefühlt. Und wenn Lars abends noch Sex will, dann kann er sehr gerne welchen haben.

Aber das Allerschönste ist, zu sehen, wie wir alle langsam zu einer Familie zusammenwachsen. Und damit meine ich nicht, dass wir so aussehen wie eine echte Familie, dass meine Kinder auch rein optisch irgendwie zu Lars und Timo passen. Und ich meine auch nicht, dass Timo sich erweichen lässt, hin und wieder mal mit den Kleinen zu spielen. Es ist vielmehr umgekehrt: dass er sich auch mal traut, kurz angebunden zu sein. Dass er immer noch manchmal gelangweilt ist, aber ich darin nicht mehr ein Zeichen von Ablehnung sehe. Dass Sammy auf Lars hört, wenn der ihn bittet, die Lichtschalter vor dem Malen abzukleben und nicht mehr so tut, als ginge es ihn nichts an.

Das Haus hat uns zusammengeschweißt. Es ist unser erstes gemeinsames Großprojekt, von dem alle etwas haben und zu dem auch alle etwas beitragen müssen. Selbst Clea hilft erstaunlich ausdauernd mit. Ich liebe dieses Gefühl, eine eingeschworene Gemeinschaft zu sein. Deshalb habe ich Timo heute auch so gerne beim Aufsatz geholfen. Was heißt geholfen, geschrieben habe ich ihn. Und Timo fand ihn klasse.

»Wow, auf die Idee wär ich nie gekommen«, sagte er, als er unter dem Titel »Mein Traumurlaub« den Abschnitt über den Skaterpark mit angegliedertem Reparaturservice und einer Rodney-Mullen-Hotline liest. Auf unser erstes Treffen hatte ich mich damals vorbereitet, indem ich mich im Internet über das Thema Skaten schlaumachte. Damals ergab sich keine Gelegenheit, mein Wissen anzuwenden. Aber heute hat Timo nicht schlecht gestaunt.

»Du kennst Rodney Mullen?«, fragte er verblüfft. Ich war ziemlich stolz, denn mir war klar, dass jeder andere Erwachsene, der vor einem Jugendlichen mit Skaterwissen prahlen will, beiläufig Tony

Hawk erwähnt hätte. Tatsächlich fügte Timo denn auch an: »Meine Mutter kennt noch nicht mal Tony Hawk.«

Das Badewasser ist inzwischen kalt geworden. Fröstelnd steige ich aus der Wanne. Ich bin froh, dass Timo bei uns ein Zimmer haben wird für die Wochenenden, die er mit uns verbringt. Ich bin froh, dass er endlich ein zweites, wärmeres Zuhause hat.

Lars
Zwei Wochen später

Ich liebe es, wenn Beate ihre abgeschnittenen Jeans trägt. Sie hat Traumbeine. Schlank, gerade, richtig muskulös. Aber nie sind ihre Beine so aufregend, wie wenn sie in diesen Jeans stecken und mit hellgelber Farbe besprenkelt sind. Ich beobachte meine Liebste verstohlen dabei, wie sie den Flur streicht. Sie steht auf der Leiter und pinselt in der Innenkante zwischen Decke und Wand herum. Um die Leiter nicht alle zwei Sekunden umstellen zu müssen, macht sie ziemlich waghalsige Verrenkungen. Inzwischen möchte ich nicht mehr aufspringen und sie retten, wenn sie arbeitet. Ich habe gesehen, dass sie sich geschickter anstellt als mancher männliche Kollege im Baumarkt. Ich bin viel mehr fasziniert als besorgt, wenn ich zuschaue, wie sie ihren Oberkörper zurückbiegt und den Arm hinter ihrem Kopf ausstreckt, um noch ein paar Zentimeter mehr zu erwischen. Ihre Brüste, die dabei in die Höhe ragen, sind bloß von einem weißen Unterhemd bedeckt. Ihre Brustwarzen zeichnen sich ab. Himmel. Warum trägt sie keinen BH?

Ich versuche, den Bengel in meiner Hose zu zähmen, indem ich meinen Blick endlich doch von ihr losreiße und meine Aufmerksamkeit auf die rostroten Fliesen richte, die ich in der Küche lege. Leider ringt mir diese Arbeit nicht gerade ein Höchstmaß an Konzentration ab. Da hätte sich Beate mal besser vorher verbogen, als ich noch am Ausgleichsestrich war. Ich meine, da hab ich mit Sicherheit keine Sekunde lang den Kopf gehoben.

»Ein Segen, dass wir im Baumarkt diesen super Restposten gefunden haben, nicht wahr?«, ruft mir Beate aus dem Flur durch die offene Küchentür zu und zwingt mich damit, sie wieder anzuschauen. Sie deutet auf die Fliesen, die ich bereits verlegt habe. Um ihren Kopf trägt sie ein Stofftaschentuch, um die Haare vor Farbspritzern zu schützen. Sie lacht übers ganze Gesicht. Ich schwör's, sie ist der Wahnsinn. Dass sie neben ihrer Arbeit und den Kindern und dem ganzen Stress mit ihrem Ex die Energie aufgebracht hatte, nächtelang im Internet nach Häusern für uns zu suchen. Dass sie uns bessere Chancen erschummelte, indem sie uns im Bewerbungsformular als Familie eintrug. Wie sie sich bei den Verhandlungen mit dem Vermieter ins Zeug legte. »Mein Mann ist Vollprofi«, flötete sie, »und weil wir ja dann darin wohnen sollen, können Sie sicher sein, dass er es sorgefältiger macht als die teuren Handwerker. Nicht wahr, Schatz?« Sie hatte den Tonfall verheirateter Frauen, die Verliebtheit wie am ersten Tag vortäuschen, voll drauf. Und handelte uns mit der Anpreisung ihres angeblichen Gatten prompt eine niedrigere Miete aus.

Ich antworte ihr nicht, sondern stehe auf und gehe zu ihr hin, um sie zu küssen. Sie beugt sich zu mir herunter und ich erhasche einen Blick auf ihre Apfelbrüste. Ihr Mund ist weich. Ich lasse meine Hand unter ihr Unterhemd gleiten. Aber sie schiebt sie kichernd weg und wispert: »Hör auf. Die Kinder.«

Die Kinder. Einen Stock über uns malen sie gerade Cleas Zimmer rosa. Seufzend trotte ich wieder zu meinen Fliesen zurück. Der Gedanke daran, dass wir sie – wie das meiste Baumaterial – günstig bekommen haben und deshalb ein Teil der Materialpauschale des Vermieters übrig bleiben wird, tröstet mich gerade nicht. Aber mich tröstet der Gedanke, dass Beate und ich die erste Nacht im neuen Haus nur zu zweit verbringen werden. Ich werde sie auf den Küchentisch legen und sie wird ihre Beine an meine Schultern lehnen. Im Türrahmen werden wir es auch tun. Und dann werde ich sie auf das Sofa im Wohnzimmer rübertragen. Anschließend legen wir uns auf die Terrasse und halten uns gegenseitig den Mund zu, damit wir es uns mit den Nachbarn nicht schon am ersten Tag verscherzen. Ich keuche auf. Ich muss aufhören mit diesen Fantasien. Sonst wird das heute nichts mehr, weder mit dem Küchenboden noch mit der Wärmedämmung im Dachboden, wo Sammy – und an den Wochenenden auch Timo – sein Zimmer haben wird.

Dass Timo die Wochenenden inzwischen gerne mit uns verbringt, ist Beates Verdienst. Sie gibt uns das Gefühl eine einzige große Familie zu sein, wenn wir alle zusammen sind. Timo ist plötzlich wieder ein ganz normales Familienmitglied. Kein Sonderfall. Einfach nur ein Mensch, der gerade in der Pubertät steckt. Und das hat nur Beate geschafft.

Ich gönne mir einen letzten Blick auf sie, bevor ich mich wieder den Fliesen zuwende. Kein Mensch auf der Welt kann sich vorstellen, wie sehr ich mich freue, bald ständig bei ihr zu sein, Tag und Nacht. Das erste Mal im Leben habe ich das Gefühl, eine Seelenverwandte gefunden zu haben.

»Lars, mein Engel«, sagt sie wenige Minuten später plötzlich in die Stille hinein, »ist es für dich nicht irgendwie seltsam, plötzlich wieder in einer Familie zu leben? Ich meine, hast du manchmal Angst, es könnte dasselbe passieren wie bei Maria?«

Ich zucke zusammen. Ich weiß nicht, wo Beate immer wieder solche Gedanken hervorzaubert. Gedanken, die eigentlich meine sein sollten, die ich mir aber nicht mache, bis sie damit anfängt. Und dann kleben sie in meinem Gehirn wie Kaugummi an der Schuhsohle und ich krieg sie nicht mehr los. Das macht sie oft. Und

jedes Mal ist mein Tag danach nicht mehr derselbe.

»Nö«, sage ich laut und bestimmt, weil ich will, dass es so ist. Aber ich kenne Beate. Ich weiß, dass sie weiterfragen wird. Sie ist auf eine unheimliche Art sehr geschickt darin, die Fragen so zu stellen, dass ich beginne, Dinge zu denken, die ich nicht denken will. Deshalb sage ich, der Mörtel gehe langsam aus, was auch wahr ist, doch für die Küche hätte er durchaus noch gereicht. Als ich die Tür hinter mir zuziehe, bin ich ein bisschen erleichtert (keine schwierigen Gespräche mehr) und ein bisschen wehmütig (keine sexy Beine mehr).

Maria
Ein paar Tage später

Es ist erst drei Monate her, seit die Polizei Timo mit Marihuana aufgegabelt hat. Er hat mir zwar glaubhaft versichert, dass er nur ganz wenige Male gekifft habe. Aber Zigaretten, hat er mir gestanden, rauche er fast jedes Wochenende. Manchmal denke ich, dass die Lunge meines Sohnes ganz schwarz ist, und dann schaudert es mich. Dabei weiß ich, wie dumm diese Gedanken sind. Ich hatte schon mehrmals Lungengewebe von Rauchern unter dem Mikroskop. Selbst 70-jährige Raucherlungen sind nur selten schwarz. Trotzdem. Normal ist es nicht. 14-Jährige, die rauchen, haben geschiedene Eltern. Oder ein Geschwisterchen verloren. Oder sind missbraucht worden. Kein Kind ohne Trauma fängt in diesem Alter mit dem Rauchen an.

Manchmal wundere ich mich selbst darüber, dass eine gebildete Frau wie ich so dümmlich und vereinfachend denkt. Aber vielleicht entschuldigt es mich, dass es mir bloß dann passiert, wenn ich unter starkem emotionalem Druck stehe. Wie jetzt.

Timo hat mir eben eröffnet, dass er nicht mehr zum Klavierunterricht gehen und stattdessen einen DJ-Kurs besuchen will. Das ist für mich ein Schlag ins Gesicht. Ich bin überzeugt, dass zu einer guten Bildung das Spielen eines klassischen Instruments gehört. Seit Jahren nimmt er Privatstunden, und sein Klavierlehrer sagt, er sei sehr musikalisch. Aber das muss er mir nicht sagen. Ich höre selbst, dass mein Sohn ein unglaubliches Gefühl für Phrasierungen hat.

Dass er jetzt alles hinschmeißen will, ist aber bloß ein Teil des Stachels, der in meinem Bauch herumfuhrwerkt. Der andere ist, dass mir einmal mehr klar wird, dass ich mit Lars den falschen Vater für Timo ausgewählt habe. Es gibt mir zu denken, dass er in der Rauchersache nicht härter durchgreift. Ich wundere mich auch sehr darüber, dass er die DJ-Bestrebungen unseres Sohnes unterstützt, wo doch inzwischen jedes Kind weiß, dass klassische Musik die Konzentration fördert, während der aggressive Lärm, den Timo Cross-over nennt, jegliche Konzentrationsbemühungen zunichtemacht. Und gerade das können weder Timo noch ich gebrauchen. Ich kriege davon Migräne und er schlechte Schulnoten. Wenn er in den letzten vier Arbeiten keine exzellenten Noten schreibt, muss er die Klasse wiederholen. Die Lehrerin hat mir sogar nahegelegt, Timo in die Mittelschule zu schicken. Das einzige lobende Wort, das sie für ihn fand, betraf seine Deutschaufsätze. Immerhin.

»Timo«, sage ich also in dem Tonfall, von dem er weiß, dass Diskussionen zwecklos sind, »ich kann dich nicht zwingen, Klavier zu spielen. Aber bevor du nicht besser in der Schule wirst, brauchst du das Wort DJ noch nicht einmal zu denken.«

Doch dieses Mal lässt er sich nicht unterkriegen. »Papa tut nie so hysterisch wie du«, sagt er in einem entnervten Tonfall. »Er versteht mich. Er sagt, dass er mit 13 Jahren auch einen Durchhänger hatte und dass ich ganz normal bin. Nur du stellst mich immer als Versager hin.«

Mir bleibt die Luft weg. Habe ich ihn je als Versager hingestellt? Selbstverständlich nicht. Doch weil Lars sich als Kumpel aufspielt, statt als Vater erzieherische Verantwortung zu übernehmen, stehe ich da wie eine eiskalte Mutter, die keinen Funken Einfühlungsvermögen aufbringt.

Wütend greife ich zum Telefon. Ohne Lars' »Hallo« zu erwidern, lege ich los:

»Du findest es also normal, wenn ein 14-Jähriger einen Durchhänger hat?«

»Maria ...«

»Du findest es okay, wenn er wegen eines ›ganz normalen Durchhängers‹ eine Klasse wiederholen muss?«

»Maria ...«

»Ist dir eigentlich klar, dass unser Sohn mich für eine hysterische Kuh hält, bloß weil ich die Einzige bin, die ihn zu erziehen versucht?«

»Herrgott, Maria!« Lars ist genervt. Ich höre es sofort. Den exakt gleichen Tonfall hatte Timo vor ein paar Minuten. Ich verstumme.

»Ich hab ihm doch gesagt, dass er sich anstrengen muss. Aber bloß, weil er ein paar Arbeiten versemmelt hat, ist er noch lange kein schlechter Schüler.«

Er nimmt mich nicht ernst. Er nimmt die Lage nicht ernst. Erneut frage ich mich, was ich mir dabei gedacht hatte, als ich ihn heiratete.

»Dir ist aber schon bewusst, dass er die Klasse wiederholt, wenn er bei den letzten vier Arbeiten nicht mindestens eine Zwei schafft?« Ich sage es mit einem ironischen Unterton, den ich im Zusammenhang mit meinem Sohn selbst nicht angebracht finde. Es passiert mir nur, weil ich unbedingt will, dass Lars einsieht, dass er sich wie ein verantwortungsloser Idiot benimmt. Doch was sagt der?

»*Meinen* Respekt muss sich Timo jedenfalls nicht mit guten Noten verdienen. *Ich* bin stolz auf meinen Sohn.«

Wie kommt es, dass ich mich plötzlich miserabel fühle, obwohl er der schlechte Vater ist?

»Weißt du was?«, sage ich scharf. »Wenn du es so viel besser kannst als ich, dann nimm doch *du* ihn.«

Ich lege den Hörer in die Ladestation zurück. Er ist selbst ein unreifer Teenager, denke ich zornig. Er hat bloß seine dämliche Sexbiene im Kopf. Kein Wunder identifiziert sich Timo mit ihm. Der denkt ja auch nur an seinen Skater- und Cross-over-Mist.

Beate
Zwei Wochen später

Als ich vom Fenster der leer geräumten Wohnung aus den vollgepackten Lieferwagen um die Ecke verschwinden sehe, werde ich federleicht. Ich hatte erwartet, dass mich das Packen aus der Bahn werfen würde. Dass mich Erinnerungen einholen würden. Etwa an den gemeinsamen Staubsaugerkauf. Konrad und ich hatten uns bereits für ein günstiges Modell entschieden. Aber dann entdeckte er eines, auf dem »unbeatable« stand, und er sagte: »*Das* ist das richtige Gerät für meine Beate.« Ich gebe zu, die Erinnerung *hat* mich eingeholt, aber ich wurde keine Sekunde lang melancholisch. Ich war einfach nur froh, keinen Mann mehr zu haben, der sich großzügig vorkommt, wenn er seiner Frau einen Staubsauger schenkt, dessen Name entfernt an ihren erinnert.

Auch als ich mich jetzt vom Fenster abwende und meinen Blick durch den leeren Raum schweifen lasse, kommen nichts als ein paar blasse Bilder von unserem Einzug in mir hoch. Ich bin über Konrad hinweg. Und das ist gut so. Ich schnappe meine Handtasche und verlasse mein altes Leben. Fahre in meinem kleinen, alten Ford Fiesta dem Lieferwagen inklusive Lars hinterher. In mein neues Leben.

Es ist ein Reihenhaus aus den 1980er-Jahren. Von uns selbst renoviert, am Rand der Stadt, und deshalb war es günstig zu haben. Ich freue mich darauf, heute endlich die Früchte unserer wochenlangen Arbeit zu ernten. Wenn ich nur daran denke, wie mühsam es war, die alte Tapete von den Wänden zu kriegen, das Verputzen, das Malen, die Böden. Es ist unglaublich, dass wir das alles geschafft haben.

Doch mein Freudentaumel hält nicht lange an. Zwei Wochen nach unserem Einzug stelle ich fest, dass Konrad die Zahlung Ende des letzten Monats nicht geleistet hat. Ich bin sprachlos, weiß aber nicht genau warum. Ich hatte damit gerechnet, dass er das Geld früher oder später als Waffe einsetzen würde. Eigentlich hatte ich früher damit gerechnet. Und doch. Als ich es auf meinem Bildschirm schwarz auf weiß sehe, scheint es mir unwirklich. Aber es gibt keinen Zweifel. Unmissverständlich verkündet die Mitteilung im Posteingang meines E-Banking-Accounts: »Meyer, Konrad hat den Dauerauftrag Nr. 6852379 aufgehoben.«

Ich weiß nicht, ob ich weinen oder schreien soll. Ich bin so wütend, dass ich die Tastatur an die Wand schmeißen möchte. Gleichzeitig befällt mich schlagartig eine Art lähmende Panik. Ich sitze da und starre in meinen Computer, doch ich sehe Bilder, die so schnell wechseln wie in einem Videoclip auf MTV: Clea, wie sie weint, weil sie nicht mehr ins Ballett darf. Sammy, weil er doch nicht die Nike-Schuhe, die er sich so sehnlich wünscht, zum Geburtstag bekommt, sondern nur ein Paar abgetretene No-Name-Latschen aus dem Secondhand. Lars und mich, wie wir Ende des Monats über dem Haushaltsplan für den nächsten brüten und nicht wissen, was wir noch streichen könnten, damit das Geld für die Miete reicht. Und wie soll ich Sammys Jacke bezahlen? Und Clea wird im Herbst wieder neue Stiefel brauchen.

Erst als sich zwei warme Hände auf meine Schultern legen und leicht darüber streichen, bricht der Film ab. Ich atme auf.

»Alles in Ordnung?«, fragt Lars. Seine Stimme klingt besorgt.

»Konrad hat die Zahlung gestoppt«, höre ich mich antworten und staune darüber, wie gefasst ich klinge.

Lars' Hände erstarren mitten in ihren streichenden Bewegungen.

»Bist du sicher?«

»Natürlich bin ich sicher«, antworte ich grob. Ich weiß nicht, warum ich das an ihm auslasse. Er kann am wenigsten dafür. Wenn ich daran denke, wie er mich zum Sofa führt und mir einen Tee bringt, wenn ich nach einer Diskussion mit Konrad mal wieder völlig aufgelöst bin. Wie er mir geduldig zuhört. Beschämt lege ich eine Hand auf seine und murmle eine Entschuldigung.

»Ist schon gut«, beschwichtigt Lars, legt seine Arme um mich und wiegt mich ein wenig hin und her, als wäre ich ein Baby, das endlich schlafen sollte. Es macht mich aggressiv. Ich will nicht Aggressionen gegen Lars haben. Also lasse ich mich hin- und herwiegen, bis ich das Gefühl habe zu platzen. Am liebsten würde ich seine Arme von mir wegreißen, aber ich bemühe mich, sie behutsam auseinander zu klappen. Ich stehe auf und gebe Lars einen Kuss auf den Mund.

»Danke«, sage ich, versuche ihn anzulächeln und gehe dann aus dem Zimmer. Als ich mich noch einmal umdrehe, um die Türe hinter mir zuzuziehen, sehe ich, dass Lars noch immer am selben Ort steht, mit hängenden Schultern und einem kaum sichtbaren Ärger in den Mundwinkeln.

Lars
Am gleichen Tag

»Danke«, sagt sie, und ich sehe, wie sie versucht, mich anzulächeln. Dann geht sie aus dem Zimmer. Ich bin verärgert. Sie dreht sich noch einmal um und zieht die Tür hinter sich zu.

Ich habe jetzt Lust, irgendetwas zu zerstören. Zurück bei der Arbeit gibt mir der Akkudreher Gelegenheit dazu. Er fällt mir aus der Hand. Ich hebe ihn nicht auf. Ich schmeiße die Box mit den verschiedenen Aufsätzen hinterher. Statt mir die Zeit zu nehmen, in Ruhe darüber nachzudenken, ob eine solche Aktion die Renovierungsarbeiten eher vorantreiben oder hemmen würde. Die Antwort auf diese Frage bekomme ich postwendend. Die Aufsätze treffen die frisch gestrichene Wand, von der nun der Verputz abbröckelt. Hinter zartem Mintgrün kommt roter Backstein zum Vorschein. Ich fluche. Und natürlich muss Beate gerade in diesem Moment ins Zimmer kommen.

»Ist das jetzt deine Art, unsere Probleme zu lösen? Indem du unser Haus zerstörst?« Ich hasse diesen schnippischen Tonfall.

»Vielleicht kümmerst du dich um deinen eigenen Kram? Vielleicht regelst du endlich mal die Sache mit deinem Mann!«, motze ich zurück.

»Du weißt, dass man mit dem nicht reden kann. Statt mir immer neue Vorwürfe zu machen, könntest du mir lieber mal helfen.«

»Mir reicht's. Ich rackere mich ständig ab, um dich zu unterstützen, nur damit du mir das Gefühl gibst, alles komplett falsch zu machen.«

Ich bin so genervt, dass ich das Gefühl habe zu platzen. Keine Sekunde länger kann ich hierbleiben, sonst bröckelt hier bald nicht mehr nur der Verputz. Ich drehe mich um und verschwinde, bevor noch Schlimmeres passiert.

Konrad
Drei Wochen später

Ich habe mich schon den ganzen Morgen gewundert. Sammy setzte sich zu mir in die Werkstattecke und sah mir dabei zu, wie ich meinen Heli mit einem neuen Gyro ausstattete. Zwei geschlagene Stunden lang saß er da. Normalerweise wird ihm nach fünf Minuten langweilig. Dann holte er die Zeitung aus dem Briefkasten, während ich mir um 11 Uhr meinen zweiten Kaffee kochte. Er half Clea bei den Hausaufgaben. Und deckte den Tisch fürs Mittagessen, noch bevor ich oder Mutti ihn dazu aufgefordert hatte. Ich habe mich schon gefragt, was mit meinem Sohn passiert ist. Doch kaum sitzen wir am Tisch, gibt er mir die Antwort von selbst.

»Papa, gibst du mir die 195 Euro für die Ski-und-Snowboard-Ferienwoche der Schule? Luca, Simon und Max dürfen hin. Alle dürfen hin, nur ich kann nicht, weil Mami nicht genug Geld hat.« Er schaut mich bettelnd an, aber auch vorwurfsvoll. Ausgerechnet mich. Als wär ich schuld am ganzen Desaster. Ich bin sicher, Beate hat vor den Kindern über mich hergezogen. Natürlich ist sie sauer, weil ich ihr die Miete gestrichen habe. Aber was erwartet sie? Dass ich ihr das neue Liebesnest auch noch bezahle?

»Kommt nicht infrage«, antworte ich sofort. »Nicht nachdem du zweimal hintereinander in Mathe und Bio schlecht abgeschnitten hast.« Im Moment bin ich ganz froh um die beiden miesen Noten, die mir als Argument gegen seine Bitte dienen. Natürlich sind sie mehr als Grund genug, ihn nicht in diese Wintersportwoche zu schicken. Aber selbst wenn er ein Genie wäre, käme es mir nicht im Traum in den Sinn, Beate eine kinderfreie Woche zu sponsern, damit sie mit ihrem Möchtegern-Tarzan auf meine Kosten ihre sturmfreie Bude genießen kann. Soll sie sich mal lieber drum kümmern, dass sich ihr Sohn ordentlich auf seine Klassenarbeiten vorbereitet.

»Aber Papa, die eine Arbeit hab ich doch nur versaut, weil wir am Wochenende davor mit dir zu dieser Flugshow gehen mussten. Dabei hätt ich doch lernen sollen.«

Seltsamerweise fühle ich mich wie ein kompletter Versager, als Sammy das sagt, ein Gefühl, das mir überhaupt nicht einleuchtet nach allem, was ich tue, um den Kindern die Trennung ihrer Eltern zu erleichtern. Ich bin deshalb echt wütend, als ich antworte:

»Das ist ja wohl der Gipfel der Frechheit. Da denk ich mir ein tolles Wochenendprogramm für euch aus, und *das* ist der Dank dafür?«

»Clea und ich, wir wollten da doch gar nicht hin. Ich sagte noch, ich müsse lernen, aber du sagtest, es werde lustig, es gebe lustige Attraktionen für Kinder, aber es gab nur einen Wurststand und eine Zuckerwattemaschine.« Sammy holt nach jedem Satz Luft und jedes Mal zieht er die Schultern ein wenig hoch. Tränen stehen ihm in den Augen und sein Kinn zittert, doch sein Mund ist auf typisch Sammy-will-Sammy-kriegt-nicht-Weise verzogen. Ich bin gerade nicht sehr empfänglich dafür, was er will.

»Gut, gut. Wenn der Herr meint, er werde bei den Hausaufgaben zu wenig unterstützt, dann werden wir uns nach dem Essen zusammensetzen und büffeln. Und irgendwelche Ausflüge könnt ihr euch für die kommenden Wochenenden aus dem Kopf schlagen. Fehlte gerade noch, dass ich meine Kinder derart verziehe, dass sie einen Familienausflug nicht mehr zu schätzen wissen.«

Jetzt beginnt Clea zu weinen. »Aber ich hab doch gar nichts gesagt«, schluchzt sie. »Und ich war auch immer brav. Und ich hab auch nie gesagt, dass Mama netter ist zu uns als du.«

Ich starre Clea an, als säße da nicht meine kleine Tochter am Küchentisch, sondern Yeti höchstpersönlich. Als ich aufstehe und den Stuhl mit meinen Kniekehlen ruckartig nach hinten schiebe, bevor ich mich zur Türe rausschleppe, gebe ich mir größte Mühe, nichts kaputt zu machen, nichts zu sagen, was in gesundheitsschädlicher Dezibelzahl herauskommen könnte und mein Gesicht so weit unter Kontrolle zu halten, dass niemand denkt, ich hätte auf eine Zitrone gebissen.

Während ich mich abwende, höre ich meine Mutter meinen Namen säuseln, genau in diesem beschwichtigenden Tonfall, den sie immer hatte, als ich ein kleines Kind war und sie meine Wutanfälle abwenden wollte. Das ärgert mich noch mehr. Ich bin kein kleines Kind mehr. Und ich werde auch nicht mehr ohnmächtig bei jeder kleinsten Aufregung.

Als ich endlich alleine in meiner Werkstattecke sitze, fällt mir das Atmen etwas leichter. Trotzdem spüre ich jeden einzelnen Herzschlag überdeutlich und schmerzhaft, als ich darüber nachdenke, dass Beate dieses Riesendrama gemacht hat, als ich ihr den Dauerauftrag für die Wohnungsmiete strich. Dabei weiß doch jedes Kind, dass ich dazu nicht verpflichtet bin, wenn sie mit einem anderen Mann zusammenlebt. Außerdem kam sie vorher auch nie auf die Idee, sich bei mir für die regelmäßigen Zahlungen zu bedanken, obwohl *sie mich* aus der gemeinsamen Wohnung geworfen hat. Jetzt hetzt sie auch noch die Kinder gegen mich auf. Die kann sich auf etwas gefasst machen.

Kommentar

Als Beate sieht, dass Konrad die Zahlungen gestrichen hat, fühlt sie sich seinen Kapriolen ausgeliefert. Lars fühlt sich ebenso handlungsunfähig, weil es Beates Aufgabe ist, mit Konrad für eine finanzielle Klärung zu sorgen. Beide erkennen nicht, dass auch Kon-

rad aus einem Gefühl der Ohnmacht heraus handelt. Es entsteht ein Teufelskreis gegenseitiger Anschuldigungen, der Konflikt verhärtet sich. Die ungelösten Konflikte zwischen Beate und Konrad wirken sich auf die neue Beziehung aus. Sie führen dazu, dass Beate und Lars sich öfter streiten.

Wenn Beate einen Weg findet, mit Konrad respektvoller umzugehen, kann sie die Situation entschärfen.

Alternative 5

Lars

Die Aufsätze treffen die frisch gestrichene Wand, von der nun der Verputz abbröckelt. Hinter zartem Mintgrün kommt roter Backstein zum Vorschein. Ich fluche. Und natürlich muss Beate gerade in diesem Moment ins Zimmer kommen.

»Ist das jetzt deine Art, unsere Probleme zu lösen? Indem du unser Haus zerstörst?« Ich hasse diesen schnippischen Tonfall.

»Vielleicht kümmerst du dich um deinen eigenen Kram? Vielleicht regelst du endlich mal die Sache mit deinem Mann!«, motze ich zurück.

»Du weißt genau, dass man mit dem nicht reden kann. Statt mir immer neue Vorwürfe zu machen, könntest du mir lieber mal helfen.«

»Mir reicht's. Ich rackere mich ständig ab, um dich zu unterstützen, nur damit du mir das Gefühl gibst, alles komplett falsch zu machen.«

Ich bin so genervt, dass ich das Gefühl habe zu platzen, wenn ich nicht entweder aus dem Haus stürme oder sie kräftig schüttle. Bevor ich mich für Ersteres entschließe, weil ich Letzteres niemals tun könnte, sehe ich, wie ihr eine Träne über die Wange rollt, die sie sich mit einer ärgerlichen Bewegung von der Wange wischt. Plötzlich tut sie mir leid. Auf einen Schlag sehe ich, wie sehr sie kämpft, wie sie strampelt und doch nicht vom Fleck kommt. Ich sehe, wie sehr sie jemanden braucht, der ihr beisteht.

»Herrgott, Liebste, du bist ja völlig am Ende«, sage ich, ohne mir Zeit zum Nachdenken zu geben, und nehme sie in den Arm. Sie schluchzt los. Erst als sie nach einer Weile ruhiger wird, füge ich an: »Jetzt setzen wir uns hin und machen einen Haushaltsplan. Dann werden wir ja sehen, ob wir nicht auch ohne deinen geizigen Ehemann leben können.«

Wunschtraum. Eine Dreiviertelstunde später merken wir, dass

es eben doch nicht reicht. Und das ist nicht die Erkenntnis, die ich erhofft habe, mit der Aktion zu gewinnen. Aber wenigstens lehnt sich Beate wieder bei mir an. Und schlägt vor, eine Familienberatung in Anspruch zu nehmen.

Beate
Zwei Wochen später

Kaum klicke ich Konrads Antwortmail auf, regt er mich auch schon wieder auf. Als ich ihm schrieb, habe ich echt versucht, ihm das Gefühl zu geben, ich verstünde ihn. Ich habe keine Vorwürfe erhoben. Und ich habe das Wort Geld noch nicht einmal erwähnt. Kurz: Ich habe mich genau an die Ratschläge des Zuständigen von der Familienstelle gehalten. Und was macht Konrad? Er schreibt arrogant zurück, wenn ich reden wolle, solle ich gefälligst vorbeikommen, schließlich wolle ich ja etwas von ihm.

Am liebsten würde ich ihm antworten, dass ich ihn zu den Zahlungen auch zwingen könne. Auf der Beratungsstelle haben sie mir die Adresse des Amtes gegeben, bei dem ich unsere Trennung melden muss, damit ich offiziell auf die Zahlung pochen kann. Und ich war noch so nett und habe das bisher nicht getan.

Während ich nervös an einer Haarsträhne zupfe, versuche ich mir in Erinnerung zu rufen, was der Typ in der Beratung gesagt hat: Konrads Verhalten sei typisch für verlassene Männer. Ich müsse mir klarmachen, dass er alles verloren habe: seine Frau, sein Zuhause und den selbstverständlichen, alltäglichen Kontakt zu seinen Kindern. Das hat mir eingeleuchtet. Zumal auch Lars Verständnis für Konrad aufgebracht hat. Er sagte, dass er auch durchdrehen würde, wenn er mich verlöre.

Als ich wenige Tage später vor Konrads Tür stehe, versuche ich, meine ganze Konzentration auf jene Sätze zu lenken, die mich im Beratungsgespräch am allermeisten beeindruckt haben: »Sie sind nicht so ohnmächtig, wie Sie denken. Niemand kennt Ihren Mann so gut wie Sie. Sie wissen genau, wie Sie mit ihm umgehen müssen, damit es besser läuft.«

Konrad macht es mir allerdings nicht gerade leicht. Die ganze erste halbe Stunde nutzt er, um mir unter die Nase zu reiben, dass ich schuld an unserer Trennung sei. *Ich* hatte plötzlich Flausen im Kopf. *Ich* habe ihn vor die Tür gesetzt. *Ich* habe mir einen anderen Mann gekrallt. Und *meinetwegen* ist sein Leben am Arsch.

Dann nimm es doch vom Arsch weg in deine Hände. Dann such dir doch eine andere Frau, wenn ich ja eh nur eine blöde Kuh bin. Das *denke* ich. Aber sagen tu ich etwas anderes. Denn ich weiß, dass er mir den ganzen Kram nur an den Kopf wirft, weil er verletzt ist. Als er endlich mal kurz Luft holt, frage ich ihn, so ruhig ich kann, wie er es sich erklärt, dass Sammy in letzter Zeit so still ist. Er schaut mich verdutzt an.

»Wie meinst du das? Normalerweise weißt doch du immer am besten, was in den Kindern vorgeht«, sagt er bissig. Aber ich lasse mich nicht provozieren. Ich will, dass wir aufhören, uns zu zerfleischen. Ich will, dass wir zusammen als Eltern an einem Strang ziehen. Deshalb sage ich ihm, dass ich verstünde, wie sehr ihm die Kinder fehlen müssen, und biete ihm an, die Besuchszeiten neu auszuhandeln. Jetzt scheine ich zum ersten Mal sein Interesse geweckt zu haben. Statt erneut zum Angriff anzusetzen, fragt er nach, wie ich das meine, und irgendwie entwickelt sich ein Gespräch, das diesen Namen verdient. Konrad erstaunt mich zum ersten Mal seit Jahren. Ich merke, dass er sich Gedanken über seine Kinder macht und erstaunlich viel über ihre Gefühle weiß. Früher wusste er noch nicht einmal, wie ihre Freunde heißen.

Als er endlich sagt, dass er eine Zahnspange für Sammy auch wichtig findet, und schließlich anbietet, die Kosten der Sportwoche für ihn zu übernehmen, bin ich stolz auf mich. Und ihm sogar dankbar. Für die Kohle, klar. Aber mehr noch für das Gespräch.

Kommentar

Statt immer genervter auf Konrad zu reagieren, aber nichts zu unternehmen, sucht Beate eine Beratung auf. Da erfährt sie einerseits mehr über die Rechte, die sie in der Trennungssituation hat, andererseits wird ihr auch Konrads Perspektive aufgezeigt. Zum ersten Mal erkennt sie seine Verletzung und sein Gefühl von Ohnmacht. Deshalb beginnt sie sich in seine Lage einzufühlen und kann ihm mit einer wertschätzenden Haltung gegenübertreten. In einem gemeinsamen Gespräch gelingt es ihr, die Situation zu entschärfen. Endlich haben Beate und Konrad die Chance, als Eltern zu kooperieren und die Kinder aus ihren Konflikten rauszuhalten.

☞ *Im Abschnitt »Umgang mit Expartnern« (S. 324 ff.) finden Sie im Kapitel 7 mehr Informationen zu einem konstruktiven Verhältnis zum Expartner.*

Alternative 5

Stieffamilienalltag

Lars
Ein paar Tage später, im November

Der Smart bewegt sich in Zentimeterschrittchen zurück: Zentimeter. Vollbremsung. Zentimeter. Vollbremsung. Ich nehme an, die Fahrerin ist schon ordentlich durchgeschüttelt, als sie den Vorwärtsgang einlegt und nun auf die gleiche Weise versucht, ihr Spielzeug-Auto am vorderen Wagen vorbei aus der Parklücke zu zirkeln. Obwohl sie noch mindestens einen Meter Platz hat, traut sie der Sache nicht und legt wieder den Rückwärtsgang ein. Ich trommle nervös mit den Fingern auf dem Lenkrad herum. Ich bin sicher, Maria sitzt vor einem bereits halb ausgetrunkenen Glas Mineralwasser, die Augenbrauen hochgezogen, den Mund missbilligend gespitzt, und dreht mit der rechten Hand die feine Armbanduhr an ihrem linken Handgelenk hin und her.

Ich hupe. Kein Verpiss-dich-du-verdammtes-Arschloch-Hupen. Bloß ein ganz kurzes, höfliches Sorry-aber-ich-bin-etwas-in-Eile-Hupen. Aber es reicht, dass die Oma im Smart hektisch am Steuer rumhantiert, zu fest aufs Gas drückt und schließlich die Smartnase in den Audiarsch steckt. Ich stöhne auf und lass meinen Kopf mehrmals gegen die Nackenstütze prallen. Dann steige ich aus, um die Dame zu beruhigen, die verzweifelt das vermeintliche Desaster anschaut, das sie (meinetwegen, wie sie mir mit einem vorwurfsvollen Blick zu verstehen gibt) angerichtet hat. Erst als ich sie darauf hinweise, dass am Audi nicht die kleinste Spur eines Zusammenpralls zu sehen sei und der Kratzer an ihrem hellen Smart kaum auffalle, beruhigt sie sich. Und als ich ihr Auto schließlich aus der Parklücke fahre, schaut sie mich mit glänzenden Augen bewundernd an.

Maria sagt nichts. Dass sie aber gerne würde, erkenne ich am Zucken ihrer Unterlippe.

»Sorry«, sage ich, nachdem ich mich gesetzt habe, und lege als

Zeichen meiner Zerknirschtheit meine Hand auf die ihre. »Ich musste einer alten Frau aus der Parklücke helfen.«

»Ich glaube, es wäre einfacher, über deine Unzuverlässigkeit hinwegzusehen, wenn du sie nicht immer mit unbeteiligten Dritten zu entschuldigen versuchtest.«

Die Frau bringt mich auf die Palme. Praktisch jedes Mal, wenn ich sie sehe. Diese Überheblichkeit. Ich würde ihr jetzt gerne Snobismus vorwerfen, aber ich reiße mich zusammen. Ich meine, heute geht es um unseren Sohn.

»Ich verstehe nicht, warum du dagegen bist, dass er bei uns einzieht«, sage ich, nachdem ich das Gespräch endlich auf das eigentliche Thema gelenkt habe, und versuche im letzten Moment, den Vorwurf in das klangliche Kleid echten Interesses zu verpacken.

»Es geht nicht darum, ob er bei euch einzieht oder nicht. Es geht darum, dass du mich nicht einfach vor vollendete Tatsachen stellen kannst.«

Das ist ein typisches Beispiel dafür, wie sie die Dinge verdreht. Eigentlich war es nämlich so: Wenn Timo die Wochenenden bei mir und Beate verbringt, hängt er gerne draußen rum. Wir finden das okay, denn gleich gegenüber befindet sich eine Mittelschule, auf deren Hof eine Halfpipe steht. Während Timo dort an seinen Skaterkünsten feilt, kommt er in Kontakt mit Gleichaltrigen.

Wie oft habe ich einen Blick durchs Küchenfenster geworfen, wenn er draußen war. Von dort aus kann man alles sehen. Und was ich sah, fand ich immer gut. Zum Beispiel hab ich ihn noch nie beim Rauchen erwischt. Dafür sehe ich ab und zu ein hübsches Mädchen, das immer nur an den Wochenenden auftaucht, an denen Timo bei uns ist.

Jeder, der Timo kennt, weiß, dass er selten mehr als zwei Sätze am Stück spricht. Aber von dieser Mittelschule sprach er, als wäre er der Bürgermeister, der unbedingt die Einwohnerzahl seines Städtchens verdoppeln will. Zunächst redete er bloß davon, dass diese Schule viel cooler sei als jene, in die er gehen muss, seit er vom Gymnasium geflogen ist. Und eines Tages lief seine Rede darauf hinaus, dass er lieber bei uns wohnen würde, um hier zur Schule gehen zu können. Ich habe mich darüber gefreut. Beate hat sich gefreut. Und die Kinder waren begeistert. Also sagte ich, er müsse seine Mutter fragen, ob sie einverstanden sei. Offensichtlich ist sie es nicht.

»Dann bleibt Timo also bei dir? Letztes Wort?«, frage ich. Klingt das etwa nach vollendeten Tatsachen?

»Das hab ich nicht gesagt.«

»Himmel, Maria, was soll das? Was willst du?«

Sie windet sich. Natürlich ist das von außen nicht erkennbar. Wer jetzt ins Restaurant käme und sie sähe, würde niemals denken, dass sie sich in irgendeiner Weise unwohl fühlt. Beide Unterarme liegen auf dem Tisch. Die eine Hand umschließt locker das Glas. Die andere liegt gelassen auf dem Tischtuch, sie sitzt gerade, aber nicht steif. Ihr Gesichtsausdruck ist ernst, aber nicht verkniffen. Eine schöne Frau, denke ich. Aber der Gedanke dauert bloß so lange, bis mein Gehirn den Zusatz ausspuckt: ... wenn man nicht in sie hineinsehen kann. Nach einigen Jahren Ehe kann ich das leider. Ich sehe genau, wenn ein Lächeln bedeutet: »Leg dich bloß nicht mit mir an.« Oder wenn ein trauriger Blick bei einer Beerdigung sagt: »Jetzt macht doch nicht ein solches Tamtam um den Tod einer alten Frau, der natürlich und richtig war.« Und gerade jetzt sehe ich eben, dass sie sich windet.

»Spuck es aus, Maria«, sage ich und lege erneut meine Hand auf ihre. Seltsamerweise lächelt sie plötzlich, ein winziges Lächeln bloß, aber ein echtes. Sie seufzt.

»Ich finde es ja schön, dass du dein Glück gefunden hast«, sagt sie und ich sehe, dass sie versucht, es ernst zu meinen. »Aber seit diese Beate aufgetaucht ist, ist unsere Kommunikation völlig zusammengebrochen.«

Ich weiß, warum sie sich windet. Weil sie weiß, dass ich es hasse, über Kommunikation zu kommunizieren. Allein schon dieses Wort; so was von affig.

»Aber wir reden doch ständig«, antworte ich. Im selben Moment könnte ich mich dafür ohrfeigen, denn mir wird sofort klar, was jetzt kommt.

»Ja, aber wir reden aneinander vorbei.« Na, was habe ich gesagt?

»Du hast recht«, sage ich, um mir den ganzen verdammten Vortrag zu ersparen, den ich inzwischen Wort für Wort selber auswendig aufsagen könnte. »War viel los bei uns«, füge ich entschuldigend an.

»Trotzdem, du hättest direkt mit mir reden müssen, und dann hätten wir Timo unsere gemeinsame Entscheidung mitgeteilt. Ich will nicht in die Situation kommen, ihm im letzten Moment einen Wunsch abzuschlagen, dessen Erfüllung *ihr* schon quasi versprochen habt. Stell dir vor, ich wäre dagegen gewesen …«

»Das heißt, du bist dafür?«

»Das heißt, wir probieren mal aus, wie es läuft. Timo muss einfach dringend besser werden in der Schule, und wenn er das in eurer Schule kann, okay.«

Als wir gehen, helfe ich ihr in den Mantel, ziehe ihre langen Haare darunter hervor und lege sie über dem Mantel wieder auf ihren Rücken. Wie früher. Wieder lächelt sie. Einen kleinen Moment lang kann ich mich erinnern, warum ich mich damals in sie verliebte.

Maria
Zwei Wochen später

Jetzt ist er weg. Es ist noch keine Stunde her, dass ich ihm dabei geholfen habe, die Kleider zu sortieren. Er konnte sich schwer entscheiden zwischen einer dunkelblauen, viel zu großen Jeans und einer anderen dunkelblauen, viel zu großen Jeans. Mir gefällt weder die eine noch die andere, deshalb hab ich ihm empfohlen, sie beide einzupacken. Etwa die Hälfte des Kleiderschrankes ist jetzt leer. Mein Junge ist ausgezogen. Ich merke, dass ich immer noch am Fenster stehe und in die Richtung schaue, in die er vor ein paar Minuten mit seiner neuen Familie gefahren ist.

Hör auf, schimpfe ich mit mir selbst, und mit einer entschlossenen Handbewegung schließe ich das Fenster. Timo hat vielleicht eine neue Familie, aber sein eigentliches Zuhause ist hier. Das weiß ich, und das weiß er. Kein Grund für Sentimentalitäten. Punkt.

Aber manchmal wird aus einem Punkt dann doch noch ein Komma, aus Unachtsamkeit, aus Eile oder weil der Satz noch ein Ende braucht. Jedenfalls folgt auf ein Komma nicht selten ein Aber. Und das Aber ist in meinem Fall eine stille Wohnung. Es ist seltsam, dass mich ausgerechnet die Stille aus dem Konzept bringt, wo Timo doch eh fast immer die Kopfhörer aufhatte, um mich zu schonen. Ich gehe in sein Zimmer und nehme die erstbeste CD vom Stapel. Linkin Park steht darauf. Eine vage Erinnerung, den Namen schon mal gehört zu haben.

Zurück im Wohnzimmer lege ich sie in den CD-Player, der eigentlich meiner Klassik vorbehalten ist. Ich bin erstaunt, dass es gar nicht so übel ist. Fünf oder sechs Takte lang. Dann kommt zur Gitarre eine absolut langweilige Perkussion hinzu, und als der elektrische Bass einsetzt, meine ich bereits ein leichtes Stechen in der linken Schläfe ausmachen zu können. Aber Stopp drücke ich erst, als ich den Gesang höre, wobei ich zugeben muss, dass ich erst nach einer Weile begreife, dass es sich um eine menschliche Stimme handelt und nicht um ein computerverzerrtes Instrument.

Dann ist es wieder still. Und wieder frage ich mich, ob es denn in den letzten Monaten irgendwann nicht still war bei uns. Denn Timo redet kaum. Seine seltenen Äußerungen haben normalerweise den Charakter von Zweiwortsätzen, wie sie Kleinkinder bilden. Etwas anderes als nicht still war es bei uns bloß, wenn wir uns stritten. Aber auch dabei war nicht er es, der zum Lärm beitrug: Mann! – Nein! – Bist du behindert? – Peng!, waren seine Beiträge. Wobei das Peng von der Tür kam, nicht aus seinem Mund.

Es kommt selten vor, dass ich mir über meine Gefühle nicht im Klaren bin. Aber im Moment weiß ich nicht, ob ich erleichtert oder traurig bin. Es war schwierig mit ihm in letzter Zeit. Aber ich hätte nicht gedacht, dass er lieber bei einer fremden Frau leben würde als bei mir. Und dann gleich bei einer intellektuell nicht eben hochbegabten. Ich glaube, sie ist ganz nett zu ihm, aber dass sie dazu beitragen kann, Timos Schulnoten zu verbessern, bezweifle ich. Vielleicht hilft es ihm ja wenigstens, zu erkennen, dass ich doch ganz nett bin. Und vielleicht wird sich das positiv auf unsere Wochenenden auswirken.

Es ist mir nicht leichtgefallen, vor Lars zu verbergen, dass mich Timos Wunsch verletzt hat. Ich war sehr froh darum, dass er bei unserem Treffen so umgänglich war. Hätte er triumphiert oder von seiner doofen Biene geschwärmt, ich hätte dem Umzug nicht zustimmen können. Aber er war rücksichtsvoll genug, mir nur die Vorzüge der Schule zu schildern und die Familie außen vor zu lassen. Tatsächlich hat dieses Gespräch den Stachel fast zum Verschwinden gebracht. Ich kann verstehen, dass Timo nicht gern unmittelbar neben dem Gymnasium zur Schule geht. Ich glaube, es ist ihm peinlich, von seinen früheren Schulkameraden dort gesehen zu werden.

Mehr zu kämpfen habe ich mit den Zweifeln, ob ich alles richtig gemacht habe. Ich wollte nicht, dass Timo auf die Mittelschule geht. Ich weiß, dass er ein kluger Junge ist. Sein Problem ist bloß, dass ihn die ganzen Fächer einfach nicht interessieren. Er hat nur seine Skaterei im Kopf. Meine Eltern meinen, ich solle es ihm verbieten. Aber das will ich nicht. Ich gehe davon aus, dass es unmöglich ist, mit einer Zigarette in der Hand zu skaten. Es ist mir lieber, wenn er Sport treibt, als wenn er Drogen nimmt. Auch wenn sich mir der Sinn dieses Sports nicht erschließt.

Trotzdem frage ich mich, ob meine Eltern nicht doch ein bisschen recht haben. Ich hätte ihm nicht nur befehlen sollen, die Hausaufgaben zu machen. Ich hätte mich dazusetzen sollen. Andererseits: Meine Eltern können gut reden. Die wissen nicht, wie es ist, einen fast 15-Jährigen alleine zu erziehen und sich gleichzeitig um das Geld zu kümmern. Und als ich sie fragte, ob sie mir helfen würden, ein privates Gymnasium für ihn zu finanzieren, fanden sie die Mittelschule dann plötzlich doch nicht mehr so schlimm.

Seufzend klopfe ich ein zerdrücktes Sofakissen aus und lege es zurück. Jetzt erinnert in diesem Wohnzimmer gar nichts mehr an meinen Sohn. Ich setze mich neben das Kissen und warte, bis wieder Montag ist und ich zurück in mein Labor kann.

Beate
Ein paar Tage später

Manchmal habe ich das Gefühl, eine Marionette in den Händen eines unsichtbaren Spielers zu sein, der sich einen Spaß daraus macht, mich von einer Scheiße in die nächste tanzen zu lassen. Ich verstehe nicht, wie es passieren konnte, dass das unbeschreibliche Glück der ersten Wochen im neuen Haus diesem Chaos weichen konnte.

Dass Konrad mir Steine in den Weg legen würde, war mir klar. Dass er nun auch noch die Kinder mit reinzieht, beweist, dass er mich regelrecht hasst. Klingt krass, ich weiß, doch anders kann ich mir nicht erklären, dass er zu Mitteln greift wie zum Beispiel am vorletzten Wochenende.

Die Kinder waren bei ihm, als er mich anrief und irgendwas über Sammys schlechte Schulnoten, über irgendwelche Ausflüge und das bevorstehende Sportlager in den Hörer schäumte. Er brüllte, er wolle keinen muskelbepackten, hirnlosen Sohn, der als Hilfskraft im Baumarkt ende. Ich verstand kein Wort, außer, dass er gerade dabei war, Lars zu beleidigen. Dabei weiß er ganz genau, dass Lars kein Hilfsarbeiter, sondern – welch Ironie – Bereichsleiter ist, genau wie er.

Ich wollte ihn gerade zurechtweisen, als er damit anfing, dass er mich überhaupt nicht mehr kenne. Seit wann ich den ganzen Sonntag über im Bett liege, statt mit den Kindern etwas für die Schule zu tun. Dem Jungen fehlten ja, gerade in Mathe, jegliche Grundlagen. Und wenn sich das nicht bald ändere, werde er um das Sorgerecht kämpfen. Eine Sekunde bevor er aufhängte, hörte ich, dass Clea im Hintergrund zu weinen begann.

Mir war speiübel, als ich den Telefonhörer wieder in die Station zurückstellte. Es ist kein Spaß, wenn der Expartner mit den Kindern droht. Immerhin hat er bereits die Scheidung eingereicht. Wer weiß, ob es ihm mit den Kindern nicht genauso ernst ist? Und wenn es ihm nur darum geht, mich zu *vernichten*. Seit Lars und ich zusammengezogen sind, ist er komplett durchgedreht. Inzwischen traue ich ihm alles zu.

Heute, eine gute Woche später, stehe ich vor dem Briefkasten in unserem schönen, neuen Garten, den wir kurz nach unserem Einzug alle zusammen bepflanzt hatten. Damals dachte ich, er sei ein kleines Paradies. Gerade im Moment ist er meine Hölle. Denn im Briefkasten liegen schon wieder drei Rechnungen von Handwerkern. Ich weiß, dass ich sie ungeöffnet ins Haus tragen und hinter den Stifte-halter auf meinem Schreibtisch klemmen werde. Und ich werde den ganzen Tag immer wieder daran denken und mich fragen, wie schlimm es wohl sein wird, und mich trotzdem nicht trauen, sie zu öffnen.

Mit der Angst, nicht genug Geld zu haben, den Kindern Wün-sche abschlagen zu müssen, nicht in den Urlaub fahren zu können – mit alldem habe ich mich inzwischen halbwegs arrangieren können. Was ich aber nicht vertrage, ist, mich mit Lars darüber zu streiten, wie ich mit Konrad umgehen soll.

Ich weiß, dass ich in Aussicht gestellt hatte, die Handwerkerrech-nungen zu übernehmen, weil er ja schon das Baumaterial bezahlt und den größten Teil der Arbeiten erledigt hat. Als ich ihm eröffne-te, dass ich nicht alles allein würde bezahlen können, hat er sich zum ersten Mal richtig aufgeregt. Er meinte, ich müsse lernen, mich gegen »diesen Geizhals« zu behaupten, es könne doch nicht sein, dass er drei Viertel der Kosten trage, während wir drei zusammen nur einen Viertel bezahlten. Und das nur, weil ich so nachgiebig sei. Sofort schießen mir die Tränen in die Augen, als ich daran denke. Barfuß stapfe ich ins Haus zurück. Selbst die eiskalten Tautropfen, die meine Füße von den Grashalmen streifen, vermögen meine See-le nicht zu erfrischen.

Lars hat ja keine Ahnung, wie es ist, einen Juristen als Mann zu haben, der nicht nur rechtlich immer auf der sicheren Seite steht, sondern auch ganz genau zu wissen glaubt, wer von uns beiden, moralisch gesehen, eine saubere Weste hat. Gegen so einen kommt man nicht an. Egal, wie ich argumentiere, egal womit ich drohe, er hat eine Standardantwort, die mir jegliche weitere Diskussion ver-unmöglicht: »Du wohnst jetzt mit einem anderen Mann zusammen, ich bin dir nichts mehr schuldig.« Damit hat er alles gesagt, was er darüber denkt: Er will mir keinen einzigen Schritt entgegenkom-men, weder finanziell noch in der Bemühung, den Kindern zuliebe einen vernünftigen Umgang zu finden. Und schuld daran bin ich aus seiner Sicht. Ich allein.

Ich wünschte, Lars könnte verstehen, wie mir zumute ist. Mir ist es doch selbst unangenehm, wenn er mehr bezahlt als wir. Wieso sieht er nicht, dass ich tue, was ich kann, um den Unterschied auszugleichen? Ich schmeiße den ganzen Haushalt, koche immer nur Mahlzeiten, die er liebt, und übernehme meist auch den großen Wocheneinkauf am Samstagmorgen, dem einzigen Tag, an dem Lars ausschlafen kann. Ich habe mir sogar schon überlegt, mein Arbeitspensum zu erhöhen, um einen höheren Beitrag zur Miete leisten zu können. Aber eines kann ich nicht: mich mit Konrad anlegen. Auch wenn er seine Drohung, mir die Kinder wegzunehmen, kaum ernst gemeint haben kann, ist er doch imstande, sie aus purem Trotz wahrzumachen, wenn ich es auf einen Machtkampf hinauslaufen lasse. Ich kenne meinen Noch-Ehemann. Nur kann ich das Lars nicht begreiflich machen.

Es ist erst neun Uhr, aber ich fühle mich bereits so müde wie nach einem Arbeitstag während des Ausverkaufs. Obwohl ich an meinem einzigen komplett freien Tag eine Menge zu erledigen hätte, lege ich mich noch einmal aufs bereits gemachte Bett. Es riecht nach Lars. Kaum zwar, trotzdem intensiviert sich mit jedem Atemzug das Gefühl, er liege neben mir. Fast höre ich ihn atmen. Noch immer hat sein Geruch diesen Effekt auf mich. Noch immer schwindelt mir vor Liebe. Umso mehr macht es mir Angst, dass wir in den letzten Tagen häufiger streiten. Es liegt an mir. Meine Nerven liegen blank. Ich kann nicht mehr so schnell vergessen und verzeihen. Selbst dann nicht, wenn Lars den ersten Schritt auf mich zu macht wie am letzten Samstag, als er mich mitten im Streit ganz behutsam in die Arme genommen und mir ins Ohr geflüstert hat: »Es lohnt sich nicht, dass wir uns deswegen in die Haare kriegen.« Als er mir dann das T-Shirt ausziehen wollte, hab ich ihn weggestoßen.

Unwillkürlich entfährt mir ein Seufzer, und ich erschrecke davon, als ob es ein fremder Klang wäre, ein Eindringling in unserem Haus, in Lars' und meiner Welt. Mein ruckartiges Aufstehen verstärkt meinen Schwindel, doch jetzt hat er mit Liebe nichts mehr zu tun. Ich setze mich an den Bettrand und atme tief durch. Davon wird mir übel.

Als ich mich wenige Sekunden später über die Kloschüssel beuge, fühle ich mich wie ein Schwamm, der ausgewrungen wird.

Lars
Am gleichen Abend

Als ich das Haus betrete, ist alles dunkel. Schade, denke ich. Ich hätte Beate gerne noch gesehen und ihr vom neuen Auftrag erzählt, den mir Pit verschafft hat. Irgendwelche Freunde von Verwandten wollen den ganzen Garten neu gestaltet haben. Geld wie Heu, und doch soll alles in Schwarzarbeit gemacht werden. Mir soll's recht sein. Höherer Lohn und auch noch steuerfrei. Ich werde an zwei Samstagen beinahe so viel verdienen wie im Green Paradise in einer Woche.

Leise stelle ich meine Schuhe in die Ecke und schleiche Richtung Küche. Da sehe ich den zarten Lichtschein unter der Wohnzimmertür. Beate ist doch noch wach. Ich beschließe mir zuerst ihren Kuss zu holen und erst dann ein Bier.

Sie sitzt am Tisch, beleuchtet nur vom Kerzenschein. Ein Glas Wein steht an meinem Platz, und auf einem Teller aufgetürmt liegen duftende Schinkenschnecken, meine Lieblingshäppchen. Himmel, wie ich diese Frau liebe.

Sie steht auf und schaut mich mit einem Blick an, der mir irgendwie fremd ist. Verführt sie mich gerade? Ich lege meine Arme um ihre Taille und will sie küssen.

»Ich bin schwanger«, sagt sie mir in den Mund hinein.

Ich weiche zurück. Ihre Augen sprechen nicht in Scherzen. Scheiße, denke ich. Wir sind gerade erst zusammengezogen, wir haben schon jetzt zu wenig Geld. Wie soll das werden, wenn sie auch noch aufhören muss zu arbeiten? Ob sie eine Abtreibung in Erwägung zieht? Noch einmal erschrecke ich, dieses Mal über mich selbst. Hab ich nicht alle Tassen im Schrank?

»Du tust mir weh«, sagt sie lachend. Ich löse meine verkrampften Finger von ihren Hüften und blicke erneut in ihre Augen. Es ist, als sähe ich sie zum ersten Mal. Noch nie hat sie so geleuchtet. Als hätte jemand in ihrem Kopf ein Licht angeknipst. Sie ist wunderschön. Sie ist meine Frau. Sie ist die Mutter meines Kindes. Jetzt sind wir eine richtige Familie.

Beate
Ein paar Tage später

Ich weiß nicht, was ich mehr liebe: mit der Familie vor dem ge-
schmückten Christbaum zu sitzen, den Duft von brennenden Ker-
zen, selbst gebackenen Plätzchen und mit Nelken gespickten Oran-
gen zu atmen, die Welt in warmes Licht getaucht zu sehen und zu
wissen, dass die Kinder genauso ergriffen sind, wie ich es früher
immer war. Oder: durch die Stadt zu bummeln, die nach Tan-
nenzweigen und heißen Maroni riecht, auf der Suche nach neuem
Baumschmuck oder Tischdekoration, zusammen mit Hunderten
von anderen Menschen, die ebenfalls mit roten Wangen und Dampfwölkchen vor dem Gesicht nach Geschenken oder Weihnachtsschmuck stöbern.

Da gibt es zum Beispiel diesen kleinen Laden, der Holzkunst aus
dem Erzgebirge verkauft. Ich kann mir nicht vorstellen, dass da
jemand daran vorbeigehen kann, ohne stehen zu bleiben. In diesem
Jahr haben sie das ganze Fenster als Himmelsleiter gestaltet, voller
Grünhainichen-Engelchen mit Musikinstrumenten. Ich muss fast
weinen, als ich die kleinen Figürchen in ihren weißen Hemdchen
sehe. Am besten ist derjenige mit dem Xylofon und den winzigen
Schlägeln in der Hand. Unwillkürlich lege ich meine Hand auf meinen Bauch und lächle. Ich muss an das Engelchen denken, das in
meinem Bauch wächst. Es ist noch winziger als der Holzengel, noch
nicht einmal zwei Zentimeter groß. Und doch schlägt das kleine
Herzchen schon. Mein Blick fällt auf das Preisschild. Manchmal
wünschte ich, ich wäre reich. Ich würde *alles* kaufen. So muss ich
mich auf ein einziges Stück beschränken. Meine Wahl fällt auf einen
Engel mit Flöte – nicht ganz so süß wie der Xylofonengel, aber fünf
Euro günstiger.

Als ich nach Hause komme und durch die eben geöffnete Tür
»Hallo« rufe, kommt – mit leichter Verzögerung – ein krächzendes
Brummeln zurück. Timo hat heute frei, weil die Lehrer auf Fortbildung sind. Ich habe mich noch nicht daran gewöhnt, einen Teenager
als Sohn zu haben, obwohl Timo doch ziemlich pflegeleicht ist. Er
räumt sogar hin und wieder sein Geschirr vom Tisch, ohne dass man

ihn darum bitten muss. Deshalb frage ich mich heute noch, wie es dazu kommen konnte, dass die Polizei ihn mit Drogen erwischte, als er gerade über alle Berge wollte. Aber ehrlich gesagt denke ich selten daran. Seit er bei uns wohnt, raucht er meines Wissens keine Zigaretten mehr, von Joints ganz zu schweigen. Jedenfalls stinkt er nie nach Rauch. Warum sollte ich mir Sorgen machen? Offensichtlich war ihm bei Maria einfach nicht wohl. Ich will ihr ja nichts unterstellen, aber ich verstehe schon, dass man nicht mit ihr unter einem Dach leben will. Da muss man ja jeden Tag fürchten, an Unterkühlung zu erkranken.

Ich glaube, es tut ihm gut, bei uns zu sein, denke ich, als ich die Schachteln mit dem Weihnachtsschmuck aus dem Keller hole und meine Sammlung Stück für Stück vom Seidenpapier befreie. Bei uns darf man Musik hören. Bei uns darf man auch mal die Schuhe anbehalten, wenn man ins Haus kommt – zumindest wenn es nicht geregnet hat. Bei uns ist es warm.

Endlich habe ich gefunden, was ich suchte. Meine drei Grünhainichen-Engelchen: Einer spielt Triangel, einer Geige und einer Ziehharmonika. Dazu passt mein neuer Flötenengel perfekt.

Clea liebt meine Arrangements, die ich zu jedem Adventssonntag neu mache. Wenn sie vom Kindergarten nach Hause kommt, wird sie sich mit einem hellen Aufschrei zum Altärchen stürzen, das ich jeweils dorthin stelle, wo später der Weihnachtsbaum stehen wird. Und sie wird sich die Szenerie genau anschauen und in den nächsten Tagen jedem davon erzählen, der ihr auch nur ein viertel Ohr leiht.

Wie sie wohl auf die Nachricht reagieren wird, dass sie ein Geschwisterchen bekommt? Sie wird entzückt sein, beantworte ich mir die Frage selbst. Wenn ich nur daran denke, wie gerne sie mit ihren Puppen spielt, wie sie mit ihnen spricht, sie im Arm wiegt, ihnen die Flasche gibt und ihnen Gutenachtlieder vorsingt. Ich werde ihr allerdings erklären müssen, dass man mit Babys nicht spielen kann wie mit Puppen. Lars und ich haben uns vorgenommen, es den Kindern an Weihnachten zu sagen. Ich werde dann in der 9. Woche sein. Kurz vor Weihnachten werden wir zum Ultraschall gehen. Wenn dann alles in Ordnung ist, dann wird auch danach nichts mehr schiefgehen. Warum auch? Bei mir ist noch nie etwas schiefgegangen.

Während ich ein dunkelblaues Tuch mit eingewirkten Silberfäden auf den Hocker stelle, der als Altärchen herhalten muss, kommt mir die Idee, dass ich Timo in die Vorbereitung einbeziehen könnte. Ich nehme an, er ist in einem Alter, in dem man nicht mehr besonders auf Adventsüberraschungen steht, aber sie für andere vorzubereiten würde ihm vielleicht Freude machen.

»Timo, hast du Lust, mir bei der Adventsdeko zu helfen?«, rufe ich also vom Fuß der Treppe her nach oben. Und ich rufe laut, weil ich ihn beim Playstation-Spiel vermute.

»Nö«, kommt zurück. Kurz und klar. Ich seufze leise. Aber ich kann ihn irgendwie verstehen. Er ist halt nicht wie meine Kinder aufgewachsen. Ist ja klar, dass er keinen Sinn für Gemütlichkeit hat.

Clea freut sich dafür umso mehr, als sie um 17 Uhr nach Hause kommt. Timo hat sich inzwischen bequemt, von seinem Gameparadies im Dachgeschoss in irdische Gefilde herunterzusteigen, und sitzt jetzt statt vor der Playstation vor dem Fernseher, während ich die Tannennadeln auffege, die beim Dekorieren hinuntergefallen sind. Mein Arrangement hat er noch keines Blickes gewürdigt. Doch als Clea wie erwartet aufschreit, ihre Tasche fallen lässt und zum Altärchen stürmt, schaut er verwundert hoch, grinst, wie große Brüder über den Übermut kleiner Schwestern eben grinsen, und schlurft zu Clea, die mit großen Augen die musizierenden Engel bewundert.

»Haha, nacktarschige Engel im Rhythmikunterricht«, ruft er aus.

Vielleicht klingt es dumm, aber er hätte mir ebenso gut einen rostigen Dolch in den Bauch stoßen und ihn dann noch ein paarmal umdrehen können. Clea starrt ihn entsetzt an. Dann sucht sie mit unsicherem, fast besorgtem Gesichtsausdruck meinen Blick. Ich gebe mir alle Mühe, damit sie darin nicht findet, was sie zu finden befürchtet. Doch mein Gesicht fühlt sich so falsch an, als hätte mir jemand den Mund von Julia Roberts und die kalten Augen von Madonna eingepflanzt.

Lars
Ein paar Tage später

Ich hatte mit einer Mandarine gerechnet oder ein paar Keksen, vielleicht sogar mit meiner Lieblingsschokolade. Tatsächlich steckt aber in meinem blank geputzten Schuh ein Gutschein für »The Path of the Dragon Ninja II«, einen Film, den Beate mit Sicherheit absolut doof findet. Ich weiß, dass sie Kampffilme hasst. Und jetzt will sie mit mir zusammen ausgerechnet Dragon Ninja im Kino sehen, und als P.S. schreibt sie auf den Gutschein: »Kommentarlose Begleitung inklusive«.

Sosehr ihre Weihnachtsbesessenheit auch nervt, in solchen Momenten kriegt sie uns Baumstöckl-Jungs rum. Ich bin fast verlegen vor Rührung, und als ich einen Blick zu Timo werfe, sehe ich, dass auch er ganz hilflos ist vor Überraschung und schlechtem Gewissen. Er hält einen Satz neuer Kugellager für sein Skateboard in der Hand. Und in der anderen eine Karte vom Nikolaus. Ich sehe ihm förmlich an, wie er hin- und hergerissen ist zwischen Verachtung für die Nikolauskarte und Bewunderung für Beates Wissen, dass Skater immer Kugellager brauchen können. Ich wette, er schämt sich genauso wie ich dafür, dass wir gestern Abend beim Schuhputzen herumgeulkt und die Augen verdreht haben – wenn auch möglichst heimlich.

Clea ist ganz aus dem Häuschen. Sie hat Ballettschühchen aus Porzellan bekommen, grauenhafter Kitsch, aber sie schaut die Dinger an, als wären sie der Heilige Gral. Und Sammy ist bereits komplett abwesend, vertieft in ein Buch über Flugdrachen. Mein Blick wandert zu Beate, die die ganze Friede-Freude-Eierkuchen-Szenerie mit einem beglückten Gesichtsausdruck beobachtet. Es würde mich nicht wundern, wenn sie zu hüpfen begänne und dabei in die Hände klatschte. Sie ist so wahnsinnig süß mit ihren Spleens, denke ich und drücke ihr einen saftigen Kuss auf den Mund, bevor ich meine Jacke schnappe und mich auf den Weg zur Arbeit mache.

Kommentar

Gerade Menschen, die ihre in der Familie gewachsenen Weih-nachtsrituale sorgfältig pflegen, reagieren sensibel, wenn ihre per-sönliche Vorstellung von einem richtigen Weihnachtsfest bedroht wird. Kein Wunder also ist Beate von Timos Reaktion verletzt.

Lars ist zwar gerührt von Beates Weihnachtsbegeisterung, fin-det aber, dass sie es etwas übertreibe. Da er selber nichts mit Weih-nachten anfangen kann, ist er froh, dass er aus dem Trubel hinaus zur Arbeit fliehen kann.

Beide unterschätzen das Konfliktpotenzial, das in den unter-schiedlichen Traditionen und Ritualen steckt, und versäumen es, sich damit auseinanderzusetzen.

Alternative 6

Lars

Clea ist ganz aus dem Häuschen. Sie hat Ballettschühchen aus Porzellan bekommen, grauenhafter Kitsch, aber sie schaut die Dinger an, als wären sie der Heilige Gral. Und Sammy ist bereits komplett abwesend, vertieft in ein Buch über Flugdrachen. Plötzlich kann ich Beates Leidenschaft für Weihnachten ein bisschen nachempfinden. Momente wie diesen, wir alle dicht gedrängt in der Garderobe zwischen herumliegenden Schuhen stehend, jeder Einzelne mit diesem Leuchten in den Augen, solche Momente habe ich noch nie erlebt. Ich weiß nicht, wie ich diese Atmosphäre beschreiben soll, es ist eine Wir-gehören-zusammen-Atmosphäre, eine Wir-sind-eine-Familie-Atmosphäre, eine Wir-haben-ein-Zuhause-Atmosphäre. Und das hat nur Beate hingekriegt.

Sobald die Kinder aus dem Haus sind, koche ich uns einen Kaffee. Ich müsste eigentlich auch schon auf dem Weg sein, aber ich will diese Stimmung ein wenig auskosten. Noch ein paar Minuten mit Beate allein zu sein scheint mir in diesem Moment das größte Glück auf Erden.

»Habt ihr zu Hause auch so gefeiert?«, frage ich sie.

Sie lächelt. »Advent war die schönste Zeit des Jahres. Meine Eltern bildeten plötzlich eine verschworene Gemeinschaft, sie tuschelten und machten aus allem ein riesiges Geheimnis. Ich liebte das.«

»Das klingt schön«, sage ich, während ich ihr eine Tasse hinstelle und mich mit meiner eigenen ihr gegenüber hinsetze. »Bei uns war das anders. Da musste alles genau nach Mutters Plan laufen: An den Sonntagen musste ich zu Hause bleiben, weil ja Advent war und man um den doofen Kranz herumsitzen musste, und an Weihnachten musste ich vor der ganzen Verwandtschaft Blockflöte spielen, obwohl ich das hasste, und gleichzeitig laberte meine Mutter ständig davon, dass Weihnachten das Fest der Liebe sei und sich alle wohlfühlen sollten.«

»Ich kann verstehen, dass das für dich schrecklich war, obwohl ich selbst gerade diese Wiederholungen, diese Rituale wahnsinnig mochte. Für mich war Weihnachten wie ein Märchen. Märchen müssen doch für Kinder auch immer genau gleich erzählt werden. Verstehst du, was ich meine?«

Natürlich verstehe ich sie. Mir ist auf einen Schlag klar, dass man Weihnachten lieben muss, wenn man Beate ist. Ich meine, das ist ein Naturgesetz. Genauso wie die Tatsache, dass man Weihnachten nur abscheulich finden kann, wenn man meine Eltern hat.

Als wir unseren Kaffee ausgetrunken haben, merke ich, dass meine Abneigung gegen Weihnachten ein bisschen kleiner geworden ist. Vielleicht deshalb, weil Beates Rituale anders sind als die meiner Mutter. Vielleicht aber auch, weil wir uns darauf geeinigt haben, dass sie mit ihren Kindern die gewohnten Rituale ausleben darf, ohne von Timo und mir schiefe Blicke zu ernten, während wir uns allem enthalten dürfen, was wir nicht mögen.

»Ein bisschen freue ich mich auf Weihnachten«, höre ich mich sogar sagen, als ich sie zum Abschied küsse, und seltsamerweise meine ich es ernst. Die Freude in ihrem Gesicht ist für mich ein mindestens so großes Geschenk wie der Kinogutschein.

Kommentar

Statt über Beates Liebe zu Weihnachten hinwegzugehen oder sich darüber lustig zu machen, lässt sich Lars für einen kurzen Moment anstecken und nimmt die Gelegenheit wahr, um mehr über die Hintergründe ihrer Liebe zu Familientraditionen zu erfahren. Es entsteht ein fruchtbarer Austausch über ihre unterschiedliche Art, mit Traditionen umzugehen. Er hat nun mehr Respekt für ihre Liebe zu Ritualen und fängt an, seinen eigenen Umgang damit zu hinterfragen; er fühlt sich sogar etwas bereichert.

☛ *Mehr über den Umgang mit unterschiedlichen Familienkulturen finden Sie im Abschnitt »Familienkulturen und -traditionen« des 7. Kapitels (S. 333 ff.).*

Getrübte Vorfreude

Lars
Zwei Wochen später, im Dezember

Ich muss wirklich sagen: Beate übertreibt die ganze Weihnachtssache maßlos. Nicht nur, dass sie alle paar Tage die halbe Wohnung neu dekoriert. Sie ist auch zu Tode beleidigt, wenn jemand ihre Weihnachtsobsession nicht teilt. Das habe ich auf eher unsanfte Art erfahren müssen, als sie mir von Timos Kommentar zu ihren Porzellanengeln erzählte. Ich fand den Spruch gut und lachte, bevor ich darüber nachdenken konnte, ob das angebracht war. Prompt warf mir Beate mangelnde Unterstützung vor. Wo sie sich doch so bemühe, eine heimelige Atmosphäre für unsere noch junge Familie zu schaffen. Die Sache mündete in einem ernsthaften Streit, obwohl ich durchaus einsah, dass sie sich viel Mühe gegeben hatte. Warum sie aber die übermütige Reaktion meines Sohnes nicht als Vertrauensbeweis sehen konnte, verstand ich nicht. Mich hätte an ihrer Stelle ein höfliches, aber falsches Lob mehr verletzt. Rückblickend muss ich allerdings sagen: Ich hätte daran denken müssen, dass schwangere Frauen übersensibel sind. Maria war seinerzeit wandelndes Nitroglyzerin. Eine winzige Erschütterung und sie ging hoch.

Nun denn: So nervig Beates Empfindlichkeit auch sein mag, ihre Begeisterung für das Thema Weihnachten hat auch ihre schönen Seiten. Ich genieße es, ihre vor Aufregung bebenden Schultern in meinem Arm zu spüren, während wir zusammen durch die Stadt bummeln und nach Geschenken für unsere Kinder suchen. Wenn ich in ihre Augen blicke, die heller leuchten, als es der Stern von Bethlehem jemals gekonnt hätte, dann könnte ich sie verdrücken vor Liebe.

Vor einem Fotogeschäft bleiben wir stehen. Ich möchte Timo endlich seine sehnlichst gewünschte Spiegelreflexkamera schenken. Schon heute Morgen habe ich mich darauf gefreut, mich von Beate bei der Wahl der richtigen Kamera beraten zu lassen und ihre Freude darüber zu sehen, dass sie ihr Fachwissen anwenden kann.

»Komm, wir gehen rein.«

»Brauchen wir was von da?«

»Ich möchte Timo eine Spiegelreflexkamera kaufen. Und du berätst mich.«

Beate schaut mich mit offenem Mund an. Ich würde ihren Gesichtsausdruck schon nicht mehr als verdattert, sondern eher schon als entsetzt interpretieren. Was hab ich jetzt schon wieder falsch gemacht, denke ich. Ob sie sich gar nicht so gut auskennt, wie ich dachte? Ob sie Angst hat, im Fotogeschäft etwas Dummes zu sagen?

»Du musst mich nicht beraten, wenn es dir unangenehm ist«, beeile ich mich, sie zu beruhigen. Ich mag es nicht, dass ihre Funkelaugen plötzlich so aufgerissen sind, dass ihre lieben, kleinen Fältchen in den Augenwinkeln komplett verschwinden.

»Was?«, fragt sie ungläubig, und mir wird klar, dass ihr Entsetzen keineswegs von einer Angst, zu versagen, herrührt, sondern, dass sie ein Problem mit meinem Plan hat. Sie redet weiter:

»Weißt du, wann *ich* meine erste Spiegelreflexkamera bekommen habe? Als ich mich endlich von meinem Geizhals von Mann getrennt habe und mir mit meinem ersten Lohn vom Gartencenter selber eine gekauft habe. Secondhand, im Internet.«

Ich seufze. Ich sehe einen ganzen Berg an Themen auf mich stürzen, die Beate offenbar belasten: ihre finanzielle Situation, ihre Beziehung zu Konrad, die Kinder, unsere unterschiedlichen Vorstellungen von Weihnachten. Ich frage mich, ob wir uns wenigstens über die Erziehung unseres gemeinsamen Kindes einigen können werden?

Ich hatte mich auf einen unbeschwerten Nachmittag mit meiner Liebsten gefreut. Ich verstehe nicht, warum plötzlich alles so schwierig ist. Gerade jetzt, da Timo endlich bei uns lebt und wir wissen, dass bald ein gemeinsames Kind uns zu einer richtigen Familie zusammenschweißen wird. Wieso schaffen wir es nicht, einfach nur zu genießen, dass wir alle zusammen sind?

»Was willst du mir damit sagen?«

»Ist das nicht offensichtlich?«

»Es könnte bedeuten, dass du dich über Konrad ärgerst, dass du bedauerst, noch nicht lange mit einer Spiegelreflexkamera zu experimentieren oder dass du das Geschenk nicht angemessen findest.«

»Bingo. Das Letztere« antwortet sie. Ich habe es befürchtet. Wenn ich eine Diskussion vermeiden will, muss ich darauf verzichten, meinem Sohn zu schenken, was ich ihm schenken will. Das werde ich selbstverständlich nicht tun. Timo weiß, dass er zu Weihnachten anständige Geschenke bekommt. Was würde er von mir denken, wenn ich ihm plötzlich irgendwas für 20 Euro unter den Baum legte.

»Er wünscht sie sich doch schon seit dem Frühling«, versuche ich es mit einem zugegebenermaßen schwachen Argument.

»Hallo?«, sagt sie und wirkt schon ziemlich entnervt. »Wir sind jetzt eine Familie. Wir haben dieses Haus. Wir brauchen jeden Cent. Da müssen alle ein bisschen zurückstecken.«

»Bloß, weil dein Mann nicht die Kohle rausrückt, die uns eigentlich zusteht? Bloß, weil du zu feige bist, sie einzufordern?«, gebe ich, meinerseits entnervt, zurück.

Ihre Augen verengen sich. Das habe ich noch nie an ihr gesehen. Wenn die Lage nicht so ernst wäre, würde ich mich noch ein bisschen mehr in sie verlieben. Wut steht ihr gut. Anders als Maria wirkt Beate nicht verkniffen und verbittert, sondern aufregend impulsiv und temperamentvoll.

»Sorry«, sage ich, »war nicht so gemeint.«

Sie seufzt und verdreht die Augen. Aber ich kann sehen, dass die Wut verraucht.

»Aber die Kamera kauf ich trotzdem«, sage ich. Sie lässt es dabei bewenden.

Als wir etwas später heiße Maroni kaufen, uns mit der Tüte auf eine Bank setzen und ich ihr eine nach der anderen fertig geschält zum Verzehr reiche, wirkt sie wieder entspannter. Ich beginne, über vorbeischlendernde Leute zu lästern, weil ich weiß, dass sie das mag. Und sie kichert vergnügt. Kein Mensch kann sich vorstellen, wie schön es ist, wenn Beate vergnügt ist. Ich lege den Arm um sie und eine Hand auf ihren Bauch. Und als ich ihr einen Kuss auf die Lippen drücke, erwidert sie ihn.

Deshalb sage ich nichts, als sie wenige Minuten später im Schaufenster eines Trödelladens ein ferngesteuertes Auto im Design der frühen 90er-Jahre entdeckt und entzückt ausruft, das sei das perfekte Geschenk für Sammy. 5 Euro. Ich fasse es nicht, dass sie ihren eigenen Sohn mit einem solchen Ramsch abspeisen will.

»Das ist voll 90er«, sage ich, wähle aber einen Tonfall der ebenso gut Anerkennung wie Bedenken ausdrücken kann.

»Kein Problem«, sagt sie. »Ich male das Teil neu an in Blau und Silber, wie Sammy es mag.«

Ich weiß nicht, ob ich ihren Plan bewundern oder missbilligen soll. Es ist ja schon erstaunlich, wie sie es schafft, aus jedem Scheiß etwas Wunderbares zu machen. Ich meine, sie sah in unserem Haus schon das Potenzial zum Schloss, als ich mich noch mit meiner Abneigung gegen 80er-Jahre-Architektur herumplagte. Weihnachten ist für sie kein Synonym für Geschenkestress und ätzende Verwandtenbesuche. Und aus einem klapprigen Spielzeug will sie einen stylischen Flitzer zaubern.

Ich bin trotzdem froh, dass ich für Timo ein richtiges Geschenk habe.

Konrad
Zwei Wochen später

Der Tag kotzt mich schon an, bevor ich die Augen geöffnet habe. Und zwar nicht im übertragenen Sinn. Mein Magen fühlt sich an, als hätte ich Abflussreiniger getrunken. Dabei waren es nur ein Martini und ein Viertel Wein. Ach ja, und ein Grappa. Und danach im Club noch der eine oder andere Gin Tonic. Noch nie habe ich mich an einem Neujahrsmorgen dermaßen schlecht gefühlt.

Blind taste ich nach dem Gerät, um nach der Uhrzeit zu sehen. Die kleinste Bewegung verursacht schmerzhafte Blitze in meinem Kopf. Ich wage nicht, meinen Mund zu schließen, so sehr fürchte ich mich vom Geschmack, der sich entfalten wird, sobald meine trockene Zunge meinen trockenen Gaumen berührt. Es ist derart widerlich. Erst als ich mein i-Phone in der Hand halte, zwinge ich mich, die Augen zu öffnen.

»Danke für den schönen Abend«, steht da. »Wann sehen wir uns wieder? Marlène.«

Mit ihrer Nachricht erreicht mich auch die Erinnerung an gestern Abend wieder. Claudius, Marlène und ich, die drei verlorenen Seelen (wobei wir uns lieber als die drei Musketiere bezeichneten), waren am Silvester zusammen im Löwen, schickes Restaurant, wir haben es krachen lassen, ein Drei-Gänge-Menü und den besten Wein, danach ins Goliath, wo wir weiter becherten, bis wir uns auf die Tanzfläche trauten. Das wäre der Punkt gewesen, an dem wir hätten nach Hause gehen sollen. Dann würde ich mich heute nicht dermaßen beschissen fühlen, dass ich gerne tot wäre.

Ich greife nach der Wasserflasche, die immer neben meinem Bett steht. Doch heute mache ich mir nicht die Mühe, das Glas zu benutzen, das mir meine Mutter freundlicherweise jeden Tag abwäscht und wieder hinstellt, sondern setze sie direkt an. Am liebsten würde ich sie in einem Zug leeren. Aber ich merke schnell, dass ich Rücksicht auf meinen Magen nehmen muss. Also warte ich erst ein paar Sekunden lang seine Reaktion auf die erste Ladung ab und schütte dann Schluck für Schluck nach. Besser.

Doch wenn es nur der Alkohol allein wäre. Mit dem Kater käme ich klar. Mit der Sache mit Marlène hingegen nicht. Claudius hatte längst ein Mädel aufgegabelt, das war kaum älter als 25, bildhübsch, nur leider flach wie Holland, und ihr Getanze sah aus wie Tai-Chi im Zeitraffer. Marlène war das pure Gegenteil. Ihre mindestens 100 Kilo wusste sie einzusetzen, als wären sie ihr Kapital. Ich weiß nicht, lag es am Alkohol oder an ihr, aber ich konnte mich nicht sattsehen an den Bewegungen, die sie mit ihren Hüften vollführte, an ihrem Busenansatz, der erstaunlich straff war und darauf schließen ließ, dass ihre Riesenmelonen auch ohne BH nicht hängen. Kurz: Ich war scharf auf sie. Und ich war besoffen. Deshalb war ich komplett wehrlos, als sie mich an der Hand nahm, auf die Tanzfläche zog, ein Bein zwischen meine schob und mich zu küssen begann.

Claudius wird mich mein Leben lang damit aufziehen, dass ich mit Marlène geknutscht habe. Ich höre ihn schon: »Tolle Entwicklung: von Traumkörper-Beate zu Tönnchen-Marlène. Haha.« Haha – ich finde das definitiv nicht witzig. An Marlènes Reaktion will ich

gar nicht denken, wenn ich ihr beibringe, dass der Kuss, nun ja ...
ein Versehen war. Wahrscheinlich wird sie mir nie mehr Kaffee
vorbeibringen. Und die fehlenden Kommas wird sie auch nicht
mehr in meine Geschäftskorrespondenz einsetzen. Verdammt. Ich
hab's vergeigt. Wieso zum Teufel läuft bei mir alles schief?

Dämliche Frage, sinniere ich weiter, als ich wenig später unter
der Dusche stehe und in mir die Hoffnung zu keimen beginnt, dass
ich meine Übelkeit vielleicht eines Tages loswerde und der Kopf-
schmerz irgendwann erträglich wird. Ich weiß genau, weshalb alles
schiefläuft. Dieser Waldmensch Lars ist schuld. Ich weiß nicht, welche Tricks dieser Typ auf Lager hat, aber irgendwie ist es ihm gelungen, dass ihm Beate komplett verfallen ist. Früher konnte ich
wenigstens vernünftig mit ihr reden. Früher hat sie auf mich gehört.
Vielleicht hätten wir es ohne ihn sogar geschafft, den Kindern zuliebe zusammen Weihnachten zu feiern.

Doch nun hat sie Weihnachten genutzt, um den Kindern zu erzählen, dass sie noch einen Balg erwartet. Richtig gehört. Die bekommen ein Kind. Ich könnte sie pausenlos schütteln, wenn ich
nicht vermutete, dass dieser Gartentrampel sie manipuliert. Sie ist
richtiggehend fies geworden. Nutzt die Kinder, um mir Botschaften
zu überbringen, die sie sich selbst mit mir nicht zu klären traut. Ein
Kind! Fast kam mir der Lachs wieder hoch, als die Kinder in heller
Begeisterung von ihrem Geschwisterchen erzählten. Ich frage mich
ernsthaft, wie ich es hingekriegt habe, sie nicht anzubrüllen, sie
sollten endlich ihre Klappe halten.

Mittlerweile glaube ich sogar, dass Beate zusammen mit diesem
Neandertaler richtige Pläne ausheckt, um mich zu verarschen. Zum
Beispiel: Ist es nicht seltsam, dass Cleas Ballettstunde ausgerechnet
auf den Freitagabend verlegt wurde, wenn ich jeweils die Kinder
bekommen sollte? Wenn sie dann um 20 Uhr endlich bei mir am
Tisch sitzt, ist sie völlig übermüdet und quengelig. Komisch auch,
dass Sammy zum Jahreswechsel die Grippe bekam, ausgerechnet,
wenn sie ausnahmsweise mal einen Feiertag bei mir verbringen
sollten. Ich schwör's, die haben mich gelinkt. Und deswegen hab
ich Vollidiot mich von Marlène küssen lassen.

Aber gut, wenn sie es so haben wollen, kann ich mich auch mal schlau machen, ob ich nicht Anrecht auf mehr Besuchstage hätte und dafür weniger bezahlen müsste. Bin ja gespannt, wie sie dann ihren Bastard durchfüttern wollen. Die kriegen doch jetzt schon nichts auf die Reihe. Als ich daran denke, dass ich möglicherweise ein Mittel gegen Beate in der Hand habe, lässt meine Übelkeit etwas nach. Trotzdem bin ich ganz froh, dass die Kinder im Moment nicht bei mir sind.

Ich blicke in den Spiegel und sehe nicht gerade das, was ich als attraktiven Mann bezeichnen würde. Die Liste meiner Makel (dünn werdende Haare, hingegen buschiger werdende Augenbrauen, häufig gerötete Haut, Bauchansatz) ist über Nacht doppelt so lang geworden (Tränensäcke, rote Augen, fahle Gesichtsfarbe, trockene Lippen). Ob das reichen würde, um Marlène abzuschrecken? Eher nicht. Als ich zum Handy greife, um ihr freundlich, aber unmissverständlich klarzumachen, dass ich nicht an einer Fortsetzung unserer Aktionen von gestern Abend interessiert bin, spüre ich einen kleinen Stich (ich mach jeden kalt, der es weitererzählt): Ich habe mich wohlgefühlt an ihrem weichen Körper. Wenn ich mit Beate schlief, bohrten sich immer ihre Hüftknochen in meinen Bauch. Sie gab nie einen Laut von sich. Irgendwie schien ihr die ganze Sache immer irgendwie peinlich. Marlène ist 100 Kilo pure Leidenschaft. Wenn ich in einer Parallelwelt machen könnte, was ich wollte, ohne dass es hier jemand mitbekäme, dann würde ich die Szene mit ihr gerne wiederholen.

Beate
Zwei Wochen später

Wenn Lars ausschlafen kann, also kein Wecker klingelt, dann beginnen irgendwann zwischen 8:30 und 9:00 Uhr seine Augenlider zu flattern wie kleine Schmetterlingsflügel. Als wollten sie hartnäckige Träume abschütteln. Es flattert nur sekundenweise, und dazwischen ist sein Gesicht ganz entspannt, als läge er am Strand in der Sonne und hätte noch drei Wochen Urlaub vor sich. Das Ganze wiederholt sich etwa 20-mal: Trrrrt. Urlaub, Urlaub, Urlaub. Trrrrt. Urlaub, Urlaub … Und dann schlägt er plötzlich die Augen auf, schwingt seine Beine über den Bettrand, steht auf (mir wird schon vom Zusehen schwarz vor den Augen), steuert mit großen Schritten aufs Bad zu, pinkelt (im Sitzen, aber das macht er leider nur am Morgen so) und geht dann in die Küche, um Kaffee zu machen. Diese Szene rührt mich jedes Mal an. Weil es wirkt, als hätte er einen Geschäftstermin und vorher einen straffen Zeitplan einzuhalten. Dabei weiß ich genau, dass er praktisch noch im Tiefschlaf liegt und sein Körper nur seinem Instinkt folgt, der ihn unweigerlich zur notwendigen Dosis Koffein führt.

Es ist nicht so, dass mir dieser Freier-Morgen-Lars neu wäre. Aber ich habe ihn schon lange nicht mehr erlebt. Wir stellen den Wecker normalerweise sogar an den Sonntagen, um den Kindern Frühstück zu machen. Aber heute nicht. Und gestern nicht. Und auch nicht vorgestern. Wir hatten vier ganze Tage für uns allein. Und das war genau das, was wir gebraucht hatten. Ich bin wieder verliebt wie am ersten Tag. Und er auch. Wenn er seinen Morgenkaffee gemacht hat, kommt er zurück ins Bett, mit seiner Tasse in der einen Hand und einem Orangensaft für mich in der anderen. Dann trinken wir. Dann kuscheln wir. Dann machen wir Liebe. Und er sagt mir, wie schön er mich mit meinen neuen Rundungen findet. Ich liebe solche Morgen.

Am Montag müssen die Kinder nach zweiwöchigen Ferien wieder in die Schule. Am Nachmittag werden sie der Reihe nach eintrudeln. Zuerst wird Konrad Clea und Sammy bringen, gegen Abend wird Timo mit dem Bus ankommen, vermutlich als Erstes sein Skateboard schnappen und zu den Schulfreunden auf die Halfpipe wollen. Natürlich werde ich das nicht erlauben. Denn genauso sehr, wie ich die Zeit mit Lars allein genossen habe, freue ich mich darauf, wieder eine richtige Familie zu sein, endlich alle wieder entspannt und ausgeruht nach dem ganzen Weihnachtsstress. Da möchte ich in den zwei Tagen, bevor die Schule anfängt, das Zusammensein noch genießen.

Doch schon am nächsten Morgen stellt sich heraus, dass ich etwas falsche Vorstellungen von den letzten Ferientagen hatte. Ich beschließe, noch schnell eine Wäsche zu machen, damit alle für den Schulanfang den Schrank voll sauberer Sachen haben. Als ich mit dem Wäschekorb in Timos Zimmer gehe, müssen ihn meine Augen regelrecht suchen. Zwischen all dem Plunder, der auf dem Boden, dem Bett und dem Schreibtisch verstreut ist, hebt er sich kaum von der Umgebung ab. Zumal er praktisch bewegungslos auf dem Boden sitzt, gebannt auf den Bildschirm schaut, während er das Männchen, das dort auf einem Snowboard einen Berg runtersaust, mit seinen beiden Daumen an den Bäumen vorbeizusteuern versucht.

»Du meine Güte, wie sieht es denn hier aus?«, stöhne ich und frage mich, wie er es fertigbringen wird, aus den ganzen herumliegenden Kleidern jene zu finden, die in meinen Wäschekorb sollen.

Timo antwortet nicht.

»Timo?«

Keine Antwort.

»Timo!!«

Das Männchen fährt in einen Baum. Timo schmeißt entnervt seine Konsole weg und fragt aggressiv: »Was ist?«

Ich ignoriere seinen Tonfall und weise ihn betont freundlich darauf hin, dass ich im Sinn habe, seine Schmutzwäsche pünktlich zum Schulanfang gewaschen zu haben.

»Ich mach's gleich«, sagt er.

»Du machst es jetzt«, sage ich.

»Mann! Warum?«

»Weil ich keine Lust hab, um Mitternacht zu waschen. Und weil du mindestens eine Stunde brauchen wirst, um an jedem Kleidungsstück zu riechen, das da herumliegt, und zu entscheiden, welches in den Schrank und welches in den Korb kommt.«

Timo schaut mich an, als wäre ich die dümmste Person auf der ganzen Welt. Dann steht er auf, reißt mir grob den Korb aus den Händen, stellt ihn in der Mitte des Zimmers auf und beginnt, alles reinzuwerfen, was ihm in die Finger kommt. Na bravo.

»Timo, jetzt reiß dich zusammen«, zische ich, im Moment noch bemüht, meine Wut zu zähmen.

»Scheiße, ich hab ja gemacht, was du wolltest!«, schreit er mich an.

Ehrlich gesagt bin ich froh, dass sich Lars – vom Geschrei angelockt – jetzt einschaltet.

»Was ist los?«, fragt er.

»Timo?«, leite ich die Frage an den Konfliktverursacher weiter.

»Sie sagt mir, ich soll die schmutzige Wäsche in den Korb tun, und dann motzt sie mich an, wenn ich es tue.«

»Er hat einfach alles reingeschmissen, statt zu sortieren«, stelle ich richtig.

»Ist doch kein Ding, die paar Socken mehr oder weniger«, sagt Lars. Spinne ich?

»Kein Ding? Weißt du, wie unökologisch Wäschewaschen ist?«

»Komm mal runter, ja? Dein Sohn verschmutzt dafür Teller am Laufband.«

Ich presse meine Lippen zusammen, damit mein Aufstöhnen nicht nach außen dringt. Innendrin rauscht es mir dafür durch den Körper, und es dauert nur wenige Sekunden, bis es das Herz erreicht. Und dann tut es wieder weh, und mir entwischt eine Träne. Als stünde mir meine Ohnmacht in diesem Moment nicht auch ohne Weinen deutlich genug vor Augen. Diese Hormone treiben mich in den Wahnsinn. Ich mochte es noch nie, wenn jemand meine Kinder kritisiert hat. Aber jetzt bricht es mir regelrecht das Herz, wenn ich sehe, wie die beiden auf Sammy rumhacken. Schon gestern Abend haben sie es getan. Nur, weil er ablehnte, als ihm Lars Apfelsaft aus der Flasche eingießen wollte, aus der Timo vorher unerlaubterweise direkt getrunken hatte. Lars musste eine neue aus dem Keller holen, fluchte, Timo ließ einen dämlichen Spruch ab, den ich inzwischen vergessen habe (irgendwas mit rosaroter Barbie), und Sammy starrte wütend auf die Salatsoße in seinem Teller. Diese Salatsoße war denn auch der Anlass dafür, dass sie sich zum zweiten Mal über ihn lustig machten. Als wir, gleich nachdem Lars aus dem Keller zurück war, die Spaghetti servierten, wollte Sammy als Einziger einen neuen Teller dafür.

»Ach, Johann, bitte servieren Sie den Hauptgang doch in einem Porzellanteller«, machte Timo gestelzt, als ich ihm seinen Teller Spaghetti hinstellte. Lars lachte und bemerkte nicht, dass ich ihm vernichtende Blicke über den Tisch zuwarf.

Erst als Clea solidarisch und laut erklärte: »Also *ich* mag Spaghetti auch nur mit Tomatensoße, mit Salatsoße sind sie doof«, verstummte Lars, halb schuldbewusst, halb ein Kichern unterdrückend. Er und Timo stießen sich an, als wären die beiden Schuljungen, die gerade von der Lehrerin zurechtgewiesen worden sind.

Maria
Einen Monat später

»Guten Tag, hier spricht Meinard. Philipp Meinard.«

Meinard? Hieß nicht der Chirurg so, der letzte Woche beim Direktor war, um sich für die frei gewordene Stelle zu bewerben? Warum ruft er mich an? Nicht, dass ich etwas dagegen hätte. Er hat mich angelächelt, als wir uns auf dem Flur begegnet sind. Und er hatte schöne gerade Zähne. Und sein Blick war der eines Mannes, der weiß, was er will, und außerdem weiß, dass er es auch kriegt. Aber wir haben uns gerade mal zehn Sekunden gesehen und außer unseren Namen nichts ausgetauscht. Auch nicht die Telefonnummer.

»Sie erinnern sich?«, fragt die freundliche Stimme nach. »Wir haben bei Timos Einschulung miteinander gesprochen.«

Oje. Verwechselt. Der Chirurg hieß Meiwand, fällt mir jetzt wieder ein. Und zeitgleich verdrängt das Bild des echten Meinard das schöne Lächeln: mausgrauer Krauskopf, randlose Brille, dünne Lippen. Wieso stellt sich Timos Klassenlehrer mit Vornamen vor? Ist das eine dieser manipulativen Eigenheiten von Pädagogen, um Vertrauen zu schaffen? Misstrauisch warte ich ab. Wenn er gleich über Timo loswettert, kann er sich mein Vertrauen in die Haare schmieren. Doch der Mann fährt noch größere Geschütze auf.

»Sie haben mich beeindruckt, als Sie sich so detailliert ... weil Sie über unsere Schule Bescheid wissen wollten. Die wenigsten Eltern tun das. Und hinterher ... Die beklagen sich dann, man habe sie nicht informiert.«

Wenn der wüsste! Wenn ich ehrlich bin, habe ich die Schule bloß besucht, weil ich einen Vorwand brauchte, um mir das neue Zuhause meiner Männer anzuschauen und Beate mal etwas genauer unter die Lupe zu nehmen. Dieser eigentliche Plan war schneller ausgeführt als die Alibitätigkeit: Das Haus ist hässlich wie die Nacht und Beate dumm wie Brot. Na ja, zumindest wirkt sie sehr naiv.

Doch wenn man sich ihren Körper anschaut, ist offensichtlich, was Lars von ihr will. Jedenfalls war mir schnell klar, dass diese Frau nicht in der Lage ist, irgendeinen perfiden Plan auszuhecken, wie es Stiefmütter dem Hörensagen nach oft tun, um die Kinder von ihren leiblichen Müttern zu entfremden.

»Ist denn jetzt alles ... also, haben Sie sich mit der neuen Situation gut arrangiert?«, plappert Herr Meinard weiter.

»Alles in Ordnung, danke«, antworte ich knapp, und an meinem Tonfall merke ich, dass mein Geduldsfaden längst gerissen ist. Deshalb sage ich: »Herr Meinard, weshalb rufen Sie an?«

»Ähm ja«, antwortet er geistreich, und ich kann durchs Telefon hören, dass er rot wird. In diesem Moment wird mir klar: Er steht auf mich. Na toll. Bei unserem Gespräch sind mir mindestens drei Dinge an ihm aufgefallen, die ich nicht ausstehen kann: Er hatte das Hemd versehentlich versetzt zugeknöpft, er schob alle zwei Minuten die Brille auf die Nasenwurzel zurück, und wenn er in seinen Unterlagen blätterte, benetzte er jedes Mal Daumen und Zeigefinger jener Hand, die er mir später zum Abschied entgegenstreckte. Kurz: nicht der Typ Mann, den ich bevorzuge.

»Also, ähm, tja. Ich gehe davon aus, dass das hier alles seine Richtigkeit ... also, wir haben ja übernächste Woche ein Projektwochenende. Die Schüler haben dieses Formular ... weil sie ja am Samstag bis 12 Uhr aufbleiben dürfen. Also, auf Timos Formular ist als Notfallnummer nur die Ihres Mannes und von dessen Freundin ... Ich wollte ... Ist das okay für Sie?«

Gar nichts ist hier okay. Und dass der Mann, der meinem Sohn Schulstoff vermitteln soll, keinen einzigen Satz beenden kann, ist noch das kleinste Übel. Ich kann kaum glauben, dass die beiden noch nicht einmal daran gedacht haben, mich mit auf das Formular zu setzen. Dass Timo jetzt bei ihnen wohnt, kann doch unmöglich heißen, dass ich bei einem Notfall als Letzte erfahren würde, dass es meinem Sohn nicht gut geht. Ausgerechnet ich, die einzige Medizinerin der Familie. Oder haben sie meine Nummer am Ende ganz bewusst nicht auf das Formular gesetzt?

»Alles bestens«, antworte ich dennoch. »Und wie macht sich Timo?«

»Er ... gut. Ich glaube, er hat Freunde gefunden. Manchmal ...
also abends, wenn ich zum Korrigieren in der Schule ... also, wenn
ich spät nach Hause gehe ... seit ich geschieden bin, zieht es mich ...
jedenfalls, ich sehe ihn manchmal mit Freunden skaten.«

Ich sitze noch immer auf dem alten Sessel meiner Großmutter,
den ich vor ein paar Jahren neu beziehen ließ und der mir jetzt als
Telefonier- und Lesestuhl dient. Nachdem ich Herrn Meinard aus
der Nase gezogen hatte, dass er mit »spät« 22 Uhr meint, wimmelte
ich ihn ab, bevor er weitere Weisheiten über die Zusammenarbeit
zwischen Schulen und Eltern von sich geben konnte. Ich warte darauf, dass mein Herz mir schwer wird. Aber ich spüre nichts außer
einer plötzlichen riesigen Wut, die mich veranlasst, so abrupt aufzustehen, dass der schwere Sessel ein paar Zentimeter nach hinten
verrutscht, und mich an meinen Computer zu setzen.

Lars, schreibe ich, *wie wir ausdrücklich besprochen haben, liegt
die alleinige Erziehungsverantwortung in den Händen der Eltern
und NICHT irgendwelcher fremden Leute. Wenn dieses neue Arrangement funktionieren soll, dann erwarte ich von Dir,*

... *dass Briefe von der Schule zum Unterschreiben MIR vorgelegt
werden (oder was genau plant Beate zu tun, wenn die Schule sie
anruft mit der Nachricht, Timo habe zum Beispiel einen Schä-
delbruch?)*

... *dass mein Sohn nach 21 Uhr nicht mehr auf der Straße rum-
lungert (schon gar nicht im Winter, wenn um diese Zeit finstere
Nacht ist).*

... *dass Du mir wöchentlich einen Rapport über Timos Schulleis-
tungen schickst (Du weißt genau, dass er mir die Prüfungen
nicht mehr vorlegt, wenn IHR sie bereits unterschrieben habt).*

... *dass Timo die Spielkonsole nur am Wochenende für zwei Stunden nutzen darf (ich habe keine Lust, mir jedes zweite Wochenende anzuhören, wie viel großzügiger ihr diesbezüglich seid).*

... *sofortige Information, wenn es Timo schlecht geht (er ist ein
Kind und braucht in solchen Fällen seine MUTTER)!*

Die sollen ja nicht meinen, bloß weil Timo jetzt bei ihnen wohnt,
könnten sie ihn nach ihrem Geschmack erziehen. Die können mit

ihrem gemeinsamen Baby Familie spielen, aber nicht mit meinem Sohn. Ich drücke SENDEN und gehe ins Bad, um mir aus dem Apothekerschrank eine kleine, weiße Helferpille zu holen.

Lars
Zwei Wochen später

Es ist selten geworden, dass Timo und ich Zeit zu zweit miteinander verbringen. Früher, als ich ihn nur jedes zweite Wochenende hatte, waren wir manchmal 48 Stunden am Stück zusammen, sind mit den Fahrrädern ins Grüne gefahren und haben irgendwo gezeltet. Als er noch kleiner war, haben wir dabei oft so getan, als wären wir Cowboys. Sein Fahrrad hieß »grüner Blitz« oder so. Meines ist grau. Ich hab keine Ahnung mehr, wie ich es auf seinen Wunsch hin nannte. Jetzt sehe ich meinen Sohn jeden Tag und ich habe kaum noch was von ihm. Ich meine, tagsüber ist er in der Schule und ich bin bei der Arbeit, die Abende verbringt er zusammen mit seinen Freunden, und wenn er mal zu Hause ist, sind wir immer zu fünft.

Deshalb genieße ich es, jetzt mit ihm auf dem Sofa abzuhängen, beide breitbeinig, ich mit meinem Bier in der Hand, er mit einem Energydrink. Wir tun wieder, als ob. Bloß dass wir heute keine Cowboys sind, sondern Kumpels, die zusammen ein Fußballspiel schauen. Die Schüssel Chips, die wir vor uns auf den Tisch gestellt haben, ist mittlerweile fast leer – zum größten Teil ist der Inhalt in unseren Mägen gelandet, zu einem kleineren auf dem Tisch und dem Boden. Das werde ich später selbstverständlich wegputzen. Doch im Moment habe ich meine heimliche Freude daran, dass Timo und ich bei jeder Torchance vom Sofa hochschießen und unseren Spielern lauthals und wild gestikulierend Anweisungen geben und dabei ein paar Chips zu Bruch gehen. Ich sehe, wie viel Spaß es Timo macht, mal nicht aufpassen zu müssen wie bei Maria. Er genießt es, herumsauen zu dürfen. Und ich genieße es, ihm das zu ermöglichen.

Doch lange dauert unser Männerglück nicht. Beate platzt noch vor Ende der ersten Halbzeit mit Clea an der Hand ins Wohnzimmer. Timo und ich haben inzwischen je einen Fuß auf den Tisch vor uns gelegt, was Beate mit einem missbilligenden Blick registriert. Plötzlich habe ich Lust, sie zu provozieren. Ich weiß nicht, warum mich dieses Gefühl plötzlich anspringt. Aber ich habe auch kein Bedürfnis, darüber nachzudenken. Stattdessen nehme ich betont langsam die Chips-Schüssel vom Tisch, lehne mich nach hinten, bis ich im Sofa hänge wie ein betäubter Orang-Utan, stelle mir die Schüssel auf die Brust und hefte meinen Blick auf den Bildschirm.

»Clea möchte gern Jim Knopf schauen«, sagt sie.

Ihre Stimme klingt gepresst. Sie ist wütend. Seltsamerweise befriedigt mich das nicht so, wie ich erwartet habe. Ich werde selbst wütend darüber, dass sie ernsthaft glaubt, wir würden wegen Jim Knopf den Platz räumen.

»Wir schauen das Spiel fertig«, sage ich bloß und versuche meinerseits, ruhig zu klingen. Ich nehme an, auch sie hört meine verhaltene Wut trotzdem.

»Mama!«, schreit nun Clea so schrill, dass ich mich wundere, dass die Spieler nicht innehalten in der Meinung, der Schiedsrichter habe gepfiffen.

»Warum machst du das? Fußball interessiert dich doch gar nicht.« Mit einem leidenden Gesichtsausdruck legt sie ihre freie Hand auf ihren Bauch, von dem noch nichts, aber auch gar nichts zu sehen ist. Normalerweise kriegt sie mich damit immer. Der Gedanke an unser gemeinsames Baby macht mich normalerweise ganz weich vor Glück. Doch jetzt fühle ich mich bloß manipuliert.

»Aber mein Sohn interessiert mich«, sage ich deshalb kühl.

»Dann macht was anderes. Du weißt genau, dass Clea am Boden zerstört ist, wenn sie nicht Jim Knopf schauen kann.«

»Haben wir je abgemacht, dass sie heute Abend Jim Knopf schauen darf?« Und ist es wirklich dein Ernst, dass ausgerechnet die Kleinste in der Familie die ganze Familie mit ihren hysterischen Anfällen terrorisiert? Die zweite Frage stelle ich natürlich nicht. Aber ich denke sie. Und wie ich sie denke!

»*Ich* wollte die Fernsehzeiten schon lange gemeinsam festlegen, aber *Du* meintest immer, es sei nicht nötig.« Das hab ich tatsächlich gesagt. Ich kann den Triumph in ihrer Stimme hören. Recht gehabt, denkt sie. Das weiß ich genau. Um Clea geht es hier schon längst nicht mehr. Na, das kann ich auch.

»*Du* sagst doch immer, ich unternehme zu wenig mit den Kindern«, sag ich deshalb. »Jetzt tu ich es und du motzt schon wieder.«

»Ach, sich auf das Sofa klatschen nennst du: etwas unternehmen?«

»Lass gut sein«, sagt Timo entnervt. »Ich gehe ein bisschen skaten, dann kann Clea ihren Jim Knopf sehen.«

»Du bist der allerliebste, allerbeste Bruder der Welt«, quietscht diese melodramatisch, während Timo zur Tür rausschlendert.

Ich pfeffere die Schüssel auf den Tisch, stehe auf und mach mich ebenfalls aus dem Staub. Eine Sekunde bevor ich die Haustür hinter mir zuschlage, höre ich Beate meinen Namen rufen. Fordernd und bestimmt.

Das Fahrrad steht in der Garage und ist mit einer feinen Staubschicht überzogen. Mit der Hand wische ich das Gröbste weg. Als ich mich auf den Sattel schwinge und mir die Wut aus dem Leib strample, kommt mir wieder in den Sinn, wie es heißt: Silberpfeil.

Beate
Eine Woche später

Wieder habe ich dieses kleine Flattern im Bauch. Seit ein paar Tagen kann ich das Baby spüren, wenn es sich bewegt. Wie ein Schmetterling, der meinen Bauch von innen mit seinen Flügeln streichelt. Es wird unsere Familie komplett machen. Das Leben könnte gerade nicht besser sein an diesem Morgen.

Lars, Timo, die Kinder und ich sind schon jetzt fast zu einer richtigen Familie zusammengewachsen. Es kommt kaum mehr vor, dass ich stutze, weil ich in der Wäsche ein T-Shirt mit rätselhafter Aufschrift finde (zum Beispiel »D.R.I.«, was, wie ich inzwischen weiß, die Abkürzung von Dirty Rotten Imbeciles ist, eine Band, die Timo mag). Mittlerweile ist es für mich selbstverständlich, einen 15-Jährigen als Sohn zu haben. Trotzdem hat es mich berührt, als Lars mich fragte, ob ich ihn zum Besuchstag von Timos Klasse begleite. Ich hatte mich zurückgehalten. Selbst dann, als ich erfuhr, dass Maria verhindert sein würde. Sie ist in letzter Zeit etwas empfindlich, was mich angeht. Das weiß auch Lars. Umso glücklicher bin ich, dass er mich trotzdem gebeten hat mitzukommen.

Während ich mir auf dem geschlossenen Klo sitzend die Fußnägel rot anmale und Lars unter der Dusche vor sich hin summt, fühlt es sich ein klein wenig an wie am Anfang. Getrennt durch den Duschvorhang beginnen wir über mögliche Schreckschrauben von Müttern zu tratschen (»Also, *mein* Sohn hat die erste Klasse übersprungen«) und über die Art, wie Lehrer reden (»Ja, interessante Interpretation des Textes, gibt es andere?«), und kommen uns so verschwörerisch vor wie die rote Zora und ihre Bande, wobei unsere Bande nur aus Zora und Branko besteht. Als Lars aus der Dusche kommt und mich in Unterwäsche vor dem Spiegel stehen sieht, bekommt er eine Erektion und ich schmiege mich einen Moment lang an ihn. Die Streitereien der letzten Wochen sind weit weg. »Du wirst die schönste aller Mütter sein«, flüstert er mir ins Ohr.

Möglicherweise hat er recht. Als wir pünktlich an Timos Seite das Klassenzimmer betreten, bemerke ich wohl die bewundernden Blicke der wenigen anwesenden Väter. Und leider auch die giftigen von deren Frauen. Einen kleinen Moment lang bin ich deswegen beunruhigt, aber als ich durch Lars' Arm an meiner Taille seinen Stolz spüre, denke ich, dass mir die Mütter die Blicke ihrer Männer verzeihen werden, wenn sie mich erst kennenlernen.

In der Pause wird mir klar, dass ich es eigentlich hätte besser wissen müssen. Timo kommt mit seinem Tischnachbarn und dessen Eltern im Schlepptau zu uns und sagt: »Papa, darf ich am Samstag mit Luca ins Erlebnisbad fahren?«

Noch bevor wir reagieren können, höre ich, wie Luca leise, aber hörbar zu Timo sagt: »Wow, deine Mutter ist ja voll hübsch.«

»Quatsch, das ist nicht meine Mutter«, antwortet dieser. Ich lächle den Stich in meinem Herzen weg, strecke die Hand aus und stelle mich vor.

»Ach, die Stiefmutter«, sagt Lucas Mutter und lächelt süßlich, während sie meine Hand entgegennimmt, als wäre sie ein nasser Lappen, der tagelang in einer Ecke gelegen hat. »Ist bestimmt nicht leicht für Timo, dass er seine neue Schule nicht seiner richtigen Mutter zeigen kann.«

Habe ich richtig gehört? Hilfe suchend schaue ich zu Lars. Der lächelt, als wäre alles in bester Ordnung.

»Freut mich sehr, die Eltern des besten Freundes meines Sohnes kennenzulernen«, sagt er. Ab diesem Moment bin ich Luft für sämtliche Anwesenden. Fassungslos höre ich zu, wie Lars mit den beiden blasierten Idioten die Details des bevorstehenden Ausfluges bespricht, ohne mich auch nur andeutungsweise zu fragen, ob ich einverstanden bin.

Ich verstehe die Welt nicht mehr. Es kann doch nicht sein, dass die mich so überfährt, nur weil ich hübscher bin als sie. Was sollte diese herablassende Bemerkung darüber, dass ich ein schlechter Ersatz für Timos Mutter sei? Wer wäscht ihm seine riesigen Wäscheberge? Wer kocht ihm einmal pro Woche sein Lieblingsessen? Wer macht sich die Mühe, sich für seinen abscheulichen Musikgeschmack zu interessieren? Wer teilt mit ihm seine Leidenschaft fürs Fotografieren? Maria bestimmt nicht. Ihr einziges Engagement besteht darin, Lars anklagende Mails zu schicken.

Und damit nicht genug. Kaum bin ich Lucas Eltern endlich los, kommt Timos Klassenlehrer auf uns zu. Ohne das kleinste Lächeln auf den Lippen gibt er Lars die Hand und stellt sich als »Meinard« vor. Für mich hat er gerade mal ein knappes Nicken übrig. Dann legt er los: Timo sei ein großartiger ..., sehr klug, manchmal vielleicht etwas wenig engagiert, aber äußerst intelligent, warum seine Mutter nicht ...? (Seitenblick auf mich) Gerade in Timos Alter ... also, er sollte spüren ... beide Eltern sollten eigentlich hier sein.

Jeder kann sich vorstellen, wie froh ich bin, als wir uns auf den Weg durch die Gänge zum Schultor machen. Ich spüre, wie die Tränen sich direkt hinter meinen Augäpfeln zu stauen beginnen. Vor Anstrengung, sie zurückzuhalten, schmerzt schon mein ganzes Gesicht. Endlich haben wir die ganzen Gänge und 1000 Stufen hinunter hinter uns und stehen endlich auf dem Pausenhof.

Als ich kurze Zeit später den rauen Stoff des Autositzbezuges durch meine dünnen Strumpfhosen spüre, frage ich mich zum ersten Mal, ob ich nicht ein längeres Kleid hätte anziehen sollen. Aber mir ist natürlich klar, dass mein Kleid nicht der Grund für diesen Druck hinter meinen Augen ist. Dass es nichts damit zu tun hat, dass ich das Gefühl habe, die Augäpfel würden gleich aus meinem Schädel quellen, und dass, wenn sie es nicht täten, mein Kopf explodieren würde und es zu einer großen Sauerei im Auto käme. Wie in diesen amerikanischen Krimiserien, bei denen einem jedes Mal schlecht wird, wenn einer gekillt wird, weil die Regisseure einfach nicht begreifen wollen, dass niemand gerne Hirnmasse herumspritzen sieht, zumindest niemand, der draußen frei herumlaufen sollte.

Gerade als ich mich ernsthaft mit meinem Problem auseinandersetzen möchte, indem ich mir überlege, warum Lucas Mutter bei meinem Anblick die Nase kraus gezogen hat und warum Timos Lehrer mich behandelt hat wie Luft, beginnt Lars neben mir, fröhlich vor sich hin zu pfeifen. Ich komme nicht mehr dazu, zu denken, dass er der dritte Mensch ist, den ich heute erwürgen möchte. Das unendlich wütende, dafür umso jämmerlicher leise Geräusch, das direkt aus meiner Kehle kommt, verblüfft mich so, dass ich vergesse, ans Morden zu denken.

Ich weiß nicht, wie mir geschieht, als meine Augen tatsächlich beinahe aus den Höhlen gepresst werden, weil die Tränen, die sich dahinter gestaut haben, jetzt plötzlich alle auf einmal rausmüssen. Mir war nicht klar, dass Wasser brennen kann wie Feuer. Meine Augen schmerzen so schlimm, dass sie mich einen Moment lang von meiner Wut und meinem Hass ablenken. Aber leider nur, bis Lars in einem völlig verblödeten Tonfall fragt, was los sei.

Ich brülle ihn an. Keine Ahnung, was der Inhalt meines Brüllens ist. Aber ich höre, dass es reichlich hysterisch klingt, was mich aber nicht weiter wundert, da ich mich tatsächlich hysterisch fühle. Ich denke, dass man kein bisschen wütender sein kann als ich in diesem Moment, aber schon im nächsten werde ich eines Besseren belehrt.

Lars hält an und ich stoße die Tür so heftig auf, dass sie zurückwippt und wieder ins Schloss fällt. Ich bringe diese Tür um, denke ich und stoße sie wieder auf. Ich bringe den Scheißacker um, neben dem Lars angehalten hat und in den ich jetzt bei jedem Schritt vom Auto weg meine Stöckelschuhe ramme. Ich bringe den Mond um und die Sterne und den dunklen Wald in der Ferne und den verdammten Hund, der irgendwo in der Ferne so scheißhämisch vor sich hin bellt. Ich bringe mich selbst um. Ich bringe ...

Lars packt mich von hinten, und weil ich mich gegen seine Umklammerung wehre, landen wir beide im Dreck. Der plötzliche Schock von nasskalter Erde an meinen fast nackten Beinen bringt mich zur Besinnung. Meine Wut verraucht und ich weine in Lars' Halsbeuge hinein, bis ich wieder reden kann.

»Ich kann nicht mehr«, sage ich.

»Was ist denn los?«, fragt er vorsichtig.

Mir kommt in den Sinn, wie glücklich ich heute Morgen war, und dann denke ich an Lucas Mutter und den doofen Lehrer und daran, dass Timo noch nicht einmal weiß, dass ich den Namen seiner Lieblingsband kenne und an die fiese E-Mail von Maria und an das kleine Wesen, das in ein solches Chaos geboren werden soll, und ich frage mich, ob ich am Morgen gesponnen habe oder ob ich jetzt spinne.

Und all das sage ich Lars.

»Das ist doch ganz normal«, antwortet er. Wir liegen immer noch auf dem Boden. Er hält mich mit beiden Armen fest, und wo er mich berührt, bin ich warm. Er sagt: »Wenn das Baby erst da ist, wird kein Mensch auf der Welt mehr ignorieren können, dass wir eine richtige Familie sind. Wir gehören zusammen. Siehst du nicht, was wir zusammen schon alles geschafft haben? Das wird uns niemand mehr nehmen können.«

Mein Ohr wird auch warm.

Kommentar

Beate und Lars werden mit Problemen überschwemmt: Die ungeklärten Verhältnisse mit den Expartnern belasten sie ebenso wie die Auseinandersetzungen mit den Kindern. Als Beate auch noch spürt, wie abschätzig sie als Stiefmutter behandelt wird und Lars sie in keiner Weise verteidigt, bricht sie zusammen. Lars tröstet sie zwar, erkennt aber den Ernst der Lage nicht. Er versucht, von ihrer

Verzweiflung abzulenken, indem er sie an die Vorfreude auf das gemeinsame Kind erinnert, und macht ihr die Hoffnung, dass nach der Geburt alles wie durch Zauberhand gelöst würde.

Es wäre sinnvoller, wenn Lars Beates Zusammenbruch als Zeichen ihrer körperlichen und psychischen Erschöpfung ernst nähme und sie gemeinsam nach Lösungen suchen würden.

Alternative 7

Beate

Lars packt mich von hinten, und weil ich mich gegen seine Um-klammerung wehre, landen wir beide im Dreck. Der plötzliche Schock nasskalter Erde an meinen fast nackten Beinen bringt mich zur Besinnung. Meine Wut verzischt und ich weine in Lars' Hals-beuge hinein, bis ich wieder reden kann.

»Ich kann nicht mehr«, sage ich.

»Was ist denn los?«, fragt er vorsichtig.

Mir kommt in den Sinn, wie glücklich ich heute Morgen war, und dann denke ich an Lucas Mutter und den doofen Lehrer und daran, dass Timo noch nicht einmal weiß, dass ich den Namen sei-ner Lieblingsband kenne und an die fiese E-Mail von Maria und an das kleine Wesen, das in ein solches Chaos geboren werden soll, und ich frage mich, ob ich am Morgen gesponnen habe oder ob ich jetzt spinne.

Und all das sage ich Lars.

»Das ist doch ganz normal«, antwortet er. Wir liegen immer noch auf dem Boden. Er hält mich mit beiden Armen fest, und wo er mich berührt, bin ich warm.

Er sagt: »Wenn das Baby erst da ist, wird kein Mensch auf der Welt mehr ignorieren können, dass wir eine richtige Familie sind. Wir gehören zusammen. Siehst du nicht, was wir zusammen schon alles geschafft haben? Das wird uns niemand mehr nehmen können.«

Mein Ohr wird auch warm. Es ist schön, zu hören, wie er über uns denkt. Aber mir ist auch klar, dass es dieses Mal nicht damit getan ist, dass ich mich auf später freue. *Jetzt* bin ich am Ende. *Jetzt* muss etwas geschehen.

»Ich kann nicht darauf warten, dass irgendwann alles besser wird«, sage ich deshalb. »Ich kann nicht mehr. Es *muss* etwas ge-schehen. Nicht, dass ich am Ende noch das Baby verliere.« Meine

Sätze sind kleine Nussschalen, die in einem Meer von Tränen gegen das Untergehen anschaukeln.

»Trost allein bringt dir nichts«, stellt er fest, und ich zucke beinahe zusammen vor Überraschung darüber, dass ich mich offensichtlich klar habe ausdrücken können. Ich nicke.

»Ich werde mehr für dich da sein«, flüstert er in mein Ohr. »Und ich werde dafür sorgen, dass auch unsere Familien etwas helfen, wie es jede andere Familie der Welt auch tun würde.« Dann steht er entschlossen auf, hebt mich aus dem Dreck hoch und trägt mich zurück zum Auto. Jetzt weine ich vor Erleichterung. Und auch ein bisschen, weil ich mir vorkomme wie in einem Film.

Wenige Tage später sehe ich, dass sein Versprechen kein leeres Wort gewesen ist. Er hat sogar seine Eltern angerufen. Ausgerechnet seine Eltern, denen er lieber aus dem Weg geht, weil sie ihm, wie er sagt, ständig ihre Enttäuschung über seine Berufswahl unter die Nase reiben. Sie hätten einen Uniabsolventen gewollt. Bekommen haben sie einen Gärtner. Den zweiten Enkel, den er ihnen nun schenkt, scheinen sie hingegen sehr zu wollen. Als sie von unserem Stress hörten, haben sie sogar angeboten, bereits vor seiner Geburt jeden zweiten Montag meine Kinder über Mittag zu betreuen. Die anderen Montage werden meine Eltern übernehmen. Selbst Konrad wird öfter an den Samstagen einspringen. Natürlich hat er sich aufgeführt. Aber nachdem ich ihn zum rettenden Helden hochgepriesen und ihm gesagt hatte, die Kinder seien so gern bei ihm, erklärte er sich bereit. Und morgen wird mir der Arzt ein Zeugnis ausstellen, damit ich im Green Paradise bloß noch das halbe Pensum arbeiten muss.

Kommentar

Beate und Lars haben bisher versucht, sich eine kleine Insel zu schaffen und kaum die Beziehungen in der Verwandtschaft gepflegt. Als Beate jedoch deutlich zeigt, dass sie am Ende ihrer Kräfte ist, springt Lars über seinen Schatten und sucht innerhalb der Familie nach Entlastungsmöglichkeiten. Auch Beate überwindet sich, Konrad die Kinder öfter zu überlassen. So erleben sie, wie viele Ressourcen eine Patchworkfamilie bieten kann, und können sich um ihre Probleme kümmern, statt sie zu verdrängen. Außerdem gewinnen sie Zeit und Energie, um sich auf die neue Familiensituation vorzubereiten.

☛ *Mehr zu diesem Thema finden Sie im 7. Kapitel »Das gesamte Patchworksystem« besonders in den Abschnitten »Alltag in der Patchworkfamilie« (S. 322 ff.), »Umgang mit Expartnern« (S. 324 ff.) und »Eltern der Expartner« (S. 329 ff.).*

Patchworkchaos

Maria
Drei Monate später, im Juni

Es gibt einen guten Grund, weshalb ich meinen Besuch nicht angekündigt habe. Ich kenne Lars. Hätte ich ihn um ein Treffen gebeten, hätte er gesagt, das könne man doch auch am Telefon besprechen. Dieser Meinung bin ich ganz und gar nicht. Dieser affige Meinard ruft mich inzwischen fast jede Woche an: Einmal hat Timo den Sporttag vergessen, einmal den Abgabetermin für eine Hausarbeit versäumt und in den letzten drei Wochen hat er viermal gefehlt. Das kann nur bedeuten, dass er entweder geschwänzt hat oder Lars mich trotz unserer Abmachung nicht informiert, wenn Timo krank ist. Das Fass zum Überlaufen brachte schließlich Meinards Information, er habe Timo mit Freunden am Baggersee rauchen sehen. Grund genug, mich ernsthaft mit Lars zu unterhalten. Entweder nimmt er seine Verantwortung als Vater wahr oder ich nehme Timo wieder zu mir.

Und das ist ja auch noch nicht alles, sage ich mir, als ich meinen Blick über den spießigen Vorgarten dieses spießigen Reihenhauses schweifen lasse. Timos Noten in Mathe, Biologie, Geografie und Chemie sind schlechter geworden. Nicht extrem. Aber wer weiß, was passiert, wenn wir als Eltern nicht rechtzeitig eingreifen. Und wie sollen wir das machen, wenn Timo in einem solch bildungsfernen Umfeld lebt? In der Gewissheit, dass mir Lars an einem Samstagmorgen nicht mit irgendwelchen Ausflüchten entkommen kann, drücke ich den Klingelknopf.

Es ist Beate, die mir die Tür öffnet. Sie schaut mich verblüfft, aber nicht unfreundlich an. Ihre Hand wandert zu ihrem Bauch, eine typische Schwangerenbewegung, die ich selbst nur in unbeobachteten Momenten gemacht habe. Was will sie mir damit sagen? Dass sie mich für ein Monster hält, das sie jeden Moment anspringen und ihr das Baby stehlen könnte? Oder will sie ihren Triumph auskosten? Beides wäre hohler Quatsch. Das Baby interessiert mich nicht. Und Lars interessiert mich sowieso nicht. Mich interessiert nur Timo.

»Ist Lars da?«, frage ich und versuche, ebenfalls nicht unfreundlich zu gucken.

»Nein«, sagt sie und nach einem kurzen Zögern fragt sie, ob ich reinkommen wolle. Ich mag es nicht, wenn Leute »reinkommen« sagen. Es heißt »Hereinkommen«. Aber von ihr habe ich nichts anderes erwartet.

Das Haus sieht aus wie eine Müllhalde. Was ist so schwierig daran, von den Kindern zu verlangen, dass sie ihre Schuhe ins Schuhregal stellen? Warum liegt Timos Schulkram achtlos neben den noch geöffneten Marmeladengläsern? Ist diese Frau denn nicht fähig, Ordnung zu halten? Wenn sie meinem Sohn schon nicht bei den Hausaufgaben behilflich sein kann, sollte sie doch wenigstens imstande sein, ihm ein geordnetes Umfeld zu bieten. Das arme Baby, das da gezeugt wurde, ist wirklich nicht zu beneiden.

»Ich werde Timo ab sofort an zwei Abenden die Woche zu mir nehmen – zusätzlich zu den Wochenenden. Er braucht jemanden, der ihm bei den naturwissenschaftlichen Fächern hilft«, sage ich und blicke Beate an. Sie scheint getroffen. Doch sie zwingt sich ein Lächeln ab und bietet mir an, bei einer Tasse Tee auf Lars zu warten. Contenance hat sie, das muss man ihr lassen. Fast tut es mir leid, dass ich so grob gewesen bin. Doch als mein Blick wieder auf den Tisch mit dem schmutzigen Geschirr des Frühstücks fällt, lehne ich dankend ab.

Lars
Zwei Monate später

Clea schaut mich erwartungsvoll an. Sie liegt bereits unter ihrer Decke, hat die Stoffgiraffe im Arm und rückt ein bisschen zur Seite, um mir auf der Bettkante Platz zu machen. Sie will eine Geschichte, das ist mir klar, und sie hätte sie auch verdient, so lieb wie sie nach dem Abendessen beim Aufräumen geholfen hat. Aber Noah schreit schon wieder. Entschuldigend ziehe ich Schultern und Augenbrauen hoch und grinse sie mit schiefem Mund an, weil ich weiß, dass ich sie damit zum Lachen bringen kann.

Aber sie lacht nicht. »Das ist unfair. Ich habe nicht herumgeschrien und kriege keine Gutenachtgeschichte. Noah nervt immer, und du bist trotzdem nett zu ihm.«

Ich verstehe sie ja. Sie hatte sich so auf ihren kleinen Bruder gefreut und sich vom ersten Tag an rührend um ihn gekümmert. Und jetzt muss sie seinetwegen ständig zurückstecken. Und dennoch: Ich habe keine Nerven mehr, ihr zum 100. Mal zu erklären, dass Noah nun mal mehr Aufmerksamkeit braucht.

»Stell dich nicht dumm«, sage ich deshalb. »Du weißt genau, dass Noah zu klein ist, um absichtlich zu nerven. Er schreit, weil ihm etwas wehtut. Würdest du wollen, dass ich dich einfach nicht beachte, wenn du vor Schmerzen schreist?«

Clea hat ihre Arme vor der Brust verschränkt und schaut mich trotzig an.

»Du bist gemein!«, flüstert sie, und im Hintergrund höre ich Noah schreien.

»Clea, es reicht! Schlaf jetzt.«

Als Noah eine Stunde später endlich zufrieden schläft, ist es zum ersten Mal an diesem Tag komplett still. Ich bin erleichtert. Und erschöpft. Sammy ist bei Konrad, Timo bei Maria und Beate in der Yogastunde, und ich bin verdammt froh um die halbe Stunde Alleinsein, die mir bleibt, bis sie nach Hause kommt. Ich gieße mir ein Glas Wein ein.

Als ich mich auf das Sofa fallen lassen, fällt mir auf, dass ich in meinem ganzen Leben noch nie so müde war. Es ist, als hätte Noah mein Leben in zwei Teile geschnitten. In der Vor-Noah-Zeit war ich ein Duracell-Häschen. Nichts konnte mich stoppen. Ehrlich, ich hätte den ganzen Tag arbeiten, dann eine Radtour mit Timo machen können und am Ende noch mit Beate in die Kiste gekonnt. Seit Noah da ist, bin ich froh, wenn ich den Arbeitstag durchstehe. Aber ich wollte es ja so. Ich meine, ich wollte nicht den gleichen Fehler wie bei Timo machen, sondern einen Teil der Kinderbetreuung übernehmen. Diese Entscheidung bereue ich selten.

Was ich noch nie bereut habe, ist, dass wir uns für ein gemeinsames Kind entschieden haben. Eigentlich hat ja das Schicksal entschieden. Der da oben muss gedacht haben: Wenn der Typ mit dieser bezaubernden Frau nicht die Eier hat, sich zu vermehren, wie ich das angeordnet habe, dann muss ich dafür sorgen, dass es passiert. Und bumm, Beate war schwanger. Trotz Pille. Wir hinterfragten das nicht und freuten uns. Und zu unserer Überraschung freuten sich alle anderen auch. Sogar Timo. Seit er seinen kleinen Bruder spazieren fährt, ist er bei den Mädchen der Superstar.

Ich schrecke hoch. Ein Stockwerk über mir scheint etwas zu Boden gepoltert zu sein. Weil da oben eigentlich niemand außer Noah und Clea sein sollte und weil die beiden ja endlich schlafen, schnappe ich mir die leere Weinflasche und komme mir reichlich lächerlich vor, als ich damit nach oben schleiche wie ein FBI-Agent bei einer Hausdurchsuchung. Was ich vorfinde, ist denn auch kein Einbrecher, sondern Clea, die, statt zu schlafen, ihren Spielzeugkoffer packt.

Ich muss mir ein Lachen verkneifen. »Wohin verreist du denn?«

»Ich geh zu Papa. Du bist ja sowieso nur noch für *dein* Kind da.«

Scheiße, denke ich. Ich hab mich nicht genug um sie gekümmert. Und dann denke ich, dass sie verdammt noch mal groß genug ist, um zu verstehen, dass Noah mich im Moment mehr braucht. Und dann wird mir klar, dass es nicht darum geht. Ich setze mich auf ihr Bett.

»Komm her, Kleine.«

Clea setzt sich zwar zu mir, aber mit demonstrativ großem Abstand.

»Denkst du, dass ich dich nicht mehr lieb habe?«, frage ich, obwohl mir klar ist, dass ich mich damit auf Glatteis begebe. Ich habe Panik, dass sie mich gleich fragen wird, ob ich Noah lieber habe als sie. Doch sie nickt nur als Antwort auf meine Frage. Was mich erleichtert, denn darauf habe ich eine Antwort.

»Ich habe dich immer noch genauso lieb wie vor Noahs Geburt«, sage ich, lege den Arm um sie und ziehe sie zu mir.

»Aber den Noah hast du lieber, gell?« In ihrer Stimme schwingt so viel resignierte Traurigkeit mit, dass mein Herz bricht. Am liebsten würde ich behaupten, dass ich sie am liebsten von allen habe, aber das wäre eine Lüge.

»Ich habe ihn anders lieb. So wie Konrad dich lieb hat.«

Sie schaut mich klug und wissend an und legt sich dann ins Bett.

»Du brauchst mir keine Geschichte vorzulesen«, sagt sie. »Das ist was für kleine Kinder.«

Sie klingt nicht glücklich dabei.

Beate
Am gleichen Abend

Meine Entspannung nach dem Yoga hält nicht lange an. Denn Lars empfängt mich mit besorgtem Blick.

»Was ist los?«

»Clea wollte ausziehen.«

Seufzend schmeiße ich meine Sporttasche in die Ecke und öffne mir eine neue Flasche Wein. Lars hat ja bereits kräftig vorgelegt, wie ich an der leeren Flasche auf dem Küchentisch erkenne. Nach dieser Yogastunde bin ich zum ersten Mal seit Tagen wieder angenehm ruhig und habe keine Lust, mich mit Problemen auseinanderzusetzen.

»Was ist passiert?«, frage ich dennoch, nachdem ich es mir auf dem Sofa bequem gemacht und die Füße auf dem Salontischchen platziert habe.

»Sie wollte zu Konrad, weil ich ihr keine Geschichte vorgelesen habe.«

»Das ist alles? Das hast du doch nicht ernst genommen?«

Lars gießt sich nach.

»Sie hat auch gefragt, ob ich Noah lieber habe.«

Okay. Es ist ernst, wie ich mir eingestehen muss. Wenn auch widerwillig.

Am nächsten Abend überlasse ich Lars die Abendzeremonie mit Noah und bringe Clea eine heiße Schokolade ans Bett. Ausnahmsweise. Obwohl sie die Zähne schon geputzt hat.

»Lars sagt, du bist traurig, weil er nicht mehr immer Zeit hat, dir eine Geschichte vorzulesen.«

Clea nickt.

»Hast du Sehnsucht nach Papa?«

»Ja, aber der liest mir auch nie etwas vor.«

»Warum nicht?«

»Weil Sammy länger aufbleiben darf und Papa dann mit ihm spielt. Und Oma will immer nur ein Abendgebet sprechen.«

Ich ärgere mich. Wie kann man nur so wenig feinfühlig sein. Ist ihm nicht klar, wie sehr Clea an ihren Abendritualen hängt? Ist ja auch kein Wunder: Er hat sich ja schon früher nie darum gekümmert, die Kinder ins Bett zu bringen. Erst wenn ich den ganzen Stress hinter mir hatte, bequemte er sich, ihnen noch schnell einen Kuss auf die Stirn zu drücken.

Ich streichle Clea über den Kopf und nehme das Märchenbuch hervor. Sie mag »Pippi Langstrumpf« besonders gerne. Ich hoffe, ihr fällt nicht auf, dass Pippis Stimme heute ein bisschen piepsig klingt. Ich hasse meine Stimme, wenn ich genervt bin.

Lars
Einen Monat später

Beates Freundinnen sind allesamt nicht mein Fall. Aber Anne mag ich am wenigsten von allen. Sie tut ständig so wahnsinnig intellektuell und außerdem noch lebensklug, aber wenn man ihr mal richtig zuhört, merkt man, dass sie *nichts* sagt. Und ich meine wirklich: nichts. Dummes Geschwätz, zusammengebastelt aus Horoskopen und Kalendern mit Lebensweisheiten. Okay, das ist vielleicht überzeichnet. Sie liest schon auch Psychoratgeber zu allen möglichen Themen. Was dazu führt, dass sie Beate ständig irgendwelche sehr klugen, aber für den Alltag völlig untauglichen Ratschläge erteilt.

Und jetzt das: Seit ein paar Wochen liegt bei uns ein Ratgeber für Patchworkfamilien herum. Ich hatte deswegen fast Streit mit Beate. Was erzählt sie irgendwelchen Hobbypsychologinnen von unseren Problemen? Was erzählt sie über *mich*? Doch Beate beharrt stur darauf, dass sie schon ewig nicht mehr mit Anne über Privates geredet habe und dass diese nur auf die Idee gekommen sei, ihr das Buch zu schenken, weil die Hauptfiguren Beate und Lars heißen. Ein Witz. Welcher Autor würde ein Liebespaar Beate und Lars nennen? Literarische Liebespaare heißen je nach Alter und Epoche:

Anton und Louise oder Ben und Julia. Aber doch nicht Beate und Lars.

Tatsächlich ist es aber wahr. Die heißen so wie wir, und das sagt bereits alles über das Buch, was man wissen muss: ein Haufen netter Tipps, auf die aber jeder mit einigermaßen gesundem Menschenverstand selber kommen kann. Man braucht doch keine Psychofritzen, um auf die Idee zu kommen, dass man seine Stiefkinder nicht ebenso lieben kann wie seine eigenen. Oder dass es Absprachen darüber braucht, wer in der Kindererziehung wofür zuständig ist.

Beate und ich haben – mehr zum Spaß – angefangen, einander abends jeweils daraus vorzulesen. Meistens lachen wir uns kaputt über die Selbstverständlichkeiten, die da als Ei des Kolumbus verkauft werden. Das tut uns gut. Wir lachen sonst nicht besonders viel in letzter Zeit.

Beate
Ein paar Tage später

Sammy hat Geburtstag. Die Party war schon Wochen vorher zum Scheitern verurteilt. Ich sah fliegende Teller, tränenüberströmte Kindergesichter, zerquetschte Torten und einen umgepflügten Rasen vor mir. Und als dann auch noch Konrad damit kam, dass Sammy ein tolles Geschenk bekäme, wenn die Großmutter auch eingeladen wäre, wusste ich eigentlich schon, dass ich die Fete besser absagen würde. Mir schoss durch den Kopf: Weiter sind wir also immer noch nicht. Nach so langer Trennung. Immer noch diese dämlichen Tricks.

»Das ist wohl ein Witz«, sagte ich entnervt. Wäre ich nicht fast umgekippt vor Müdigkeit, ich wäre sogar regelrecht wütend geworden. Glaubte er immer noch, er käme bei mir mit Erpressung weiter als mit Kommunikation? Die ganze Sache war dermaßen lächerlich, dass ich nicht weiter darauf einging.

Jetzt ist er allein erschienen. Das ist doch bescheuert. Der kann doch nicht im Ernst geglaubt haben, seine Eltern seien *nicht* eingeladen. Jetzt hockt er in der Ecke und brodelt wahrscheinlich vor Wut darüber, dass Lars' Eltern im Gegensatz zu seinen hier sind. Fast tut er mir leid, aber ich werde einen Teufel tun und auf ihn zugehen. Sorry, aber Dummheit gehört bestraft. Selber schuld, der sture Bock. Vielleicht sollte ich ihm das dämliche Buch von Anne weiterschenken. Er könnte durchaus davon profitieren, denn er verfügt offensichtlich nicht über einen gesunden Menschenverstand.

Noah brüllt, obwohl er normalerweise bereits vor einer Stunde eingeschlafen wäre. Kein Wunder. Aus dem Keller dröhnt Sammys Discomusik, und es gibt keinen Ort im Haus oder im Garten, wahrscheinlich nicht einmal in der ganzen Stadt, an dem sie nicht zu hören ist. Ich hätte nicht gedacht, dass ich noch müder werden könnte, als ich es in den letzten Monaten war. Aber ich bin so müde, dass ich gerne tot wäre. Zumindest vorübergehend. Noahs Schreien zersäbelt mir das Gehirn. Ich blicke mich nach Lars um, aber der ist nirgends zu sehen. Erst nachdem ich Noah Lars' entzückter Mutter in die Arme gelegt habe, finde ich ihn in der Küche. Zusammen mit Sammy, der sich zwischen krampfartigen Schluchzern lauthals darüber beschwert, dass ich mein Versprechen nicht einhalte und es deshalb keine Cocktails gebe und deshalb kein Schwein seine Disco besuche.

Während ich das Gefühl bekämpfe, mich weinend auf den Boden schmeißen zu wollen, frage ich mich, was mit meinem Großen eigentlich los ist: Ich habe diesen Keller wirklich verdammt gut eingerichtet. Keine Disco der Stadt sieht cooler aus. Mein Blick schweift durchs Fenster in den Garten, wo ein großes Buffet steht, vollgepackt mit sämtlichen Lieblingsessen, die Sammy in seinem Leben je hatte. Auf den Festbänken sitzen lauter Leute, die Sammy liebt. Ich verspüre den Wunsch, meinen undankbaren Sohn zu schütteln.

Noch hat er mich nicht hereinkommen sehen. Seine Schimpftirade ist also immer noch in vollem Gang und ich höre, wie er sagt, wir könnten das nächste Mal ja gleich eine Party für Noah veranstalten, wenn sich sowieso alles nur um ihn drehe.

»Auf dein Zimmer«, sage ich schneidend. Er muss mir aus den Augen, bevor ich mich vergesse. Sammy blickt erschrocken hoch, öffnet den Mund, um etwas zu entgegnen, aber ich will nichts mehr hören. »Raus!«, wiederhole ich und wende meinen Blick von meinem Sohn und dem verblüfft dreinblickenden Lars ab. Während ich höre, wie die beiden zusammen die Küche verlassen, sehe ich, wie sich draußen mehrere Gäste um Lars' Eltern versammeln, die verzückt auf das schreiende Baby hinunterblicken.

Kommentar

Beate und Lars verstehen nicht, weshalb Sammy so wütend ist, nachdem sie doch alles dafür getan haben, für ihn eine schöne Party mit zahlreichen Gästen zu veranstalten.

Seit Noahs Geburt hat jedoch Sammy das Gefühl, dass sein kleiner Bruder der Prinz in der Familie sei, der immer im Mittelpunkt stehe und sämtliche Zuneigung der Eltern und aller Verwandten bekomme. Sammy ist eifersüchtig und fühlt sich nun auch noch an seinem eigenen Geburtstag zurückgesetzt. Wahrscheinlich ist er auch noch traurig darüber, dass seine Großeltern väterlicherseits nicht wie früher am Geburtstag dabei sind.

Beate und Lars, die sich sehr bemüht haben, verstehen seine Reaktion falsch. Sie halten ihn für undankbar. Sie haben nicht erkannt, dass Noah die ganze Aufmerksamkeit auf sich gezogen hat und Sammy komplett untergegangen ist.

Die Gefahr, dass Sammy neben Noah untergeht, können sie umschiffen, indem sie die Problematik vorher besprechen oder spätestens während der Feier Gegenmaßnahmen ergreifen.

Alternative 8

Beate

Sammy hat Geburtstag. Die Party schien schon Wochen vorher zum Scheitern verurteilt. Ich sah schon fliegende Teller, tränenüberströmte Kindergesichter, wutverzerrte Erwachsenengesichter, zerquetschte Torten und einen umgepflügten Rasen vor mir. Okay, das ist etwas übertrieben. Aber als mir Konrad damit kam, dass Sammy ein tolles Geschenk bekäme, wenn die Großmutter auch eingeladen wäre, schoss mir als Erstes durch den Kopf: Weiter sind wir also immer noch nicht. Nach so langer Trennung. Immer noch diese dämlichen Tricks.

»Das ist wohl ein Witz« sagte ich entnervt. Ich sah, wie sich Konrads Gedanken eins zu eins in seinem Gesicht widerspiegelten: »Was hat sie jetzt schon wieder? Was hat sie bloß gegen meine Mutter? Was glaubt die eigentlich, wer sie ist? Sammy ist schließlich auch mein Sohn.« Gerade wollte ich mich umdrehen und ihn stehen lassen, als mir durch den Kopf ging, was in dem dämlichen Buch von Anne 100-mal beschrieben war: Die Expartner müssen in alle Themen einbezogen werden, die die Kinder betreffen. Auch wenn ich die Autoren am liebsten mit Konrad verheiraten würde, damit sie mal sähen, wie gut ihre tollen Tipps mit meinem Ex umzusetzen sind, dachte ich in diesem Moment daran, dass ich diesen Ratschlag zumindest an Sammys Geburtstag beherzigen sollte. Deshalb sagte ich: »Deine Mutter ist *selbstverständlich* eingeladen, ob sie ein Geschenk bringt oder nicht.«

Das war der entscheidende Moment. Entweder käme er sich jetzt so blöd vor, dass er gleich einen neuen Angriff starten würde. Oder er wäre erleichtert und würde sich endlich richtig auf die gemeinsame Party in unserem Garten freuen. Er entschied sich für einen Mittelweg. Zwang sich zu einem Lächeln. Sagte: »Da wird sie sich aber freuen.« Über seine eigene Freude sagte er nichts. Ich ließ es dabei bewenden und hoffte, dass ihn unsere vermeintliche Familienidylle am besagten Tag nicht dermaßen aus der Fassung bringen würde, dass er die Party sabotieren müsste.

Jetzt ist der Tag gelaufen. Ich liege neben Lars im Bett und ziehe Bilanz: fliegende Teller – null; tränenüberströmte Kindergesichter – zwei (Sammys Freund Marko mit k hat sich den Finger in der Verandatür eingeklemmt, Clea hat ihr Stück Torte fallen lassen). Somit: zerquetschte Torte: ca. ein 32stel; wütende Erwachsene – null. umgepflügter Rasen – überall dort, wo ich ihn mit meinen Stöckelschuhen bearbeitet habe. Eine gute Bilanz, wie ich finde. Und ich weiß, dass Lars viel zu diesem Ergebnis beigetragen hat.

Denn zeitweilig schien die Sache aus dem Ruder zu laufen. Noah schrie ununterbrochen, weil ihm die Discomusik, die aus dem Keller drang, offensichtlich nicht so gut gefiel wie seinem großen Bruder. Als sich dann zum gefühlten 200sten Mal alle auf den Kleinen stürzten, um ihn zu beruhigen, nahm Lars das Ruder in die Hand bzw. den Kinderwagen aus der Ecke, schnappte sich Noah und Clea für einen Spaziergang und bedeutete mir mit einem unmissverständlichen Blick, mich um meine mütterlichen Pflichten Sammy gegenüber zu kümmern. Das hat die Party gerettet, wie mir wenige Minuten danach klar wurde, als sämtliche Gäste, die vorher nur Augen für Noah gehabt hatten, in Sammys Disco strömten und mit ihren Pos wackelten, als wäre das eine echte Party für Erwachsene und Rihanna eine echte Alternative zu Michael Jackson.

Kommentar

Dank des ungewollten Geschenks von Anne haben Beate und Lars erkannt, was es für Stiefkinder bedeutet, wenn ein gemeinsames Kind zur Welt kommt. Zudem lässt sich Beate nicht von Konrad provozieren, sondern kommuniziert Sammy zuliebe weiterhin klar und vernünftig. Somit sind diese Missverständnisse geklärt und Konrads Eltern nehmen an der Feier teil. Lars achtet darauf, dass Noah aus dem Mittelpunkt des Festes genommen wird und sich Sammy als Hauptperson fühlen kann.

☛ *Mehr über die Situation von Kindern in Patchworkfamilien erfahren Sie in den Abschnitten »Kinder in Trennungssituationen« (S. 251 ff.) und »Kinder in Patchworksituationen« (S. 269 ff.) des Kapitels 4 und im Abschnitt »Von der Stieffamilie zur Patchworkfamilie« (S. 320 ff.) im Kapitel 7.*

Alternative 8

Scherbenhaufen

Beate
Vier Monate später, im Februar

Timo ist nicht einer dieser 16-Jährigen, die Erwachsenenherzen im Sturm erobern: Er interessiert sich nicht für Philosophie, er hält Frauen nicht die Tür auf, er versteht sich nicht auf Small Talk, und er will nicht Politik studieren, um später Diplomat zu werden. Er ist eher einer dieser hart gepanzerten Krebse, die keine Geräusche von sich geben, in ihrer ganzen Erscheinung Unnahbarkeit ausstrahlen und – wenn man sie nicht in Ruhe lässt – auch noch sehr schmerzhaft zwicken können, nicht tödlich, aber immerhin so, dass es blutet. Er hat mich schon oft verletzt mit seinen subtil herablassenden Sprüchen. Dennoch gehört er halt zu uns.

Dass er mir an diesem Freitagabend von einem Freund erzählt, der ihn plötzlich mobbe, nur weil Timo besser skatet als er, hätte ich allerdings nie erwartet. Das erste Mal seit Langem habe ich das Gefühl, wieder ein bisschen an ihn heranzukommen und ihm mit meiner Wärme helfen zu können.

»Weißt du was«, rufe ich etwas übertrieben fröhlich aus, »sobald Noah im Bett ist, bestellen wir Pizza und eine DVD deiner Wahl und machen es uns gemütlich. Nur du und ich.«

Er räuspert sich und sagt verlegen: »Ich dachte eigentlich, es würde mir guttun, wenn ich übers Wochenende wegkönnte. Etwas Abstand gewinnen, weißt du? Ein paar Jungs wollen in die Ferienwohnung von Marcos Eltern. Kann ich mit?«

Oh, denke ich. Wie dumm von mir. Wieso sollte er plötzlich einen Abend mit mir verbringen wollen? Ich schäme mich ein bisschen für meine Naivität, geglaubt zu haben, er könnte an meiner Hilfe interessiert sein.

»Wie kommt ihr denn dahin?«, frage ich.

»Marco fährt.«

»Seit wann hat der einen Führerschein?«

»Seit zwei Wochen.«

Ich seufze. Die Dinge werden immer komplizierter. Seit er 16 ist, darf er Bier trinken. Und wenn er mit 18-Jährigen unterwegs ist, kommt er ohne Probleme auch an Härteres ran. Doch wer könnte ihm den Umgang mit ihnen verbieten? Es dauert nicht mehr lange, bis er selbst volljährig ist.

»Für solche Fragen bin ich nicht zuständig«, sage ich, und ich bin froh, dass das nicht gelogen ist. »Du musst mit Lars oder Maria darüber sprechen.«

»Okay«, sagt er und verschwindet mit dem Telefon in seinem Zimmer. Nach wenigen Minuten ist er zurück: »Sie ist einverstanden«, sagt er beiläufig, legt den Hörer auf den Tisch und nimmt sich eine Apfelsaftschorle aus dem Kühlschrank.

Gott sei Dank, denke ich. Lars wird an diesem Wochenende mehr Zeit haben, mir mit Noah zu helfen.

Maria
Einen Monat später

Ich frage mich nicht zum ersten Mal, ob Timo bei Lars und Beate gut aufgehoben ist, aber ich frage es zum ersten Mal laut und öffentlich. Wenn der eigene Sohn einmal von der Polizei aufgegabelt wird, kann man noch hoffen, dass es ein Ausrutscher war. Oder zumindest eine lehrreiche Erfahrung. Wenn es ein zweites Mal passiert, kommt es gefährlich nah an ein Muster ran. Wieder hatte er Marihuana dabei, wenn es auch dieses Mal in der Jackentasche seines neuen, coolen, erwachsenen Freundes gefunden wurde und nicht in Timos. Und das ist erst der harmlosere Teil der Geschichte.

Der Grund, warum die Polizei überhaupt auf die Jungs aufmerksam geworden war, ist, dass sie einen Unfall hatten. Der neue, coole, erwachsene Freund ist im Straßengraben gelandet, weil er ein paar Bier zu viel getrunken hatte. Der Unfall hätte schlimmer kommen können. Die Wendung, die Timos Leben genommen hat, seit Lars mit diesem unfähigen Naivchen zusammen ist, wohl eher nicht.

Jetzt steht sie da wie ein Häufchen Elend und entschuldigt sich zum 150. Mal dafür, dass sie nicht überprüft hatte, ob Timo mich wirklich anrief oder nur so tat. Er hatte nur so getan. Was hatte sie von einem 16-jährigen Jungen erwartet, der nichts lieber will, als endlich einmal einem mit Babygeschrei und Windelgestank gefüllten Haushalt zu entkommen? Ich kann mir niemanden außer ihr vorstellen, der nicht sofort durchschaut hätte, dass Timo lieber cooler Typ sein wollte als Babysitter.

Ich lasse mich nicht erweichen. Und ausnahmsweise steht Lars auf meiner Seite. Ich hoffe, ihr wird endlich klar, dass sie sich anständig um meinen Sohn zu kümmern hat, wenn ich ihn schon bei ihr wohnen lasse. Ich will gar nicht wissen, was aus *ihren* Kindern wird. Wenn ich mir den kleinen Noah anschaue, kann ich es mir denken: Der Schreihals tyrannisiert schon jetzt die ganze Familie.

Beate
Zwei Monate später

Ich hätte einfach liegen bleiben sollen, als heute Morgen der Wecker klingelte. Wenn ich mal einen Tag krank wäre, würde Lars vielleicht merken, was ich in meinen Green-Paradise-freien Zeiten alles zu tun habe, vielleicht würde er merken, wie viel Erleichterung es bringen würde, wenn alle Familienmitglieder ihr Bett selbst machten, ihr Zimmer selbst saugten und ihre Wäsche selbst zusammenfalten würden. Vielleicht würde er einsehen, dass ich neben Noah nicht auch noch seinen Sohn erziehen kann. Ich kann nicht verstehen, warum ausgerechnet er und Maria mir Vorwürfe dafür machen, dass er immer wieder Mist baut. Wer ist denn die ganze Zeit am Arbeiten? Wem ist die Karriere wichtiger als der eigene Sohn?

Aber so weit habe ich natürlich nicht gedacht, als ich mir in der Frühe den Schlaf aus den Augen rieb und dann Lars wach rüttelte, weil der imstande ist, den Wecker schlichtweg zu überhören. Abgesehen davon konnte ich ja nicht ahnen, was *noch* alles auf mich zukommen würde.

Ich bin unendlich müde, als ich mich auf den Stuhl am Esstisch plumpsen lasse, die Einkaufstüten irgendwo zwischen Haustür und Küche deponiert, den Schlüssel noch in der Hand. Gleichzeitig ist mir klar, dass ich nicht die geringste Chance auf etwas Schlaf hätte, wenn ich mich jetzt hinlegen würde. Nach meiner Einkaufstour und dem anschließenden Besuch im Krankenhaus am Nachmittag, pumpt mein Herz, als müsste ich einen Marathon laufen. Meine Gedanken wirbeln herum: Timo, Tabakkrümel in seiner Jackentasche, Maria, der kaputte Staubsauger, Lars', stumme und laute Vorwürfe, Yoga, ein fast vergessener Traum, Lars' Mama, der Geruch nach Desinfektionsmitteln, Noah, der Ausschlag an seinem Popöchen.

Ich weiß nicht, wie viele Minuten ich schon an diesem Tisch sitze. Meine beiden Hände, die links und rechts vom Stuhl baumeln, kribbeln. Ich überwinde mich, eine davon anzuheben, um mir eine Strähne aus dem Gesicht zu streichen, die mich schon seit einer Ewigkeit an der Nase kitzelt. Dabei merke ich, dass meine Wangen nass sind. Wie kann man weinen, ohne es zu merken? Und welcher meiner vielen Gedankenfetzen war derjenige, der mich zum Weinen gebracht hat?

Unser Familienleben ist schon länger kein Sonntagsspaziergang mehr. Wenn ich mich an den Besuchstag von Timo erinnere, als ich von allen bestenfalls als dekoratives Beiwerk, wenn nicht als böse Stiefmutter angesehen wurde. Oder an Marias unangemeldeten Besuch, kurz bevor Noah zur Welt kam, wie sie mit abschätzigem Blick innerlich die Gegenstände zählte, die nicht an ihrem Platz standen. An Sammys Geburtstagsfeier, die trotz meiner ganzen Bemühungen ein Reinfall war. Und jetzt Timos Ausflug mit seinen »Freunden« mit »geliehenem« Auto voller Drogen. Ich bin eine komplette Versagerin. Genau das wirft mir Lars zwischen den Zeilen vor.

Wieder schießen mir Tränen in die Augen und dieses Mal merke ich es sofort. Denn zeitgleich wird mir das Atmen schwer. Ich spüre, wie ich durchgeschüttelt werde. Zuerst die Schultern, dann der Bauch. Und schließlich habe ich das Gefühl, mein ganzer Körper ist außer Kontrolle geraten.

Irgendwann erhebe ich mich mühsam. Ich packe die ganzen Einkäufe in den Kühlschrank. Ich lege die Liste mit den Dingen, die man Lars' Mutter ins Krankenhaus bringen sollte, auf den Küchentisch. Die Stricksachen, die Lesebrille, Schokolade. Seit zwei Wochen ist sie nun schon dort. Was mit einer normalen Hüftgelenksoperation begann, wuchs sich zunächst zu einer Infektion und schließlich zu einer Lungenentzündung aus. Und wer besucht sie seither regelmäßig? Ich. Lars und Timo waren ein einziges Mal dort, um Bücher vorbeizubringen. Aber eines ist sicher: Ich werde nicht diejenige sein, die in ihre Wohnung geht und den gewünschten Kram zusammensucht. Und ich werde nicht die Schuhe im Flur aufräumen. Und auch nicht die Bettwäsche aufhängen, die noch nass in der Waschmaschine liegt.

Stattdessen gehe ich ins Schlafzimmer, packe ein paar Kleider und Noahs wichtigste Sachen in meine Sporttaschen und lege einen Zettel neben die Wunschliste von Lars' Mutter. Noah schläft friedlich in seinem MaxiCosi und erwacht auch nicht, als ich ihn hochhebe und die Tür hinter mir zuziehe.

Lars
Am gleichen Abend

Mir ist völlig klar, dass diese Art von Scherzen überhaupt nicht zu Beate passt; Makabres liegt ihr nicht. Abgesehen davon ist sie eher auf die passive Art humorvoll – sie lacht gern, erkennt subtile Scherze, mag Situationskomik. Trotzdem fällt mir im ersten Moment keine bessere Erklärung für den Zettel auf dem Küchentisch ein.

Lars, ich kann nicht mehr. Bin mit Noah zu Sylvia gegangen. Um 18 Uhr bringt die Frau Klingenscheidt (die Aufgabenhilfe von der Schule) Sammy und Clea nach Hause. Bring sie um 19 Uhr zu Konrad. Timo ist bei Maria, Du solltest ihn aber schon morgen früh abholen, weil sie irgendwelche Termine hat (am Karfreitag!!!). Du musst unbedingt auch nach Deiner Mutter sehen. Sie wartet ungeduldig auf den Kram, der auf der Liste steht. Und häng die Wäsche auf, die noch in der Maschine liegt. Beate.

Ich bin verwirrt und wütend. Ich meine, ich komme am Donnerstagabend komplett erledigt nach Hause, die Osterverkaufstage waren die Hölle, außerdem habe ich am Montag und Mittwoch noch bei den Meissens im Garten gearbeitet, damit wir uns vielleicht irgendwann mal einen gemeinsamen Urlaub leisten können, obwohl ihr geiziger Ehemann noch immer nicht genug bezahlt und sie zu feige ist, den Rest auch noch einzufordern. Ich mache Überstunden, arbeite schwarz in den Gärten reicher Pinkel, verzichte auf meine komplette Freizeit, und als Dank dafür lässt sie mich an Ostern einfach stehen und macht mir auch noch versteckte Vorwürfe: *Ich kann nicht mehr.* Was soll das heißen? ICH bin doch derjenige, der langsam, aber sicher einem Burn-out entgegensteuert, während sie friedlich ihre Nägel lackiert und froh ist, wenn Timo dabei mit Freunden auf Drogentour geht statt ihr auf die Nerven.

Als ich nach Hause kam, war ich müde, aber wenigstens erleichtert, dass ich mich auf ein gemütliches langes Wochenende einstellen konnte. Jetzt bin ich nur noch müde. So müde, dass mir sogar das Duschen wie eine unlösbare Aufgabe erscheint. Es ist 10 vor 6 und ich könnte kotzen, stattdessen muss ich gleich *ihre* Kinder in Empfang nehmen und mich dabei einigermaßen normal verhalten. Was hat sich Beate bloß dabei gedacht?

Und dieser Hinweis in Klammern *(die Hausaufgabenhilfe von der Schule).* Hält sie mich für total bekloppt? Ich zerknülle den bescheuerten Zettel und schleudere ihn an die bescheuerte Wand dieser bescheuerten Küche in diesem bescheuerten Haus. Wie konnte ich bloß so naiv sein zu glauben, dass Beate anders sei als die Frauen, die ich bisher hatte. Wie konnte ich bloß denken, dieses Mal würde alles anders?

Plötzlich habe ich das Bedürfnis, ebenfalls alles stehen und liegen zu lassen, zurück in meine kleine Junggesellenwohnung zu ziehen, meine schmutzigen Socken in eine Ecke zu schmeißen, mir ein Bier aus dem Kühlschrank zu schnappen und mich erst einmal eine Stunde vor der Glotze niederzulassen. Dann würde ich irgendwann doch noch duschen gehen, damit ich gut dufte, wenn ich später zusammen mit Pit einen heben ginge. Beate hat keine Ahnung, was ich alles geopfert habe, um für sie und ihre Kinder da zu sein. Und dann auch noch Noah. Nicht dass mich einer falsch versteht: Den würde ich nicht mehr hergeben. Für nichts in der Welt. Aber hat sie mich je gefragt, ob ich noch ein Kind will? Ein Unfall, sagt sie. Als ob es diesbezüglich Unfälle gäbe. Um Himmels willen. Sie ist doch keine 17 mehr.

Du musst unbedingt nach deiner Mutter sehen. Als würde meine Mutter Wert darauf legen, dass ich sie besuchen komme, nachdem wir jahrelang sowieso kaum Kontakt hatten.

Es klingelt an der Tür. Frau Klingenscheidt und die Kinder. Ich schaue an mir hinunter und fluche leise. Ich sehe aus, als hätte ich mich im Schlamm gewälzt. Das heißt: Ich *habe* mich im Schlamm gewälzt. Aber das will ich Frau Klingenscheidt nicht unbedingt auf die Nase binden. Ich ziehe meinen einigermaßen sauberen Faserpelz über, streiche mir die Haare zurück, zwinge mir ein Lächeln aufs Gesicht und öffne die Tür.

Beate
Ein paar Tage später

Zugegeben: Ohne Erklärung einfach abzuhauen war nicht sehr nett. Dafür habe ich mich auch bei Lars entschuldigt. Aber ganz ehrlich? Es war das Beste, was ich für unsere Beziehung tun konnte. Klar war zunächst die Hölle los, als ich nach Hause kam. Lars war stocksauer. Er hatte gerade am Herd gestanden, und die Kinder konnten jeden Moment vom Spielen reinkommen. Wir hatten kaum Zeit gehabt, uns über meine Flucht zu unterhalten, als wir wenige Minuten später am Tisch saßen. Es wurde das ungemütlichste Abendessen meines Lebens.

»Reichst du bitte den Reibkäse aus dem Gefrierfach?«, bat er mich nur.

Und ich sagte: »Riecht gut, deine Soße.«

Kurz: Wir versuchten angestrengt zu tun, als wäre alles normal. Während wir zusahen, wie die Kinder Lars' Spaghetti wie die Dreschmaschinen verschlangen, kauten wir Erwachsenen stumm an unseren Verletzungen herum, versuchten, sie unauffällig hinunterzuwürgen oder wenigstens hinter einem gequälten Lächeln in die Backen zu verstauen.

Wie gesagt: Er war sauer, und ich konnte es verstehen. Aber offensichtlich habe ich ihn mit meiner Aktion auch so verwirrt, dass er echt neugierig schien, was mich dazu gebracht hatte, solch einen drastischen Schritt zu gehen. Und Neugier, das habe ich dabei gemerkt, ist die beste Voraussetzung für ein Gespräch dieser Art.

Uns ist schnell klar geworden, dass unsere Beziehung an einem seidenen Faden hängt. Es war Lars' Idee, nach Como zu reisen – nur wir zwei. »Unsere Beziehung pflegen«, nannte er es. Ich bin mir nicht sicher, ob die Idee wirklich so top ist, wie er glaubt. Noah ein ganzes verlängertes Wochenende bei meiner Mutter lassen? Für eine Art Flitterwochen auf Biegen und Brechen? Aber auch mir ist klar, dass wir schleunigst etwas tun müssen, um unsere Beziehung zu retten. Como ist unsere letzte Chance.

In zwei Wochen werden wir verreisen. Bis dahin haben wir eine Art Waffen-, aber auch Verhandlungsstillstand vereinbart. Wir versuchen einfach, die Zeit hinter uns zu bringen, ohne einander weiter wehzutun. Heute ist er unterwegs bei Kunden, bei denen er schwarzarbeiten kann. Ich sitze mit meinen Kindern am Tisch und höre, wie sich die beiden gegenseitig mit den Fähigkeiten ihrer Lehrerin zu übertrumpfen versuchen, während Noah quietschvergnügt auf seinem Hochstuhl sitzt und aussieht, als verstünde er genau, worum es beim fröhlichen Wetteifern meiner beiden Großen geht.

Sammy: »Meine Lehrerin ist die beste Fußballerin der Welt. Sie kann einen Ball länger jonglieren als Messi.«

Clea: »Also, *meine* Lehrerin kann am besten malen. Sie malt immer so schöne Bilder an die Tafel, und dann erzählt sie uns eine Geschichte dazu.«

Ich muss lachen. Zum ersten Mal seit Monaten. Ich habe weder das Gefühl, überfordert zu sein, noch stehe ich unter Stress. Und wieder denke ich, wie gut es war, dass ich vor zwei Wochen ein klares Zeichen gesetzt habe, indem ich für ein paar Tage zu Sylvia gegangen bin.

Ich schaue meine beiden Kinder an. Sammy, wie er die Salatsoße fein säuberlich mit einem Stück Brot aufsaugt, den blitzblanken Teller in die Spüle stellt, mit einem neuen zurück an den Tisch kommt und darauf wartet, dass ich das Geschnetzelte serviere. Ich nehme den Deckel vom Topf, und zwischen uns drei strahlenden Gesichtern steigt ein Dampfwölkchen auf. Die Idylle wird erst gestört, als Clea mit Zeigefinger und Daumen ein Fleischstück aus der Soße fischt, es zwischen zwei Kartoffelstückchen klemmt und das komplette Minisandwich mit den Händen in den Mund befördert.

»Was machst du da?«, frage ich sie entgeistert. Mit ihren sieben Jahren weiß Clea ganz genau, was sich gehört und was nicht. Und ich habe noch nie erlebt, dass ihre Tischmanieren zu wünschen übrig gelassen hätten.

»Ich esse«, sagt sie und schaut mich schelmisch an.

»Mit den Händen?«

»Als du weg warst, durften wir das Hühnchen auch mit den Händen essen.«

Ich gebe es zu: Mein erster Impuls ist, sauer auf Lars zu werden. Ich bin drauf und dran, zu denken, dass er mir mit dieser Aktion meinen Wochenendausflug heimzahlen wollte. Er weiß schließlich ganz genau, dass ich schlechte Manieren am Tisch nicht ausstehen kann. Doch selbst wenn das tatsächlich ein beknackter Racheakt gewesen sein sollte, es war vor unserem Beschluss, unsere Beziehung zu retten. Wir haben uns versprochen, uns bis Como zusammenzureißen. Und das tue ich jetzt.

Ich lächle. Und sage: »Wenn Lars euch erlaubt, mit den Fingern zu essen, heißt das noch lange nicht, dass ihr das auch bei mir tun dürft. Eure Mutter bin immer noch ich.«

Lars
Zur gleichen Zeit

»Die trägt mit absoluter Garantie keinen BH.«

»Quatsch! Woran willst du das denn erkennen?«

»Ich sage nur: Hüpfbälle. Und so, wie sie dich anstarrt, würde sie sie am liebsten in deine Hände hüpfen lassen.«

Pit treibt mich auf die Palme. Ich meine, zuerst spricht er über Frauen, wie ich mich noch nicht mal über sie zu denken traue. Dann tut er so, als würden sie sich ausgerechnet für mich interessieren, und am Ende sei ich scharf auf irgendwelche Weiber, die ich ohne ihn noch nicht einmal gesehen hätte. Und jetzt fühle ich mich wie ein perverser Lüstling.

Aber ich muss zugeben. Die Bälle der Rothaarigen da drüben an der Bar sind wirklich einmalig. Und ihre Bluse ist ebenfalls einmalig. Einmalig dünn. Ich kann ihre Brustwarzen sehen.

Himmel. Dabei habe ich zu Hause eine Wahnsinnsbraut. Mit noch viel schöneren Brüsten. Bloß ... was nützt mir das? Ich kann mich nicht mehr erinnern, wann ich sie zum letzten Mal berührt habe. Sie lässt mich nicht. Und ich sage nichts. Denn wir haben uns versprochen, vor Como keinen Streit mehr anzufangen. Also warte ich. Und hoffe. Die Frage ist bloß, wie lange ich das noch aushalte. Jedenfalls ist es kein Wunder, dass ich schon anderen Frauen nachgeifere wie ein ausgehungerter alter Sack.

Ich will nicht jammern, aber Sex ist leider bei Weitem nicht das Einzige, was mir fehlt. Wahrscheinlich wäre ich noch nicht einmal ausgegangen, wenn ich zu Hause mit offenen Armen und einem lieben Lächeln empfangen worden wäre. Aber inzwischen habe ich das Gefühl, dass ich zu Hause überflüssig bin. Heute habe ich beim Nachhausekommen gehört, wie sich Beate am Telefon bei einer ihrer bescheuerten Freundinnen ausjammerte: ... Noah hat gerade eine anstrengende Phase ... blablabla ... ich komme gar nicht mehr zum Ausruhen ... blablabla ... nie hilft mir jemand ... blablabla ... weiß schon gar nicht mehr, wie die Yoga-Lehrerin aussieht ... blablabla ... Lars interessiert sich nicht mehr für uns.

Als ich das hörte, musste ich gleich auf dem Absatz umdrehen, sonst hätte ich die Hütte kurz und klein geschlagen. Warum redet sie nicht mit *mir*, wenn sie ein Problem hat? Warum behauptet sie, *ich* interessiere mich nicht für die Familie, wo *sie* doch ständig am Telefon hängt, wenn die Familie nach Hause kommt? Und was zum Teufel heißt hier: Ich komme gar nicht mehr zum Ausruhen? Was soll *ich* denn bitte schön sagen?

Die Blonde mit den Möpsen lächelt mir zu. Ich wünschte, es wäre Beate, die mich so verheißungsvoll anschaut. So wie am Anfang. Was ist bloß aus ihr geworden? Ich bestelle noch ein Bier.

Beate
Einen Monat später

Ich frage mich echt, ob dieser Weg der richtige ist, um unsere Liebe zu retten. Ein romantischer Urlaub zu zweit in Italien. Wir hätten wissen müssen, wohin das führt. Nämlich geradewegs in den Stau.

Ist doch klar, dass alle Bescheuerten Pfingsten nutzen, um in den Süden zu fahren. Wir stehen in diesem Scheißstau mitten in der Schweiz in der brütenden Hitze wie die Anfänger. Die Klugen reisen eben in der Nacht.

Ich werfe einen Blick rüber zu Lars. Der Schweiß rinnt über seine Schläfen. Seine Haare stehen in alle Richtungen ab. Er ist schön. Und trotzdem habe ich nicht das geringste Bedürfnis, auch nur ein Wort mit ihm zu wechseln.

Er muss meinen Blick bemerkt haben, denn jetzt wendet er mir sein Gesicht zu. Ich lächle. Es fühlt sich an wie Zuckerguss auf Pizza. Was er mit *seinem* Mund macht, kann ich noch nicht mal benennen.

Plötzlich ist mir zum Weinen zumute. Nicht, weil ich den alten Lars vermisse. Nicht, weil ich mich frage, was aus uns geworden ist. Über dieses Stadium bin ich hinaus. Ich könnte weinen, weil ich mich plötzlich als komplette Versagerin fühle, die ihr eigenes Leben in der Endlosschlaufe auf DVD guckt. Außerdem fehlt mir Noah.

Lars
Am gleichen Abend

Endlich geschafft. Als ich mich auf der seltsam geblümten Überdecke des Hotelbettes ausstrecke, fühle ich mich unendlich erleichtert. Als wir vor dem Gotthardpass im Stau standen und Beate dieses trotz der brütenden Hitze eingefrorene Gesicht hatte, befürchtete ich, der Urlaub könnte sich als Reinfall erweisen, bevor er überhaupt begonnen hatte. Ich meine, während der ganzen Fahrt habe ich mich nicht getraut, auch nur ein einziges Wort mehr als nötig zu sprechen. Ich habe ihr angesehen, dass sie beim geringsten Anlass explodieren würde. Das Ärgste haben wir hinter uns. Jetzt kann es nur noch besser werden.

Als ich sehe, dass auch sie bereits viel gelassener wirkt, schöpfe ich neue Hoffnung, dass sie sich vielleicht wieder in die übermütige Beate verwandelt, die ich einst kennengelernt habe. Ich stelle mir vor, wie wir beim Frühstück kichernd über die anderen Gäste herziehen, wie wir zusammen nach George Clooney Ausschau halten, wie wir versuchen, dem Kellner mit Händen und Füßen zu verstehen zu geben, dass wir die Pizza gerne ohne Oregano hätten.

Beate wieselt im Hotelzimmer hin und her. Greift in ihren Koffer, zieht irgendwas heraus, verstaut es irgendwo, greift wieder hinein. Sie sieht süß aus in ihrem rosa gestreiften Slip und dem alten Bugs-Bunny-T-Shirt. Als sie im Bad verschwinden will, springe ich auf und packe sie von hinten, bevor sie die Tür öffnen kann. Gerade will ich meine Hand unter ihr T-Shirt schieben und ihr ins Ohr flüstern, dass ich sie liebe, als sie sich grob befreit und mich aus eiskalten Augen anstarrt.

»Ich muss meine Mutter anrufen, um mich nach Noah zu erkundigen«, sagt sie und ihr Blick sagt: Dass du Rabenvater mehr an Sex denkst als an deinen Sohn. Fehlt nur noch ein verächtliches Pffff.

Beate
Am gleichen Abend

Ich fühle mich wie neu geboren. Sauber, frisch und wunderbar nach der Lavendelseife duftend, die sie hier im Hotel bereitgelegt haben. Wenn ich mir jetzt vorstelle, wie ich in meinem neuen Cocktail-Kleid aussehe, dann verspüre ich zum ersten Mal in diesem Urlaub so etwas wie prickelnde Vorfreude. Lars und ich werden zusammen in eines dieser typisch italienischen Restaurants gehen, mit Tischen auf dem Gehsteig und bunten Sonnenschirmen. Und wir werden die vorbeischlendernden Leute beobachten und ein bisschen über sie lästern.

Ich lächle Lars zu, der mich aufmerksam anschaut, wie ich mich in Unterwäsche über den Koffer biege, um das lila Kleid rauszukramen.

»Du siehst zum Anbeißen aus«, sagt er, und fast tut es mir leid, dass ich ihn vorher etwas grob abgewiesen habe. Aber ich könnte echt nicht mit ihm schlafen. Nicht bevor wir über unsere Probleme geredet haben.

Lars
Am gleichen Abend

Zum ersten Mal, seit wir abgereist sind – was sag ich: zum ersten Mal seit Wochen – sehe ich meine Beate wieder. Und nicht diese fremde Frau mit ihrem seltsam verbitterten Zug um den Mund. Sie duftet wunderbar, als sie aus der Dusche kommt. Ihre Bewegungen sind kindlich leicht. Und sie lächelt mir zu. Wie sehr ich dieses süße Lächeln vermisst habe. Vielleicht will sie jetzt, da sie geduscht und erfrischt ist, endlich ein bisschen kuscheln.

»Du siehst zum Anbeißen aus«, sage ich. Sie kramt weiter in ihrem Koffer herum und dreht sich erst nach ein paar Sekunden langsam um.

»Gut so, dann pass ich zu meinem neuen Kleid, das ich gleich zum Abendessen anziehen werde.«

»Du willst nochmals raus nach dieser langen Reise?«

»Willst du etwa ohne Abendessen schlafen gehen?« Sie lacht nachsichtig, als wäre ich ein kleiner, dummer Junge. Ich hasse das. Ich meine, dieses Gefühl hat mir schon Maria immer gegeben.

»Ich dachte, wir könnten uns zwei Sandwiches aus der Hotelbar holen«, murmle ich. Aber mir ist schon klar, dass das eine dumme Idee war. Deshalb schlurfe ich ins Bad, wasche mich, so gut es geht, mit dem Waschlappen und steige in meine Sonntagsjeans. Wenn wir einen schönen Abend miteinander verbringen, vielleicht bringt uns das ja näher zusammen.

Beate
Am gleichen Abend

Kaum ist das Hotel außer Sichtweite, platzt aus heiterem Himmel ein Regen los. Lars legt den Arm um meine Schulter und grinst fröhlich in den Himmel hinauf. Solchen Kram findet er romantisch. Ich hüte mich zu sagen, dass ich Angst um die Strohsohlen meiner schönen neuen Schuhe habe. Ich höre ihn schon: »Pfeif auf die Schuhe. An einen Spaziergang durch ein Sommergewitter in Como wirst du dich auch noch in 100 Jahren erinnern.« Und ich würde es mir nicht verkneifen können zu sagen, dass ich mich in 100 Jahren an gar nichts mehr würde erinnern können. Worauf er enttäuscht wäre und sich vielleicht gerade noch ein »Spielverderberin« würde verkneifen können.

Ich versuche, ihm den Gefallen zu tun und eine buddhistische Heiterkeit an den Tag zu legen. Aber das macht mich noch aggressiver.

»Komm, das sieht hübsch aus«, sage ich und ziehe Lars in Richtung des erstbesten Restaurants, das einigermaßen typisch aussieht.

Ich hätte wissen müssen, dass Restaurants, die sich in Bahnhofsnähe befinden, immer schlecht und auch noch überteuert sind.

Lars
Am gleichen Abend

Diese Frau ist das komplizierteste Wesen, das ich je gesehen habe. Wieso kann sie Dinge nicht einfach nehmen, wie sie kommen? Warum ist ihr ein Kleid wichtiger als ein unvergesslicher Abend? Wieso kann sie nichts genießen, was nicht genau in ihren Plan passt? Ich hätte mir so gewünscht, wir hätten unter den Lauben Schutz gesucht und Arm in Arm darauf gewartet, dass der Regen aufhört. Aber sie musste mich ums Verrecken in das erstbeste Restaurant zerren. Das Essen war scheußlich. Aber das konnte sie natürlich nicht zugeben. Stattdessen tat sie so, als hätte sie einen Geheimtipp entdeckt.

»Sind das nicht wundervolle Tischdecken?«, fragte sie. »Ist der Kellner nicht charmant?«

Auf dem Rückweg ins Hotel habe ich mir fest vorgenommen, den ganzen Ärger zu vergessen und mich ganz auf sie einzulassen. Ich meine, wir hatten uns entschieden, unsere Beziehung zu retten. Wir hatten uns versprochen, uns Mühe zu geben. Wir brauchen bloß einen schönen Moment, dann wird alles wieder gut.

Ich drehe mich zu ihr. Das Bett quietscht. Wir werden es wohl auf dem Boden machen müssen. Sanft streichle ich ihr die Haare aus der Stirn.

»Lass gut sein, Lars«, sagt sie. »Ich habe Kopfschmerzen.«

Genau, wie Maria, denke ich. Hätte sie doch wenigstens Bauchschmerzen vorgeschoben.

Beate
Am nächsten Morgen

Noch bevor ich die Augen öffne, höre ich, dass es immer noch regnet. Von wegen »nur ein Platzregen«, Herr Wetterfrosch, denke ich. Von wegen »morgen wird alles wunderbar«.

Lars liegt neben mir. Sein Schnarchen ist das zweite Geräusch, das mir an diesem Tag auffällt. Er schläft in seinem Seelenfrieden. Trotz des Regens. Trotz all unserer Probleme. Sofort bin ich genervt, spüre eine fast körperliche Abneigung. Ich wünschte, es wäre nicht so. Ich wünschte, sein Schnarchen würde eine Woge von Zärtlichkeit auslösen. Wie am Anfang. Damals fand ich es niedlich.

Ich reiße mich zusammen. Wir haben es uns versprochen. Und wecke ihn, so sanft ich kann.

Er erschreckt sich zu Tode.

Memme, denke ich, und erschrecke über meine Verachtung.

Lars
Am nächsten Tag

Mir graut vor der achtstündigen Autofahrt. Mir graut vor dem bedeutungsschwangeren Schweigen. Das ganze Wochenende war ein Desaster. Dabei habe ich mir eine solche Mühe gegeben, einen Draht zu ihr zu finden. Wenigstens wieder normal und konstruktiv mit ihr über unsere Beziehung zu reden. Aber was ich auch tat, es war falsch.

Was kann ich dafür, dass es auf der Hinreise heiß war wie die Hölle? Dass es dann regnete wie die Sintflut? Und dass auch noch das Museum geschlossen hatte? Wenn es nach mir gegangen wäre, hätten wir uns in der Bar nebenan gemütlich Brioche und Café Latte reingezogen, hätten dabei darüber geredet, wie wir uns unsere gemeinsame Zukunft vorstellen, wären dann ins Hotel gegangen, hätten ein bisschen gevögelt. Dann Mittagessen unter den Sonnenschirmen auf der Piazza. Am Nachmittag weitervögeln oder -reden. Je nach Bedarf.

Aber Beate wollte ins Museum. Als hätten wir da etwas über die Liebe lernen können. Und das hatte geschlossen. Zwar hat sie es nicht gesagt, aber es war offensichtlich, dass sie es gedacht hat: Schuld war natürlich ich.

Beate
Drei Wochen später

Sammy sitzt in seinem Zimmer und liest. Sammy. Liest. Als er damit anfing, fand ich es gut. Ich dachte, es würde ihm in der Schule helfen. Aber inzwischen finde ich es beängstigend. Sammy hat nie gelesen. Zumindest keine Bücher. Comics ja. Bücher nie. Aber wenn es nur das wäre. Gestern habe ich ihn dabei erwischt, wie er das Buch nur auf den Knien liegen hatte. Den Blick nicht auf den Seiten, sondern irgendwo im Leeren. Als ich ihn fragte, was los sei, brummelte er ärgerlich: »Nichts.« Und seine ganze Körperhaltung sagte mir, ich solle verschwinden.

Ich weiß nicht, was ich tun soll. Er redet kaum mehr ein Wort mit mir. Mit niemandem, scheint mir. Lars meint, das sei nur eine Phase. Das habe ich zuerst auch geglaubt. Aber inzwischen ist mir klar, dass es Sammy richtig mies geht.

Und wir Vollidioten haben nichts bemerkt. Stattdessen sind wir nach Como gereist. Und was hat das gebracht? Nichts. Lars und ich benehmen uns inzwischen nur noch schräg. Als hätten wir es mit einem völlig unberechenbaren, sehr gefährlichen, aber auch sehr zerbrechlichen Raubtier zu tun, das durch jede falsche Bewegung angreifen oder tot umfallen könnte. Wir sind komplett künstlich, nichts ist mehr normal, nichts mehr spontan. So viel zu unserem Rettungsversuch.

Noah schreit mehr denn je, und wenn er mal nicht schreit, dann wimmert er. Ich bin froh, dass er noch nicht reden kann. Ich bin sicher, er würde uns mit Vorwürfen überschütten. Es gelingt mir kaum, ihn zu beruhigen, aber Lars hat erst recht keinen Plan. Nie hätte ich gedacht, dass er dermaßen unbeholfen mit Babys umgeht.

Unschlüssig stehe ich in der Wohnzimmertür und überlege, ob ich Sammy und Clea zu einem Spiel auffordern oder mit Noah einen Spaziergang machen soll. Mir ist klar, dass nichts helfen wird. Egal, was ich tue – meinen Kindern geht es schlecht. Mir geht es schlecht. Und was mit Timo ist, weiß er wahrscheinlich nicht einmal selbst. Mir ist klar, dass es so nicht weitergehen kann. Wir müssen hier alle raus. Ich habe Angst. Draußen ist es verdammt kalt.

Lars
Ein paar Tage später

Nach unserem Wochenende in Como dachte ich, es könnte nicht mehr schlimmer werden. Doch inzwischen können wir keinen normalen Blick mehr austauschen, geschweige denn ein vernünftiges Wort. Ich verstehe sie nicht mehr. Und ich will sie auch nicht mehr verstehen. Ein Ende ist wohl nicht mehr abzuwenden. Eigentlich, denke ich, hätte ich mir längst eine Wohnung suchen sollen. Wenn ich mich bloß nicht so schrecklich versagermäßig fühlen würde bei der Vorstellung, wieder auszuziehen.

Beate
Am gleichen Tag

Langsam wird mir klar, dass Lars mich nie wirklich verstanden hat. Das ganze einfühlsame Getue war eine reine Eroberungsstrategie. Und später dann hat er Verständnis vorgegaukelt, um Stress zu vermeiden.

Lars
Am gleichen Tag

Wie blöd konnte ich bloß sein, als ich auf ihr mädchenhaftes Lächeln hereinfiel. Ich hatte tatsächlich gedacht, sie sei anders. Ich habe mir doch nichts als eine intakte Familie gewünscht und alles dafür gegeben. Doch ihr war's nie genug. Sie ist genau wie alle anderen.

Beate
Am gleichen Tag

Was habe ich mich für diese Familie aufgeopfert. Doch nichts kommt zurück. Lieber besäuft er sich, als sich mit mir auseinanderzusetzen. Und ich dachte, Konrad sei ein Kommunikationskrüppel. Dabei war ich doch auch für Lars von Anfang nichts anderes als ein Schmuckstück.

Lars
Zwei Wochen später

Ich weiß, nachdem ich im Streit gesagt hatte, ich würde mir eine Wohnung suchen, und sie mich darin auch noch bestärkte, konnte ich nicht schnell genug wegkommen. Aber seit ich den Vertrag für eine möblierte Wohnung unterschrieben habe, beschleichen mich ständig Zweifel. Klar, es war schwierig mit Beate. Sie hat nur noch rumgemäkelt. Zuerst an Maria, dann an Timo, und als ich Partei für ihn ergriff, auch an mir. Dabei müsste gerade sie Verständnis dafür haben, dass ich mich nicht gegen meinen Sohn stelle. So wie sie für ihre Kinder einsteht wie eine Löwin.

Doch je näher mein Auszug rückt, umso öfter sehe ich wieder jene Dinge an ihr, in die ich mich einst so verliebt habe. Die energische Kopfbewegung, mit der sie ihre schönen blonden Haare aus dem Gesicht vertreibt, als wären sie lästige Fliegen. Den Fiepton, den sie macht, wenn sie sich erschreckt. Ihre schlanken Beine. Die Art, wie sie uns allen, den Kleinen und den Großen, gedankenverloren über den Kopf streicht. Und ihr Lachen. Das habe ich schon lange nicht mehr gesehen.

Meine Taschen sind schon gepackt. Wie sie dastehen in der Ecke unseres Schlafzimmers. Vorwurfsvoll. Als wäre ich allein schuld an unserer Krise. An Beates Traurigkeit. Und an meiner eigenen. Ich packe sie mit je einer Hand und stelle sie hinter die Tür. Ich höre, wie Beate im Bad das Döschen mit ihrer Nachtcreme aufschraubt. Gleich wird sie herauskommen, diesen Mandelduft verströmen und mich überrascht anschauen. Wird sich fragen, warum ich nicht im

Gästezimmer schlafe wie sonst auch. Ich kann diese Nacht nicht allein verbringen.

Als sie mich sieht, wirkt sie nicht im Geringsten überrascht. Es ist, als hätte sie mich erwartet und all die tausend Sachen, die sie abends im Bad macht, nur für mich getan. Sie legt sich neben mich in ihrem hellblauen Slip und dem Police-T-Shirt, das ich ihr bei unserem Konzertbesuch gekauft hab. Wahnsinn, wie verliebt wir waren. Wochenlang lagen danach diverse Police-CDs um den Player herum. Ich werde nie mehr »Every breath you take« hören können, ohne an sie zu denken. Meine Hände streicheln ihren Bauch so zart, dass ich fast nur den Flaum berühre. Als könnte sie sonst zerbrechen. Dabei haben wir beide bereits alles kurz und klein geschlagen, was uns mal verband.

Ihre Beine sind frisch rasiert. Das hat sie noch nie am Abend erledigt. Und das macht mich auf geradezu absurde Weise glücklich. Ich meine, heute schlagen unsere Herzen seit Langem wieder im gleichen Takt; sie will es auch. Ermutigt streife ich ihr das T-Shirt über den Kopf, und als ihr Gesicht darunter wieder erscheint, ist ihr Lächeln endlich wieder da, ein bisschen schief, ein bisschen traurig, aber unverkennbar ein Lächeln.

Wir tun es dreimal in unserer letzten gemeinsamen Nacht. Mehr als in unserer ersten. Als würden all diese Säfte das Zerbrochene wieder kleben können. Doch als ich am Morgen aufwache, ist alles getrocknet. Beim Abschied fließen keine Tränen. Wir sind stumm geworden.

Kommentar

Beate ist mit ihren Kräften am Ende. Sie geht unangekündigt mit Noah aus dem Haus.

Auch Lars hat kaum mehr Kraft. Er fühlt sich ebenso einsam und im Stich gelassen wie sie. Die beiden sind in diesem ganzen Stress nicht mehr in der Lage, sich gegenseitig zu helfen und Liebe füreinander zu empfinden. Ein gemeinsamer Kurzurlaub soll helfen. Leider sind sie jedoch bereits zu weit voneinander entfernt, um noch aufeinander zugehen zu können und die Partnerschaft zu retten.

Wenn Beate und Lars sich nun trennen, wird es nicht nur für sie beide, sondern vor allem für die Kinder sehr schwierig. Oft folgen in solchen Situationen weitere Partnerschaften, die weitere Trennungen nach sich ziehen, sodass sich die Kinder gar nicht mehr auf die neue Stiefmutter oder den neuen Stiefvater einlassen.

Auf die Entwicklung der Kinder hat das Auseinanderbrechen der Patchworkfamilie verschiedene Auswirkungen: Jugendliche haben später oft Angst, sich richtig auf eine Liebesbeziehung einzulassen.

Für kleinere Kinder ist eine solche Trennung oft noch traumatischer. Ihr Leben ist enger verknüpft mit dem ihrer Mutter, und sie sind abhängiger von deren psychischem Zustand. Oft ist zu beobachten, dass sie sich zurückziehen und vielleicht sogar in eine Sucht wie Computergames verfallen, dass sie ihre intellektuellen Fähigkeiten in Schule und Beruf nicht nutzen können oder dass sie den sozialen Anschluss verpassen, weil sie sich um ihre einsame Mutter kümmern und die Rolle des Babysitters für das kleine Halbgeschwister übernehmen.

Wie sich das Patchworkkind, in diesem Fall Noah, weiterentwickelt, hängt davon ab, wie oft das Kind in Zukunft weitere Trennungen in seinem unmittelbaren Umfeld erleben muss und ob die leiblichen Eltern ihm ermöglichen, den Kontakt zu seinen Halbgeschwistern aufrechtzuerhalten.

Wenn eine Situation bereits so verfahren ist wie bei Beate und Lars, helfen oberflächliche Rettungsmaßnahmen wie ein gemeinsamer Urlaub nicht mehr. In einem solchen Fall ist es sinnvoll, professionelle Hilfe zu suchen:

Alternative 9

Beate

Zugegeben: Ohne Erklärung einfach abzuhauen war nicht sehr nett. Dafür habe ich mich auch bei Lars entschuldigt. Aber ganz ehrlich? Es war das Beste, was ich für unsere Beziehung tun konnte. Klar war zunächst die Hölle los, als ich nach Hause kam. Lars war stocksauer. Er hatte gerade am Herd gestanden, und die Kinder konnten jeden Moment vom Spielen reinkommen. Wir hatten kaum Zeit gehabt, uns über meine Flucht zu unterhalten, als wir wenige Minuten später am Tisch saßen. Es wurde das ungemütlichste Abendessen meines Lebens.

»Reichst du bitte den Reibkäse aus dem Gefrierfach?«, bat er mich nur.

Und ich sagte:»Riecht gut, deine Soße.«

Kurz: Wir versuchten angestrengt zu tun, als wäre alles normal. Während wir zusahen, wie die Kinder Lars' Spaghetti wie die Dreschmaschinen verschlangen, kauten wir Erwachsenen stumm an unseren Verletzungen herum, versuchten, sie unauffällig hinunterzuwürgen oder wenigstens hinter einem gequälten Lächeln in die Backen zu verstauen.

Wie gesagt: Er war sauer, und ich konnte es verstehen. Aber offensichtlich habe ich ihn mit meiner Aktion auch so verwirrt, dass er echt neugierig schien, was mich dazu gebracht hatte, solch einen drastischen Schritt zu gehen. Und Neugier, das habe ich dabei gemerkt, ist die beste Voraussetzung für ein Gespräch dieser Art.

Uns ist schnell klar geworden, dass unsere Beziehung an einem seidenen Faden hängt. Es war Lars' Idee, nach Como zu reisen – nur wir zwei.»Unsere Beziehung pflegen«, nannte er es. Ich fand die Idee ziemlich beknackt: Noah ein ganzes verlängertes Wochenende bei meiner Mutter lassen? Für eine Art Flitterwochen auf Biegen und Brechen? Und was würden wir dort tun? Lars würde einmal quer durchs Hotelzimmer vögeln wollen, ich würde mir beim besten

Willen nicht vorstellen können, wie das bei diesem verkorksten Zustand unserer Beziehung funktionieren sollte. Ich hatte echt Angst, seinen Vorschlag abzulehnen. Ich dachte, er würde es persönlich nehmen. Doch als ich stattdessen vorschlug, eine Paartherapie zu beginnen, tat er nichts von allem, was ich erwartet hätte: Da kam kein Anheben der rechten Augenbraue, da kam kein verächtliches Pa!, kein schallendes Gelächter, kein bissiger Spruch.

Er seufzte nur und sagte: »Okay.«

Morgen geht es los. Morgen, so hoffe ich, beginnen wir von vorn. Heute ist er unterwegs bei Kunden, bei denen er schwarzarbeiten kann. Ich sitze mit meinen Kindern am Tisch und höre, wie sich die beiden gegenseitig mit den Fähigkeiten ihrer Lehrerin zu übertrumpfen versuchen, während Noah quietschvergnügt auf seinem Hochstuhl sitzt und aussieht, als verstünde er genau, worum es beim fröhlichen Wetteifern meiner beiden Großen geht.

Sammy: »Meine Lehrerin ist die beste Fußballerin der Welt. Sie kann einen Ball länger jonglieren als Messi.«

Clea: »Also, *meine* Lehrerin kann am besten malen. Sie malt immer so schöne Bilder an die Tafel und dann erzählt sie uns eine Geschichte dazu.«

Ich muss lachen. Zum ersten Mal seit Monaten geht es mir etwas besser. Ich habe weder das Gefühl, überfordert zu sein, noch stehe ich unter Stress. Ich hab bloß ein kleines bisschen Angst, dass der Therapeut mir die Schuld für alles in die Schuhe schieben könnte. Ich habe bewusst einen Mann gewählt, weil ich dachte, bei einer Frau würde Lars sowieso dichtmachen. Jetzt frage ich mich, ob ich das auch noch aushalten könnte – wenn sich die beiden Männer gegen mich verschwören würden.

Lars
Zwei Wochen später

Na toll, denke ich, während ich wie ein streunender Hund, von einer Straßenecke zur nächsten spaziere, ohne Sinn und ohne Ziel, einfach nur, weil ich besser nachdenke, wenn ich mich bewege. Soeben habe ich meine zweite Sitzung beim Psychodoc hinter mich gebracht. Dieses Mal waren Timo und Maria dabei, beide sind schon nach Hause gegangen. Ich selbst wollte noch ein wenig allein sein. Und jetzt denke ich, wie gesagt: Na toll. Eigentlich hatte ich Beate nur zugestimmt, eine Therapie zu beginnen, weil ich davon ausgegangen bin, der Therapeut würde kapieren, dass unsere Beziehung wegen ihres Burn-outs am Arsch ist. Ich dachte, er würde ihr eine Therapie verschreiben und mir sagen, ich sollte ein bisschen mehr im Haushalt helfen. Doch in unserer ersten Sitzung sprach er mit mir, als hätte *ich* das Problem.

»Wenn Sie morgen aufwachten, und alles wäre über Nacht gut geworden: Woran würden Sie das als Erstes merken?«, fragte er mich zum Beispiel.

Hä? Warum sollte *ich* etwas merken? Ich meine, Beate wäre doch diejenige, die eine Veränderung merken sollte. Ich selbst würde höchstens aufhören, mich zu fragen, ob wir vielleicht zu schnell zusammengezogen sind. So ähnlich sagte ich das auch.

»Wie erklären Sie sich diesen schnellen Zusammenzug?« Wieder war die Frage an mich gerichtet.

So ging es fast die ganze Stunde lang, und erst gegen Ende war Beate dran. Aber er fragte sie nur, wie es ihr jetzt gehe im Vergleich zum Beginn der Stunde. Und sie, die die ganze Zeit nur herumgesessen und kaum Fragen beantwortet hatte, sagte jetzt, sie fühle sich erleichtert.

Heute war es nicht viel anders, nur dass nicht Beate, sondern Maria und Timo neben mir in diesem seltsamen Zimmer saßen, in dessen Ecke ein Sandkasten auf hohen Beinen steht und an dessen Wänden bunte, psychedelische Bilder hängen. Ich finde es immer noch seltsam, dass ich mit Maria und Timo bei diesem Therapeuten saß. Bei einem *Psycho*therapeuten. Bei *Beates* Psychotherapeuten. So absurd es klingt, ich musste mich nicht in den Arm kneifen, um zu überprüfen, ob das vielleicht ein Traum war. Ich wusste, dass es keiner war. Ich wusste es, weil ich nach der ersten Sitzung den Sandkastenraum mit dem verblüffenden Gefühl verlassen hatte, dass die Hälfte von Beates Problem meines ist. Und dass es zur Lösung dieses Problems auch *mich* und *meine* Familie braucht.

Zunächst hatte ich gedacht, das sei eine raffinierte Masche eines zugegebenermaßen charismatischen Typen, um statt bloß einer Kundin gleich fünf zu kriegen. Aber je länger ich darüber nachdachte, umso klarer wurde mir, dass wir da wirklich alle irgendwie mit drinhängen. Auch Maria. Auch Konrad. Leider. Ich hänge nicht besonders gerne mit Konrad. Ganz egal worin. Und um da rauszukommen, wo wir zusammen drinhängen, hatte ich mich bereit erklärt, auf die Vorschläge des Typen einzugehen. Er schien sein Handwerk zu verstehen.

Also rief ich ihn an, nachdem ich es mir wie versprochen überlegt hatte, und vereinbarte diesen Termin. Doch fast noch erstaunlicher als die Tatsache, dass ich tatsächlich wieder da war, war Timos Anwesenheit. Er hatte sich mit Händen und Füßen dagegen gewehrt, zu »einem dieser Psychofritzen« zu gehen, was ich verstehen konnte. Ich wäre ja selbst niemals hingegangen, wenn Beate darin nicht unsere allerallerallerletzte Chance gesehen hätte.

Dass Timo dann trotzdem dasaß, lag daran, dass ich ihn bestochen hatte. Sein Preis war nicht besonders hoch gewesen: Nach einer kurzen Verhandlung hatten wir die Strafmaßnahme, die ihm sein Ausflug eingebrockt hatte, insofern gelockert, dass er die Samstagabende nun wenigstens wieder im Jugendzentrum verbringen darf, eine Einrichtung, die er bis vor Kurzem noch als »Ort, an dem nur Loser abhängen« bezeichnete.

Die Sonne steht schon tief, und mir wird klar, dass ich mich sehr beeilen muss, wenn ich rechtzeitig zum Abendessen da sein will. Und das will ich, denn nach den Erkenntnissen, die ich heute gewonnen habe, bin ich sehr hungrig. Außerdem bin ich gespannt, ob Timo irgendwie verändert am Tisch sitzt.

Dieses Mal hatte ich genügend Gelegenheiten, die Strategie des Therapeuten zu studieren, denn er ließ mich weitgehend in Ruhe und beschäftigte sich erst mit Timo. Ich staunte erneut. Er schaffte es, so zu fragen, dass man sich nicht wie bei einem Polizeiverhör oder einer Prüfung vorkam. Es waren keine Fangfragen dabei, keine Ablenkungsmanöver, keine Angriffe. Es waren einfach nur ganz normale Fragen, wie sie ein guter Freund stellen könnte.

Bald wurde mir zum ersten Mal klar, in welch mieser Situation Timo steckt. Zwar quasselte er für seine Begriffe eine ganze Menge vor allem unverständliches Zeug, aber der Therapeut schien etwas davon verstanden zu haben. »Verstehe ich dich richtig«, fragte er, »dass du keine Lust hast, bei Lars und Beate auf Familie zu machen und Sohn zu spielen, dass du aber ansonsten ganz gerne bei ihnen bist, was dir manchmal nicht so behagt, weil du ein schlechtes Gewissen deiner Mutter gegenüber hast?«

Bingo – Timo nickte.

Ich war baff. All diese Gedanken und Gefühle sollen in meinem schweigsamen Sohn gesteckt haben? Ich hätte die Situation zwischen den beiden Frauen nicht passender auf den Punkt bringen können.

»Du darfst dich in deinem neuen Zuhause wohlfühlen. Nicht wahr, Frau Zwyssig, das darf er doch?«

Maria beeilte sich, »Ja natürlich« zu sagen, und fügte sogar noch an: »Weißt du, Timo, ich komme gut zurecht, und wenn ich manchmal traurig bin, hat das überhaupt nichts mit dir zu tun. Okay?«

»Okay«, sagte Timo. Er wirkte erleichtert.

Ich muss sagen, ich verstand wieder, warum ich mich damals in Maria verliebt hatte. In diesem Moment fand ich sie großartig. Aber es war der Therapeut, der ihr das sagte. Es sei sehr stark von ihr, dass sie ihren Sohn habe gehen lassen, das würden nicht alle Mütter können, aber das bedeute nicht, dass sie als Mutter nicht mehr wichtig für Timo sei.

Der Typ war wirklich, wirklich gut. Er fand sogar heraus, dass Timo seinen Drogentrip deshalb gemacht hatte, weil er dem Gefühl entfliehen wollte, nirgendwo mehr zu Hause zu sein. Bei Maria fehlte die Hälfte seiner Sachen, bei uns war alles mit Noahs Plunder vollgestellt. Ich muss zugeben: Wir kaufen Windeln nur, wenn sie heruntergesetzt sind, und verstauen sie dann im untersten Regal in Timos Schrank. Aber die Windeln in Timos Schrank sind eigentlich nur ein Bild dafür, was mit Timo passiert ist: Er hat keine Privatsphäre mehr bei uns, und er wird nur noch gebraucht, wenn es um Noah geht. Er bewahrt dessen Sachen auf und muss hin und wieder Babysitter spielen.

»Dann loben sie mich«, erklärte er dem Therapeuten, nicht ohne vorwurfsvollen Blick zu mir. »Nur dann.« Ich werde rot vor

Scham, wenn ich daran denke. Ich bin wirklich ein beschissener Vater.

Ich nähere mich unserem Haus, in dem mein Sohn sitzt, der sich über viel mehr Dinge Gedanken macht, als ich vermutet hatte, und meine tolle Freundin, die alles versucht hat, um uns ein schönes Zuhause zu schaffen, und die zwei Kleinen, ohne die es so viel stiller und langweiliger wäre, und unser kleiner Prinz, der mich ganz schwindelig vor Liebe macht.

Und während ich meine letzten Schritte verlangsame, wird mir klar, dass ich Maria als alles beherrschende Tyrannin gesehen habe und Timo wohl deshalb umso mehr Freiheiten ließ. Vielleicht, weil ich fand, dass er auch mal eine Pause verdiene. Vielleicht, weil ich Maria ärgern wollte. Vielleicht, weil ich einfach zu beschäftigt mit Noah war, um mich auch noch mit ihm auseinanderzusetzen. Letztlich war es Beate, die es ausbaden musste, denn je weniger Vorschriften ich ihm machte, umso mehr musste sie es tun. Nur dass er sich von ihr nicht wie von einer Mutter behandeln lassen möchte, wie er in der Therapie deutlich und mit einer anrührenden Loyalität Maria gegenüber betont hat. Oh Mann, denke ich und stoße die Tür auf, was war ich für ein blinder Dummkopf.

Beate
Zwei Wochen später

Ich hatte ja schon vor der ersten Sitzung gedacht, dass mich nicht einmal ein Vortrag vor 1000 Menschen in schlimmere Aufregung versetzen könnte als der bevorstehende Termin. Ich dachte, der Psychologe hätte einen Radarblick, wie die Scanner, die sie an den Flughäfen einführen wollen, mit denen sie die Leute durch die Kleider hindurch nackt sehen können. Ich hatte mir vorgestellt, dass ich bloß lächeln oder nicken oder eine Augenbraue heben würde, und der Therapeut könnte daraus schließen, dass meine Mutter besser als ich weiß, was gut für mich ist, dass ich mir als Jugendliche in einer Anwandlung morbider Romantik ein Herz in den Arm ritzte, nachdem mich mein erster Freund verlassen hatte, dass ich lieber morgens Sex habe als abends. Ich dachte, er würde sagen: Sie können ruhig offen sagen, dass Sie Ihren Partner manchmal hassen und Ihren Stiefsohn nicht halb so sehr mögen wie ihre eigenen Kinder. Geben Sie ruhig zu, dass Sie ihn erst recht für einen rücksichtslosen Seelenkrüppel halten, seit Sie Ihren jüngsten Sohn auf die Welt gebracht haben. Mein Gott, ich hatte eine solche Angst.

Und doch war jene Angst nichts gegen die Panik, die ich bis vor fünf Minuten hatte, als ich mir vorstellte, wie ich mit Lars, Timo und – aufgepasst – Maria (!) in diesem Sitzungszimmer säße und vor ihr über unsere (!) Probleme (!) sprechen würde. Man muss sich das mal vorstellen: Wir sind hier, weil ich nicht mehr kann, weil ich überfordert bin und weil ich Entlastung brauche. So etwas würde Maria niemals passieren. Wie sie triumphieren wird, wenn sie erst einmal den Grund unseres gemeinsamen Besuches beim Hirndoktor erfährt.

Inzwischen ist die Panik einer etwas harmloseren Anspannung gewichen, die aber immerhin so anstrengend ist, dass ich das Gefühl habe, Kopfschmerzen zu kriegen. Die Tatsache, dass es allen Anwesenden (außer dem Therapeuten) genauso geht wie mir, hat mich wenigstens ein bisschen beruhigt.

Lars hat Schweißflecken an seinem Shirt, die auch dann nicht zu übersehen sind, wenn er die Arme an den Oberkörper presst, um sie zu verbergen. Maria sitzt regungslos wie eine Statue, die Füße parallel, die Knie zusammengepresst, der Rücken kerzengerade, das Gesicht versteinert. Timo verfügt über die besten schauspielerischen Fähigkeiten von uns allen. Er liegt mehr in seinem Stuhl, als dass er sitzt, aus den Kopfhörern, die um seinen Hals baumeln, dringt immer noch Musik und sein Zeigefinger gleitet in gemächlichen Bewegungen über das Display seines Handys. Nur wer ihn kennt, weiß, dass seine Coolness immer dann besonders ausgeprägt ist, wenn er sich unsicher fühlt.

Schnell stellt sich heraus, dass er allen Grund hat, unaufgeregt und gemütlich in seinem Stuhl zu hängen, und auch ich beginne mich schon zu entspannen, denn der Therapeut beschäftigt sich vor allem mit Maria. Er verwickelt sie in ein Gespräch, indem er so tut, als wüsste er nicht schon alles, was er wissen müsste, dabei war sie ja erst letzte Woche zusammen mit Lars und Timo hier. Er fragt sie, ob sie mit der Aufgabenteilung zwischen uns drei Erwachsenen zufrieden sei.

Jetzt kommt's, denke ich, jetzt wird sie vor versammelter Familie erzählen, was ich alles falsch mache, wie wenig ich als Stiefmutter tauge. Doch sie hackt nur auf Lars rum. Nicht unberechtigt, wie ich finde. Weil er sich um nichts kümmere, habe sie ständig das Gefühl, sie müsse die Verantwortung für Timo alleine tragen, ohne dass sie aktiv etwas für ihren Sohn tun könne, da der ja nicht bei ihr wohne. Besonders schlimm sei es, seit Noah auf der Welt sei. »Seit Timo zum zweiten Mal bei der Polizei gelandet ist, habe ich das Gefühl, komplett versagt zu haben«, schließt sie ihre Beschreibung ab.

»*Du* hast das Gefühl, zu versagen?«, platzt es aus mir raus. Ich starre Maria entgeistert an.

»Wundert dich das? Würdest du dir nicht wie eine Versagerin vorkommen, wenn dein Sohn bei deinem Exmann und einer fremden Frau leben würde, weil es ihm dort besser geht?«

Plötzlich schäme ich mich. Ich hatte tatsächlich manchmal gedacht, dass wir Timo eine wärmere Atmosphäre bieten können als sie, dass er sich bei uns wohler fühlt. Jetzt tut sie mir so leid, dass ich alles sagen würde, um ihr das Gefühl zu nehmen, versagt zu haben. »Aber ...«, stottere ich, »... er ist doch wegen der Schule bei uns.«

Der Therapeut greift ein: »Mir fällt auf, dass es Ihnen beiden offenbar ähnlich geht. In der ersten Sitzung äußerten Sie ebenfalls die Angst, versagt zu haben«, sagt er zu mir gewandt.

»Stimmt«, gebe ich zu. »Ich hatte immer Angst, dass es mir nicht gelingen würde, Timo gleich zu behandeln wie meine eigenen Kinder. Ich hatte Angst, er würde sich als Außenseiter fühlen.«

»Wie geht es Ihnen jetzt, nachdem Sie gehört haben, was in Frau Zwyssig vorgeht?«

»Ehrlich gesagt: Irgendwie bin ich erleichtert, dass es ihr ähnlich geht wie mir.«

»Ich sage Ihnen jetzt etwas, Ihnen beiden: Sie können stolz auf sich sein, dass Sie die Situation so gut meistern. Immerhin sitzen Sie zusammen hier. Das ist eine große Leistung. Ich kenne Mütter, die mit der neuen Frau ihres Exmannes kein Wort reden und sie schon gar nicht als Stiefmutter bezeichnen würden. Umgekehrt gibt es etliche Frauen, die sich weigern, die Expartnerin ihres Mannes auch nur kennenzulernen.«

Ich blicke zu Maria, und sie lächelt mich an. Plötzlich mag ich sie.

Der Therapeut wendet sich Lars zu, der sich inzwischen sichtlich entspannt hat und unserem Gespräch gefolgt ist wie einem interessanten Dokumentarfilm über die Fortpflanzung von Pinguinen. Offensichtlich sind wir für ihn antarktische Wesen, deren Probleme mit ihm nicht allzu viel zu tun haben. Ich spüre, wie plötzlich eine Welle des Ärgers über mich schwappt, aber bevor ich ihn darauf hinweisen kann, dass er durchaus Mitschuld trägt, fragt ihn der Therapeut: »Wie haben Sie das bloß hingekriegt, dass sich Ihre beiden Frauen Ihren Sohn aufteilen und Sie von allen Pflichten befreit sind?«

Das entspannte Lächeln auf Lars' Gesicht erstirbt.

»Maria hat mir ja oft genug zu verstehen gegeben, dass meine intellektuellen Fähigkeiten begrenzt sind. Logisch also, dass die Hausaufgaben ihr Gebiet sind. Ich mache dafür mehr Sport mit ihm«, entgegnet er eisig, und ich sehe, dass er den Therapeuten in diesem Moment hasst. Ich hingegen bin ganz froh, dass die Aufmerksamkeit nun endlich auf Lars gerichtet ist statt auf mich. Immerhin ist Timo immer noch der Sohn von *ihm* und Maria und nicht von mir und ihr.

Maria
Zwei Wochen später

Als ich sehe, dass Timo sein Handy zückt und beginnt, irgendetwas darauf zu machen (was machen die jungen Leute eigentlich die ganze Zeit damit? Das würde mich wirklich mal interessieren), platzt mir der Kragen. Früher hätte er so etwas nie gemacht. Nie. Früher wusste er, was sich gehört.

»Timo, pack das Ding weg«, zische ich ihn an und werfe Lars einen erbosten Blick zu. Er zuckt nur mit den Schultern. Wenn wir jetzt nicht bei diesem Therapeuten säßen, weil die beiden offensichtlich völlig überfordert sind, würde ich ihm gehörig die Meinung sagen. Das geht doch einfach nicht, dass unser Sohn in einer Sitzung mit dem Handy spielt. Gerade überlege ich mir, wie ich Lars auf seine Erziehungspflichten hinweisen könnte, ohne wie eine Oberzicke dazustehen, als der Therapeut zu mir sagt:

»Lassen Sie ihn ruhig. Jetzt geht es ja nicht mehr um ihn, sondern um Sie beide.«

Ich habe Lust, sein Hirn in Scheiben zu schneiden und zu mikroskopieren. Was denkt er sich bloß, was Timo jetzt gerade lernt? Und der will Psychiater sein. Mein Gott. Kein Wunder verdienen die weniger als wir übrigen Mediziner. Allerdings muss ich ihm insofern recht geben, dass es hier um Lars und mich geht. Darum, wer wofür zuständig ist. Das hatten wir ja zu Beginn der Sitzung so besprochen. Ich frage mich bloß, wozu wir Timo brauchen.

»Läuft das bei Ihnen immer so?«, richtet er seine nächste Frage an Lars. »Dass Frau Zwyssig die unangenehmen Erziehungsaufgaben übernimmt und Sie dabei entschuldigend mit den Schultern zucken?«

Aha. Denke ich. Doch nicht so doof der Typ. Jedenfalls entspinnt sich eine Diskussion zwischen den beiden Männern, weil Lars den Mann zu überzeugen versucht, dass er sich sehr wohl an der Erziehung beteiligt und schließlich doch irgendwann zugibt, dass er bloß Unterhaltungsprogramm bietet. Ich möchte in die Hände klatschen und Halleluja rufen.

Doch da wendet sich der Therapeut an mich.

»Finden Sie es nicht gut, wenn Herr Baumstöckl mit Ihrem Sohn biken oder klettern geht?«

Als ich mich selber sagen höre, dass das alles ganz nett sei, sofern die Hausaufgaben gemacht sind, die Schulnoten stimmen und Klavier geübt ist, komme ich mir plötzlich irgendwie bescheuert vor. Ich kann nicht einmal genau sagen, warum. Ich habe das Bild einer Adeligen vor mir, die ihren Sohn zu einem Prinzen mit formvollendeten Manieren, aber ohne – na ja, sagen wir es in Lars' Worten – Eier erziehen will. Dabei bin ich gar nicht so. Ich möchte durchaus, dass mein Sohn sportlich ist. Und Spaß haben soll er ja auch.

Ich weiß nicht, wie es dazu kommt, dass ich irgendwann sage, ich sei froh darüber, dass Lars den Sportpart übernehme, weil ich es nicht könne, und er sagt, dass ich der klügere Kopf von uns beiden sei, und irgendwie finden wir es plötzlich gut, dass wir unseren Sohn auf verschiedene Weise unterstützen können. Ich weiß, das klingt jetzt alles furchtbar bilderbuchmäßig. Aber im Grunde ist es wirklich so, dass wir anderen Eltern gegenüber den Vorteil haben, so verschieden zu sein.

Lars
Ein paar Monate später

Schon beim Wort Weihnachten will ich aufstöhnen. Gleichzeitig weiß ich, dass Beate recht hat mit ihrem Vorschlag, schon jetzt mit den Überlegungen zu beginnen, wer wann wo mit wem feiern soll. Ich meine, letztes Jahr hatten wir Stress genug, sowohl mit Konrad als auch mit Maria. Dieses Mal soll die Sache etwas entspannter über die Bühne. Dennoch, es ist Anfang November.

Vor zwei Wochen noch hat die Post die Fotobücher vom Sommerurlaub abgeliefert, die wir zugegebenermaßen etwas spät gestalteten und bei einem dieser sich penetrant über Fernseher konkurrierenden Onlinedienste drucken ließen. Auch wenn ich beim Gedanken an Weihnachten keine Übelkeit mehr verspüre, so ist der Advent noch lange nicht zu meiner Lieblingsjahreszeit avanciert. Ich käme nicht im Traum auf den Gedanken, mich schon einen ganzen Monat früher damit zu befassen.

»Was willst du tun?«, frage ich Beate und hoffe, dass sie bereits einen fertigen Plan ausgetüftelt hat.

»Was *ich* tun will?« Sie schaut mich belustigt an und gießt mir den Tee ein, den sie für diese Unterhaltung vorbereitet hat. »Um die Weihnachtsplanung kommst du nicht herum, mein Lieber. Immerhin sind auch deine Ex und dein Sohn involviert.«

»Hat denn Konrad schon etwas zu dieser Angelegenheit gesagt?«

»Er will die Kinder an Heiligabend, weil seine Mutter an Weihnachten mit dem Kirchenchor auftritt.«

»Gut, dann sage ich Maria, dass wir am 25. feiern und sie Timo am 24. haben kann.«

Ich bin erleichtert, dass wir das Gespräch beenden, bevor Deutschland – Kroatien angepfiffen wird, auch wenn das Ergebnis von vornherein feststeht. Doch meine Erleichterung sollte nicht lange andauern.

Bereits am nächsten Tag werden meine Nerven erneut malträtiert. Maria sagt, sie habe sich nur uns zuliebe am 24. zum Notfalldienst einteilen lassen, damit sie den Abend nicht allein verbringen müsse. Was das eigentlich solle? Letztes Jahr hätten wir ja auch am 24. gefeiert. Wir könnten doch nicht einfach über sie verfügen, wie es uns gerade so passe. Mir schwant bereits am Telefon, dass sich die Weihnachtsplanung dieses Jahr noch komplizierter gestalten werde als im letzten. Da hilft uns Beates ganze wohlgemeinte Frühzeitigkeit nichts.

»Familienrat«, verkünde ich, sobald das Telefon beendet ist. Früher hätte mich Maria in Rage gebracht mit ihrem Gezeter. Jetzt nervt sie mich nur noch, und ich stelle fest, dass selbst diesem Genervtsein in letzter Zeit ein gewisses Wohlwollen beigemischt ist. Ich weiß nicht, woher das kommt. Vielleicht hat es damit zu tun, dass sie in den letzten Monaten immer mal wieder Bereitschaft gezeigt hat, Kompromisse einzugehen.

Familienrat, haben Beate und ich in der Therapie beschlossen, ist der perfekte Weg, um herauszufinden, welche Ideen den Kindern im Kopf herumspuken. Es hat sich gezeigt, dass sie oft die besseren Lösungen finden als wir. Doch in diesem Fall sind die kleinen Köpfe genauso überfordert wie unsere großen. Kurz bevor unser Familienrat zu einem Familienkrieg ausartet, brechen wir die Übung ab. Immerhin wissen wir nun alles, was wir wissen müssen, um die Entscheidungen selber treffen zu können.

Was dabei herauskommt, ist nicht gerade idyllisch. Und schon gar nicht perfekt. Aber wenigstens ist niemand am Boden zerstört. 24. Nachmittag da, Abend dort, 25. Morgen nochmals woanders und am Nachmittag Open House Party bei uns. Weiß der Geier, ob das ungefähr dem geplanten Ablauf entspricht. Ich weiß nur, dass dieses Weihnachten ein Höllenstress wird. Aber was soll's. Beate liebt Stress. Und ich liebe es, wenn sie dabei sexy rote Bäckchen kriegt.

Konrad
Zwei Monate später

Sammy liest heute eine selber geschriebene Kurzgeschichte vor. Das hat mir Beate eben noch gesagt, bevor wir die Aula betreten haben. Ich wusste gar nicht, dass seine Aufsätze so gut sind, dass sie gleich für einen Vortrag vor der versammelten Elternschaft taugen. Selbst Beate schien es nicht zu wissen. Sie wirkte irgendwie verblüfft, als sie mir erklärte, was Sammys Part an der Schüleraufführung sein soll.

Ich blicke sie von der Seite an, und es nervt mich, dass sie heute so gut aussieht. Sie trägt ein blaues Kleid mit einem Ausschnitt, in den die Typen beim Glotzen fast reinfallen. Ihre Figur – als hätte sie noch nie ein Kind zur Welt gebracht, geschweige denn erst vor einem Dreivierteljahr ein drittes. Sie lächelt den anderen Eltern freundlich zu und tut gerade so, als wäre sie die Prinzessin von England. Warum muss sie mir ständig unter die Nase reiben, wie begehrt sie ist und wie wunderbar es ihr geht, seit sie nicht mehr mit mir zusammen ist?

Die meisten der Anwesenden dürften inzwischen wissen, wie es um unsere Ehe steht. So kann ich nicht einmal tun, als sei ich derjenige, mit dem die meisten Männer im Raum gerne tauschen würden. Aber wenigstens weiß niemand, wie es um mein Liebesleben steht. Ich habe keines. Das heißt: Wenn man mal davon absieht, dass Marlène und ich seit meinem Tiefpunkt am vorletzten Silvester noch zweimal in der Kiste gelandet sind, nachdem sie mir klargemacht hatte, dass sie nicht an einer Beziehung mit einem geschiedenen Versicherungsjuristen interessiert sei, sondern für etwas Festeres einen Typen aus ihrem Salsa-Kurs bevorzugen würde. Ich dachte mir: Was soll's, erfährt ja keiner. Und im Bett ist sie eine Granate.

Inzwischen habe ich nicht mehr das Gefühl, tagelang kotzen zu müssen, wenn ich daran denke, dass Beate mit diesem Klischee von einem Sunnyboy vögelt. Aber insgeheim freue ich mich über den Gedanken, dass heute vielleicht *er* derjenige ist, der kotzen möchte, weil seine Freundin sich für den Besuch einer einfachen Schulaufführung aufgebrezelt hat, als hätte sie ein Date. Ich werde ihm jedenfalls bestimmt nicht verraten, dass sie das wahrscheinlich nur tut, um mich zu ärgern.

Was ihr nicht gelingt. Und wenn es das doch ein bisschen tut, lasse ich es mir nicht anmerken. Es ist noch gar nicht so lange her, das sich Sammy an meinen Wochenenden weigern wollte, zu mir zu kommen. Erst nachdem ich ihm einen Bausatz für ein Segelflugzeug geschenkt hatte, an dem wir dann einen ganzen Tag lang gemeinsam herumbastelten, mochte er mich wieder. Wenn ich nicht aufgepasst hätte, wäre es ganz schnell gegangen und Lars hätte mich nicht nur bei Beate, sondern auch bei den Kindern ersetzt. Deshalb hüte ich mich, mit ihr zu streiten. Vielmehr nehme ich ihr den Wind aus den Segeln, indem ich ihr die Jacke abnehme und für sie an die Stuhllehne hänge. Sammy soll ruhig sehen, wie cool und freundlich sein Vater ist.

Als ich ihr in der Pause sogar ein Glas Orangensaft bringe, lächelt sie mich an. »Ich finde es sehr schön, dass wir es geschafft haben, zusammen Eltern zu bleiben«, sagt sie.

Lars
Drei Monate später

Es ist der schönste Morgen auf Erden, es hat aufgehört zu regnen, die Straße ist nass, die Bäume glänzen im Sonnenlicht, und der Himmel ist eine abstrakte Malerei in Dunkelgrau und Zartrosa. Normalerweise ist es ungemütlich, wenn wir zu fünft im Auto eingepfercht sind, aber heute haben wir uns ohne Probleme auf Katie Melua geeinigt, die ich persönlich ja eher kitschig finde, doch selbst ich muss zugeben, dass es für diesen Morgen nichts Passenderes hätte geben können. Wir sind alle müde, doch statt einander auf die Nerven zu gehen, zu quengeln, zu jammern oder zu schimpfen, schweigen wir uns mit einem zufriedenen Lächeln im Gesicht an und hängen unseren Gedanken nach. Ich freue mich, dass wir gleich wieder komplett sein werden, wenn wir Noah bei Beates Eltern abholen.

Ich wette, dass Beate gerade darüber nachdenkt, wie toll es ist, dass sie nun endlich meine Verwandtschaft kennengelernt hat. Als ich die Einladung meines Cousins Andreas zu seiner Hochzeit in der Hand hielt, waren meine Tanten und Onkel mein erster Gedanke gewesen, der meine Vorfreude auf ein Wiedersehen mit meinem Lieblingscousin drastisch dämpfte. Sie waren allesamt versnobt und rümpften heimlich die Nase über mich, der es bloß zum Gärtner geschafft hatte.

Beate fand alle sehr sympathisch, was mich hätte wundern müssen, es aber nicht tat, nachdem ich bereits gesehen hatte, wie schnell sie meine Eltern ins Herz geschlossen hatte. *Das* hingegen hatte mich damals zuerst erstaunt, dann geärgert und schließlich neugierig gemacht. Seit Jahren hatte ich versucht, die Begegnungen mit meiner Familie auf ein Minimum zu reduzieren, weil ich diese verhörartigen Fragen nach meinem Job und meinen Zielen satthatte. Mehr als die Fragen meiner Verwandtschaft hasste ich nur die unvermeidlichen Seufzer meiner Mutter und die schlecht verborgene Enttäuschung im Gesicht meines Vaters. Und ausgerechnet bei ihnen blieb Beate den halben Abend lang hängen.

Als ich hörte, wie meine Beate immer wieder hell auflachte, begann ich mich zu fragen, was zum Teufel so verdammt lustig an meinen Eltern sein soll. Ich mimte weiterhin den Desinteressierten, jetzt aber, um zu verstecken, dass ich hinhörte. Und was ich hörte, ließ mich daran zweifeln, dass diese beiden Leute wirklich meine Eltern waren. Vielmehr machten sie auf mich den Eindruck zweier Aliens, die sich in den Körpern meiner Eltern perfekt tarnten, sich aber im Versuch, sich auch ihren Charakter zu eigen zu machen, sehr unbeholfen anstellten. Ich meine: Wann hat mein Vater je anerkennend über mich gesprochen? Und jetzt prahlte er vor Beate mit meinem Mut. Ich sei schon als Kind mit dem Fahrrad die steilsten Hänge hinuntergerast, während die anderen Kinder noch mit zitternden Knien versuchten, sich auf dem Rad zu halten. Und von meiner Verwegenheit erzählte er ihr. Wie ich ganz allein mit Rucksack ausgerechnet nach Afghanistan gereist sei. Er sei damals fast gestorben vor Sorge, gleichzeitig habe er nicht anders gekonnt, als mich zu bewundern.

Fast noch unglaublicher war meine Mutter, die selbstironische

Sprüche machte über ihre fixe Vorstellung, ihre Kinder müssten hochbegabt gewesen sein, auch wenn es damals noch kein Wort dafür gegeben habe.

Seit wann waren meine Eltern so okay? Hatte Beate die beiden aufgetaut? Zum ersten Mal an diesem Abend schaute ich Mama und Papa länger als nur flüchtig an. Zum ersten Mal versuchte ich, Hinweise darauf zu finden, dass diese beiden sympathischen, wenn auch etwas spießigen Senioren meine Eltern und keine Außerirdischen sind. Und plötzlich erkannte ich sie wieder. Und begann sie ein bisschen zu mögen.

Fast möchte ich im Takt zur Musik auf das Lenkrad klopfen und die Melodie mitpfeifen. Es ist nicht so, dass ich ab sofort mit meinen Eltern Tür an Tür leben möchte. Aber es ist ein gutes Gefühl, dass Beate sie kennengelernt hat, ohne dass ich als leichtsinniger, ehrgeizfreier und lernfauler Dummkopf hingestellt wurde.

Aber ich war nicht der Einzige, der an diesem Fest unerwartet positiv überrascht wurde. Sammy hatte sich anfänglich dagegen gesträubt, mitzukommen. Er hatte Angst davor gehabt, niemanden zu kennen. Er erklärte sich erst bereit, mitzukommen, nachdem Timo hoch und heilig versprochen hatte, sich um ihn zu kümmern. »Hab sonst ja eh nichts zu tun auf dieser bescheuerten Party«, hatte er gemurmelt.

Erstaunlicherweise hat er ihn dann allen Verwandten als Halbbruder vorgestellt, und Sammy hat mit stolzgeschwellter Brust daneben gestanden und in den ersten zaghaften Gesprächen versucht, Timos cooles Vokabular in sein eigenes einfließen zu lassen. Am Ende hat er auf Timos Begleitung gepfiffen und ist so lange mit Daniel, dem Sohn meiner Cousine Veronika, durch den Festsaal getobt, bis es zu einem Unglück in Form einer heruntergefallenen Schüssel Mousse au Chocolat kam und die Bälger von ihren Müttern dazu verknurrt wurden, sich wieder zu den Erwachsenen an den Tisch zu setzen.

Ich wende mich Beate zu, die meinen Blick spürt, mich lächelnd anschaut und ihre Hand auf meinen Oberschenkel legt. Katie Melua singt von einem Segelboot. Im Rückspiegel sehe ich meinen Sohn mit offenem Mund schlafen, im linken Arm seine ebenfalls schlafende kleine Stiefschwester. Sammy guckt zum Fenster hinaus und verdirbt mit seinem Gesumme Meluas Harmonien.

Aber unsere Familienharmonie verdirbt er damit nicht. Im Gegenteil. Dieses kleine falsche Summen gibt mir das Gefühl, dass dieser nahezu perfekte Morgen real ist. Und gerade weil ich weiß, dass so etwas höchstens alle 10 Jahre eintritt, genieße ich es umso mehr.

Beate
Zwei Monate später

Nervös nippe ich an meinem Cocktail. Schirmchen, Glitzerpalme, Orangenscheibe, alles dran. Es kommt mir fast zu übertrieben vor. Genauso, wie es sich plötzlich lächerlich anfühlt, mit übereinandergeschlagenen Beinen an der Bar zu sitzen und auf Lars zu warten, als hätten wir unser erstes Date. Der Typ am anderen Ende der Bar hat mir schon zugezwinkert. Er muss sich gedacht haben, dass eine Frau allein an einer Bar auf Aufriss sei. Wer käme schon auf die Idee, dass ich mich mit meinen Lebenspartner auf diese Weise verabrede?

Doch kaum kommt Lars zur Tür herein, in dieser Jeans, die seinen süßen Arsch betont, fühlt es sich überhaupt nicht mehr lächerlich an. Vielmehr bin ich mit einem Schlag unglaublich glücklich darüber, dass die Rose, die dieser Wahnsinnstyp in der Hand hält, für mich ist. Und ich sehe in seinen Augen, wie stolz er ist, als er seine Hand an meine Taille legt und mir einen Kuss auf den Mund drückt. Es erstaunt mich immer wieder, dass ich nach Jahren immer noch so verliebt bin wie in den ersten Monaten. Es erstaunt mich vor allem deshalb, weil die Schmetterlinge zwischenzeitlich unwiederbringlich weggeflogen zu sein schienen und ich schon dachte, das sei normal, schließlich war es bei Konrad auch nicht anders gewesen.

Dass sie zu Lars und mir immer wieder kommen, verdanken wir ein bisschen auch Tante Luisa. Sie ist keine richtige Tante von Lars, aber seine Mutter nannte sie deshalb immer so, weil sie von ihren beiden besten Freundinnen der anderen den Vorzug als Patentante gab, Luisa aber auch eine Sonderstellung in Lars' Leben zuweisen wollte. Ich lernte Tante Luisa an Andreas' Hochzeit kennen, nicht etwa, weil Lars sie mir vorgestellt hätte. Als beste Freundin seiner Mutter war sie ihm genauso suspekt wie seine Eltern selbst, was mir in beiden Fällen völlig unangebracht schien. Seine Eltern sind schrullig, aber nett, und Tante Luisa ist eine Stimmungsbombe mit lila Federn in den blond gefärbten Haaren, pinkfarbenem Lippenstift und dem knallengen Minirock über drallen Beinen. Clea jedenfalls schien sie auf Anhieb zu mögen und nahm sie sofort in Beschlag. Tante Luisa war natürlich hin und weg. Wie auch nicht; wenn Clea Engel sein will, dann *ist* sie Engel.

Inzwischen ist Tante Luisa Stammgast bei uns zu Hause. Sie kommt jeden zweiten Donnerstagabend vorbei, manchmal isst sie mit uns und kümmert sich dann um die Kinder, während Lars und ich uns einen schönen Abend machen. Manchmal isst sie ohne uns mit den Kindern, und Lars und ich verabreden uns irgendwo. Das sind die schönsten Abende, wenn wir uns außer Haus treffen wie ganz am Anfang, im Kino, einer Bar, einem Club.

Manchmal denke ich darüber nach, was passiert wäre, wenn Luisa nicht in unser Leben gekommen wäre. Wir hätten unser Leben trotz Problemen mit Geld und Expartnern einigermaßen im Griff, wir würden streiten und uns bestimmt immer wieder versöhnen, wir hätten schöne Momente mit den Kindern, aber wir hätten bestimmt schon lange nicht mehr das Gefühl, eine aufregende Beziehung zu führen. Momente wie diesen, wenn Lars mich am Arm aus einer Bar führt und die anderen Leute uns neidisch nachgucken, würden wir keine erleben. Abende in romantischen Restaurants, Diskussionen über gemeinsam gesehene Filme, Gekicher über gemeinsam besuchte Wasser-Shiatsu-Kurse gäbe es nicht. Wir wären eine schöne Familie, aber bestimmt nicht das allerglücklichste Paar der Welt.

Lars
Sechs Monate später

Was zum Teufel macht Konrad vor unserer Tür?, denke ich, als ich mich, leider ziemlich verspätet, unserem Haus nähere. Ich meine, ich habe nichts gegen den Mann, aber im Moment kommt er gerade ziemlich ungelegen. Heute Abend kommt Maria uns, also Timo, Noah und mich, besuchen. Timo und ich wollen zusammen kochen, wie jeden ersten Donnerstagabend des Monats. Und Konrad sollte eigentlich mit Beate und ihren Kindern bei »Marco's« Pizza essen gehen. Ihr Zuhause-Abend ist erst nächsten Monat. Da sehe ich auch schon Marias schwarzen Audi um die Ecke biegen, den Leichenwagen, wie ich ihn scherzend nenne.

Solche Neckereien kann ich mir seit einiger Zeit erlauben. Sie lächelt dann so, als würde sie über solchen Kindereien stehen, aber ich sehe genau, wie sehr sie sich bemüht, nicht loszulachen. Denn wir beide wissen, dass mein kleiner Witz einen sehr realen, makabren Hintergrund hat. Vor ein paar Monaten hat sie nämlich tatsächlich ein Leichenteil darin transportiert. Ein Stück Leber, das dringend zur Gerichtsmedizin musste, aber nicht konnte, weil der Krankenhaustransporter bereits in einer anderen Mission unterwegs war. Ich schweife ab. Jedenfalls haben wir unseren gemeinsamen schwarzen Humor wiederentdeckt.

Inzwischen ist der Leichenwagen eingeparkt, und Konrad fallen die Augen aus dem Kopf, als er Maria in stolzer Haltung und mit sanft schwingenden Haaren auf uns zuschweben sieht.

Scheiße, denke ich, wenn sie die Einkaufstüten sieht, weiß sie genau, dass ich wieder mal hoffnungslos hinter dem Zeitplan herhinke. Andererseits, beruhige ich mich, macht sie in letzter Zeit nicht mehr aus jeder Mücke einen Elefanten, weshalb ich durchaus die Hoffnung hege, dass ich ohne abendfüllenden Vortrag über Zuverlässigkeit, Vorbildrollen und Verantwortung davonkomme.

»Was machst du denn hier?«, fragt mich Konrad, als ob das nicht mein Text wäre.

»Ich wohne hier.«

»Haha.«

»Was machst *du* hier?«, gebe ich die Frage zurück.

»Bin eingeladen.«

»Ihr wart doch letzten Monat hier, diesen Monat sind wir dran.«

»Hat Beate dich nicht darüber informiert, dass wir die Wohnung brauchen, weil wir nach dem Abendessen die Steuererklärung machen müssen?«, fragt er und hebt dabei auf lehrerhafte Art die Augenbraue. Warum, ist mir schleierhaft.

»Nö.«

»Tolle Beziehung.«

»Pass auf, Mann.«

Ich schaue Maria an. Die lächelt, als hätte ihr die Videothek genau die Art von Komödie geliefert, die sie bestellt hatte.

»Kein Problem«, sagt sie, nachdem sie sich Konrad vorgestellt hat. »Wir gehen Sushi essen.«

»Ach, bleibt doch hier«, sagt Konrad, und ich bin gerade mal so lange erstaunt, bis ich sehe, wie sein Blick an Marias Busen klebt. Geifernder Sack, denke ich, aber ich denke es verständnisvoll. Ich war selbst einer gewesen, als ich Maria zum ersten Mal gesehen habe.

Beate
Am gleichen Abend

Schräg, denke ich. Immer wieder. Es ist eine ganze Weile lang das einzige Wort, das mir überhaupt in den Sinn kommt, als ich unsere große, glückliche Kinderbuch-Patchworkfamilie am Tisch sitzen sehe. Die ganze Szene ist so surreal, wenn man weiß, wie oft wir uns in alle Richtungen und in allen Kombinationen gestritten haben. Mein Blick schweift von einem Gesicht zum nächsten.

Konrad ist gerade zur Höchstform aufgelaufen. Offenbar hat ihm Maria ein juristisches Problem aus dem Krankenhaus geschildert, und er hält ihr jetzt einen Vortrag, dem er – falsche Bescheidenheit – vorangestellt hat, dass er sich in medizinischen Belangen juristisch nicht besonders gut auskenne. Maria hört ihm zu – ob gelangweilt oder interessiert, ist nicht auszumachen. Aber Konrads Bäckchen glühen – ob vor Stolz oder Wein, ist ebenso wenig erkennbar.

Neben ihm sitzt Clea und zupft ununterbrochen an seinem Ärmel. Doch Konrad beachtet sie nicht. Früher hätte mich dieses Desinteresse unseren Kindern gegenüber auf die Palme gebracht. Es ist einer der Punkte gewesen, die ich an Konrad nie gemocht habe: dass er sich so selten Zeit für die Kinder nahm. Als ich Lars kennenlernte, war ich sicher, dass die Kinder nun endlich einen Vater bekämen, der sich um sie kümmert, sich also nicht nur als »Ernährer der Familie« sieht und meint, damit seine Aufgabe erledigt zu haben. Jetzt weiß ich, dass Lars zwar tolle Sachen mit den Kindern unternimmt, er Konrad aber nicht als Vater ersetzen kann. Für die Kinder ist es wichtig, dass sie Konrad als Papi behalten dürfen. Vor allem seit Noah da ist, der als Einziger rund um die Uhr seine beiden leiblichen Eltern um sich hat. Bei Konrad sind immer noch Sammy und Clea die Hauptpersonen, und das tut ihnen gut.

Im Moment erklärt Lars Sammy gerade, dass es heute deshalb keinen Tomatensalat gebe, weil nicht die Jahreszeit dafür sei.

»Aber im Laden sind doch welche?«

»Ja, aber die kommen aus Israel.«

»Wieso ist das schlecht?«

Und während Lars Sammy erklärt, dass Flugzeuge Dreck produzieren etc., muss ich daran denken, dass auch Lars nicht immer perfekt ist. Zum Beispiel hätte es mir gefallen, wenn er Sammy ein bisschen Handwerk beigebracht hätte. Konrad war ja immer so ungeduldig gewesen und wollte Sammy seine Helis nie anfassen lassen. Doch Lars hat mir sehr schnell zu verstehen gegeben, dass er keine Lust habe, sich sämtliches Werkzeug von meinem Sohn zerstören zu lassen.

Ich seufze. Mein Sohn hat zwei linke Hände. Behaupten inzwischen zwei Männer, die es wissen müssen. Dafür ist er klug und interessiert.

Timo ist heute wie immer: Körper anwesend, Geist weit weg. Seinen Teller hat er in Rekordzeit geleert, und jetzt sitzt er da und wartet nur darauf, dass die ganze Sache hier vorbei ist und er sich wieder mit den wirklich wichtigen Dingen des Lebens beschäftigen kann: Skaten, Mädchen, Gamen, Musik.

Ich erinnere mich noch gut, wie viel Hoffnung Lars in mich gelegt hatte. Er hatte geglaubt, Maria sei verantwortlich für Timos grimmige Verschlossenheit und für sein Desinteresse der Welt gegenüber. Er hatte geglaubt, sie mache ihm zu viel Druck, weswegen er in der Schule nur versagen könne. Inzwischen haben wir einsehen müssen, dass er einfach pubertiert, und dass er nicht eben viel für Gesteinsproben, für den Konjunktiv und für Mengenlehre übrig hat. Abgesehen davon hatte ich auch keine Lust, ständig den hyperaktiven, vor Ideen sprudelnden Clown zu spielen, nur damit er mich mag. Inzwischen hat sich gezeigt, dass Marias Sturheit das Einzige ist, das Timo wenigstens ein bisschen auf Trab bringt.

Lars schaut über den Tisch zu mir und blinzelt mir zu. Ich sehe ihm an, dass er die Situation ebenso ungläubig erlebt wie ich. Ich kenne ihn inzwischen gut. Mir ist zum Beispiel klar, dass er dieses große ungeplante Familientreffen noch als Abenteuer empfindet, weil es das erste Mal ist, dass wir alle zusammen an einem Tisch sitzen. Beim dritten Mal würde ihm die Sache schon gewaltig auf die Nerven gehen. Und mir übrigens auch. Alleine wie Konrad sich an Maria heranmacht. Peinlich. Die Kinder sind so aufgekratzt, dass es früher oder später zu einem Drama kommen *muss*. Und als angeregte Unterhaltung kann man unser Geplauder auch nicht gerade bezeichnen. Ständig entstehen ungewollte Redepausen. Und zwar immer dann, wenn Konrad sein Imponiergehabe unterbricht, um Luft zu holen.

Nein, regelmäßig bräuchte ich eine solche Zusammenkunft echt nicht. Trotzdem ist es schön, zu sehen, dass sie möglich ist. Die Kinder freuen sich offensichtlich, wenn ihre Eltern am selben Tisch sitzen. Seit Lars Maria bei jeder noch so kleinsten Entscheidung einbezieht, und ich Konrad ständig nach seiner Meinung frage, hat sich die Lage langsam und fast unmerklich entspannt. Schon seltsam, wie man bei jeder Verschlechterung im Leben fast in Panik gerät, während man Verbesserungen kaum wahrnimmt. Erst heute wird mir zum ersten Mal klar, wie gut wir das alles trotz der 1000 Probleme hingekriegt haben.

Kommentar

Als Beate und Lars merken, dass sie sich in einer ausweglosen Situation befinden und ihre Liebe fast verloren haben, nehmen sie therapeutische Hilfe in Anspruch.

In mehreren Sitzungen gelingt es, die diversen Beziehungen zu entflechten. Der Therapeut würdigt jeden Einzelnen im komplexen Patchworksystem für seine Leistungen und steckt mit dieser Haltung die Familienmitglieder an. Aus der Konkurrenz zwischen Maria und Beate wird eine Zusammenarbeit, und Lars wird sich der Wichtigkeit bewusst, die verschiedenen Facetten seiner Vaterrolle auszufüllen. Es gelingt Beate und Lars, wieder Kraft zu sammeln und dann auch mit Konrad eine gute Kooperation in die Wege zu leiten, sodass letztlich alle Elternteile zusammensitzen können. Zugegeben, es klingt fast zu schön, um wahr zu sein. Die Erfahrung zeigt aber in der Tat, dass eine Therapie oder Beratung oft zu einer raschen Wende führen kann.

Zwar werden alle drei Kinder die schwierigen zwei Anfangsjahre der Beziehung von Lars und Beate auch in Erinnerung behalten, wenn sich das Paar mithilfe der Therapie wiederfindet. Doch auf lange Sicht wird ihre Entwicklung deutlich positiver ausfallen, als wenn sich Beate und Lars wieder getrennt hätten.

Mehr noch: Die Kinder haben nun Möglichkeiten, eine breitere Palette an sozialen Kompetenzen zu erwerben, die Nichtpatchworkkindern vorenthalten bleiben oder die jenen zumindest nicht mit derselben Selbstverständlichkeit zur Verfügung stehen. So lernen zum Beispiel Patchworkkinder, sich im komplexen Beziehungsgefüge der vergrößerten Familie, der neuen Verwandtschaft und des erweiterten Bekanntenkreises zu behaupten und ihren Platz zu finden.

Wenn es die Patchworkeltern schaffen, die zahlreichen Fallen zu umschiffen, eine gute Kommunikationskultur pflegen und die Kinder achtsam in die neue Situation begleiten, lernen diese eher als andere, sich auf Neues einzulassen, Schwierigkeiten anzusprechen und Konflikte auszutragen.

Die unterschiedlichen Erziehungshaltungen, denen Patchworkkinder ausgesetzt sind, können sogar eine Bereicherung darstellen, sofern die Kooperation zwischen den Patchworkeltern und ihren Expartnern funktioniert. Die Kinder lernen, mit unterschiedlichen Erwartungen und Ansprüchen in verschiedenen Kontexten umzugehen – eine Kompetenz, die gerade im Hinblick auf das spätere Arbeitsleben nicht zu unterschätzen ist.

So wird es wohl auch den Kindern von Beate und Lars ergehen: Auf seinem Weg zum Erwachsenwerden wird Timo durch die drei kooperierenden Elternteile auf konstruktivere Weise unterstützt und begleitet. Es entstehen keine Lücken in der Zuständigkeit mehr, wodurch Timo sich weniger Freiheiten erschleichen kann. Es eröffnen sich ihm aber neue Freiheiten, weil die Erwachsenen gelernt haben, einander zu vertrauen. So muss etwa Maria in den schulischen Belangen nicht mehr überkompensieren, sondern kann Timo zusammen mit Beate und Lars konstruktiv fördern. Timo wird sich seine nötige und wichtige pubertäre Auflehnung besser erlauben können, weil er spürt, dass ihm die drei Erwachsenen gewachsen sind und diese natürliche Entwicklung verkraften.

Auch Sammy wird es deutlich bessergehen. Da sich seine Probleme vor allem im Rückzug geäußert haben, wurde er am wenigsten wahrgenommen. Erst als Beate und Lars ihm genügend Aufmerksamkeit schenken, seine Kränkung und seine Ängste wahrnehmen, können sie so auf ihn eingehen, dass er sich auch in Zukunft wieder öffnen kann. Zudem profitiert er von Lars als lockerer Ergänzung zu Konrads eher leistungsbezogener Art.

Clea wird vermutlich daran zu kauen haben, dass sie nicht mehr die Jüngste in der Familie ist, und vielleicht noch eine Zeit lang versuchen, zusätzliche Zuwendung zu bekommen, indem sie besonders viel Verantwortung gegenüber Noah übernimmt. Möglicherweise wird sie sich stärker anpassen, als ihr guttut. Da Beate und Lars jetzt aber auch auf diese Problematik sensibilisiert sind, steuern sie solchen Tendenzen entgegen, indem sie zum Beispiel darauf achten, dass Clea auch Zeit mit ihrer Mutter alleine verbringen kann.

Noahs Kindheit wird ähnlich verlaufen wie jene von anderen Kindern, die mit ihren beiden Elternteilen zusammen aufwachsen. Im Gegensatz zu seinen Halbgeschwistern stehen ihm immer beide Elternteile zur Verfügung – eine Tatsache, die er wahrscheinlich früher oder später seinen Geschwistern gegenüber auch ausnützen wird. Auch hier können die Eltern gegensteuern, indem sie solche Tendenzen erkennen und unterbinden, aber auch, indem sie ihre

Beziehungen zu den Expartnern weiterhin pflegen und somit den älteren Kindern Sicherheit bieten.

☞ *Mehr über die Chancen und Entwicklungsmöglichkeiten von Kindern in Patchworkfamilien im Abschnitt »Kinder in Patchworksituationen« im Kapitel 4 (S. 269 ff.) und was die Erwachsenen betrifft im Kapitel 5 »Nahtstelle Partnerschaft« (S. 285 ff.) und im Kapitel 7 im Abschnitt »Alltag in der Patchworkfamilie« (S. 322 ff.).*

Alternative 9

ERKLÄRUNGEN UND LÖSUNGEN AUS THERAPEUTISCHER SICHT

Begriffe, Definitionen und Zahlen

Umgangssprachlich werden alle Stiefelternkonstellationen als Patchworkfamilien bezeichnet.

Welche Vielfalt an Familienformen dieser Begriff jedoch beinhaltet, wird erst beim genaueren Blick auf entsprechende Familien im näheren Umfeld oder beim Studieren der Fachliteratur klar.

Von *Patchworkfamilien* im engeren Sinne spricht man, wenn in einer Stieffamilie ein gemeinsames Kind vorhanden ist. Die Patchworkfamilie wurde früher auch als *komplexe Stieffamilie* bezeichnet. In Fachkreisen werden sowohl Stieffamilien als auch Patchworkfamilien auch Fortsetzungsfamilien oder Zweitfamilien genannt.

Stieffamilien lassen sich weiter differenzieren: Mit Stief*mutter*familie ist gemeint, dass der leibliche Vater mit seinen Kindern und einer Stiefmutter zusammenlebt. Die Stief*vater*familie setzt sich entsprechend aus der leiblichen Mutter, den Kindern und einem Stiefvater zusammen.

Wer in der Beschreibung einer alternativen Familienkonstellation den Lebensmittelpunkt der Kinder berücksichtigen möchte, unterscheidet zusätzlich zwischen *primären* und *sekundären Stieffamilien*: Die *primäre Stieffamilie* ist die Familie, in der das Kind aus einer früheren Partnerschaft dauerhaft oder hauptsächlich lebt. In der *sekundären Stieffamilie* ist das Kind nur zeitweise zu Besuch.

Zur Vielfalt der Familienformen tragen auch jene Konstellationen bei, in denen die Mutter mit ihren Kindern von unterschiedlichen Vätern zusammenwohnt, oder in den sehr seltenen Fällen, in denen der Vater mit seinen Kindern von verschiedenen Müttern in einer Patchworkfamilie zusammenlebt.

Diese Vielfalt an Familienformen lässt erahnen, welche Schwierigkeiten die Einwohnerämter damit haben, Patchworkfamilien korrekt zu erfassen und zu zählen, zumal zahlreiche Stief- und Patchworkeltern ohne Trauschein zusammenleben oder noch eine Zweitwohnung haben und deshalb am Wohnort ihrer Familie nicht gemeldet sind. Aufgrund dieser Zählschwierigkeiten ist es unmöglich, ein repräsentatives Bild über die prozentuale Verteilung der verschiedenen Familienkonstellationen zu erhalten.

Das deutsche Bundesministerium für Familie, Senioren, Frauen und Jugend nennt deshalb keine genauen Zahlen, sondern nennt den in Bezug auf alle in Deutschland lebenden Familien den ungenauen Prozentsatz von 7 bis 13 % Stief- und Patchworkfamilien. In der Schweiz machten im Jahre 2010 die Fortsetzungsfamilien 5,7 % der Familienhaushalte mit Kindern aus (Bundesamt für Statistik, 2013).

Für Österreich wurden für 2013 Zahlen publiziert, aus denen sich ebenfalls ein Prozentsatz von 5,7 % ergibt (Statistik Austria, 2014), während Baierl und Kapella (2014) vom Österreichischen Institut für Familienforschung der Uni Wien von 8,5 % sprechen.

1. Hintergründe von Patchwork

Jeder Mensch wird durch Bilder, Vorbilder und von Autoritäten übernommene Prinzipien beeinflusst. Wissenschaftliche Aussagen haben einen untergeordneten Einfluss auf menschliches Handeln. In diesem Kapitel soll gezeigt werden, welche Ideale und Vorstellungen für die heutigen Familienkonstellationen mitverantwortlich sind.

Die Kleinfamilie als Ideal und Mythos

Patchworkfamilien[1] waren im Mittelalter die Regel: Die Menschen lebten in Hausgemeinschaften, die zwei bis drei Generationen Blutsverwandte, Eingeheiratete und Gesinde umfassten und gleichzeitig landwirtschaftliche Arbeitsgemeinschaften waren. Die Basis einer solchen »Familie« bestand aus mindestens einem Mann und einer Frau, die eine der damals üblichen fünf Formen der Ehe[2] geschlossen hatten. Kinder lebten zwischen Großeltern, Onkeln, Tanten, Geschwistern und ehelichen oder unehelichen Halbgeschwistern.

---

1 Der Ausdruck »Familie« wurde allerdings erst ab ca. 1700 verwendet.

2 In den ersten Jahrhunderten n. Chr. gab es fünf Eheformen: (1) Die Muntehe (Munt = Vormund) war ein Vertrag zwischen zwei Sippen von Adeligen. Das Bestimmungsrecht über eine Frau, deren Vermögen und spätere Kinder ging vom Vater der Braut an den Ehemann über. Die Familie des Bräutigams hatte einen festgesetzten Betrag an die der Braut zu entrichten. (2) Die Friedel-Ehe war für weniger begüterte Menschen geeignet. Mann und Frau hatten dieselben Rechte, Polygamie (Mehrfrauenehe) inbegriffen. (3) Die Kebsehe war die Verbindung eines Mannes mit einer ihm leibeigenen Frau. Die Kinder aus solchen Ehen (genannt Kegel) waren nicht erbberechtigt. Der Mann konnte mehrere Kebsehen schließen. (4) Die Entführungsehe entspricht am ehesten der heutigen Form: Das Paar war sich über die Heirat einig, aber anders als bei der Muntehe, wurde kein Brautschatz bezahlt. (5) Die Raubehe war dasselbe, aber ohne (explizite) Einwilligung der Braut.

Partnerschaften waren loser als heute. Auch die emotionalen Bindungen zwischen Eltern und ihren Kindern waren viel lockerer. Ein Phänomen, das sich vielleicht auch als Schutzmechanismus erklären lässt. Immerhin starb damals etwa die Hälfte aller Kinder noch vor der Pubertät. Noch im 19. Jahrhundert waren Stief- und Patchworkfamilien fast die Regel, da viele Mütter nach der Geburt am Kindbettfieber starben.

Die Hierarchie innerhalb einer Hausgemeinschaft war eindeutig vorgegeben: Der Vater der ältesten Generation war der unumstrittene Herrscher.

Heute ist die – meist kleine – Kernfamilie immer noch das große Ideal. Selbst die meisten Stief- und Patchworkfamilien tun so, als wären sie eine Kernfamilie. Bei therapeutischen Erstgesprächen in unserer Praxis wird oft erst bei Nachfragen klar, dass nicht alle Kinder mit beiden anwesenden Erwachsenen blutsverwandt sind. Wenn die Familienmitglieder aus ihrem Alltag erzählen, verwenden sie kaum die Ausdrücke Stiefmutter und Stiefvater.

Was bringt die Menschen dazu, sich so an die Form der Kernfamilie zu klammern? Ein kurzer Blick zurück erklärt dies.

Im Frühmittelalter waren auch Mönche und Nonnen noch aktiv am Heiratsmarkt beteiligt. Für den Unterhalt der daraus entstehenden Kinder musste die Kirche aufkommen. Um diese Kosten zu reduzieren, erließen die Kirchenfürsten für Priester, Klosterfrauen und -brüder ein Verbot aller Eheformen außer der Muntehe (s. Fußnote 2). Weil dies nicht ausreichte, beschlossen sie zusätzlich den Ehe- und später den Enthaltsamkeitszölibat. Aber offenbar störte sich der Klerus auch an der sexuellen Freizügigkeit des einfachen Volkes. Um auch dies in den Griff zu bekommen, setzte die Kirche das Verbot aller Eheformen außer der Muntehe dann auch für die gesamte Bevölkerung durch.

Der nächste und zunächst letzte Schritt, der Zucht und Ordnung bringen sollte, war schließlich die Propagierung der Kleinfamilie, bestehend aus Mutter, Vater und Kind und damit letztlich der Monogamie: Im 13. und 14. Jahrhundert wurde die Heilige Familie als ideales Familienmodell propagiert. Davon zeugen Tausende von Bildern in Kirchen und Galerien. Die Kernfamilie war jahrhundertelang aber nicht Realität, sondern blieb ein Fernziel der Kirche.

Eine Annäherung an dieses Ideal wurde erst während der industriellen Revolution im 19. Jahrhundert möglich. Durch den Bau von Spinnereien und Fabriken wurden die Menschen gezwungen, Arbeit und Familienleben zu trennen. Die Familienverbände wurden kleiner. Wegen der sehr langen Arbeitszeiten und der Kinderarbeit in Industrie und Landwirtschaft blieb aber nicht viel Zeit für idyllisches Familienleben. Gegen Ende des 19. Jahrhunderts wurden die Arbeitszeiten sukzessive verkürzt und die Kinderarbeit zunächst eingeschränkt und schließlich verboten. Frühestens seither wird die jahrhundertelang propagierte Familienform von einem größeren Teil der Bevölkerung effektiv gelebt – und ist zum Ideal geworden (vgl. Ochs u. Orban 2008).

Heute kann man immer mal wieder eine ähnliche Idealisierung erleben, die jetzt allerdings die Patchworkfamilie betrifft. Printmedien, Kino und Fernsehen erzählen Geschichten von Prominenten oder Filmhelden, die das neue Glück angeblich in der Patchworkfamilie gefunden haben. Dieses einseitig gezeichnete Bild kann bei Alleinerziehenden die falsche Erwartung wecken, dass Patchworkfamilien ohne Probleme funktionieren. Die Gefahr besteht, dass sie sich zu schnell in dieses Abenteuer stürzen, ohne sich der Konsequenzen bewusst zu sein, die die Medien gerne verschweigen.

Die romantische Liebe als Ideal und Sackgasse

Der Mythos der romantischen Liebe beeinflusst das heutige Ehe- und Familienleben und vor allem deren Auflösungen. Die konstante Berieselung mit entsprechenden Liedern, Büchern und Filmen, der die Menschen der westlichen Welt bereits als Kinder ausgesetzt sind, jubelt die Einmaligkeit der Liebe zweier Menschen hoch. Die Paartherapeutinnen Dechmann und Ryffel beschreiben diesen Mythos so:

»*Liebe ist ein großes, intensives Ereignis, das den Menschen zufällt wie ein Himmelsgeschenk. Wer den Richtigen bzw. die Richtige gefunden hat, bleibt für den Rest des Lebens glücklich.*« (Dechmann u. Ryffel 2001, S. 24).

Viele junge Menschen erwarten von einer Partnerschaft das reine Glück. Fest verwurzelt ist in ihrer Vorstellung, dass sie nur mit dem/der idealen PartnerIn glücklich werden können. Wenn erste Konflikte und harte Beziehungsarbeit beginnen, gehen sie davon aus, dass sie den Falschen gewählt haben. Sie trennen sich und begeben sich erneut auf die Suche nach dem perfekten Partner. Dass Paare durchhalten und trotz Schwierigkeiten zusammenbleiben, wird immer seltener. Die Scheidungsraten belegen es. Und wenn bereits Kinder da sind, werden diese zu Patchworkkindern.

Die Vielfalt von Erziehungsvorstellungen

Große Unterschiede in der Vorstellung, welche Erziehungskonzepte die richtigen sind, führen nicht selten zu Konflikten zwischen den Eltern und sogar zu Trennungen. Denn Menschen wollen ihre Kinder »richtig« erziehen und sehen dies oft als ihre Lebensaufgabe an. Um aufzuzeigen, wie diese unterschiedlichen Erziehungskonzepte entstehen konnten, wollen wir deren Entstehungsgeschichte kurz beleuchten.

Entstehungsgeschichte von Erziehung

Erziehung und Bildung waren in Europa zwischen der Antike und dem 19. Jahrhundert in den Händen von Ammen, Kindermädchen, Großmüttern, älteren Geschwistern oder Gesinde. Je nach Schichtzugehörigkeit umfasste die Versorgung nur so viel, dass die Kinder nicht verhungerten. Emotionale Bindungen ergaben sich eher zufällig. Kinder, die die ersten Lebensjahre überlebten, wurden bald in den Arbeitsprozess eingeschleust. Sie wurden grundsätzlich gleich behandelt wie Erwachsene. Sie bekamen weder besonderen

Schutz noch Zuwendung. Erziehung war gleichzusetzen mit Dressur. Bildung hingegen wurde vom Klerus[3] vermittelt.

Zwischen dem 17. und dem 20. Jahrhundert, als der Einfluss der Kirche geringer wurde, begannen Erziehungsphilosophen das Ideal des gebildeten, aufgeklärten Menschen zu propagieren. Sie erachteten Erziehung als Vorbereitung darauf, den jungen Menschen zu einem für die Gesellschaft nützlichen Mitglied zu formen. Rousseau und Pestalozzi gingen im 19. Jahrhundert noch einen Schritt weiter. Sie entdeckten, dass ein Kind kein kleiner Erwachsener sei, sondern dass es im Laufe der Kindheit seine Fähigkeiten und Persönlichkeit erst entwickele. Seine Anlagen müssten durch die Erwachsenen geweckt und gestärkt werden, so die Theorie. Fremdbestimmung durch die Erziehungspersonen sei nur begrenzt nötig.

In den 1950er-Jahren wollte A. S. Neill mit dem Konzept der antiautoritären Erziehung dem puritanisch strengen Großbritannien etwas mehr Lockerheit verpassen. Er öffnete aber dadurch auch all denjenigen Tür und Tor, die zu bequem oder zu wenig durchsetzungsfähig waren, um Kindern gute Grenzen zu setzen, und ihn diesbezüglich missverstanden.

Erziehung heute

In der heutigen westlichen Gesellschaft leben alte wie modernere Erziehungskonzepte nebeneinanderher, da keine kirchliche Doktrin mehr verbindlich vorgibt, was richtig und was falsch ist. Die Eltern sind mit den Erziehungsfragen auf sich selbst gestellt: Soll ein Kind geformt werden oder soll es frei wachsen? Was kann, wenn überhaupt, gezielt erreicht werden? Kann man bestimmte Charakterzüge herbeiführen oder verhindern? Hat man lediglich auf die Werthaltungen eines Kindes Einfluss? Oder gar nur auf die Entwicklung sozialer Kompetenzen? Fragen Eltern wirkliche oder selbst ernannte Experten, bekommen sie darauf sehr unterschiedliche Antworten.

---

3   Die Schulen waren fest in den Händen der Kirche, die auch nicht religiöse Bildungsinhalte vermittelten.

Hinsichtlich der Erziehungsmethoden gibt es wenigstens einen theoretischen Konsens: Belohnen und Loben sind viel effektvoller als Strafen und Schimpfen, Vorbilder sind wirkungsvoller als Reden und Schreien. Heute gilt die Vorbildrolle der Erwachsenen als bedeutendster Faktor bei der Beeinflussung der psychischen Entwicklung von Kindern. Insbesondere der Umgang der Eltern miteinander hat ganz direkte Auswirkungen auf die späteren Partnerschaften der Kinder. Die im Kindesalter erlebten Verhaltensweisen der Eltern werden oft unbewusst übernommen. Sowohl positive als auch negative. Und diese werden dann ebenso unbewusst an die eigenen Kinder weitergegeben. Eltern mit positiven Erinnerungen an ihre Jugend erziehen ihre Kinder unreflektiert mehr oder weniger so, wie es die eigenen Eltern taten. Eher ins Gegenteil verfallen Eltern bei negativen Erinnerungen oder Traumatisierungen. Sie versuchen es dann bei den eigenen Kindern besser, also ganz anders zu machen.

Die erleichternde wie auch ernüchternde Konsequenz daraus ist: Den Haupteinfluss auf die Entwicklung von Kindern haben die Hauptbezugspersonen. Diese können ihr Verhalten allerdings nur in engen Grenzen bewusst beeinflussen, da das Verhalten im Alltag mit Kindern hauptsächlich spontan und somit unbewusst gesteuert ist.

Konflikte um »die richtige Erziehung«

Solange Eltern zusammenleben und sich uneinig sind, welchen Prinzipien sie im Umgang mit ihren Kindern folgen wollen, müssen sie sich immer wieder auseinandersetzen und sich einigen, wann wo was gilt. Sie können sich auch gegenseitig aufzeigen, wann und wo ihre Vorbildrolle nicht die beste ist. Solche Diskussionen sind wertvoll und nötig und bringen beide Elternteile in ihrer Entwicklung weiter.

Wenn Eltern sich trennen, fallen diese Auseinandersetzung und ein entsprechendes Austarieren meist weg. Und jeder Partner ist erleichtert, nun seine eigene Haltung ungestört umsetzen zu kön-

nen. So kommt es fast immer zu Konflikten über Erziehungsthe-
men.

Oft holen sich streitende Eltern fachliche Schützenhilfe für ihre
Überzeugung. Es gibt genügend Ratgeber und man kann anhand
von Artikeln oder Büchern schier jede Erziehungshaltung unter-
mauern. Und diese stärken dann den je eigenen Erziehungsstil. So
kommt es zu einer Polarisierung zwischen den Eltern und gegen-
seitigem Hochschaukeln. Falls die Eskalation ihren Lauf nimmt,
leiden die Kinder sehr darunter.

☞ *Mehr dazu in Kapitel 4, Abschnitt »Sprengstoff Erziehung«*
(S. 260 ff.) und im Abschnitt »Erziehung in der Patchwork-
situation« (S. 272 ff.)

2. Individuelle Ausgangslagen

Da Erfolg oder Misserfolg des Patchworkfamilienlebens wesentlich durch die Persönlichkeit der Beteiligten mit beeinflusst wird, zeigen wir hier die dafür wichtigsten Persönlichkeitsfaktoren auf.

Wir unterscheiden zwei Kategorien von Faktoren: solche, die sich auf das gesamte Sozialleben der Person auswirken, und solche, die vor allem die Zweierbeziehungen beeinflussen.

Selbstwert und seine Komponenten

Selbstwert, Selbstsicherheit und Selbstvertrauen[4] sind Faktoren, die große Auswirkungen auf das Sozialverhalten eines Individuums haben. Ein gutes Selbstwertgefühl entsteht im Laufe des Kindesalters durch positive Zuwendung der Eltern und anderer wichtiger Bezugspersonen. Anerkennung und Wertschätzung sind dabei besonders wichtig. Positive Identifikationsfiguren geben zusätzliche Orientierung. Das Selbstwertgefühl ist im Laufe des Lebens einem Wandel unterworfen. Ob auch eine genetische Komponente mitwirkt, ist umstritten.

Komponenten eines guten Selbstwertes sind: Selbstakzeptanz, Selbstwirksamkeit[5] und Selbstverantwortung. Im Folgenden erläutern wir diese drei Begriffe und zeigen die Folgen für Partnerschaften und Patchworksituationen auf.

---

4 Die drei Begriffe überschneiden sich, sind aber nicht identisch. Für den Gebrauch in diesem Zusammenhang ist eine Unterscheidung allerdings nicht nötig. Im Folgenden werden die Begriffe in derselben Bedeutung verwendet.

5 Der korrekte Begriff in der Fachsprache heißt »Selbstwirksamkeitsüberzeugung«.

Selbstakzeptanz

Selbstakzeptanz bedeutet, sich selbst mit all den eigenen Stärken und Schwächen zu akzeptieren. Dazu ist es nötig, die eigenen geistigen und emotionalen wie auch sozialen Fähigkeiten überhaupt zu kennen.

Zur Selbstakzeptanz gehört auch, den eigenen Körper anzunehmen, wie er ist. Frauen fällt diese Selbstakzeptanz in Bezug auf ihr Aussehen oft sehr schwer, die Männer hadern oft mit ihrem Maß an Kraft und ihrer Größe. Menschen mit mangelnder Selbstakzeptanz tun sehr viel dafür, Bestätigung von außen zu bekommen. Dadurch geraten sie leicht in eine Abhängigkeit vom Gegenüber.

Unabhängig zu sein ist eine wichtige Voraussetzung für die Beteiligten einer Patchworkfamilie, da sie besonders vielen Kommentaren und Bewertungen von außen ausgesetzt sind.

Selbstwirksamkeitserwartung

Selbstwirksamkeitserwartung beschreibt die Überzeugung, dass man mit dem eigenen Handeln Wirkung erzielen kann und die Lebensumstände zu beeinflussen vermag.

Es besteht immer die Möglichkeit, Erfolg sich selbst oder jemand anderem zuzuschreiben (zum Beispiel einem Mitmenschen, dem Zufall oder einer höheren Macht). Da sich die eigentliche Ursache für einen Erfolg nur selten exakt ermitteln lässt, sind das eigene Erleben bzw. die eigene Sichtweise ausschlaggebend dafür, ob man einen Erfolg sich selbst zuschreibt oder nicht.

Eine hohe Selbstwirksamkeitserwartung gewinnt ein Mensch durch drei Einflüsse: (1) durch Erfahrung eigener Erfolgserlebnisse, (2) durch Erleben und Beobachten, wie andere Personen in ähnlicher Lebenslage Erfolg herbeiführen können, und (3) durch Ermutigung, Anerkennung und Lob von außen. Je früher in der Kindheit und je öfter ein Mensch diese drei Erfahrungen macht, umso stärker wird die Selbstwirksamkeitserwartung.

Menschen, die überzeugt sind, ihre Umwelt beeinflussen zu können, führen ein proaktives Leben. Sie gehen davon aus, dass sie Probleme lösen und bei Auseinandersetzungen die eigenen Interessen durchsetzen können.

Wenn jemand eine sehr geringe Selbstwirksamkeitserwartung hat, ordnet er sich unter und hat Mühe, die eigenen Interessen wahrzunehmen. Er tut sich schwer, Entscheidungen alleine zu fällen. Und am Ende fühlt er sich als Opfer.

In Trennungs- und Patchworksituationen packen Menschen mit hoher Selbstwirksamkeitserwartung auftauchende Probleme an und sind davon überzeugt, sie lösen zu können. Auch hier hängt es aber davon ab, welche übrigen Persönlichkeitsfaktoren bei ihnen und bei den übrigen Beteiligten vorhanden sind.

Selbstverantwortung

Selbstverantwortung ist die Bereitschaft und die Fähigkeit, Verantwortung für das eigene Handeln und Nichthandeln zu übernehmen. Bei Interessenkonflikten zwischen zwei Menschen braucht es letztlich auch eine Portion Egoismus, um für sich selber einstehen zu können. Die bis ins 20. Jahrhundert christlich geprägte Moral stand aber jeglichem Egoismus entgegen und verlangte vom Einzelnen, die eigenen Bedürfnisse zugunsten der Nächsten in den Hintergrund zu stellen. Erst ab Mitte des letzten Jahrhunderts kam es zur Legitimierung eines moderaten Egoismus, unter anderem durch den Einfluss des Gedankengutes von Psychoanalyse und Psychotherapie.

Hohe Selbstverantwortung führt dazu, die Verantwortung für das eigene Leben vollständig in die eigenen Hände zu nehmen und entsprechend zu handeln. Menschen mit geringer Selbstverantwortung erleben sich nicht als hauptverantwortlich für ihr eigenes Leben, sondern fühlen sich anderen Menschen oft hilflos ausgeliefert, im Leben benachteiligt oder als Opfer ihres Schicksals. Selbstverständlich gibt es Situationen, in denen Menschen zu Opfern werden, ohne dass sie diese beeinflussen können, etwa Hungersnot, Gefangenschaft, Folter, Vergewaltigung usw. In solchen Fällen von mangelnder Selbstverantwortung zu sprechen wäre zynisch.

Zusammenfassend gilt für einen guten Selbstwert:

Die Auswirkung eines guten Selbstwertgefühls ist vor allem die Fähigkeit der Selbstbehauptung, sich gegenüber anderen Personen positionieren und Stellung beziehen zu können, Konflikte auszutragen statt sich zu schnell oder zu stark anzupassen. Wer über ein gutes Selbstwertgefühl verfügt, führt ein selbstbestimmtes und zielgerichtetes Leben, das zur eigenen Zufriedenheit verläuft. Die Lebensbewältigung wird einfacher. Menschen mit geringem Selbstwertgefühl hingegen hadern mit sich selbst und wirken unsicher.

Nach gescheiterten Beziehungen ist der Selbstwert aufgrund der Verletzungs- und Verlusterlebnisse oft beeinträchtigt. Gelingt es, sich selbst danach wieder anzunehmen – inklusive der eigenen Anteile, die zur Trennung geführt hatten –, kann man anderen Menschen, neuen Partnern und sogar Expartnern wieder toleranter begegnen.

In Trennungs- und Patchworksituationen agieren Menschen mit hohem Selbstwertgefühl zielstrebig und konfliktbereit. Wenn die Mitbetroffenen ebenfalls selbstbewusst sind, kommt es zu konfliktreichen Auseinandersetzungen. Ob diese konstruktiv oder destruktiv enden, hängt wiederum von den übrigen, noch folgenden Persönlichkeitsfaktoren ab.

In der Zweierbeziehung[6] wirksame Persönlichkeitsfaktoren

Ich-Du-Grenze und Selbstdifferenzierung

Um ein gutes Selbstverantwortungsgefühl zu entwickeln, ist es wichtig, sich der Grenze zwischen Ich und Du bewusst zu sein. Das bedeutet, die eigenen Gefühle, Wünsche und Bedürfnisse von denen anderer Personen zu unterscheiden. So einfach das klingt, so schwer fällt diese Unterscheidung manchen Menschen. Denn selbst wenn

6   Gemeint sind nicht nur Liebesbeziehungen, sondern etwa auch die Beziehung zwischen Mutter und Kind.

jemand die Fähigkeit hat, sich selbst wahrzunehmen, muss er diese Wahrnehmung auch noch verarbeiten. Dazu kommt, dass auch die Reaktionen der anderen differenziert gesehen werden müssen: Reagiert dieser aus seiner Geschichte heraus oder aus der aktuellen Beziehung zu mir? Ist meine Interpretation seiner Reaktion wiederum bloß Resultat meiner eigenen Gefühlswelt?

Menschen, die diese Grenze schlecht ziehen können, erkennt man oft schon an der Art, wie sie sprechen. Sie sagen nicht deutlich, welche Anliegen die eigenen und welche diejenigen der Familie, des Partners oder der Eltern sind. »Wir sollten …«, »Es muss …«, »Man kann nicht …« sind Formulierungen, die auf diffuse Grenzen zwischen dem »Ich« und dem »Du« schließen lassen. Die Extremform äußert sich darin, dass zwei Personen (meist Partner oder Mutter und Kind) sich als Einheit verstehen: Sie beenden Sätze füreinander und wechseln fließend von der Ich-Form in die Du-Form.

Wer sich seiner eigenen Grenzen nicht bewusst ist, neigt dazu, andere Menschen zu verletzen oder sich in deren Leben einzumischen. Er ist sich auch seines eigenen Rechts, sich von anderen abzugrenzen, nicht bewusst und lässt sich ausnützen – sei es materiell, seelisch, körperlich oder sexuell. Er kann in Abhängigkeit geraten und sich als Opfer anderer erleben.

Menschen mit einer hohen Selbstdifferenzierungsfähigkeit gelingt es besser, mit Trennungs- und Patchworksituationen klarzukommen. Sie können sich über eigene und fremde Wünsche, Ziele und Bedürfnisse klar werden und in Auseinandersetzung mit dem Partner treten.

Empathie (Einfühlung)

Empathie ist die Fähigkeit, sich in den anderen hineinzuversetzen und seine Gefühle nachempfinden zu können, ohne dasselbe erlebt oder erlitten haben zu müssen. Die neueste neuropsychologische Forschung definiert Empathie als angeboren. Je nach Lebensumständen wird diese Fähigkeit weiterentwickelt und durch günstige Lebensumstände gefördert. Durch ungünstige Einflüsse verkümmert sie. Wem es an Empathiefähigkeit mangelt, gerät eher in Konflikt mit Mitmenschen. Er wird oft als hart, unzugänglich bis unmenschlich wahrgenommen.

Menschen mit besonders ausgeprägten empathischen Fähigkeiten haben bessere persönliche Beziehungen, sind bessere Führungskräfte, können sich selbst und andere stärker motivieren, und sie genießen größeres Vertrauen in ihrer Umwelt. Sie sind fähig, Konflikte konstruktiv zu lösen.

In Trennungs- und Patchworksituationen gelingt es Menschen mit hoher Empathie besser, sich mit dem Expartner zu einigen. Die Gefahr kann aber sein, dass sie sich auf zu rasche Kompromisse zu ihren eigenen Ungunsten einlassen.

Die Auswirkungen individueller Ausgangslagen auf Partnerschaft und Patchwork

Als Therapeuten erleben wir, dass Menschen mit gutem Selbstwert, hoher Selbstwirksamkeitserwartung, hoher Selbstverantwortung, klarer Selbstdifferenzierung und hoher Empathiefähigkeit in Trennungs- und Patchworksituationen rascher zu guten Lösungen gelangen. Natürlich gilt das auch für alle anderen menschlichen Gemeinschaften wie Teams, Schulklassen oder Staaten. Doch auch Menschen, die diese Fähigkeiten nicht genügend entwickeln konnten, haben immer wieder die Chance, diese zu fördern. Das Familien- und Berufsleben bieten viele Gelegenheiten, die genannten Persönlichkeitsfaktoren bei Gesprächen und Konflikten zu optimieren – mit oder ohne Coaching oder Psychotherapie.

Selbstbewusstes, klares Auftreten und Handeln vereinfachen Klärungen, auch wenn dazu Konflikte nötig sind. Wenn die Konfliktparteien das gemeinsame Ziel im Auge behalten und genügend empathisch sind, um das Gegenüber zu respektieren, finden sie rasch eine Lösung, die für beide Parteien akzeptabel ist.

3. Bindungen und Trennungen

Jeder Patchworkfamilie sind eine oder mehrere Trennungen vorausgegangen, Familien wurden aufgelöst. Sowohl die Art und Weise, wie eine Familien gebildet, als auch die, wie sie aufgelöst wird, sind beeinflusst durch Bindungs- und Trennungserfahrungen, die die Betroffenen in ihrer Kindheit und Jugend machten.

Im Folgenden zeigen wir, welche Kindheits- und Jugenderfahrungen spätere Partnerschaften beeinflussen.

Bindungs- und Beziehungsgeschichte

Bindungserfahrung

Die Bindung zur Mutter in der frühen Kindheit ist einer der prägendsten Einflüsse auf die spätere Entwicklung der Persönlichkeit[7]. Diese Beziehung in den ersten Lebensmonaten ist entscheidend dafür, welcher Bindungstyp sich herausbildet. Eine wesentliche Rolle spielt dabei, ob die Mutter für ihr Kind spürbar anwesend ist, wie innig oder nah sie ihren Kontakt zum Kind gestaltet und wie sie auf das Weinen ihres Kindes reagiert. Ihre emotionale Präsenz und die Vorhersehbarkeit ihrer Reaktionen sind für ein Kind notwendig, um Sicherheit und Orientierung im Leben gewinnen zu können.

Die Begründer der Bindungstheorie Mahler (Mahler et al. 1975), Bowlby (1975) und Ainsworth (1995) ermittelten vier Formen von Bindung, indem sie auf die Reaktion verschiedener Kleinkinder achteten, wenn deren Mutter den Raum verließ. Sie wiesen drei

---

7 Hier ist nur von der Mutter-Kind-Beziehung die Rede, weil vor 50 Jahren, als sich die Forschung mit der emotionalen Bindung von Säuglingen und Kleinkindern zu den Betreuungspersonen zu befassen begann, noch kaum Väter in diese Aufgabe eingebunden waren.

Gruppen von Bindungsformen nach, die die Beziehungsgestaltung von Menschen bis ins Erwachsenenalter beeinflussen können.

1. Die meisten Menschen gehören der größten Gruppe mit sicherer frühkindlicher Bindung an. Sie bringen die Voraussetzung für eine stabile und belastungsfähige Partnerschaft mit.
2. Menschen mit einer unsicher-ambivalenten Bindungserfahrung haben in Partnerschaften die Tendenz, sich anzuklammern und sich aus Verlustangst übermäßig an den Partner anzupassen. Dieses Verhalten führt schließlich oft zu Trennungen.
3. Die unsicher-vermeidende Bindung hat zur Folge, dass die Betroffenen ihre Partner als kontrollierend und einengend erleben und sich nicht ganz auf ihre Beziehungen einlassen. Sie beenden ihre Partnerschaften oft abrupt.

Außerdem wird noch eine Gruppe von desorganisierter Bindung beschrieben, die jedoch heterogen und wissenschaftlich umstritten ist. Sie lässt keine Voraussagen über das spätere Verhalten in Partnerschaften zu.

Natürlich bestehen neben den reinen Formen der Bindungstypen auch alle Kombinationen und unterschiedliche Ausprägungsgrade.

Menschen, die nach einer Trennung eine neue Partnerschaft eingehen, landen häufig erneut in ähnlichen Beziehungs- und später auch Trennungsmustern. Von außen gesehen ist oft deutlich sichtbar, dass eine Wiederholung abläuft. Die Beteiligten selber aber übersehen solche Analogien meist, weil sie sich ihrer Bindungsmuster nicht bewusst sind und sich lieber mit den angenehmen Seiten der neuen Liebe auseinandersetzen.

Beziehungsgeschichte

Die Bindungstypen lassen sich auf heutige Kinder nicht mehr eins zu eins anwenden, da diese heute anders aufwachsen als Kinder vor 50 Jahren. Sie haben meist mehr Bezugspersonen: Die Väter sind präsenter, direkt mit ihren Babys und Kleinkindern im Kontakt, und in Kindertagesstätten haben Kinder zusätzliche Betreuungspersonen. Dadurch entstehen vermutlich Mischformen der obigen Bindungstypen. In Bezug auf die spätere Beziehungsgestaltung bleiben die Erfahrungen im Säuglings- und Kleinkindesalter jedoch die prägendsten.

Aber auch spätere Beziehungserfahrungen können die bestehenden Verhaltensmuster noch modifizieren. Dazu gehören intensive Erlebnisse und Erfahrungen in Beziehungen zu Geschwistern und nahen Freunden.

Wollen die Menschen Einfluss auf ihre momentane Partnerschaftsdynamik nehmen, müssen sie sich ihrer frühen, prägenden Erfahrungen und Muster bewusst werden. Sind sie zu dieser manchmal anstrengenden psychischen Arbeit bereit – mit oder ohne therapeutische Hilfe –, kann ihnen eine erwachsene Partnerschaft eher gelingen.

Trennungserfahrungen

Genauso wie die Bindungsgeschichte beeinflussen Trennungserfahrungen die Art und Weise, wie Menschen ihre Beziehungen und Partnerschaften gestalten.

Verlust

Der Tod eines Elternteils im Kindesalter ist immer belastend. Ob er größere psychische Folgen hat, hängt davon ab, wie der verbleibende Elternteil die entstandene Lücke füllen kann und ob das Kind eine Mitschuld zu tragen glaubt. Vor allem nach dem Suizid eines Elternteils, fühlen sich Kinder sehr häufig schuldig. Sie glauben etwa, dass sie nicht folgsam genug waren und deshalb Mutter oder Vater so verzweifelt waren. Wenn ein Kind beim Abschiednehmen gut begleitet wird, sei es mithilfe eines Rituals wie der Beerdigung oder durch ausreichende Gespräche mit Erwachsenen, kann es in der Regel auch loslassen. Manche Kinder ziehen es auch vor, den Verlust alleine zu verarbeiten.

Belastender als der Verlust durch Tod ist es für ein Kind, wenn ein Elternteil plötzlich und ohne für das Kind nachvollziehbare Erklärung aus seinem Leben verschwindet. Dieses Verschwinden kann einerseits krankheits- oder unfallbedingt sein, etwa wenn ein Elternteil in einer Einrichtung für psychisch oder körperlich Behinderte untergebracht wird und die Angehörigen dem Kind den schlimmen Anblick des kranken und veränderten Elternteils ersparen wollen. Oder die Eltern trennen sich unangekündigt und brechen den Kontakt zum Kind ab. Wenn Kinder keine Gelegenheit bekommen, über den verschwundenen Elternteil zu sprechen, bleiben unbeantwortete Fragen im Raum stehen, was zwei mögliche Folgen hat: Das Kind verwendet übermäßig viel seelische Energie mit Grübeln über das Verschwinden des Elternteils, indem es Aussagen und Gerüchte zu interpretieren versucht und Fantasien darüber spinnt, was geschehen sein könnte. Oder es fühlt sich schuldig und verantwortlich, zum Beispiel wegen eines zufällig vorangegangenen Streits. Schlimmstenfalls vermutet das Kind, dass es zu wenig liebenswert sei und deshalb ein Elternteil gegangen sei.

Trennung der Eltern

Weniger schwerwiegend ist es für Kinder, wenn die Eltern sich trennen, aber der Kontakt zu beiden Eltern fortgesetzt wird. Mit dieser Situation lernen sie relativ rasch umzugehen. Belastend ist es für Kinder hingegen, wenn sie in inadäquate Rollen wie jene des Schlichters, des Partnerersatzes oder des Sprachrohrs gedrängt werden.

☛ *Darüber mehr im Abschnitt »Ungünstige elterliche Verhaltensweisen« im Kapitel 4 (S. 266 f.).*

Erwachsene, die selber Scheidungskinder waren, betonen häufig, dass sie ihren eigenen Kindern eine ähnliche Erfahrung ersparen wollen. Was sie als Hauptbelastung erinnern, sind meist die Streitereien der Eltern vor und nach der Trennung und vor allem die Ungewissheit über die Zukunft der Familie.

Ablösung

Eine normale Trennungserfahrung ist die Ablösung von den Eltern in der Jugend. Die pubertäre Abgrenzung ist der wichtigste Entwicklungsschritt von Jugendlichen und eine Vorbereitung auf die Eigenständigkeit. Damit es jungen Menschen gelingt, im Alter zwischen 18 und 25 Jahren auf eigenen Beinen zu stehen, müssen die Eltern ihnen schon viel früher durch genügend Leitplanken Orientierung geben, indem verbindliche Regeln aufgestellt werden. Gleichzeitig müssen sie ihre Kinder ermutigen, eigene Wege zu gehen, etwa bei der Hobby- oder der Berufswahl.

Ablösungsprobleme nehmen ihren Anfang im frühen Kindesalter. Es entwickelt sich bereits früh ein Teufelskreis: Kinder überängstlicher Eltern, die sie nicht ermutigen, wagen zu wenig, bleiben in der Entwicklung stecken und scheitern an normalen Autonomieschritten. Sie haben z. B. Angst, allein in den Kindergarten zu gehen oder später bei Fahrten ins Schullandheim mitzumachen. Dadurch wird das Vertrauen der Eltern in die Selbstständigkeit ihrer Kinder erschüttert und deren Ängstlichkeit nimmt weiter zu.

Frauen, die ohne Ablösungsprozess, ohne Auseinandersetzungen und Tränen direkt aus dem Elternhaus zu einem Mann ziehen, suchen sich oft einen älteren Partner, der Halt und Sicherheit verspricht – er dient als Ersatzvater. Bei Männern, die ihre Ablösung verpasst haben und sich in eine Partnerschaft flüchten, findet man dasselbe Phänomen. Auch sie suchen ältere Partnerinnen. Sie tauschen also eigentlich nur die Personen, von denen sie abhängig sind, aus.

Andere ziehen weit weg von ihren Eltern oder brechen den Kontakt ab. Sie verwechseln Ablösung mit Beziehungsabbruch. Oft denken sie aber täglich mit bitteren Gefühlen an die Eltern, die ihnen nicht gaben, was nötig gewesen wäre. Der Konflikt zwischen den

Generationen ist nicht abgeschlossen, sondern wirkt sich weiter aus, manchmal sogar auf die folgenden Generationen.

Wer sich im Erwachsenenalter weiterhin an die elterlichen Werte anpasst und auch deren Ideale unreflektiert weitergibt, wird den eigenen Kindern nur dann Liebe und Zuwendung schenken, wenn diese sich ebenfalls angepasst verhalten. Daraus lernen die Kinder, dass eine eigene Meinung zu Liebesverlust führt. Auch sie werden als Erwachsene die Konflikte nicht anpacken, sondern mit Überanpassung reagieren. Die Spannung zwischen den Eltern und dem nun erwachsenem Kind ist aber spürbar. Kommt dann ein Partner hinzu, bricht oft doch ein Konflikt aus, weil die Erwartungen der Eltern und die des Partners nicht gleichzeitig erfüllt werden können.

Das Gegenstück sind Eltern-Kind-Beziehungen, die immer von Gleichgültigkeit geprägt waren. Eine Ablösung findet deshalb nicht statt, weil es nie eine intensive Beziehung gegeben hat, aus der man sich lösen könnte. Menschen, die eine solche Art von Beziehung erleben, ziehen meist früh aus dem Elternhaus aus.

Auswirkungen auf die Paarbeziehung

Junge Menschen, die abgelöst sind, laufen kaum Gefahr, sich in ein Abhängigkeitsverhältnis mit dem Partner zu begeben. Abgelöst zu sein bedeutet deshalb, in Partnerschaften trotz guter Bezogenheit unabhängig zu sein.

Hat ein Mensch den Ablösungs- und Eigenständigkeitsprozess jedoch nicht durchlaufen, spielt sich der Konflikt in vielen Fällen statt zwischen ihm und den Eltern später auf der Paarebene ab. Manchmal verschiebt sich der Konflikt sogar auf die Ebene zwischen Schwiegereltern und Schwiegertochter oder -sohn.

Wenn Frau oder Mann oder beide noch sehr an die Eltern gebunden und loyal zu ihnen geblieben sind, kann es auch vorkommen, dass eine Trennung oder Scheidung durch deren Eltern vorangetrieben wird. Der Trennungsprozess findet dann auf der Ebene beider Generationen statt. In solchen Fällen setzen sich Eltern sehr engagiert für eine Trennung ein und lösen einen Dämonisierungsprozess aus. Von Dämonisierungsprozess spricht man, wenn nur noch ein negatives Bild der Person vom Gegenüber verbreitet wird. In diesem Fall also, wenn die Eltern den Schwiegersohn oder die Schwiegertochter verteufeln.

☞ *Mehr dazu im Abschnitt »Umgang mit Expartnern« im Kapitel 7 (S. 324 ff.)*

Die Geschichte kann aber auch anders ausgehen: Die Abhängigkeitsbeziehung eines Partners zu den eigenen Eltern bleibt nach der Heirat derart stark, dass keine Entscheidung ohne die elterliche Meinung möglich ist. Dadurch kann ein Konflikt zwischen Schwiegereltern und Schwiegertochter (bzw. Schwiegereltern und Schwiegersohn) entstehen, bis der Kontakt irgendwann reduziert oder ganz abgebrochen wird. Der Konflikt kann so weit gehen, dass ganze Familien auseinanderbrechen oder die Mitglieder überhaupt nichts mehr miteinander zu tun haben wollen.

Menschen, die eine von Gleichgültigkeit geprägte Beziehung zu Eltern hatten, suchen sich oft Partner aus ähnlichen Verhältnissen. Die Partner klammern sich aneinander und suchen beieinander das, was sie nie bekommen haben: Liebe und Anerkennung. Sie überfordern sich damit gegenseitig und werden oft enttäuscht. Häufig führen diese Probleme dann zur Trennung. Nur jene Paare, die sich durchbeißen, schaffen es, zusammenzubleiben und aneinander zu wachsen.

Empfehlungen zum Umgang mit Eltern und Schwiegereltern

✘ *Wenn Ihre Eltern mit Ihrer Partnerin streiten, dann denken Sie daran, dass es mit Ihnen zu tun hat.*

✘ *Finden Sie heraus, wie Ihre tiefer liegende Haltung dazu ist:*
   ... Sind Sie entlastet, weil Sie nicht selbst Ihre Eltern an der Einmischung in Ihre Partnerschaft hindern müssen?

... Sind Sie dankbar, weil Ihre Eltern Ihrer Partnerin aufzeigen, was sie falsch macht?

✘ *Wenn Sie merken, dass Ihre Schwiegereltern mehr Einfluss auf Ihren Partner haben und wichtiger für ihn sind als Sie selbst, dann nehmen Sie es als Hinweis darauf, dass er noch Ablösungsarbeit zu leisten hat.*

... Halten Sie sich zurück, mischen Sie sich nicht ein, Sie können die Ablösungsarbeit nicht für ihn tun.

... Machen Sie Ihrem Partner klar, dass Sie in seinem Leben an erster Stelle stehen möchten.

... Entscheiden Sie, ob Sie die Partnerschaft mit Einbezug der Schwiegereltern führen wollen oder ob Sie sich sogar trennen müssen.

✘ *Wenn Ihre Eltern in Ihrer Partnerschaft zu sehr mitmischen, haben Sie zwei Möglichkeiten:*

... Entscheiden Sie sich für die Eltern und trennen Sie sich von der Partnerin, vom Partner oder

... machen Sie den Eltern klar, dass es Ihre Sache ist, ob und wie Sie Ihre Partnerschaft führen.

✘ *Helfen Sie den Eltern, deren Eigeninteressen von den Ihrigen zu trennen, etwa wenn diese Sie und die Enkel wieder in der Nähe haben wollen.*

Phasen einer Trennung

Die Fachliteratur unterscheidet vier idealtypische Phasen einer Scheidung: Die Zeit bis zur Entscheidung, sich zu trennen oder zusammenzubleiben, nennt man Ambivalenzphase. Es folgt die Trennungsphase, also die Zeit, in der die Trennung vollzogen wird. Falls das Paar nicht wieder zusammenfindet, kommt es dann zur Scheidungsphase und schließlich zur Nachscheidungsphase (Riehl-Emde 2000). Zwar sind diese Phasen in der Theorie sauber getrennt, in der Praxis jedoch nicht. Die Regel ist vielmehr, dass ein Paar nach einer Krise beschließt, es nochmals zu versuchen, kurz danach wieder aufgibt und sich erneut trennt. Oft durchläuft es diesen Prozess mehrmals.

Im Allgemeinen wird das Leiden von sich trennenden Partnern unterschätzt. »Was jammern die so rum? Die sind ja selber schuld, sie wollten sich ja unbedingt trennen«, kann eine außenstehende Meinung sein. Betroffene sind mit dem Ergebnis ihrer Beziehung selbst nicht zufrieden, wenn es auf eine Trennung hinausläuft. Oft erleben sie sich dabei als fremdbestimmt und fühlen sich als Opfer: ihres Partners, der Umstände, der Schwiegereltern, des Schicksals. Aus ihrer eigenen Sicht hatten sie einfach keine andere Wahl als die Trennung.

Als ob jede Entscheidung auch gleichzeitig glücklich machen würde. Trennungen, auch wenn sie lange herbeigesehnt wurden, gehen immer mit seelischen Schmerzen einher.

Bei Trennungen entsteht fast immer eine Aufteilung in die beiden Rollen »Verlassende« bzw. »Verlassender« und »Verlassene« bzw. »Verlasser«, sowohl subjektiv als auch in der Einschätzung von außen. Bisweilen werden diese Rollen im Laufe der Ambivalenzphase auch getauscht. Dies geschieht, weil beide spüren, dass zwar die Fortsetzung der Partnerschaft, wie sie vor der Krise war, nicht geht, aber der Zeitpunkt fürs Loslassen noch nicht reif ist. Auch wenn die um Klärung ringenden Partner während der Ambivalenzphase nur selten akzeptieren, dass beide zu 50 % für die Krise verantwortlich sind, können sie es Jahre später dann doch meist so sehen.

Wenn sich einer der beiden frühzeitig mit einem neuen Partner einlässt, kann es schwierig werden. Frühzeitig bedeutet, dass die Trennung noch nicht von beiden als definitiv und als gangbare Lösung gesehen wird. Der allein lebende Elternteil fühlt sich durch die neue Liebe des Expartners provoziert, beschämt und verletzt. Er fühlt sich noch überflüssiger als zuvor. Unterschiedliche Reaktionen sind möglich: Kampfansage oder Rückzug. Oder anders gesagt: Entweder beginnt man an der Erziehung, am Lebensstil oder am Charakter des Ex herumzukritisieren, oder man zieht sich beleidigt zurück. Das Grundgefühl dabei ist: »Ich gehöre nicht mehr dazu, werde nicht mehr wahrgenommen und meine Leistung als Elternteil wird nicht gewürdigt.« Manche beschränken sich aus verletzten Gefühlen heraus auf den Pflichtkontakt mit den Kindern oder sagen auch die vereinbarten Umgangszeiten unter billigen Vorwänden ab – nach dem Motto: »Die anderen sollen nur merken, wie wichtig ich war.«

Vor allem Väter, die durch ihre Alimentezahlungen in die Nähe des Existenzminimums (oder darunter) gelangt sind und ihre Kinder nur selten sehen, werden vom Gefühl überwältigt, alles verloren zu haben, gedemütigt und verachtet zu werden. Sie haben – aus ihrer Sicht zu diesem Zeitpunkt – ohnehin schon alles verloren, zuerst die Frau und den Alltag mit den Kindern und nun auch die Vaterrolle. Meist staut sich Wut auf, die von der Mutter als kühle Abweisung missverstanden wird. Umgekehrt kommt die alleinerziehende Mutter oft an die Grenze der Überforderung. Sie ist meist in Geldnot, fühlt sich alleingelassen mit der ganzen Verantwortung für die Kinder und den alltäglichen Sorgen, während sie den Vater als Wochenendpapa erlebt, der nur die schönen Seiten im Leben der Kinder erleben darf. Diese Not kann zu Wut auf den Expartner und einer neuen Eskalationsspirale führen. Dadurch kommen, manchmal erst Jahre nach der Trennung, die alten Konflikte der Expartner in einer Neuauflage wieder zum Vorschein. Frühere Kränkungen und Verletzungen werden wieder freigelegt. Manchmal kommt es zu Konflikten, die noch schlimmer sind als in Zeiten vor der Trennung.

Zum Glück gelingt es jedoch den meisten getrennten Eltern in der Nachscheidungsphase nach ein bis drei Jahren, die Trennung als gemeinsame Entscheidung zu akzeptieren. Sie können sich wieder erinnern, was am Expartner liebenswert war und was dieser mit den Kindern gut machte. Sie respektieren einander und sehen auch die Vorteile ihrer Unterschiedlichkeit, z. B. als Chance für die Kinder, dass diese mit beiden Charakteren und Erziehungsstilen umgehen lernen und davon profitieren können.

4. Kinder und Jugendliche in Trennungs- und Patchworksituationen

Die Lebensaufgabe eines Kindes besteht darin, die Welt zu entdecken und herauszufinden, wann und wie es Einfluss auf seine Umgebung nehmen kann. Es testet die eigenen Fähigkeiten und Grenzen, wann immer sich ihm eine Gelegenheit bietet. Gleichzeitig lotet es die Grenzen der Umgebung aus: Was lässt man mich machen und was wird mir verwehrt?

Daraus leiten sich die Aufgaben als Mutter, Vater, Stiefmutter oder Stiefvater ab. Sie unterstützen das Kind bei seiner Aufgabe – mit einer adäquaten Umgebung, angemessenem Spielzeug und einem sinnvollen Lernumfeld. Das Kind spürt, dass es geliebt und in seiner Neugier und seinem Lerneifer bestärkt wird. Gerade weil es selbst seinen Aktionsradius ständig vergrößert und immer wieder andere Tätigkeiten und Verhaltensweisen ausprobiert, braucht es einen Rahmen, der ein Maximum an Konstanz und Sicherheit bietet. Fällt davon etwas weg, stagniert die Autonomieentwicklung. Die Trennung der Eltern bedeutet für Kinder eine große Verunsicherung. Schon eine Vorahnung führt dazu, dass seinem Grundbedürfnis nach Sicherheit nicht mehr entsprochen wird. In der turbulenten Trennungszeit gilt es also, den Kindern so viel Sicherheit wie möglich zu vermitteln. Wie Eltern das schaffen, erläutern wir in den folgenden Kapiteln.

Kinder in Trennungssituationen

Jeder Patchworksituation geht mindestens eine Trennung voraus. Die Trennung der Eltern bedeutet für jedes Kind eine große Belastung. Wenn Eltern aber gewisse Grundsätze beachten, können sie die Belastung gering halten.

Information der Kinder

Meist spüren die Kinder dass die elterliche Beziehung brüchig wird – oft, bevor es die Eltern selbst realisieren. Kinder, die wegen plötzlich auftretender Ängste zu uns zur Therapie gebracht werden, führen uns dann auf die richtige Fährte, nämlich die Eltern auf Trennungsgedanken anzusprechen. Sehr häufig gesteht dann Vater oder Mutter ein, Flucht- oder Trennungsfantasien oder gar konkrete Scheidungspläne zu haben. Solange unsicher ist, ob sich die Eltern trennen oder nicht, also während der elterlichen Ambivalenzphase, brauchen die Kinder trotz dicker Luft oder Streits dringend die Gewissheit, dass die Liebe ihrer Eltern garantiert ist und die Betreuung trotz aller Turbulenzen gewährleistet ist.

Nach der Trennungsentscheidung müssen die Eltern ihre Kinder so schnell wie möglich informieren. Und zwar gemeinsam. Wenn die Spannung zwischen den Eltern groß ist, wird ein gemeinsames Gespräch zu einer großen Herausforderung. Wenn die Kinder aber von beiden Elternteilen separat informiert werden, bekommen sie zwei unterschiedliche Darstellungen. Sie vernehmen dann die Botschaft: »Die Mutterwelt und die Vaterwelt passen nicht mehr zusammen, du musst sie sorgfältig auseinanderhalten.« Die Kinder laufen so Gefahr, zwischen die Fronten zu geraten und in eine Schlichterrolle zu schlüpfen. Eine solche Rolle ist für Kinder sehr belastend, da sie das Gefühl haben, an Frieden oder Unfrieden ihrer Eltern wesentlich beteiligt zu sein.

Wie ein solches Gespräch geführt wird, hängt vom Alter der Kinder und der konkreten Situation ab. Mit Beispielen aus dem nahen Freundeskreis wird erklärt, was auf die Kinder zukommt. Häufig schämen sich diese und wollen niemanden aus dem Umfeld einweihen. Denn Trennung und Scheidung gelten immer noch als Versagen. Dennoch müssen die Eltern den Kindern zumuten, dass die Lehrer und engsten Bezugspersonen informiert werden. Sonst kommt es z. B. bei Lehrergesprächen oder in der Verwandtschaft zu schwierigen Situationen.

Empfehlungen für ein Gespräch mit den Kindern über die bevorstehende Trennung

✘ *Führen Sie gemeinsam das Gespräch über Ihre Trennungsabsichten, solange Sie noch zusammenwohnen. Es ist dann einfacher zu verdeutlichen, dass Sie die Entscheidung gemeinsam getroffen haben.*

✘ *Vermitteln Sie Ihren Kindern folgende Botschaften:*
  ... Unsere Trennung hat nichts mit euch Kindern zu tun. Das ist Erwachsenensache und liegt allein in unserer Verantwortung. Wir beide wollen es so.
  ... Unser beider Liebe zu euch bleibt auch nach der Trennung weiter bestehen.
  ... Wir werden dafür sorgen, dass wir beide den Kontakt zu euch aufrechterhalten. Wir beide werden regelmäßig für euch Kinder da sein.

✘ *Information von Außenstehenden über die Trennung:*
  ... Beziehen Sie die Kinder in den Entscheidungsprozess ein, indem Sie deren Bedürfnisse und Befürchtungen erfragen. Besonders für ältere Kinder kann es wichtig sein, jemanden selber informieren zu können.
  ... Sie tragen aber letztlich die Verantwortung. Klären Sie also möglichst konkret, wer wann von wem informiert wird.

Reaktion der Kinder

In der Regel kündigt sich eine Trennung schon lange vor der Entscheidung an. Streitereien, eisiges Schweigen, steife Gespräche oder Übernachtungen auf dem Sofa lassen sich vor Kindern kaum verbergen. Deshalb rechnen sie oft bereits seit längerer Zeit mit der Trennung und sind wenig überrascht, wenn ihnen die Eltern diese Ahnung dann bestätigen. Die unmittelbare Reaktion fällt deshalb oft moderater aus als befürchtet. Manche Kinder reagieren sogar erleichtert, weil sie hoffen, es gebe in Zukunft weniger Streit. Traurigkeit und Unsicherheit darüber, wie es weitergehen kann, erfasst diese Kinder aber mit Sicherheit später auch.

Wenn die Trennung für die Kinder aus heiterem Himmel kommt, sind die Reaktionen meist heftig: tagelanger Rückzug, Parteinahme für den vermeintlich unschuldigen Elternteil und Wut auf den anderen. Auch die Aussage »Ich komme dich nie besuchen« fällt zuweilen – wird aber fast immer wieder rückgängig gemacht.

Bei kleineren Kindern schwingt immer die Angst mit, einen Elternteil zu verlieren. Falls eine Außenbeziehung besteht und bereits vom neuen Partner gesprochen wird, kann die Angst noch größer sein, nämlich beide Elternteile zu verlieren (»Papa zieht aus und Mama geht zum Freund«). Je plötzlicher die Trennung für das Kind passiert, desto größer sind in der Regel seine Ängste.

Wenn Kinder sich in der Trennungskrise zurückziehen oder verstummen, weisen sie die Umgebung darauf hin, dass sie Gefühle und Gedanken haben, die sie nicht zu teilen wagen. Kinder sind sehr rücksichtsvoll und wollen die Eltern nicht zusätzlich belasten. Ihre größte Befürchtung ist, dass sie den Konflikt zwischen den Eltern vergrößern. Denn Kinder neigen dazu, Verantwortung und Schuld auf sich zu nehmen. So kann die Erinnerung an einen Streit mit einem Elternteil kurz vor der ehelichen Krise Fantasien auslösen wie: »Ich bin schuld an der Trennung.«

Kinder spüren genau, wie es ihren Eltern geht. Schlimmstenfalls rücken Kinder nach der Trennung der Eltern in die Liebeslücke des fehlenden Partners, weil sie merken, wie traurig Mutter oder Vater ist. Dann laufen sie Gefahr, sich für den bedürftigen Elternteil verantwortlich zu fühlen. Solche Gefühle und Gedanken können nur zutage gefördert werden, wenn die Eltern mit ihren Kindern immer wieder reden und sie auf die neue Familiensituation und die daraus resultierenden Probleme ansprechen.

Kinder versuchen fast immer, die Eltern wieder zusammenzubringen. Es gibt Kinder, die mit eigenen Problemen die Energie der Eltern auf ein neues gemeinsames Ziel zu fokussieren versuchen: So müssen Eltern wegen Schulproblemen zum Beispiel gemeinsam zum Elterngespräch. Oder psychosomatische Störungen wie Schlafprobleme oder unklare Bauchschmerzen führen gemeinsam zum Arzt oder ins Krankenhaus. Sogar Jahre nach einer Scheidung oder Trennung versuchen manche Kinder, die Beziehung ihrer Eltern wieder zu kitten. Mit Bitten, Beschwörungen, Drohungen oder mit unbewussten Manövern wollen sie die Trennung rückgängig machen.

Empfehlungen für die Zeit in der Trennungsphase

✘ *Reden Sie mit Ihren Kindern in der Trennungsphase darüber, wie es ihnen damit ergeht. Wenn Ihr Kind oder Jugendlicher mit Ihnen nicht reden mag, überlegen Sie, ob eine Patentante, Freundin oder auch eine Fachperson das Gespräch mit dem Kind suchen sollte, damit dieses seine belastenden Gedanken teilen kann. So kann die erwachsene Bezugsperson das Kind auch von allfälligem Verantwortungsgefühl befreien.*

✘ *Wenn Ihnen in Trennungszeiten nicht klar ist, ob bestimmte Symptome eines Kindes mit der Situation zu tun haben oder ob sie Zeichen anderer Probleme sein könnten, holen Sie sich fachliche Hilfe.*

Besuchsrecht, Umgang und Übergabe[8]

Kinder brauchen nach einer Trennung ein Maximum an Sicherheit und deshalb so schnell wie möglich regelmäßige und verbindliche Umgangszeiten.

---

8 Wir verwenden den in Deutschland gebräuchlichen Begriff »Besuchsrecht«, manchmal auch »Umgang« statt des schweizerischen Begriffs »Besuch«.

Empfehlungen für die Gestaltung des Besuchsrechts[9]

✗ Säuglinge und Kleinkinder brauchen häufigere, dafür kürzere Kontakte mit dem getrennt lebenden Elternteil.

✗ Lassen Sie Jugendlichen ein Mitgestaltungsrecht.

✗ Je intensiver die Beziehung zum Vater war, umso wichtiger ist genügend gemeinsame Zeit mit ihm.

✗ Achten Sie darauf, dass Übergabe und Besuchszeit die musischen und sportlichen Aktivitäten des Kindes nicht einschränken.

✗ Planen Sie die Zeiten möglichst berechenbar (z.B. alle zwei Wochen) und gestalten Sie einen altersadäquaten Plan, an dem die Kinder die Umgangszeiten ablesen können.

✗ Planen Sie die Umgangszeiten so fix wie möglich. Jede Unklarheit kann zu neuen Konflikten führen.

✗ Vereinbaren Sie, wie Sie mit kurzfristigen Änderungsvorschlägen umgehen wollen.

Wenn ein Elternteil ein geplantes Umgangswochenende nicht einhalten kann und Sie sich als Eltern einig sind, können Sie die Kontakte auch einmal kurzfristig ändern.

Dabei müssen Sie natürlich darauf achten, dass die kurzfristigen Änderungswünsche auf Dauer gesehen gerecht unter Ihnen verteilt sind und die Regelmäßigkeit des geplanten Umgangs nicht völlig aufgehoben wird.

Eine flexible Gestaltung der Besuchszeiten hat sowohl Vor- als auch Nachteile:

9 Um unnötig komplizierte Formulierungen zu vermeiden, gehen wir davon aus, dass die Kinder bei der Mutter leben und den Vater an Wochenenden sehen. Dies entspricht dem statistischen Regelfall. Die Umkehrung gilt genauso.

1. Vorteile:[10]

- *Wenn jemand von Ihnen einmal kurzfristig abwesend sein muss, können Sie gegenseitig einspringen.*
- *Die Kinder haben mehr Gelegenheit, auch außerhalb der festgelegten Umgangszeiten bei bestimmten Anlässen zum getrennt lebenden Elternteil zu gehen.*
- *Ältere Kinder und Jugendliche können wichtige kulturelle und sportliche Anlässe im gewohnten Umfeld wahrnehmen, ohne Rücksicht auf die Umgangszeiten nehmen zu müssen. Das Wochenende beim Vater können sie später nachholen.*
- *Die Jugendlichen können Verabredungen mit Freunden selbstständig treffen.*

2. Nachteile und Gefahren:

- *Wenn es häufige Änderungen gibt, kann das Kind seine Kontakte zum Vater weniger voraussehen und fühlt sich eher verunsichert.*
- *Insgesamt gibt es für alle Beteiligten mehr Unruhe und Planungsaufwand.*
- *Bei größeren Kindern und Jugendlichen besteht das Risiko, dass sie anfangen, selber zu bestimmen, wann sie zum Vater gehen, und dies immer dann tun, wenn sie mit der Mutter Konflikte haben (und umgekehrt).*
- *Jugendliche können sich unkontrollierbare Freiräume erschleichen, indem sie der Mutter sagen, sie seien beim Vater, und umgekehrt.*

Besonders wichtig ist es, die Übergabe zu regeln. Die Art und Weise, wie der eine Elternteil die Kinder dem anderen übergibt, wirkt sich stark auf den psychischen Zustand der Kinder aus. Sie sind entlastet, wenn sie spüren dürfen, dass ihre Eltern noch miteinander reden und kooperieren, wenn es darum geht, ihre Rolle als Eltern gemeinsam wahrzunehmen. Allein schon, wenn die Eltern über ei-

---

10 beschrieben für den Fall, wenn die Kinder bei der Mutter leben

nen bevorstehenden Schulbesuch reden, ist das Kind erleichtert darüber, dass die Eltern solche Belange unter sich klären.

Fehlt der Informationsaustausch zwischen den Eltern ganz, weil die Stimmung zwischen ihnen zu angespannt ist, werden die Kinder zu »Postboten« und stellen sich Fragen wie: »Was darf Papa über das Leben bei Mama wissen? Was muss ich ihm mitteilen, was verheimlichen? Wie soll ich der Mama etwas Wichtiges über Papa sagen, ohne dass sie ausflippt?«

Wenn die Kinder erleben, dass die Dinge, die sie mit ihrem Papa erleben, von ihrer Mutter als negativ oder wertlos abgetan werden, geraten sie in ein Dilemma: Stimmen sie ihrer Mutter zu bzw. widersprechen sie ihr nicht, kommen Schuldgefühle dem Vater gegenüber auf, da sie ihn dadurch verraten. Nehmen sie ihn in Schutz, riskieren sie die Ablehnung der Mutter. Sie kommen unter Druck, ihre Liebe nur dem einen oder dem andern Elternteil schenken zu können, obwohl sie beide behalten und beide lieben dürfen wollen.

Die meisten Kinder in solch angespannter Atmosphäre erzählen nach Kontaktwochenenden oder Urlaub mit dem Vater ihrer Mutter nichts mehr und umgekehrt. Sie versuchen, die beiden Welten voneinander getrennt zu halten – und haben den Konflikt ihrer Eltern dann in der eigenen Seele vergraben. Dass das nicht gesund ist, liegt auf der Hand. Spontaneität und Unbekümmertheit gehen verloren.

Die Umstellung vom Leben bei einem Elternteil zum Leben beim anderen ist eine große emotionale Leistung, die Kinder vollbringen müssen. Z.B. haben sich die Kinder am Wochenende auf den Vater eingestellt und sich an dessen Lebensform angepasst. Manchmal kommen sie dann schlecht gelaunt, übermüdet oder aggressiv von einem Vater-Wochenende nach Hause zurück. Dies ist nicht auf dessen schlechte Betreuung zurückzuführen, sondern auf die Anstrengung, die es bedeutet, sich nach ein oder zwei Tagen wieder zurück auf das »System Mutter« umzustellen.

Empfehlungen für eine gute Übergabe der Kinder

✘ Je jünger die Kinder sind, umso wichtiger ist eine Von-Hand-zu-Hand-Übergabe. Jugendliche ziehen es jedoch oft vor, alleine zum anderen Elternteil zu gehen oder zu reisen. Sie sind froh über eine Zeitspanne zwischen den Welten, in der sie sich umstellen können.

✘ Kontaktieren Sie als außerhalb der Familie lebender Elternteil Ihr Kind einige Tage vor dem geplanten Besuchswochenende, um Pläne für die gemeinsame Zeit zu schmieden.

✘ Tauschen Sie sich als Eltern über diese Pläne aus, besprechen Sie, was an Kleidern und Sportausrüstung benötigt wird und ob eventuell schulische Pflichten anstehen.

✘ Ist die Stimmung zwischen Ihnen zu angespannt und selbst ein Telefonat zu schwierig, schreiben Sie auf jeden Fall eine Mail über den Zustand Ihrer Kinder sowie über deren besondere Leistungen oder Rückschläge.

✘ Sprechen Sie anstehende Entscheidungen an, die die Kinder betreffen (Ferienplanung, Geburtstag, größere Anschaffung oder Sportkurs), und vereinbaren Sie, wann Sie sich Zeit nehmen für eine ausführliche Besprechung. Dies erleichtert die Kinder, da sie sich nicht vermittelnd einschalten müssen.

✘ Lassen Sie sich von Ihren Kindern erzählen, was sie erlebt haben, und hören Sie ihnen einfach zu. Wenn Ihnen etwas an den Aktionen beim anderen Elternteil nicht gefällt, dann klären Sie das direkt mit Ihrem Expartner.

✘ Geben Sie Ihren Kindern Zeit, sich vom einen Elternteil und dessen System auf den anderen einzustellen, und würdigen Sie die Leistung, die Ihre Kinder regelmäßig bringen.

✘ Helfen Sie Ihrem Kind bei der Umstellung, indem Sie Übergangsrituale einführen: Sie können zum Beispiel die Kinder auf der Autofahrt nach Hause die Unterschiede zwischen den beiden Welten aufzählen lassen. Grundvoraussetzung dafür ist, dass Sie selbst Respekt vor dem anderen Elternteil haben und zeigen.

Beziehungswandel zu Eltern und Geschwistern

Nach einer Trennung verändern sich die Beziehungen zwischen allen Familienmitgliedern. Jeder muss lernen, sich in diesem neuen Beziehungsgeflecht zurechtzufinden.

Bleiben die Kinder bei der Mutter, ist die Beziehung zu ihr einem geringen Wandel unterworfen. Die meisten Kinder sind schon vorher weitgehend auf sie bezogen. Wenn die Mutter nach der Trennung einen Prozess der Selbstfindung durchmacht, wird sich die Beziehung zwischen ihr und den Kindern aber auch verändern.

Markanter verändert sich die Beziehung zum Vater. Wenn dieser während des gemeinsamen Familienlebens eher im Hintergrund stand, ist es für ihn erst einmal ungewohnt oder stressig, allein für die Kinder verantwortlich zu sein. Er muss lernen, zu trösten, zu schlichten, zu unterstützen und Grenzen zu setzen. Väter erkennen den Wert einer emotionalen Nähe zu ihren Kindern oft erst nach einer Trennung. Und für die Kinder ist diese neue Beziehung zum Vater wie eine Entdeckungsreise. Sie merken, dass auch er einfühlend sein kann, sie probieren aus, wie und wann man ihn um den Finger wickeln kann. Dass die Vaterbeziehung neu definiert wird, ist ein Gewinn für die Kinder und für den Vater.

Zwischen den Geschwistern ist meist eine Intensivierung der Beziehung zu beobachten. Sie halten zusammen und sorgen sich mehr umeinander. Falls die Konflikte zwischen ihnen jedoch zunehmen, ist die wahrscheinlichste Erklärung, dass sie ihre Loyalitäten auf die Eltern aufgeteilt haben und nun den elterlichen Konflikt abbilden und stellvertretend austragen.

Sprengstoff Erziehung

Im Gegensatz zu kinderlosen Paaren sind Eltern, die sich trennen, lebenslänglich aneinander gebunden, da sie die Kindererziehung weiterhin gemeinsam bewältigen müssen. Sämtliche Themen, über die sie sich nicht einig werden, bleiben Sprengstoff, der jederzeit hochgehen kann.

Im Abschnitt »*Die Vielfalt von Erziehungsvorstellungen*« im Kapitel 1 (S. 230 ff.) wurde bereits auf die Vielfalt der heutigen Erziehungsstile hingewiesen. Für Kinder getrennter Eltern ist es weniger entscheidend, welchen Erziehungsstil sie genießen, als dass die Eltern diesbezügliche Konflikte klären, statt ständig im Hintergrund schwelen zu lassen.

Erziehungsprinzipien

Eltern, die sich krampfhaft bemühen, irgendeinem Ratgeber zu folgen, der womöglich gar nicht zur eigenen Haltung passt, scheitern fast immer in ihren Bemühungen. Die Persönlichkeit von Eltern ist ein Faktum, über das nicht mit Empfehlungen hinweggegangen werden kann. Die Veränderung der Erziehungshaltung ist ein Prozess, den jede und jeder durchmacht während der aktiven Auseinandersetzung mit den Kindern und dem Partner. Dieser Prozess kann durch zusätzliche Beratung, Ratgeber oder Kurse unterstützt werden.

Der Erziehungsstil muss auch immer der Persönlichkeit und den Fähigkeiten des Kindes entsprechen. Doch in der Extremvariante kann jeder Erziehungsstil schädigend sein: Zu autoritäre Erziehung führt zu eingeschüchterten ängstlichen Menschen, völlig antiautoritäre Erziehung kann die Folge haben, dass die späteren Jugendlichen sich nicht an gesellschaftliche Normen anpassen können. Ein kooperativer oder demokratischer Erziehungsstil kann eine Überforderung darstellen. Doch jede dieser Varianten kann in besonderen Situationen auch einmal nötig sein, um eine Fehlentwicklung zu korrigieren.

Immerhin besteht bei jedem einseitigen Erziehungsstil die Chance eines Ausgleichs durch andere Erwachsene. Dies kann der zweite Elternteil, können Lehrkräfte, Tanten oder Onkel oder ältere Freunde sein, die spüren, was dem Kind oder dem Jugendlichen guttut, und für einen Ausgleich sorgen. So kann das Kind eine insgesamt ausgewogene Erziehung genießen.

Erziehung kann nie perfekt sein. Fehlentscheidungen und Ausrutscher gehören dazu. Wenn man als Eltern dazu steht, ein eigenes Prinzip unterlaufen zu haben, kann man mit dem Kind oder Jugendlichen darüber lachen und es ist vergessen.

Auch gesellschaftlich findet ein Wandel bezüglich der Erziehungshaltungen statt. Vor wenigen Jahren sprach man noch von »elterlicher Gewalt«. Heute vermeidet man das Wort »Gewalt« tunlichst, um nicht unnötigen Machtmissbrauch im familiären Alltag zu fördern. Trotzdem: Die Machtverhältnisse zwischen Eltern und Kinder sind faktisch da. Klein- und Schulkinder akzeptieren Macht von Erwachsenen grundsätzlich, denn sie wissen um ihre eigene Abhängigkeit. Kinder brauchen Orientierung und Leitplanken von den Eltern. Aber sie spüren auch, wenn die Eltern ihre Macht dazu benutzen, um ihre eigenen Bedürfnisse und Wünsche durchzusetzen oder sie sogar sadistisch einsetzen.

Elterliche Konflikte über Erziehung

Eltern verlieren in Konfliktsituationen oft das Augenmaß: Jeder Elternteil besteht darauf, zu wissen, was für die Kinder gut ist und was ihnen schadet. Vor allem der hauptverantwortliche Elternteil versucht, mit mehr oder weniger ultimativen Forderungen, Vorschriften oder Empfehlungen den Expartner zu beeinflussen. Oder sie schaukeln sich gegenseitig hoch: Je mehr der Vater auf Ordnung achtet, umso mehr lässt die Mutter alle fünf gerade sein.

Unterschiedliche pädagogische Konzepte sind für Eltern in Trennung eine Herausforderung, die aber lösbar ist. Es kann nicht erwartet werden, dass der Vater die Erziehungsmethoden der Mutter übernimmt oder umgekehrt. Den goldenen Mittelweg zu finden ist bei verhärteten Elternbeziehungen meist unmöglich. Selbst wenn getrennt lebende Eltern von sich aus oder behördlich angeordnet mit dem Anliegen »sich auf eine gemeinsame erzieherische Haltung zu einigen« in die Mediation oder Therapie gelangen, ist dieses Ziel meist utopisch.

Die einzige Lösung ist deshalb, die Schnittstellen und Übergänge vom einen zum anderen Erziehenden klar und eindeutig zu gestalten. Die Eltern müssen absprechen, wann die mütterlichen und wann die väterlichen Regeln gelten. Und dann und wann muss einer der Elternteile über den eigenen Schatten springen und vom Partner etwas übernehmen oder lernen.

Die Kinder halten die Unterschiedlichkeit der elterlichen Erziehungsstile gut aus. Wenn aber Eltern im Konflikt den Kindern suggerieren, der Expartner mache es falsch, dann geraten diese in einen Loyalitätskonflikt.

Erziehungsstil des Expartners akzeptieren

Meist sind es die Mütter, die lernen müssen, dass ihr Einfluss auf die Kinder dann aufhört, wenn diese beim Vater sind. Für manche ist es schwierig, die andere Erziehungswelt als ausreichend gut oder zumindest als nicht schädigend zu respektieren.

Eine häufige Kritik der Mütter lautet: »Die Kinder kommen übermüdet, nicht sauber und hungrig zurück«, oder: »Die Kinder hätten lernen müssen und haben stattdessen zu viel ferngesehen oder zu viel Zeit am Computer verbracht.« Es ist zwar sehr verständlich, dass die Mutter sich darüber ärgert, dass der Vater ihre mühsam durchgesetzten Regeln unterläuft. Aber der intensivere Medienkonsum an sich ist für die Kinder nicht schädigend, zumal in den nächsten zwei Wochen ja wieder andere Regeln gelten.

Väter befinden sich meist in der Lage, dass sie deutlich weniger gemeinsame Zeit mit den Kindern verbringen als die Mütter. Sie müssen erst einmal lernen, diese Asymmetrie zu akzeptieren. Sie stehen unter dem selbst gemachten Druck, ganz viel Schönes und Spannendes mit den Kindern erleben zu müssen, um die vergangenen zwei Wochen zu kompensieren. Sie glauben, sich der Liebe der Kinder versichern zu müssen, indem sie nur deren Lieblingsbeschäftigungen planen. Wenn Väter lernen, ihre Angst vor Liebesverlust der Kinder zu bewältigen, laufen sie weniger Gefahr, »Event-Papa« zu werden, und können auch mal ganz entspannte, alltägliche Zeiten am Wochenende genießen. Falls die Wohnorte von Vater und Mutter nahe genug beieinanderliegen, kommt auch ein normaler Schul- und Arbeitstag als zusätzlicher Vaterbesuchstag infrage, um die Asymmetrie zwischen Event-Papi und Alltags-Mama etwas auszugleichen.

Kommen Stiefmütter oder -väter dazu, ist häufiger eine Entspannung, gelegentlich aber eine Verschärfung der Konflikte die Folge. Besonders bei den Vätern können Rivalitätsgefühle auftreten, verbringt ja nun der Stiefvater viel mehr Zeit mit den eigenen Kindern als er selbst. Ein neuer Partner kann sich dabei sowohl vermittelnd zwischen die Expartner stellen als auch stellvertretend den Kampf gegen den Rivalen/die Rivalin aufnehmen.

☛ Mehr dazu im Kapitel 6 in den Abschnitten »Gesellschaftliche Rollenerwartungen« (S. 301 ff.) und »Chancen für Stiefeltern« (S. 315 ff.) und im Abschnitt »Umgang mit Expartnern« im Kapitel 7 (S. 324 ff.).

Im Laufe der Zeit gelingt es den Expartnern meist, ein Grundvertrauen aufzubauen nach dem Motto: »Der andere macht es schon irgendwie richtig und bringt die Kinder nicht in Gefahr.« Schaffen sie es nicht, sich diese Haltung anzueignen, und geraten sie auch nach Jahren immer wieder in massive Konflikte wegen erzieherischer Uneinigkeiten, ist eine professionelle Beratung notwendig.

Gefährdung der Kinder erkennen

Wenn Mütter oder Väter sich Sorgen darüber machen, die Kinder könnten beim anderen Elternteil gefährdet sein, ist abzuklären, ob eine wirkliche Gefährdung besteht. Eine solche Klärung ist zum Beispiel nötig, wenn die Kinder erzählen, der Vater oder die Mutter habe getrunken und sei dann mit ihnen Auto gefahren. Oder sie seien den ganzen Abend alleine gelassen worden. Oder sie seien geschlagen, eingesperrt oder anderswie gezüchtigt worden. Und selbstverständlich, wenn ernsthafte Hinweise auf sexuelle Ausbeutung bestehen. In solchen Fällen ist fachliche oder behördliche Unterstützung unabdingbar.

Es gilt zu unterscheiden zwischen den oben genannten krassen Fehlverhalten und »normalen« Ausrutschern, wie etwa einmal die Kinder anschreien. Wo aber liegt das Mittelmaß? Ab wann ist ein Elternteil übervorsichtig bis bösartig kontrollierend und wann hat er zu Recht ein mulmiges Gefühl, wenn die Kinder zum Expartner gehen?

Manchmal erleben Angehörige oder Außenstehende, dass die Kinder durch die Trennung und die daraus folgenden Umstände so sehr leiden, dass sie gefährdet sind. Die Entscheidung, wann offizielle Stellen informiert werden müssen, um in das Familiengeschehen einzugreifen, ist besonders delikat, weil ja die Informationen über das elterliche Verhalten fast immer auf Schilderungen der Kinder beruhen. Und Kinder können beim Erzählen das Erlebte entsprechend färben oder gar erfundene Geschichten auftischen. Das ist je nach Alter und Gefühlslage sehr verständlich und als Hilferuf zu verstehen. Im Normalfall wollen die Kinder damit die Umgebung auf ihre Not aufmerksam machen. Diese muss aber nicht zwingend im Fehlverhalten des einen Elternteils begründet sein. Meistens ertragen sie einfach die Spannung zwischen den Eltern nicht. Konnten sie bereits in der Vergangenheit Erleichterung erzielen, wenn sie eine Situation dramatisierten, so wenden sie diese Strategie erneut an. Wenn Eltern gar keinen Kontakt mehr pflegen, greifen Kinder manchmal sogar zur scheinbar paradoxen Strategie, die Eltern gegeneinander auszuspielen. Damit erreichen sie meist, dass der eine Elternteil mit dem anderen wieder in Kontakt tritt, indem er ihn wutentbrannt zur Rede stellt.

Einem Hinweis auf Gefährdung der Kinder muss selbstverständlich nachgegangen werden.

Eine außenstehende Fachperson kann im gemeinsamen Gespräch nüchterner abschätzen als die am Geschehen Beteiligten, ob eine ernsthafte Gefahr besteht, ob der sich sorgende Elternteil überkontrollierend ist und lernen muss, loszulassen, oder ob er dem anderen aus Rachegefühlen eins auswischen will. Es hängt auch vom Alter der Kinder und der Konfliktdynamik zwischen den Eltern ab, welche Maßnahmen und Hilfestellungen dann notwendig sind.

Anzeichen dafür, dass die Entwicklung der Kinder gefährdet ist, sind folgende:

Wenn ...
- *... der elterliche Krieg seit mehr als drei Jahren andauert.*
- *... eines der Kinder sich weigert, mit dem anderen Elternteil Zeit zu verbringen.*
- *... ein Kind massiv gegen den Haupterziehungsberechtigten opponiert.*

Ungünstige elterliche Verhaltensweisen

Im Folgenden zeigen wir Situationen auf, die für die Kinder nachhaltig traumatisch sind und zu psychischen Störungen führen, wenn sie länger anhalten:

- **Kinder als Klagemauer** *Ein Elternteil, der stark unter der Trennung leidet, neigt dazu, dies den Kindern zu zeigen. Dauerhaft hören zu müssen, dass die Mama wegen des Papas oder der Papa wegen der Mama so traurig ist, belastet die Kinder stark und bindet zu viel kindliche Energie.*

- **Anschuldigungen** *Kinder, die sich Anschuldigungen über den anderen Elternteil anhören müssen, kommen in innere Bedrängnis, da sie beide lieben. Sie wissen nicht, wie reagieren: Weghören oder den anderen Elternteil verteidigen? Nur die wenigsten wagen es, zu sagen:* »*Ich will nicht, dass du über Mama (oder Papa) schimpfst.*«

- **Instrumentalisierung** *Kinder, die im elterlichen Krieg nachrichtendienstliche Aufträge erhalten (z. B den anderen Elternteil ausspionieren, Bankbelege suchen, über die Anwesenheit des neuen Partners Buch führen), fühlen sich wichtig und mächtig. Aber gleichzeitig spüren sie, dass sie einem Elternteil etwas Schlechtes antun, und kommen dadurch in einen seelischen Konflikt.*

- **Geheimnisse** *Ein Elternteil verlangt vom Kind, Geheimnisse vor dem andern zu haben. Dadurch entstehen Loyalitätskonflikte.*

- **Projektion** *Manchmal meinen Eltern, bei ihren Kindern Bedürfnisse festzustellen, die bei näherem Hinsehen ihre eigenen sind. Zum Beispiel meint ein Vater, dass sein Kind nach der Trennung immer neben ihm im Bett schlafen möchte, aber eigentlich ist es sein eigenes Bedürfnis, nicht allein sein zu müssen. Oder sie sehen an ihren Kindern Eigenschaften des anderen Elternteils, die sie ablehnen und deshalb bekämpfen.*

- **Delegation** *Eltern überlassen dem Kind eine Verantwortung, die eigentlich von Erwachsenen getragen werden sollte. Die Hoffnung zu äußern, dass der Vater am Wochenende nicht zu viel trinkt, können Kinder als Aufgabe interpretieren, den Vater zu kontrollieren. Mit solchen impliziten Aufträgen ist ein Kind überfordert.*

- **Partnerersatz** *Kinder oder Jugendliche rutschen nach einer Trennung in die Liebeslücke und übernehmen die Rolle des fehlenden Partners, z. B. indem Eltern sie als Ansprechpartner für ihre eigenen Belange, Liebesbedürfnisse und Sorgen übermäßig in Anspruch nehmen. Dadurch werden Kinder permanent überfordert. Wer in einen solchen Rollentausch gerät, hat später Probleme in Partnerbeziehungen. Seine Erwartungen und Reaktionen pendeln dauernd zwischen denen eines Kindes gegenüber einem Elternteil und denen eines Erwachsenen gegenüber einem Partner.*

- **Kinder im Kreuzfeuer des elterlichen Kriegszustands** *Am schlimmsten ist es für Kinder, wenn sie einer jahrelangen kriegsmäßigen Auseinandersetzung der Eltern unter Beteiligung von Ämtern und Gerichten ausgesetzt sind oder gar zu amtlichen Stellungnahmen für oder gegen einen Elternteil genötigt werden.*

Empfehlungen zum Erziehungsstil bei getrennten Eltern

Wenn Sie unsicher sind, ob sich Ihre Erziehung – oder die Ihres Expartners – auf Ihre Kinder gut oder schlecht auswirkt, nehmen Sie folgende Hinweise als Orientierung:

✗ *Versuchen Sie zu verstehen, was Ihre Kinder ausdrücken wollen, nicht nur durch Worte, sondern auch durch Ihr Verhalten. Fühlen Sie sich in Ihre Kinder ein und zeigen Sie ihnen, dass Sie ihre Gefühle ernst nehmen.*

✗ *Denken Sie daran: Die Kinder haben eine andere Beziehung zu Vater und Mutter als Sie zu Ihrer Expartnerin oder Ihrem Expartner. Deshalb: Muten Sie den Kindern den regelmäßigen Kontakt zum getrennt lebenden Elternteil zu, auch wenn Sie seinen Umgang mit den Kindern nicht optimal finden.*

✗ *Akzeptieren Sie den Erziehungsstil Ihres Expartners. Dabei dürfen Sie Ihre eigene Erziehung natürlich besser finden, aber Sie sollten den anderen nicht abwerten.*

✗ *Klären Sie Verantwortungszeiten und -bereiche, um die Erziehung zu vereinfachen und zu entflechten:*

... zeitliche Verantwortlichkeit:
Der Elternteil, bei dem sich die Kinder aufhalten, ist für deren Wohl und die alltägliche Erziehung verantwortlich. Wichtig ist, auch die Zeiten, während deren die Kinder in Kindergarten, Schule oder Hort sind, zu verteilen. Denn bei Krankheit muss ein Elternteil erreichbar sein und gegebenenfalls die Betreuung und Pflege übernehmen.

... örtliche Verantwortung:
Der Elternteil, in dessen Räumlichkeiten sich die Kinder aufhalten, ist für das Wohl der Kinder und die Erziehung verantwortlich. Bei der Mutter sind die mütterlichen Prinzipien gültig, beim Vater die väterlichen. Falls Sanktionen ausgesprochen werden, sollten die Konsequenzen daraus inner-

halb der eigenen Verantwortlichkeit liegen, und können nicht dem anderen Elternteil übergeben werden.

... thematische Verantwortung:
Eltern können sich einigen, dass der eine Elternteil für bestimmte schulische Fächer, für Musikunterricht oder sportliche Betätigung die Hauptverantwortung übernimmt.

✘ *Wenn Sie vermuten, dass Ihr Kind über Ihren Expartner schimpft, weil es Ihnen gegenüber loyal sein möchte, dann versichern Sie ihm, dass es nicht schlecht über den anderen Elternteil reden muss, um Ihnen seine Liebe zu beweisen.*

✘ *Wenn Sie vermuten, dass Ihr Kind nur zu Ihnen ins Bett kriecht, weil Sie traurig sind, dann äußern Sie Ihre Vermutung und erklären Sie dem Kind, dass Sie sich zwar über seinen Besuch freuen, aber ganz gut auch alleine schlafen können. Das gilt auch für vergleichbare Liebesbeweise.*

✘ *Nehmen Sie bei Anzeichen von Gefährdung der Kinder fachliche Hilfe in Anspruch.*

Kinder in Patchworksituationen

Wenn sich Mutter oder Vater neu verlieben, tritt nicht nur diese Person ins Leben der Kinder ein, sondern sie bringt ihr ganzes Beziehungsnetz mit in die bestehende Familie. Ein Zusammenzug der neuen Partner mit ihren Kindern bedeutet für die Kinder sowohl Bereicherung als auch Herausforderung. Davon handeln die nächsten Abschnitte.

☞ *Die Herausforderungen und Chancen, die das ganze Patchworksystem betreffen, kommen in Kapitel 7 »Das gesamte Patchworksystem« zur Sprache (S. 317 ff.).*

Beziehungszuwachs

Die neue Liebe im Leben von Mutter oder Vater[11] nimmt auch im Leben des Kindes eine zentrale Stellung ein. Mit Sicherheit hat der neue Partner Fähigkeiten und Interessen, die weder Mutter noch Vater besitzen, was zu einer Bereicherung des Familienlebens beiträgt. Auf jeden Fall bringt die neue Partnerin andere Ideen, Traditionen und Gewohnheiten, neuen Gesprächsstoff und andere Freizeitmöglichkeiten mit.

Nicht nur der Stiefelternteil, sondern auch dessen Beziehungsnetz bringt eine Bereicherung. Die Kinder genießen vorerst den Zuwachs an Weihnachtsgeschenken, aber auch die neuen Menschen wie Großeltern, Tanten und Onkel, neue Cousinen und Cousins mit gleichen Interessen, die an Familienfeiern auftauchen.

Der dänische Familientherapeut Juul (2011) spricht in seinem Ratgeber für Betroffene von »Bonuseltern« und streicht die Vorteile der Stiefelternschaft heraus. Die Voraussetzung dafür, dass der Beziehungszuwachs tatsächlich zu einer Bereicherung wird, sind der gegenseitige Respekt aller Erwachsenen und das Unterlassen von Konkurrenz. Davon wird in den Folgekapiteln noch die Rede sein. Neben diesen Vorteilen gibt es aber auch einige Herausforderungen.

Liebe im Dreieck, Eifersucht und Ablehnung

Ein Elternteil, der frisch verliebt ist, erwartet, dass sich die Kinder und der neue Partner ebenso lieben und dann alles schön, intensiv und einfach wird. Die Kinder erleben aber die neue Liebe erst einmal als Konkurrenz. Mit der Frage »*Wen hast du nun lieber?*« treffen sie ihre frisch verliebten Mütter oder Väter mitten ins Herz, denn im Normalfall sind diese nicht imstande, sie zu beantworten.

11 Wir werden im Folgenden vereinfachend von Stiefmutter/Stiefvater sprechen, unabhängig davon, ob das neue Paar mit oder ohne Trauschein zusammenlebt.

Der Elternteil realisiert, dass die Menschen, die er am meisten liebt, eifersüchtig aufeinander sind. Oft beginnt er zum ersten Mal, über seine Gefühle nachzudenken und in sich hineinzuspüren, und stellt fest, dass die beiden Liebesgefühle eine unterschiedliche Qualität haben. »Mein Herz ist groß genug für dich und für meinen Geliebten«, müsste die Antwort in etwa lauten. Trotzdem spürt das Kind die Veränderung und will sicher sein, die Mutter- oder Vaterliebe nicht zu verlieren.

Jegliche Erwartung an die Kinder, die neue Partnerin zu lieben, erzeugt Druck und wirkt sich kontraproduktiv aus. Sowohl Kinder wie auch die neue Geliebte sind sich erst einmal fremd und leben plötzlich in unnatürlicher Nähe miteinander. In den allermeisten Fällen gelingt ein Beziehungsaufbau. Bei älteren Kindern kann dieser Prozess aber durchaus ein bis zwei Jahre dauern.

Was aber, wenn der neue Partner keinen Draht zum Kind findet? Es kann sein, dass der Stiefelternteil den Kontakt gar nicht erst sucht, weil er findet, das Kind sei ungezogen, egoistisch oder gestört. Aber es kann auch sein – vor allem wenn es sich bei den Kindern um Jugendliche handelt –, dass die beiden zu unterschiedlich gestrickt sind, um sich zu mögen. Eine Zuneigung auf Biegen und Brechen anzustreben bringt nichts. Sie dürfen die Nähe oder Distanz zueinander suchen, die beiden entspricht.

Eine Ablehnung, die so stark ist, dass es unmöglich wird, am selben Tisch zu sitzen, kann bedeuten:

- *Das Kind spürt Unsicherheit bei seiner Mutter oder seinem Vater, sich auf den neuen Partner ganz oder noch mehr einzulassen. Durch seine Ablehnung diesem neuen Partner gegenüber bremst es die Intensivierung der Liebesbeziehung.*
- *Das Kind will aus Loyalität zum getrennt lebenden Elternteil, der zu wenig einbezogen wird und zu wenig Rechte bekommt, auf dieses Manko hinweisen.*
- *Bei Pubertierenden kann die generelle Auflehnung gegen alles, was nach Eltern riecht, alleinige Ursache für die Ablehnung eines Stiefelternteils sein oder zu den anderen Faktoren dazukommen.*

Damit die Beziehung zwischen allen Beteiligten dieses Dreiecks wachsen kann, beachten Sie folgende Punkte:

Empfehlungen für das Liebes-Dreieck

✗ *Wenn Sie eine neue Beziehung eingegangen sind, werden Sie sich Ihrer Verantwortung und Rolle als Bindeglied zwischen Ihrem Kind und dem Stiefelternteil bewusst.*

✗ *Versuchen Sie nicht, Ihre Aufmerksamkeit aufzuteilen, sondern machen Sie jeweils deutlich, ob Sie auf Ihren Partner bezogen sind oder auf Ihr Kind.*

✗ *Lassen Sie Ihrem Partner und Ihrem Kind Zeit, ihre Beziehung gemächlich aufzubauen.*

✗ *Stellen Sie sich folgende Fragen:*
   1. *Welche Art von Liebe und Gefühlen habe ich wem gegenüber?*
   2. *Gegen wen ist eventuelle Auflehnung gerichtet und zugunsten von wem?*

Erziehung in der Patchworksituation

Wenn Stiefmutter oder Stiefvater erwarten, die Kinder müssten schon zu Beginn so sein wie eigene Kinder, werden sie enttäuscht. Die Beziehung ist noch nicht gewachsen und deshalb fehlt noch das Vertrauen. Zu diesem Zeitpunkt gehorchen Kinder dem Stiefelternteil oft nicht. Dadurch entsteht die Versuchung, mit mehr Machteinsatz, seien das Drohungen oder Gewalt, die Autorität einzufordern (siehe den Abschnitt »*Rollenerwartungen als Druck und Chance*«, S. 305 ff., im Kapitel 6).

Für Jugendliche ist es besonders schwierig, sich auf einen neuen Stiefelternteil einzulassen. Sie stellen Erwachsene grundsätzlich infrage. Falls sie etwas für einen Erwachsenen tun, dann entweder deshalb, weil zu dieser Person eine gewachsene gute Beziehung besteht, oder, weil sie einen Tauschhandel vereinbart haben bzw.

sich einen solchen erhoffen. Ein solcher Handel könnte zum Beispiel bedeuten: Rasenmähen gegen einen zusätzlichen Abend Ausgang.

Wer seinem Partner die eigenen Kinder anvertrauen möchte muss mit ihm klare Absprachen treffen, welche Kompetenzen ihm übertragen werden und welche möglichen Sanktionen ihm zur Verfügung stehen. Die Kinder müssen informiert sein über die Stellvertreterrolle. Vor allem sollte aber ein solcher Schritt nicht zu früh erfolgen. Mütter, die die Erziehung jahrelang allein gemeistert haben, geraten leicht in Versuchung, die Kinder dem neuen Partner zu überlassen, um endlich den ersehnten Yoga-Unterricht zu besuchen oder mit der Freundin auszugehen. Doch je frischer die Beziehung, umso weniger ist die Mutter in der Lage, einzuschätzen, ob der neue Partner ein Risiko für die Kinder ist. Statistiken belegen, dass die häufigste Form sexueller Übergriffe in Stiefvaterkonstellationen stattfindet. Lebt eine Frau lange genug in einer Beziehung mit einem Mann, der es nur auf ihre Kinder abgesehen hat, spürt sie seine Absichten in den allermeisten Fällen.

Für den getrennt lebenden Elternteil ist es ein deutlich größerer Schritt, die erzieherische Verantwortung dem Expartner zu überlassen, wenn dieser in einer Patchworksituation lebt, als wenn er alleinerziehend ist. Er ermöglicht dem Rivalen, Einfluss auf die Entwicklung der Kinder zu nehmen. Oft stellt sich eine Akzeptanz dann ein, wenn sich das neue Beziehungsgeflecht eingespielt hat und gegenseitiges Vertrauen aufgebaut ist.

Entthronung durch ein gemeinsames Kind

Bekommt das neue Paar ein Kind, ändern sich für die übrigen Kinder in der Familie die Beziehungsverhältnisse stark. Sosehr sie sich auch freuen mögen, für sie ist klar: »Ich bin entthront.« Sie fühlen sich nicht mehr genügend beachtet, weil alle plötzlich nur noch diesen kleinen Schreihals sehen wollen. Bisher schienen die Eltern, Großeltern, Tanten und Onkel nicht so genau hinzuschauen, ob die Kinder nun blutsverwandt sind oder nicht. Aber das ändert sich, sobald ein Kind mit dem eigenen Namen, demselben Blut, der »richtige« Enkel oder die »richtige« Nichte, geboren ist.

Wenn die entthronten Kinder etwas einwenden, hören sie meist nur: »Dein Schwesterchen bzw. Brüderchen ist noch so klein. Es braucht mich mehr, du bist ja schon viel größer.« Das stimmt an sich und ist logisch. Aber es ist nicht ganz ehrlich. Es wird verschwiegen, was nämlich noch mitspielt: »Blut ist dicker als Wasser«, Blutselternschaft ist stärker als Stiefelternschaft.

Die Entthronung ist doppelt schwierig. Neben der Beziehungskonkurrenz spüren die älteren Kinder auch, dass das leibliche Kind ein viel einfacheres Leben hat. Es hat immer beide Eltern um sich, muss keine Wochenendbesuche beim anderen Elternteil absolvieren. Dieses »Muss« entsteht aus der Perspektive der Kinder, denn sie fantasieren, dass die schönsten Familienerlebnisse immer dann stattfinden, wenn sie nicht dabei sind. Stiefkinder haben tatsächlich etwas weniger gemeinsame Erlebnisse mit der Patchworkfamilie, subjektiv empfinden sie den Unterschied als riesig.

Wenn das gemeinsame Kind größer wird, werden weitere Unterschiede sichtbar: Es wird oft selbstbewusster als seine Halbgeschwister, darf sich mehr leisten, frecher sein, mehr fordern als die Halbgeschwister. Es weiß, dass sein Platz bei den leiblichen Eltern sicher ist. Im Gegensatz dazu hat ein Stiefkind nie seine beiden leiblichen Eltern um sich. Es weiß nie ganz sicher, wo sein Platz ist. Stiefkinder können rausgeschmissen werden, leibliche Kinder nur in Extremsituationen. So kommt eine unausgesprochene Konkurrenz zwischen den Kindern auf. Es wird z. B. um die Nähe zum Vater/Stiefvater gekämpft.

Auch die Pubertät von leiblichen und Stiefkindern läuft unterschiedlich ab. Oft gestaltet sie sich bei den Stiefkindern moderater als bei den leiblichen, da sie sich manchmal weniger auf Auseinandersetzungen mit den Eltern einlassen. Sie können ja auch gehen – zum anderen Elternteil. Selbst das Risiko, für immer zum andern Elternteil geschickt zu werden, ist dauerhaft da. Deshalb wagen es Stiefkinder oft bis in die Adoleszenz nicht, die Konflikte auszutragen. Diese Jugendlichen sind später oft auch weniger sicher darin, sich ihren Platz im sozialen Umfeld und im Berufsleben zu erkämpfen.

Versuchungen und Pseudolösungen

Treten dauerhafte Schwierigkeiten oder Streitereien im Patchworksystem auf, wenden die überforderten Patchworkeltern oft Strategien an, die sich hinterher als ungünstig erweisen. Die Versuchungen, denen sie erliegen, werden in diesem Unterkapitel dargestellt.

Kind außerfamiliär platzieren

In Patchworksituationen kommt es häufiger vor als in anderen Familien, dass die Kinder außerfamiliär untergebracht werden, etwa in Heimen, Internaten oder Pflegefamilien.

Für ein Kind ist es das Schlimmste, wenn es abgeschoben wird und sich deshalb ungeliebt fühlt. Es schließt daraus, zu wenig liebenswert zu sein. Dieses Gefühl bleibt als Groll gegen die Eltern oft lebenslang mehr oder weniger stark bestehen. Es entsteht selbst dann, wenn es den Eltern das Herz zerreißt, das Kind wegzugeben. Solange das Kind keine für sich nachvollziehbaren Gründe für die außerfamiliäre Platzierung erkennt, schließt es daraus, nicht geliebt zu werden. Worte reichen oft nicht aus, um das Gegenteil zu beweisen. Man muss ihm immer wieder vermitteln, dass diese Lösung aus Liebe und Fürsorge gewählt wurde: regelmäßige Besuche, Interesse für die Institution, in der das Kind untergebracht wurde etc. Für Jugendliche ist die Trennung von der Familie weniger traumatisch, vor allem dann, wenn beide Elternteile und der Jugendliche die Entscheidung einvernehmlich treffen.

Nur sehr starke Gründe rechtfertigen es, sich von einem Kind zu trennen, etwa eine schwere Behinderung oder Krankheit des Kindes, wenn es also zum Beispiel eine besondere Pflege oder Betreuung braucht, die zu Hause nicht gewährleistet werden kann. Auch wenn die Eltern aus gesundheitlichen oder anderen schwerwiegenden Gründen wie finanzieller Not die erzieherische Aufgabe nicht wahrnehmen können, kann eine außerfamiliäre Platzierung berechtigt sein.

Es gibt allerdings auch viele Kinder, die wegen ihrer Verhaltensauffälligkeiten außerfamiliär platziert werden. Unter ihnen sind viele, die mit ihrem Verhalten eigentlich nur darauf hinweisen möchten, dass in ihrer Familie etwas schiefläuft. Besonders kleinen Kindern fehlen oft die Worte, um ihre Not auszudrücken. Falls die Störung in einem Konflikt zwischen Kind und Stiefelternteil besteht, ist die Wahrscheinlichkeit hoch, dass dahinter ein Problem zwischen den Erwachsenen liegt.

Umgangsrecht einschränken

Wenn ein Expartner sich nur störend und querulierend bemerkbar macht oder die Kinder nach jedem Besuchswochenende verstört und aggressiv nach Hause kommen, ist es nachvollziehbar, wenn der hauptverantwortliche Elternteil – ob alleinerziehend oder wieder in einer Partnerschaft lebend – als Lösung die Einschränkung oder gar Aufhebung des Umgangsrechtes anstrebt. Diese »Lösung« zielt aber in die falsche Richtung. Wie im Abschnitt »*Phasen einer Trennung*« im Kapitel 3 (S. 248 ff.) erörtert, sind Störmanöver durch den Expartner gerade nach der Bildung einer Patchworkfamilie ein Hinweis darauf, dass er sich ausgeschlossen fühlt. Die Antwort sollte sein, mit dem Expartner den Kontakt zu suchen und ihn stärker in Kinderbelange einzubinden, nicht weniger.

Wenn Elternteile den Kontakt zum getrennt lebenden Elternteil immer mehr beschränken – oft mithilfe von Anwälten und Gerichten –, werden die Kinder später als junge Erwachsene mit allen Mitteln zu eruieren versuchen, ob die Gründe für den reduzierten oder fehlenden Kontakt zwingend waren. Dass der Vater in der Psychiatrie war oder die Mutter im Gefängnis, akzeptieren sie als zwingenden Grund. Angebliche Gemeinheiten gegenüber der Mutter jedoch nicht. Bei ihrer Recherche fragen die jungen Erwachsenen nicht nur die Eltern und Stiefeltern aus, sondern bedienen sich auch offizieller Quellen. Die Folge ist meist ein massiver Konflikt mit dem Elternteil, der damals das Umgangsrecht unterband. Daraus kann ein totaler Kontaktabbruch entstehen.

Liegen allerdings handfeste Beweise für gefährdendes elterliches

Verhalten oder Übergriffe vor, ist selbstverständlich, dass das Kind vor dem anderen Elternteil geschützt werden muss (vgl. Abschnitt »*Gefährdung der Kinder erkennen*« im Kapitel 4, S. 264).

Gemeinsames Kind als »Kitt«

Ein gemeinsames Kind ist der Wunsch vieler Stiefeltern. Es ist auch schön und erfüllend, wenn ein Kind als Krönung der neuen Liebe entsteht, nachdem sich die neue Familie stabilisiert hat. Davon mehr im Abschnitt »*Von der Stieffamilie zur Patchworkfamilie*« im Kapitel 7 (S. 320 ff.). Aber leider wird oft viel zu früh und mit problematischen Motiven ein Kind gezeugt. Ein gemeinsames Kind trägt nichts zur Reduktion von Schwierigkeiten bei. Im Gegenteil: Ein Neugeborenes braucht viel Zuwendung. Es entsteht natürlicherweise Eifersucht bei den anderen Kindern und dadurch zusätzliche Beziehungsarbeit mit diesen.

Es gibt viele mehr oder weniger bewusste Motive für den Kinderwunsch: den Partner fester an sich zu binden, die Hoffnung, dass durch ein neues Projekt die bisherigen Schwierigkeiten in der Patchworkfamilie weggespült werden oder ein besserer Familienzusammenhalt entsteht. Alle diese Motive machen aus dem Neugeborenen ein »Kitt-Kind«. Im Abschnitt »*Von der Stieffamilie zur Patchworkfamilie*« im Kapitel 7 (S. 320) zeigen wir auf, unter welchen Umständen ein Patchworkkind zu einer tatsächlichen Bereicherung wird.

Herausforderungen an Patchworkeltern

Nachdem wir die Versuchungen für Patchworkeltern, einfache Lösungen zu finden, und die damit verbundenen Gefahren aufgezeigt haben, möchten wir nun den Blick darauf lenken, welche Herausforderungen die Patchworkeltern bewältigen sollten, damit sich das neue Familiengefüge gut entwickelt. Die größte Herausforderung liegt darin, die Belange der Erwachsenen und jene der Kinder zu unterscheiden: Äußert sich das Kind schlecht über seinen Vater, um sich der Mutter gegenüber loyal zu zeigen? Weigert sich ein Kind, nach dem Wochenende zur Mutter zurückzugehen, weil es sich dort vernachlässigt fühlt oder weil es spürt, dass der Vater einsam ist? Streitet das Kind mit dem Stiefvater, weil er zu viel von ihm verlangt oder weil es dem Vater gegenüber loyal sein möchte?

Kindliche Bedürfnisse

Kinder sind in Umbruchsituationen wie bei der Gründung einer Patchworkfamilie sehr verletzlich und brauchen mehr Nähe zu beiden Eltern als in ruhigen Zeiten. Sie werden still und teilen weniger mit, was sie brauchen. Deshalb ist es wichtig, dass die Eltern immer wieder Einzelaktivitäten mit ihren leiblichen Kindern unternehmen, damit diese sich wahrgenommen fühlen und sich im Einzelkontakt über ihre Stimmung äußern können. Wenn die kindlichen Bedürfnisse den eigenen entgegengesetzt sind, zahlt es sich nicht aus, den eigenen längerfristig Priorität zu geben. Denn Kinder, die sich permanent gezwungen fühlen, bei der Illusion einer ganz normalen Familie mitzuspielen, obwohl sie sich heimlich die Rückkehr zur Herkunftsfamilie wünschen, werden früher oder später durch Störungen oder psychosomatische Krankheiten auf ihre Not aufmerksam machen.

Loyalitäten

Kinder sind ihren Eltern gegenüber so loyal, dass sie sich selbst aufzugeben bereit sind. Wenn sie etwa spüren, dass die Eltern in Trennungssituationen leiden, glauben sie, ihnen besonders viel Liebe zeigen zu müssen. Sie neigen dazu, ihre ganze Energie in Liebesbekundungen zu investieren, und befinden sich in einem Dauerstress, weil sie ganz genau darauf achten, beiden Elternteilen gleich viel Liebe zu geben – zum Beispiel in Form selbst gebastelter Geschenke und Briefchen.

Und natürlich ist es für Eltern schön, Liebesbeweise ihrer Kinder zu spüren. Doch sie müssen herausfinden, ob es ein Bedürfnis des Kindes ist, seine Liebe zu beweisen oder ob es das nur den Eltern zuliebe tut. Das ist besonders schwierig, wenn man in einer kritischen Lebensphase, wie einer Trennung, Neuorientierung oder Verliebtheit, steht, weil man dann mehr auf sich selbst konzentriert ist.

Ähnlich verhält es sich mit abschätzigen Sätzen, die das Kind über den abwesenden Elternteil fallen lässt. Man sollte sich bewusst sein, dass zum Beispiel folgender Satz zweierlei bedeuten kann: *»Ich will dieses Wochenende nicht zum Papa.«* Einerseits könnte das Kind auf einen eigenen Notstand hinweisen: *»Das letzte Mal war es nicht schön bei ihm, bitte sag ihm, er soll mehr auf mich eingehen.«* Oder es könnte damit meinen: *»Ich spüre, dass du mich mehr brauchst als mein Vater, und will deshalb bei dir bleiben.«*

Ein Hinweis darauf, dass Kinder oder Jugendliche sich aus Loyalität negativ über den anderen Elternteil äußern, ist, dass ihre Wortwahl der eigenen ähnelt. Daran zeigt sich, dass es sich bei ihren Äußerungen nicht um ihre eigene Meinung handelt, sondern um den kindlichen Versuch, Liebe unter Beweis zu stellen.

Konfliktsituationen

Eltern sollten ihre Konflikte selber lösen und die Kinder nicht einbeziehen. Das ist in der Praxis äußerst anspruchsvoll. Da Kinder spüren, wenn ein Elternteil wütend ist, entlarven sie Versuche, darüber hinwegzulächeln, meist ziemlich leicht. Im Sinne der Offenheit und Ehrlichkeit sollten Eltern dann sagen, dass der andere Elternteil der Anlass für die Wut gegeben hat. Spätestens, wenn die Eltern den Konflikt austragen, gehört das Kind aber eindeutig nicht mehr dazu. Es würde sich verpflichtet fühlen, Partei für oder gegen einen Elternteil ergreifen zu müssen.

Befindlichkeit der Eltern

Kinder unglücklicher Eltern werden selber unglücklich. Diese Tatsache ist trivial und wissenschaftlich nachgewiesen. Noch schlimmer ist es für ein Kind, wenn es mit einem Elternteil lebt, der mit oder ohne Worte immer wieder ausdrückt, dass er sich für das Kind aufopfert. Solches Verhalten führt unweigerlich zu Aggressionen, die das Kind allerdings meist versteckt. Es hat das Gefühl, seine Aggression nicht zeigen zu dürfen, einerseits weil der Elternteil ja schon genug leidet, andererseits weil sich das Kind schuldig an dessen Leiden fühlt. Durch die vermeintliche Verpflichtung, die eigenen Gefühle in den Hintergrund zu stellen, werden Kinder in ihrer natürlichen Entwicklung gehemmt. Wenn sie auch in der Pubertät ihre Bedürfnisse noch nicht äußern und ihren Impulsen nicht nachgeben, verzögern sich ihre pubertäre Auflehnung und die Entwicklung zur Selbstständigkeit.

Zugunsten ihrer Kinder sollten sich deshalb alle Eltern auch um sich selbst sorgen. Dies bedeutet natürlich nicht, egoistisch zu handeln. Eltern, die ihre Kinder alleine lassen oder statt einem Babysitter ihren anderen Kindern überlassen, um selber allabendlich das Nachtleben zu genießen, wollen wir damit nicht ermuntern, dies noch mehr zu tun. Wenn sie aber ahnen, dass sie sich tatsächlich für die Kinder aufopfern, sollten sie eine Meinung von außen einholen, die ihre Vermutung entweder bestätigt oder entkräftet. Falls sich die Ahnung bestätigt, empfiehlt es sich, den Kindern zuliebe einen Therapeuten aufzusuchen, um einen Weg aus der scheinbaren Ausweglosigkeit zu finden.

Transparenz und Offenheit

Patchworkeltern sollten alle, die von einer ihrer Entscheidungen mitbetroffen sind, schnell und transparent informieren. Die Expartner über gemeinsame Ferien oder einen geplanten Zusammenzug zu unterrichten ist eine Anstandspflicht.

Entscheidungen den Kindern länger als absolut notwendig vorzuenthalten ist sinnlos, denn sie spüren schnell, wenn Erwachsene Pläne aushecken, ohne davon zu erzählen. Bei grundlegenden Entscheidungen wie Umzug, Zusammenzug oder Trennung ist die Versuchung jedoch groß, Kinder und Jugendliche nach ihrer Meinung zu fragen und sie mitentscheiden zu lassen. Damit übergibt man ihnen eine belastende und inadäquate Verantwortung, die später zu Schuldgefühlen führt, wenn das Ergebnis der Entscheidung nicht erfreulich ist. Selbst wenn ein Kind nicht aktiv nach seiner Meinung gefragt wird, kann es sich als Entscheidungsträger oder Berater angesprochen fühlen und mit dieser vermeintlichen Verantwortung überfordert sein. Kinder über wichtige Entscheidungen zu informieren ist deshalb erst dann sinnvoll, wenn die Entscheidungen bereits getroffen sind.

Beziehungen, Rollen und Verantwortlichkeiten

Beziehungen und Alltagsentscheidungen

Eine Patchworkfamilie ist etwas grundsätzlich anderes als eine Kernfamilie. Die Zahl der Beziehungsarten verdoppelt sich: die Beziehung zwischen den Erwachsenen unter sich, den Erwachsenen mit den Kindern, wie auch zwischen den Geschwistern, Halb- und Stiefgeschwistern. Jede dieser Beziehungen hat eine andere Qualität und muss gepflegt werden.

Viele Patchworkfamilien versuchen mit aller Kraft, Kernfamilie zu spielen. Dabei sollten sie sich gerade nicht unter den Druck setzen: »Nun sind wir eine richtige Familie und machen alles gemeinsam.« Denn durch solche Erwartungen werden die einzelnen Beziehungen gefährdet oder der Beziehungsaufbau wird erschwert.

Aufgrund des komplexeren Beziehungsgeflechts müssen Familienalltag und Aktivitäten sorgfältiger geplant werden als in Kernfamilien. Immer wieder fehlen ein oder mehrere Kinder, weil sie zum Beispiel das Wochenende beim externen Elternteil verbringen. So kann es unvermittelt geschehen, dass sich ein Kind ausgeschlossen fühlt – etwa wenn die übrige Familie in den Europapark fuhr und vorher niemand an das Besuchswochenende gedacht hatte.

Gemeinsame Aktivitäten, Ausflüge, Besuche bei Verwandten oder Freunden sollten den Interessen der Beteiligten gerecht werden, aber auch die Pflege der Beziehung zu den leiblichen Kindern muss man berücksichtigen. Jedes Mal alles unter einen Hut zu bringen ist unmöglich. Aber man kann Ausgleiche schaffen, wenn mal jemand zu kurz gekommen ist.

Diese Planungen bedürfen gemeinsamer Gespräche aller Familienmitglieder, was oft logistisch nicht ganz einfach zu bewerkstelligen ist. Mit Jugendlichen ist es schwieriger, solche Familiengespräche durchzuziehen, da sie aufgrund ihrer pubertären Bedürfnisse nach Eigenständigkeit meist unmotiviert sind. Doch Patchworkfamilien, die auf solche gemeinsamen Entscheidungsprozesse verzichten, laufen Gefahr, die Bedürfnisse einzelner Kinder zu wenig zu berücksichtigen.

Rechte und Pflichten

Eltern und Stiefeltern haben unterschiedliche Rechte und Pflichten im Patchworksystem: Der getrennt lebende Vater hat auch nach der Trennung gemeinsam mit der Mutter die Verantwortung für die seelische Entwicklung, die Erziehung, die schulische Förderung der Kinder etc. Der Stiefvater hingegen steht bei solchen Entscheidungen seiner Partnerin höchstens beratend zur Seite. Im gemeinsamen Haushalt jedoch hat er die gleichen Rechte wie seine Frau und seine Stiefkinder. Er darf zum Beispiel ebenso viel Raum einnehmen wie die Mutter und ebenso über die Regeln des Zusammenlebens bestimmen.

Solange die Stiefeltern ihre Verantwortlichkeiten klar aufgeteilt haben, ist auch den Kindern klar, wer wofür zuständig ist.

Damit sich alle beteiligten Erwachsenen über ihre Rechte und Pflichten im Klaren sind, sollten sie auch die rechtlichen Aspekte des Patchworksystems kennen. So bekommt zum Beispiel der Stiefvater durch ein von beiden leiblichen Elternteilen unterschriebenes Einverständnis zusätzliche Rechte wie Entschuldigungen für die Kinder schreiben oder einen Arztbesuch organisieren zu dürfen.

Empfehlungen für den Alltag von Patchworkeltern

✗ *Seien Sie sich bewusst, dass Sie mit Ihren Kindern und Stiefkindern nie Kernfamilie spielen müssen.*

✗ *Fällen Sie wichtige Entscheidungen auf der Erwachsenenebene.*

✗ *Informieren Sie Ihre Kinder rechtzeitig über Entscheidungen, von denen diese betroffen sind.*

✗ *Geben Sie den Kindern Mitspracherecht, wenn es um ihre Belange, etwa Schule, Verwandtschaftsbesuche oder Hobbys, geht. Auch bei der Planung gemeinsamer Aktionen sollen sie mitreden dürfen.*

✗ *Informieren Sie Ihren Expartner rechtzeitig über wichtige Entscheidungen, die die gemeinsamen Kinder tangieren.*

✗ *Unterscheiden Sie zwischen den gewachsenen Beziehungen und denen, die sich durch die Familienfusion ergeben haben.*

✗ *Differenzieren Sie Ihre unterschiedlichen Rollen als »Elternteil« und »Stiefelternteil« und erklären Sie den Kindern genau, was diese Rollen für sie bedeuten. So muss ihnen zum Beispiel klar sein, dass sie den Stiefvater nicht ebenso lieb haben müssen wie den Vater.*

✗ *Seien Sie achtsam. Nehmen Sie die kindlichen Bedürfnisse nach Nähe zu beiden leiblichen Eltern auch dann wahr, wenn sie nur indirekt geäußert werden.*

✗ *Lösen Sie Ihre Konflikte auf der Erwachsenenebene und beziehen Sie dabei Ihre Kinder nicht mit ein. Wenn Kinder sich einmischen, stoppen Sie diese mit der Botschaft: Wir Erwachsenen klären das unter uns und brauchen dich dafür nicht.*

5. Nahtstelle Partnerschaft

Jede Patchworkfamilie braucht als Fundament eine stabile Partnerschaft. Partner, die mit dem Gedanken spielen, zusammen mit ihren Kindern eine neue Familie zu gründen, tun deshalb gut daran, gewisse Aspekte ihrer Beziehung vorher zu reflektieren.

Bereitschaft für eine neue Partnerschaft nach einer Trennung

Nach einer Trennung ist man verletzt, weil man sich durch den anderen schlecht behandelt fühlt oder weil man sich als Versager wahrnimmt. Bis solche Gefühle verblassen, braucht es viel Zeit. Erst dann stellt sich die Bereitschaft für eine neue Beziehung ein.

Plötzlich ertappt man sich dabei, dass man die Umgebung nach potenziellen Partnern abscannt. Meist dauert es dann nicht mehr lange, bis man sich verliebt. In der Regel ist dieser Vorgang unkompliziert. Doch hat einer der Frischverliebten Kinder, besteht die Gefahr, dass aus dem Glückstaumel eine persönliche Tragödie wird. Wenn Kinder im Spiel sind, sollte deshalb unseres Erachtens nicht die Verliebtheit alleine entscheiden, ob man sich auf eine ernsthafte Partnerschaft mit Zusammenzug einlässt. Die vielen Faktoren, die man ebenfalls berücksichtigen sollte, beschreiben wir auf den folgenden Seiten.

Gerade Menschen, die es alleine kaum aushalten und deshalb nicht einmal die innere Bereitschaft abwarten können, bis sie sich in die nächste Beziehung stürzen, sollten sich mit ihrer Furcht vor dem Alleinsein auseinandersetzen, wenn sie die Kinder vor weiteren Trennungserlebnissen schützen möchten.

Entscheidungskriterien: Fakten und Paardynamik

Lernen sich zwei Menschen kennen, die sich gegenseitig als potenzielle Partner betrachten, versuchen sie erst einmal herauszufinden, ob die neue Verbindung eine Zukunft haben könnte. Dazu versuchen sie abzutasten, ob der andere bestimmte Kriterien erfüllt. Je offener sie mit ihren Ansprüchen und Wünsche umgehen, umso besser.

Einfluss früherer Beziehungen

Eine Partnerschaft wird von vorangegangenen Beziehungen beeinflusst. Z. B. kann nach Verletzungen, Beleidigungen oder Demütigungen ein größeres Bedürfnis nach Selbstschutz folgen. Betroffene lassen sich oft nicht mehr gleich tief in die nächste Beziehung ein. Hat der ehemalige Partner das Vertrauen missbraucht, besteht in der nächsten Partnerschaft der Drang nach mehr Kontrolle. Hat jemand in der Vorbeziehung zu wenig Freiraum erlebt, setzt er sich in der neuen Partnerschaft von Anfang an für genügend eigene Bereiche ein. Dies sind nur einige von zahlreichen Möglichkeiten, wie Partner mehr oder weniger bewusst die Erfahrungen aus der letzten Beziehung in die neue einbringen.

Auch die Art der Trennungen hat Einfluss darauf, wie jemand sich auf die neue Partnerschaft einlässt. Hat der eine Partner die Erfahrung gemacht, dass er oder sie trotz des Bemühens, dem anderen zu gefallen, verlassen wurde, ist die Folge, sich mehr anzupassen und unterzuordnen. Verlief die Trennung besonders unfair, kann daraus dem neuen Partner gegenüber eine kämpferische, misstrauische Haltung entstehen. Fühlte sich der Partner finanziell ausgenützt, folgt ein verstärktes Bedürfnis nach besserer Absicherung. Haben sich die ehemaligen Partner jedoch auf anständige Art und Weise getrennt, so fällt es ihnen in der Regel leichter, unbeschwert auf neue Menschen zuzugehen.

Jede Partnerschaft beinhaltet auch die Möglichkeit, dazuzulernen und das eigene Bindungsverhalten zu verändern. Jemand, der unter großen Verlustängsten leidet, kann zum Beispiel lernen, dieser

Angst nicht mit Anklammern zu begegnen, sondern mit einer offenen Kommunikation darüber, wie viel Nähe nötig ist, um nicht in Panik zu geraten.

Deshalb lohnt es sich, den zukünftigen Partner über seine früheren Partnerschaften zu befragen und auch selbst aus seiner Vergangenheit zu erzählen. Spannende Fragen könnten etwa sein: Wie lange dauerte die Partnerschaft? Wie kam es zur Trennung? Von wem ging sie aus? Gab es noch andere Trennungen, die gleich oder ähnlich verliefen? Wenn ein Paar diesen Fragen in der Entscheidungsphase, zusammenzubleiben, ausweicht, dann klammert es einen wichtigen Faktor aus, der Aufschluss über Herausforderungen in der zukünftigen Beziehung geben könnte.

Beziehung zu Expartnern

Der aktuelle Umgang mit den Expartnern ist ebenso wichtig wie die Vergangenheit. Mindestens einer der Expartner wird als Elternteil in direkten Kontakt mit dem neuen Familiengefüge kommen. Dann wird es nötig sein, zu dritt an einem Tisch zu sitzen und sich über die Kinder auszutauschen.

Wenn der Expartner an der alten Beziehung hängt und sich als verlassenes Opfer fühlt, wird er sich dagegen stemmen, dass seine Kinder mit dem Konkurrenten schöne Erlebnisse teilen. Er kann zum Beispiel einen Urlaub seiner Kinder im neuen Familiengefüge sabotieren. Möglicherweise versucht er mit allerlei Vorwänden, die alte Familie wieder zusammenzubringen. Dies sind ungünstige Bedingungen für eine Partnerschaft. Man sollte also vorher das Gespräch mit dem Expartner suchen und die noch offenen Konfliktpunkte klären.

Kinder als Motiv für oder gegen die neue Partnerschaft

Kinder des einen Partners aus einer früheren Beziehung können Hinderungsgrund oder Beweggrund sein.

Kinder als Motiv gegen eine neue Partnerschaft

Frauen und Männer sind bei ihrer Entscheidung für oder gegen einen bestimmten Partner davon beeinflusst, ob er Kinder hat oder ob er für die eigenen Kinder offen ist.

Vor allem kinderlose Partner können ein Kind der Freundin oder des Freundes als Konkurrenz empfinden. Die Beziehung kann in der Tat asymmetrisch und schwierig werden, weil der eine Partner mehr Freiräume hat als der andere.

Umgekehrt könnte eine Mutter mit negativen Erfahrungen vermeiden wollen, dass ihr Kind einen Stiefvater bekommt, und deshalb ganz auf eine neue Partnerschaft verzichten, oder sie schreckt zumindest vor einem Zusammenzug zurück.

Kinder als Motiv für eine neue Partnerschaft

Partner, die selber Kinder haben, empfinden es aus Gründen der Symmetrie als Erleichterung, wenn auch der andere Kinder hat. Einerseits ist der Erfahrungshintergrund ähnlich und andererseits sind die Elternpflichten auf beiden Seiten etwa gleich groß.

Es kann aber auch sein, dass jemand befürchtet, von einem Partner zu sehr vereinnahmt zu werden. Dann sind die Kinder des anderen eine Garantie für genügend Freiräume und können dazu dienen, eine zu enge Partnerschaft zu verhindern.

Mütter und vor allem Väter, die verwitwet sind, suchen sich zuweilen einen Ersatzvater bzw. eine Ersatzmutter für die Kinder. Sind sich die Partner dessen nicht bewusst, ist nach dem Zusammenzug viel Klärung nötig. »Du hast gar nicht mich gemeint, sondern nur eine Ersatzmutter für die Kinder gesucht«, lautet dann der Vorwurf.

☞ *Die sich entwickelnde Dynamik in einer solchen PW-Situation beleuchten wir im Abschnitt »Ersatz für die verstorbene Mutter« im Kapitel 6 (S. 307).*

Das Risiko, die Partnerschaft zu gefährden und damit auch den Kindern eine neue traumatische Trennungserfahrung zuzumuten, ist groß, wenn die Erwachsenen nicht alle Faktoren berücksichtigen und sich dann bewusst für oder gegebenenfalls auch gegen das Patchworken entscheiden.

Ob die Liebesbeziehung aufrechterhalten wird, sollte nicht von der Beziehung des Partners zum Kind abhängig gemacht werden. Wenn z. B. eine Mutter ihrem neuen Partner vermittelt: »Ich bleibe nur bei dir, wenn mein Kind dich auch liebt«, ist davon auszugehen, dass sie sich ihrer Liebe gar nicht so sicher ist, wie sie tut. Unbewusst delegiert sie die Verantwortung für das Gelingen der neuen Familie an den Partner und das Kind. Das Kind spürt diese Ambivalenz der Mutter und wird sich einem Zusammenziehen ebenso widersetzen wie dem Stiefelternteil. Auch beim umgekehrten, viel selteneren Fall, dass eine Mutter nur mit dem neuen Partner zusammenbleibt, weil ihr Kind an ihrem Partner hängt, trägt das Kind letztlich die Verantwortung für die Erwachsenenbeziehung und ist überfordert.

Deshalb sollte sich ein Paar seiner Gefühle klar sein und sich offen darüber austauschen, bevor es sich für ein Patchworksystem entscheidet.

Gesellschaftlicher Status

Jede transparent gelebte Beziehung wirkt sich auf den gesellschaftlichen Status aus. Freunde, Berufskollegen und Verwandtschaft reagieren mit Sicherheit darauf, wenn auch nur selten mit direkten Aussagen: Man wird häufiger oder seltener eingeladen, hinter vorgehaltener Hand wird getuschelt, oder es fallen Bemerkungen.

Die Reaktionen der Umgebung sind vom tradierten Rollenverständnis geprägt. Ob sich ein Mann oder eine Frau einen Partner anlacht, der einen niedrigeren Status hat, wird sehr verschieden beurteilt und kann zu Statusverlust führen. Wenn z. B. ein Arzt eine kinderlose Krankenschwester ehelicht, tut dies seinem Status kaum Abbruch. Bringt sie noch Kinder in die Ehe mit, erlebt der Arzt eventuell sogar eine gewisse Hochachtung, weil er die Kinder »rettet«. Kommt jedoch eine kinderlose, beruflich erfolgreiche Frau mit einem mittel- und erfolglosen Künstler zusammen, wird ihr dies bestenfalls als Extravaganz nachgesehen. Bringt er Kinder mit, wird ihr beruflicher Erfolgskurs als gefährdet gesehen und ihr Status leidet darunter.

Ethnische Unterschiede

Ethnische Unterschiede beeinflussen den Status besonders. Auch in der westlichen Welt ist es immer noch nicht ganz einfach, sich mit einer Partnerin oder einem Partner aus einem anderen Kulturkreis zusammenzutun. Die unausgesprochene Bedingung des Umfelds ist, dass sich der oder die Fremde der Umgebung anpasst.

In manchen Kulturen ist die Bildung von Patchworkfamilien schlichtweg unmöglich, da bereits Trennungen und Scheidungen ein Tabu sind – oder es droht der Ausschluss aus der eigenen Familie. In vielen islamischen Ländern ist es zum Beispiel völlig klar, dass die Kinder nach der Trennung oder dem Tod der Mutter von der Großfamilie des Vaters aufgezogen werden und man sie nicht in die Familie der mütterlichen Kultur entlassen darf.

Partner aus unterschiedlichen Kulturkreisen haben sich also auf viel mehr Gegenwind und auch Einmischung einzustellen, als wenn sie aus derselben Kultur stammen.

Bevor die Partner zusammenziehen, ist es deshalb wichtig, die möglichen Reaktionen der Familie und der kulturellen Gemeinschaft abzuschätzen.

Abhängigkeiten

Die subjektive Wahrnehmung von Abhängigkeit deckt sich oft nicht mit den äußeren Gegebenheiten, sondern hat viel mit den Persönlichkeiten und der Dynamik zwischen den Partnern zu tun. Beispielsweise ergibt sich eine psychische Abhängigkeit, wenn der eine Partner nicht allein sein kann oder wenn er auf die Zuwendung des anderen angewiesen ist, um das eigene Leben überhaupt als lebenswert zu erachten.

Dennoch gibt es faktische Abhängigkeiten, die einem Paar die Beziehung schwer machen können: Eine Abhängigkeit bei physischen Einschränkungen, etwa wenn der eine Partner auf einen Rollstuhl angewiesen ist, stellt eine große Herausforderung dar. Auch eine sprachlich-kulturelle Abhängigkeit, etwa die einer Immigrantin, die weder die Sprache des neuen Heimatlandes spricht noch dessen kulturelle Eigenheiten kennt. Solche Abhängigkeiten können nur durch große Anstrengungen beider Partner ausgeglichen werden.

Gut funktionierende Paare schaffen es, Abhängigkeiten so gering wie möglich zu halten oder sie auf anderen Ebenen auszugleichen. Bei den anderen besteht die Gefahr, dass die Macht dazu verwendet wird, etwas vom anderen einzufordern, was dieser nicht freiwillig geben oder tun will. Dann sucht der Unterlegene nach einem Machtausgleich. Er setzt zum Beispiel Mittel der Verzweiflung wie Trennungs- oder sogar Selbstmorddrohungen ein. Auch die Drohung, mit den Kindern wegzuziehen oder sich scheiden zu lassen und den Kontakt des Partners zu den Kinder juristisch unterbinden zu lassen, ist ebenfalls ein sehr potentes Machtmittel.

Manchmal versucht der abhängige Partner aber auch, sich mit Tricks oder Lügen aus dem Machteinfluss des anderen zu befreien. Dadurch wird der Umgang miteinander weniger offen und die Beziehung distanziert.

Wenn Koalitionen mit Verwandten oder Freunden gebildet werden, wird der Machtkampf nach außen getragen und dehnt sich weiter aus.

Es gibt allerdings auch Beziehungssituationen, die zwar von Abhängigkeiten geprägt sind, die aber trotzdem gut funktionieren, weil die Partner sich so sehr lieben, dass sie die Macht nicht ausnutzen, und weil sie offen über die Asymmetrie reden.

Alter und Lebensentwürfe

Vor allem Paare mit einem beträchtlichen Altersunterschied müssen sich mit dem Thema Lebensentwurf auseinandersetzen. Wie lassen

sich die unterschiedlichen Lebenssituationen miteinander vereinbaren? Ein einseitiger Kinderwunsch zum Beispiel wird oft so lange
verdrängt, bis die biologische Uhr abzulaufen droht und gleichzeitig
eine Trennung sehr schmerzhaft wird. Ist der eine kurz vor dem
Rentenalter, der andere im Aufbau eines neuen beruflichen Weges
können sich die Partner unter Umständen gut ergänzen.

Ebenso wichtig ist es, rechtzeitig mit dem Partner über die eigenen Lebensziele zu sprechen, die jeder Mensch bewusst oder unbewusst in sich trägt: Will ich beruflich Karriere machen oder mich
hauptsächlich um meine Kinder kümmern? Habe ich neben Beruf
und Familie noch Interessen oder Träume, die einen Teil meiner
Lebensenergie beanspruchen? Habe ich eine noch ungenutzte Be-
gabung, die ich mehr in den Mittelpunkt meines Lebens stellen
will? Diese Fragen sollten sich die Partner selber und gegenseitig
stellen. Dann können sie aushandeln, wer welche Wünsche verwirk-
lichen kann und welche er zugunsten der Partnerschaft zurückstel-
len muss.

Geld

Die Höhe des Vermögens und des Einkommens beider Partner ist
vorgegeben, und die Unterschiede kann man nicht wegdiskutieren.
Eine Herausforderung sind solche Unterschiede auf jeden Fall. Ob
sie zu einem ernsthaften Problem werden, hängt jedoch davon ab,
wie das Paar damit umgeht. Ist der eine knauserig, der andere großzügig, entsteht ein Ungleichgewicht, das längerfristig zu Spannungen führt. Sind beide zwanghaft genau, kann es sehr aufwendig
werden, über jeden Euro Rechenschaft abzulegen, ob er für die persönlichen Bedürfnisse oder die der Kinder ausgegeben wurde.

Bei Patchworkpaaren gehört Geld immer zu den heiklen Themen. Es gibt einfach mehr Geldtöpfe und mehr Zu- und Abflüsse
als in gewachsenen, herkömmlichen Familien. Und Asymmetrien
sind meist ebenfalls vorhanden. Wenn Patchworkeltern einen Haushaltsplan (Budget) aufstellen, müssen sie folgende Aspekte berücksichtigen:

1. Unterschiede von Einkommen und Vermögen.
2. Höhe der Unterhaltszahlungen von Expartnern.
3. Finanzielle Belastungen durch jedes Kind. Je nach Alter, Hobbys und Fördermaßnahmen sind die Kinder unterschiedlich kostenintensiv.
4. Besonderer Platzbedarf des einen Partners in der gemeinsamen Wohnung für Büro oder Werkstatt.

In die Gesamtrechnung gehört auch innerfamiliäre Arbeit mit Kindern und Haushalt:

5. Wer trägt wie viel der Arbeitslast in Haushalt und Erziehung?
6. Wer hat wie viele Kinder, die in der Patchworkfamilie leben?
7. Wie hoch soll der finanzielle Gegenwert für Arbeit im Haus und mit den Kindern angesetzt werden?

So kleinlich es klingt: Es hilft, wenn ganz konkret drei Konten eingeführt werden: je eines für jeden Partner und eines für den gemeinsamen Haushalt. Einmal jährlich sollten die Patchworkeltern über die Bücher gehen und überprüfen, ob der Ansatz noch gerecht ist oder ob der Haushaltsplan erneuert werden muss. Wenn es dabei Konflikte gibt, ist es besser, als wenn ein Ungleichgewicht jahrelang totgeschwiegen und ausgehalten wird. Denn Konflikte um Geldfragen sind oft ein Symptom für tiefer liegende Probleme. Deshalb sollten sich die Partner fragen, ob der eine mehr als der andere auf die Erfüllung persönlicher Bedürfnisse verzichtet, und allenfalls die Balance in der Verteilung von Privilegien und Pflichten herstellen.

Patchworkeltern, in denen einer der Partner vermögend ist, sollten auch die erbrechtliche Situation klären.

Zärtlichkeit und Sexualität

Die Bedürfnisse und Erwartungen bezüglich Zärtlichkeit und Sex sind selten bei beiden Partnern gleich. Dazu kommen die geschlechtsspezifischen Unterschiede: Tendenziell können Männer Sex auch ohne intensive emotionale Beziehung genießen, Frauen oft nicht. Beides zusammen wird dann problematisch, wenn sich das Paar nicht mehr gut austauschen kann. Wenn dann Sex als Machtmittel eingesetzt wird, kann sich ein Abhängigkeitsverhältnis ergeben. So verkommt Sex zur Verhandlungsmasse in einem Tauschhandel.

Gegenseitige Zuwendung, Zärtlichkeit, Anerkennung und körperliche Nähe sind aber gerade deshalb besonders wichtig für die Liebe innerhalb einer Patchworkfamilie, weil weniger Zeit und Energie zur Verfügung stehen als in einer herkömmlichen Familie.

Kommunikative Fähigkeiten und Umgang mit Konflikten

Wenn zwei Partner nicht so miteinander reden können, dass sich beide verstanden fühlen, ist die Chance gering, dass sie die mannigfachen Entscheidungsprozesse, die beim Patchworken nötig sind, in angemessener Zeit bewältigen. Idealerweise sind beide neuen Partner fähig, Erfahrungen, Gefühle und Erwartungen auszudrücken. Sie können einander zuhören und verstehen sich gegenseitig, sowohl auf der inhaltlichen als auch auf der Gefühlsebene. Dann bewältigen sie die Herausforderungen eines Patchworkalltags leichter.

☞ *Siehe den Abschnitt »Alltag in der Patchworkfamilie« im Kapitel 7, S. 322 ff.) und finden sich in den neuen Rollen als Stieffeltern zurecht (siehe den Abschnitt »Gesellschaftliche Rollenerwartungen« im Kapitel 6, S. 301 ff.).*

Ob das Patchworksystem gelingt, hängt stark davon ab, wie gut ein Paar mit seinen Konflikten umgeht: Wenn es bereits in den ersten Monaten häufige Konflikte mit Trennungsandrohungen erlebt, ist die Prognose schlecht. Haben die Partner ihre Krisen jedoch als gemeinsamen Lerneffekt erlebt und Konsequenzen daraus gezogen, werden sie auch zu weiteren Entwicklungsschritten als Patchworkfamilie fähig sein.

Unterschiedliche Motivation

Oft ist einer der Partner stärker daran interessiert zusammenzuziehen als der andere. Gründe für das Ungleichgewicht kann ein unterschiedlich intensiver Wunsch nach Geborgenheit sein oder die Unfähigkeit des einen, den Alltag alleine zu meistern. Aber auch Faktoren wie Kindererziehung, Geld, der Wunsch nach einer neuen größeren Wohnung können das Motiv für den Wunsch nach gemeinsamem Wohnen sein.

Wenn nicht alle Motive offen gelegt werden, besteht die Gefahr, das Patchworkleben durch solch verdeckte Wünsche unnötig zu belasten.

Entscheidungsprozess für Partnerschaft mit oder ohne Patchwork

Wenn sich ein getrennt lebender Elternteil verliebt und später mit dem neuen Partner zusammenziehen will, muss er die betroffenen Kinder mitberücksichtigen. Sie sollen nicht ihre Meinung abgeben oder gar die Entscheidung für ihre Eltern fällen. Die Erwachsenen sollen aber abschätzen, wie groß die Veränderung für die Kinder und wie groß das Risiko einer erneuten Trennung ist. Um die Kinder vor wiederholtem Beziehungsabbruch zu schützen, empfehlen wir, auch Vernunftargumente in die Entscheidung einfließen zu lassen.

Die Entscheidung, samt Kindern zusammenzuziehen, wird zu oft von äußeren Umständen abhängig gemacht: Eine einzige Wohnung zu haben kostet weniger und es ist rationeller, alle Kinder gemeinsam zu erziehen. Dass der gemeinsame Haushalt in der Patchworkfamilie aber auch einiges an Mehraufwand und reichlich Konfliktpotenzial bedeutet, wird dann oft übersehen.

Um eine gute Entscheidung zu fällen, müssen einige Kriterien berücksichtigt werden. Es geht hauptsächlich um die Frage, ob eine ausgewogene und stabile Beziehung möglich ist. Dies hängt von den genannten Faktoren ab, die teils gegeben, teils beeinflussbar sind.

Empfehlungen zum gemeinsamen Entscheidungsprozess

✗ *Stellen Sie sich Ihren Erfahrungen in der letzten Beziehung. Was tat weh, was war gut?*

✗ *Reden Sie mit dem neuen Partner über diese Erfahrungen.*

✗ *Legen Sie Ihre Motive für den Zusammenzug mit Ihrer Partnerin offen.*

✗ *Fordern Sie auch Offenheit und Klarheit vom Partner ein.*

✗ *Lassen Sie sich Zeit für die Entscheidung.*

✗ *Falls Sie den Wunsch verspüren, mit Ihrer Partnerin zusammenzuziehen, fassen Sie den Mut, mit ihr darüber zu reden.*

Fragen zur Entscheidungshilfe

1. *Gibt es zwischen Ihnen ein Ungleichgewicht bezüglich Status, Geld, kultureller Herkunft, emotionaler und körperlicher Bedürfnisse, das zu Abhängigkeiten führen könnte? Wenn ja, wie können Sie Ausgleichsmöglichkeiten schaffen?*

2. *Wie stabil ist Ihre Partnerschaft? Können Sie Konflikte austragen und daraus profitieren oder drohen Sie einander im Streit mit Trennung?*

3. *Spielen Kinder eine wesentliche Rolle bei der Entscheidung für den Zusammenzug? Stehen sie im Weg? Oder braucht einer von Ihnen Unterstützung in der Erziehungsarbeit?*

4. *Gibt es hinsichtlich Ihrer Vorstellung von Erziehung große Unterschiede?*

5. *Wer von Ihnen hat ein größeres Interesse am Zusammenzug als der andere?*

6. *Sind Ihre kommunikativen Fähigkeiten ausreichend? Hat Ihr Partner genügend Zeit und Geduld, um Ihre Anliegen zu verstehen? Fühlen Sie sich (fast) immer verstanden von Ihrer*

Partnerin? Verstehen Sie ihn und seine Anliegen? Können Sie
sich in sie einfühlen?

7. *Passen Ihre Lebensentwürfe zusammen?*

8. *Wie ist der Umgang mit Ihren früheren Partnern? Wissen die-*
   se bereits, dass Sie mit dem Gedanken einer Patchworkfamilie
   spielen? Können Sie sich gar schon zu dritt bzw. zu viert zu-
   sammen treffen, ohne dass es zu Spannungen kommt?

Bevor sich ein Paar entscheidet, zusammen mit den Kindern in ei-
ne gemeinsame Wohnung zu ziehen oder auch nur schon einen
Urlaub gemeinsam zu verbringen, werden sich die Partner idea-
lerweise über die vorangegangenen Fragen einig.

Partnerschaft ohne Patchwork

Viele Paare glauben, dass erst der Zusammenzug der Partnerschaft
eine gesellschaftlich anerkannte Ernsthaftigkeit verleiht. Es gibt
allerdings einige Faktoren, die dafür sprechen, in getrennten Haus-
halten zu leben.

Wenn beide einen eigenen Haushalt führen, ist das Paar gezwungen, sich zu Treffen zu verabreden. Das hat den Vorteil, dass vorher
geklärt ist, wer Gast beim anderen ist und ob die Kinder dabei sind.
So können sich die Partner innerlich darauf einstellen. Die gemeinsame Zeit als Paar ist zwar kürzer als im gemeinsamen Haushalt,
aber dafür sind die Partner klarer aufeinander bezogen. Mit den
Kindern kann vereinbart werden, wann man nur für sie da ist und
wann für den Partner.

Das Paar kann Nähe und Distanz besser dosieren, da beide entscheiden, wie häufig sie sich treffen. Da sich beide jedes Mal für
oder gegen ein Treffen entscheiden müssen, wird immer wieder
deutlich, ob die Bedürfnisse nach Kontakt ausgeglichen sind.

Unterschiede betreffend Erziehung und Haushaltführung fallen
kaum ins Gewicht. Denn wenn der eine als Gast dazukommt, kann
er es sich kaum herausnehmen, dem anderen Vorschriften darüber

zu machen, wie er mit Kindern und Haushalt umgehen soll. Die Verantwortungsbereiche sind klar abgegrenzt. Jeder ist für seine Kinder und seinen Haushalt zuständig.

Die Stiefgeschwister können miteinander spielen oder sich miteinander auseinandersetzen – aber sie sind nicht dazu gezwungen.

Partnerschaft mit Patchwork

In der Anfangsphase einer Patchworkfamilie leben die Betroffenen eng mit Menschen zusammen, mit denen sie noch keine tragenden Beziehungen aufgebaut haben. Das neue Paar steht deshalb nicht nur den Herausforderungen gegenüber, die auch kinderlose Paare bei einem Zusammenzug meistern müssen, sondern trägt die Verantwortung für eine ganze Gemeinschaft in derselben Situation.

Von der WG zur neuen Familie – den Alltag bewältigen

Anfangs hat die neue Familie eher WG-Charakter. Man lebt zusammen, muss die anfallenden Pflichten untereinander aufteilen, miteinander auskommen oder man geht sich aus dem Weg. Wie in anderen Wohngemeinschaften auch kann es in dieser Phase des Zusammenlebens zu Diskussionen kommen. Die Partner sollten deshalb noch vor der Familiengründung beginnen, Aufgaben und Pflichten untereinander zu verteilen. Dabei bewährt es sich, die Kinder und Jugendlichen bei der Planung einzubeziehen. Die Aufgaben können schriftlich festgehalten und im neuen Zuhause für alle sicht- und verstehbar aufgehängt werden. Für Kinder im Vorschulalter eignen sich zum Beispiel Zeichnungen oder Symbole. Auch nach dem Zusammenziehen sollte das Paar immer wieder überprüfen, ob die Verteilung noch stimmt.

Wie im Abschnitt »*Liebe im Dreieck, Eifersucht und Ablehnung*« im Kapitel 4 erwähnt (S. 270 ff.), kann es auch trotz solch sorgfältiger Vorbereitung dazu kommen, dass sich Kinder gegen den neuen WG-

Partner auflehnen. Um dieser Auflehnung vorzubeugen, sind im Kontakt mit den Stiefkindern Anstand und eine angemessene Distanz besser als Anbiederung oder aufgezwungene Nähe. Wenn die Partnerschaft solide ist und die Kinder spüren, dass sie daran nichts zu rütteln haben, respektieren sie die neuen Verhältnisse und akzeptieren den neuen Wohngemeinschaftspartner.

☞ *Wie die neuen Partner gute Stiefeltern für die Kinder sein können, findet sich im Abschnitt »Chancen für Stiefeltern« im Kapitel 6 (S. 315 ff.).*

Paarinseln

Selbst wenn das Paar sich seiner großen Liebe sicher ist, besteht die Gefahr, dass die Beziehung durch die vielen belastenden Themen brüchig wird. Ein Grund dafür ist, dass sich viele Paare zu wenig Zeit zu zweit nehmen. Paarzeiten können natürlich eine logistische Herausforderung sein, wenn niemand außer den Expartnern die Kinder betreuen kann. Vor allem, wenn diese die Trennung noch nicht verarbeitet haben, gönnen sie den Frischverliebten kaum gemeinsame Zeiten. Sie übernehmen die Kinder nicht gern, wenn sie das Gefühl haben, damit die neue Partnerschaft zu fördern. Fest vereinbarte Umgangszeiten ermöglichen es, Paarinseln zu schaffen. Wir können nicht genug betonen, wie dringend notwendig es ist, sich solche Paarinseln zu schaffen.

Das neue Paar muss sich immer wieder aktiv um gemeinsame Zeiten bemühen, die es ganz für sich genießen kann. Das klingt leichter, als es ist: Denn viele Paare haben das Gefühl, Verwandte oder Freunde nur im Notfall zum Babysitten in Anspruch nehmen zu dürfen. Das Bedürfnis nach Zweisamkeit empfinden sie nicht als Notfall. Dennoch sind Paarzeiten wichtig. Denn an solchen Wochenenden oder auch nur Abenden können die zwischenzeitlich aufgetretenen Konflikte geklärt oder das Beziehungsgefüge besprochen werden. Auch Sexualität ist oft nur in solchen Paarzeiten möglich.

Empfehlungen zur Paarbeziehung in einer Patchworkfamilie

✗ *Schaffen Sie sich Paarinseln: Planen Sie feste Zeiten als Paar ein, um zu reden, zu klären und um die Liebe zu pflegen.*

✗ *Pflegen Sie Ihre Liebe mit besonderen Aufmerksamkeiten wie Komplimenten, kleinen Geschenken, Überraschungen etc. Denn solche Zeichen der Anerkennung geben Kraft für alles, was die Partnerschaft im neuen Familiengefüge braucht: Toleranz, Mitgefühl, Verständnis, Großzügigkeit und Flexibilität.*

✗ *Sorgen Sie beide gut für sich selbst. Achten Sie darauf, dass Sie auch Zeit für sich alleine haben, um Ihre persönlichen Bedürfnisse zu befriedigen.*

✗ *Klären Sie Differenzen so schnell wie möglich. Konflikte gehören zum Familienalltag und müssen ausgetragen werden.*

✗ *Schaffen Sie klare Strukturen: Definieren Sie Aufgaben sowie räumliche und zeitliche Verantwortungszuständigkeiten.*

✗ *Achten Sie darauf, ob Sie und Ihre Partnerin Liebe und Abhängigkeit oder die Liebe zum Partner mit der Liebe zu Geld verwechseln. Dasselbe gilt für Sex und Liebe.*

✗ *Entlarven Sie Machtmittel – eigene und die des Partners – und entwickeln Sie Alternativen dazu.*

✗ *Geben Sie ausreichend Anerkennung und zeigen Sie Dankbarkeit. Denn in der herausfordernden Situation einer Patchworkfamilie besteht die Gefahr, die Leistungen des Partners als selbstverständlich zu nehmen.*

6. Eltern und Stiefeltern

Gesellschaftliche Rollenerwartungen

Bereits von früher Kindheit an werden Menschen dazu erzogen, Erwartungen zu erfüllen. Sie richten sich bewusst oder unbewusst nach den Erwartungen der Mitmenschen, auch wenn diese zu hoch oder widersprüchlich sind. Bei unerfüllbaren Erwartungen geraten Menschen unter Druck. Wer sich damit auseinandersetzt und lernt, zwischen angemessenen und übertriebenen Erwartungen zu unterscheiden, kann seine Energie besser auf eigene Ziele fokussieren. Wem bewusst ist, welche Erwartungen zu den eigenen Interessen passen oder dazu querliegen und aus welchen Gründen sie an ihn gestellt werden, kann selber entscheiden, welchen er gerecht werden will und welchen nicht.

Die gesellschaftlichen Erwartungen an Mütter und Väter sind hoch und Stiefeltern haben zusätzlich mit Vorurteilen zu kämpfen. Besonders der Begriff Stiefmutter ist negativ besetzt. Stiefeltern oder Patchworkeltern müssen sich mit den Erwartungen und den negativen Zuschreibungen intensiv auseinandersetzen, um die neue Familie nicht aufs Spiel zu setzen.

Die Beschreibung typischer Rollenerwartungen in den folgenden Kapiteln soll helfen, die eigenen Ansprüche von fremden zu unterscheiden, um zu entscheiden, welche man tatsächlich erfüllen will und welche getrost über Bord geworfen werden können. Auch Fallen, in die viele Stiefeltern tappen, werden geschildert – ergänzt mit Empfehlungen, wie sie umgangen werden können.

Erwartungen an Mütter

Gesellschaftliche Erwartungen an Mütter und Väter basieren auf archetypischen[12] Vorstellungen einerseits und kirchlichen Einflüssen andererseits.

Der Mutterarchetypus umfasst positive wie negative Aspekte des Mütterlichen. Die positiven sind: eine gute, allumfassend nährende, beschützende, Geborgenheit und Nahrung spendende Mutterfigur. Der Archetyp Mutter beinhaltet neben dem Leben spendenden Weiblichen, der allumfassenden Fruchtbarkeit, auch den Aspekt der Weisheit, der geistigen Höhe jenseits des Verstandes. Dieser findet sich etwa in der Bedeutung der »Alma Mater«[13] oder in Bildern der germanischen und griechischen Götter (z. B. der Göttin Gaja) oder der Muttergottes.

Negative Aspekte des Mutterarchetypus finden sich in der verschlingenden (die Drachenmutter, die ihre Kinder frisst), der vergiftenden oder machtergreifenden Urmutter (z. B. Isis).

Die mittelalterliche christliche Lehre teilte die Welt in Gut und Böse, in von Gott gewollt oder des Teufels. Im 19. Jahrhundert wurden auch Mütter in diese Aufteilung einbezogen, indem nur ihre positiven Aspekte aufgezeigt wurden: Eine Mutter ist gut und liebt ihre Kinder. Eine Frau, die ihre Kinder vernachlässigt oder gar ablehnt, kann demnach keine leibliche Mutter sein. Alle negativen Aspekte von Müttern wurden dann auf Hexen und auf die Stiefmutter projiziert.

Der Mutterarchetypus wurde also seither in zwei Hälften aufgeteilt: die gute, von Christentum und Gesellschaft propagierte und idealisierte Hälfte auf der einen Seite – als höchstes Ideal die Muttergottes – und die negierte oder verdrängte negative Hälfte auf der anderen Seite: die strafende, lieblose Mutter, die alsdann nur noch als Stiefmutter auftauchte. Ein Beleg dafür ist die Überarbeitung

---

12   Der Begriff Archetypus wurde von C. G. Jung geprägt. Archetypen sind im kollektiven Unbewussten gespeicherte allgemeingültige Bilder und Vorbilder, die unser Handeln beeinflussen.

13   Etwas elitärer Begriff für Universität: »mit Wissen nährende Mutter«

abendländischer Märchen durch die Brüder Grimm. Sie bereinigten alle Märchen, die sie sammelten, indem sie sämtliche bösen Mutterfiguren zu Stiefmüttern machten.

Das heutige Mutterbild ist untrennbar mit einer positiven Mutterfigur und einer guten Mutter-Kind-Beziehung verknüpft. Auch wenn es in der Umsetzung Mutter-Kind-Beziehung große interkulturelle Unterschiede gibt, in ihren inneren Bildern sehen Menschen aus unseren Breitengraden immer die bedingungslose Liebe einer Mutter zu den Kindern.

Dieser Mythos setzte sich durch, obwohl in der Zeit seiner Entstehung die Mütter ihre Kinder noch Ammen zur Aufzucht übergaben. Er führte dazu, dass heutige Mütter hohen Erwartungen ausgesetzt sind: Nur wer immer für das Kind da ist, es bedingungslos liebt, beschützt und nährt, ist eine richtige Mutter. Dieser Erwartungsdruck ist nicht allein durch den kirchlichen Einfluss entstanden. Die pädagogische Literatur in der Aufklärungszeit (Rousseau, Pestalozzi) tat ihr Übriges dazu, indem sie entdeckte, dass das Kind als eigenes Individuum mit seelischen Kräften ausgestattet ist und entsprechender Fürsorge bedarf. Schließlich zeigte Freud, dass die Beziehung zwischen Kind und Mutter entscheidenden Einfluss darauf hat, wie gut das Kind später das Leben als Erwachsener bewältigt.

So wichtig diese Erkenntnisse für den Status des Kindes auch waren: Der enorme Druck, der dadurch auf den Müttern lastet, kann sich negativ auf die Erziehung auswirken, wie wir im Folgenden noch näher erläutern.

Erst seit wenigen Jahren werden diese Erwartungen an die Mütter hinterfragt. Gschwend (2009) war eine der Ersten, die den von der Kirche erschaffenen Mythos der bedingungslos liebenden Mutter kritisierte, indem sie darauf hinwies, dass Mutterliebe weder biologisch noch historisch begründet ist. Sie stellt fest, dass bedingungslose Mutterliebe deshalb nicht einfach vorausgesetzt werden kann. Bis diese Erkenntnis tatsächlich entlastend auf die Mütter wirkt, wird es wohl noch eine Generation dauern.

Erwartungen an Väter

Auch an Väter hat die Gesellschaft Erwartungen, die von archetypischen Bildern genährt werden, wobei es keine scharfe Trennung zwischen dem Vater- und dem Männerbild gibt. Götterbilder etwa wie Gottvater, Merkur, Zeus zählen dazu. Auch der Stier, der Teufel, der Hexenmeister und der Tod werden mit dem väterlichen bzw. männlichen Prinzip assoziiert. Dem Vaterarchetypus werden Stärke, Schutz, Halt, Gerechtigkeit und Strafe zugeschrieben.

Der Mann als Familienoberhaupt war im Römischen Reich die höchste Autorität des Hauses und vertrat die Familie nach außen. Er besaß rechtliche, wirtschaftliche, politische und soziale Vorrechte, aber auch Pflichten seinen Angehörigen und den sonstigen Hausbewohnern gegenüber. Die ihm zugeschriebenen Eigenschaften waren Pflichtgefühl und Strenge, er war der Hüter von Zucht und Ordnung. Deshalb liegt die bestrafende Machtausübung näher bei der Rolle des Vaters – im Gegensatz zu derjenigen der Mutter (Jung 1973, S. 124 und S. 135 ff.). Er war aber auch ein liebender Vater, der Milde walten lassen konnte. Diese Autorität blieb während Jahrhunderten unangetastet. Die überlieferten Rollenzuschreibungen beinhalten beim Vater also viel deutlicher beide Aspekte des Archetypus als bei der Mutter: die positiven wie auch die negativen.

Im deutschsprachigen Raum existierte bis ins 18. Jahrhundert eine Kultur, die dem Vater die Alleinverantwortung für die Familie und die Macht über sie zuschrieb. Weil die Industrialisierung dazu führte, dass die Väter immer mehr Zeit außerhalb ihrer Familien verbringen mussten, wurden seine Funktionen schrittweise an die Mutter oder den Staat abgegeben. Die pädagogische und medizinische Ratgeberliteratur konzentrierte sich zunehmend auf die Person der Mutter.

Was dem Vater blieb, war die Wahrung der männlichen Autorität. Die Zuschreibung von Vernunft, Disziplin und Härte an den Mann und Vater bewirkte dessen Zuständigkeit innerhalb der Erziehung als oberster Normenvollstrecker, was heute in bestimmten kulturellen und religiösen Kulturen noch deutlich spürbar ist. Bis vor zwei Generationen ging man auch bei uns noch davon aus, dass eine zu enge emotionale Bindung zum Kind die väterliche Autorität gefährden könnte. Die Beschäftigung mit Kindern galt als unmännlich. Sein Anteil an der gesunden Entwicklung des Kindes wird auch heute noch als geringer erachtet als derjenige der Mutter.

Rollenerwartungen als Druck und Chance

Erwartungen, die an Stiefmütter und -väter gestellt werden, bedeuten erst einmal Druck. Die Auseinandersetzung damit beinhaltet aber auch die Chance, sich von den unnützen, überholten und überfordernden Erwartungen zu befreien. Stiefeltern lernen so, die typischen Fallen besser zu erkennen und zu umgehen.

Dazu ist es aber auch nötig, sich die Rollen der getrennt lebenden Elternteile bewusst zu machen und ihre Situation zu verstehen.

Stiefmütter

Die Stiefmutter ist seit mindestens zwei Jahrhunderten mit Assoziationen wie »lieblos« und »ungerecht« behaftet. Die Stiefmutter von Aschenputtel denkt nur an ihre eigenen Töchter, das ihr anvertraute Kind hingegen vernachlässigt oder misshandelt sie. Jede Frau, die in die Stiefmutter-Rolle kommt, wird mit diesem Vorurteil konfrontiert und versucht auf ihre Weise, dagegen anzukämpfen.

Die einen tun es, indem sie sich über ihre Kräfte hinaus für ihr Stiefkind engagieren. Solche Stiefmütter haben schlechte Karten, denn sobald sie sich in die Rolle einer »besseren Mutter« oder »Ersatzmutter« stürzen, scheitern sie an den eigenen Erwartungen. Zwischen ihnen und den Stiefkindern herrscht kein gegenseitiges blindes Vertrauen wie in einer Mutter-Kind-Beziehung. Sie sind Fremde, die von einem Tag auf den anderen die Rollen »Mutter und Kind« spielen wollen – oder müssen. Wenn eine Stiefmutter auch eigene Kinder hat, kommt sie zusätzlich in ein Dilemma, denn sie hat wie viele Eltern die traditionelle Erwartung: »Eltern lieben ihre Kinder alle gleich. Jede Mutter muss allen gleich viel Liebe schenken.« Das Gefühlsgefälle gegenüber Stiefkindern ist jedoch so groß, dass es sich nicht verdrängen oder leugnen lässt. Zusätzliche Schuldgefühle sind die Folge.

Die einzelnen, oft durch gesellschaftliche Einflüsse entstehenden Fallen für Stiefmütter werden in den nächsten Abschnitten erläutert.

☞ *Wie diese Fallen umgangen werden können, zeigen wir am Ende dieses Kapitels im Abschnitt »Bessere Alternative: die Gute-Bezugsperson-Stiefmutter« und in den »Empfehlungen« auf.*

Typische Stiefmutterfallen

Falle 1: Kernfamilie spielen oder Gleichmacherei von Beziehungen

Eine Mutter weiß um die Eigenarten ihrer Kinder, es bestehen eine elementare Vertrautheit und eine innige Verbundenheit, die durch nichts erschüttert werden kann. Diese Verbundenheit kann eine Mutter nicht einfach auf ein »fremdes« Kind übertragen, sosehr sie dieses auch gernhat. Schon Mütter, die verschieden intensive Beziehungen zu ihren eigenen Kindern spüren, haben Schuldgefühle. Stiefmütter umso mehr, wenn sie sich nicht klarmachen, dass Gefühle zu verschiedenen Menschen eben unterschiedlich tief und intensiv sind, je nachdem, wie lange die gemeinsame Vergangenheit schon andauert und wie intensiv der Kontakt bisher war. Häufig versuchen sie dann, ihre wahren Gefühle gegenüber dem Stiefkind zu verbergen, zu kompensieren oder zu vertuschen, und leiden, wenn sie das nicht schaffen. Das Stiefkind spürt dies und wird verunsichert. Die Beziehung zwischen Stiefmutter und Stiefkind verschlechtert sich allmählich und es kann zum völligen Bruch kommen.

Falle 2: Den Makel der Stiefmutter wettmachen

Weil das Bild der »guten Stiefmutter« in der Gesellschaft noch nicht etabliert ist, versuchen viele Stiefmütter, mit ihrem höchstmöglichen persönlichen Einsatz gegen die negativen Vorurteile anzukämpfen. Von ihrer Umwelt fühlen sie sich dabei meist mit Argusaugen beobachtet. Oft kommt zu Recht das Gefühl auf, es »nie wirklich richtig machen zu können«, wie viele Stiefmütter beklagen. Entweder es wird der Stiefmutter trotz ihrer Bemühungen mangelndes Engagement vorgeworfen, nur weil sie zu den eigenen Kindern eine intensivere Beziehung hat, oder sie bekommt zu hören oder zu spüren, sie sei zu streng, ungerecht, mische sich zu stark in die Erziehung ein, weil sie sich über die Maßen engagiert, um ihre weniger intensive Beziehung zu den Stiefkindern zu kompensieren.

Falle 3: Konkurrenz zur leiblichen Mutter

Eine Konkurrenz zwischen Stiefmutter und leiblicher Mutter entsteht sehr schnell, da zwei Frauen, zu verschiedenen Zeiten zwar, dieselbe Rolle ausfüllen. Sowohl anerkennende wie abwertende Bemerkungen des Vaters oder der Kinder über die Mutter wie auch über die Stiefmutter können die Konkurrenz entstehen lassen.

Eine Konkurrenz mit der leiblichen Mutter gleicht einem Kampf gegen Naturgewalten, den eine Stiefmutter zwangsläufig verliert: Kinder bleiben ihren Müttern gegenüber loyal, oft bis über ihre eigenen psychischen Grenzen hinaus – und sie kämpfen erst einmal gegen jeden Versuch anderer Frauen, diese Vormachtstellung einzunehmen. Der Erkenntnisprozess, dass der Versuch, ein »Mutterersatz« oder eine »zweite Mutter« sein zu wollen, scheitern muss, dauert bei vielen Frauen oft lange – und endet leider häufig in einem Zerwürfnis mit dem Kind und dann oft auch mit dem Partner.

Ersatz für die verstorbene Mutter

Ist die leibliche Mutter der Kinder verstorben, steht die Stiefmutter unter einem besonderen Druck. Ihr ist klar, dass nun die mütterliche Verantwortung ganz auf ihr lastet. Meist hat sie großes Mitleid mit den armen Halbwaisenkindern, denen sie das Schicksal erleichtern will. Sie weiß, dass nicht nur die Kinder sie mit der Verstorbenen vergleichen. Deshalb versucht sie, alles so zu machen, wie es die Kinder gewohnt sind. Tritt sie aber zu sehr in die Fußstapfen der

Verstorbenen, kann sie leicht mit der Kritik der Verwandtschaft oder des übrigen Umfelds konfrontiert werden, dass sie sich pietätlos an die Stelle der Verstorbenen stellen wolle. Setzt sie ihren eigenen Stil als Ersatzmutter durch, kann die Kritik kommen, dass sie den Kindern eine zu große Veränderung zumute. Schließlich hat die Stiefmutter das Gefühl, es niemandem recht machen zu können, fühlt ihren Einsatz und ihre Aufopferung nicht gewürdigt oder sich schlichtweg nur als Kinderfrau ausgenutzt. Immer wieder ist sie mit der schwierigen Aufgabe konfrontiert, der Verstorbenen einen guten Platz zu lassen (oder erst einmal einzuräumen), damit die guten Erinnerungen gepflegt werden können. Dabei muss sie aber dafür sorgen, dass sie selbst eine gute Stellung in der Familie hat.

Bessere Alternative: die »Gute-Bezugsperson-Stiefmutter«

Weil es keine allgemeingültigen Richtlinien oder Modelle für eine gute Stiefmutter gibt, muss jede Stiefmutter ihre Rolle selbst finden. Und genau darin liegen ihre Chancen: Sie kann eine zu ihr passende Rolle selbst erfinden, im Austausch mit ihrem Partner.

Idealerweise weiß eine Stiefmutter, dass es eine delikate Aufgabe ist, ein Kind zu betreuen, das sie nicht kennt. Und ihr ist klar, dass es nicht nur vom eigenen Engagement abhängt, ob eine gute Beziehung zum Stiefkind gelingt, sondern auch von äußeren Faktoren wie z. B. dem Alter des Kindes. Sie kennt ihre eigenen Qualitäten und Fähigkeiten, die sie dem Stiefkind zur Verfügung stellen kann. Und bevor sie sich auf ein Stiefmutterdasein einlässt, hat sie sich Gedanken gemacht über ihren eigenen Lebensentwurf, ihre Wünsche an ein Familienleben und über ihre physischen und psychischen Möglichkeiten, was sie als Stiefmutter überhaupt leisten kann.

Empfehlungen für Stiefmütter

✘ Nehmen Sie sich genügend Zeit für die Vorbereitung auf die Aufgabe als Stiefmutter, indem

... Sie sich über Ihren eigenen Lebensentwurf klar werden und sich überlegen, was Sie als Stiefmutter leisten wollen und wie Sie die Rolle ausfüllen möchten.

... Sie sich von Ihrem Partner über die Vorgeschichte Ihrer zukünftigen Stiefkinder informieren lassen: über deren Entwicklung, Schwächen und Fähigkeiten, damit Sie sich darauf einstellen können.

... Sie mit Ihrem Partner klären, wie die Rollen und Aufgaben zwischen Ihnen, Ihrem Partner und der leiblichen Mutter verteilt werden sollen.

✘ Widersetzen Sie sich dem gesellschaftlichen Leistungsdruck, »alles richtig machen« zu müssen.

✘ Bauen Sie Ihre Beziehung zum Stiefkind langsam auf. Bei Jugendlichen kann dieser Prozess einige Jahre in Anspruch nehmen.

✘ Stellen Sie sich bei Konflikten zwischen den Stiefgeschwistern nicht blindlings hinter Ihr Kind. Klären Sie, wie der Konflikt entstanden ist und ob er etwas mit der Stieffamilien-Situation zu tun hat. Besprechen Sie sich – wenn immer möglich – mit Ihrem Partner auf der Erwachsenenebene, bevor Sie Stellung vor den Kindern beziehen.

✘ Bemühen Sie sich um einen guten Kontakt zur leiblichen Mutter. Sie vermeiden dadurch belastende Loyalitätskonflikte beim Kind.

✘ Unterlassen Sie jegliche Art von Konkurrenz zur leiblichen Mutter.

✘ Holen Sie sich bei Bedarf vor allem bei Ihrem Partner Rat und Unterstützung.

Mütter, die von ihren Kindern getrennt leben

Auch nach einer Trennung von ihrem Mann soll eine Mutter, so noch heute die gesellschaftliche Erwartung, immer bei ihrem Kind sein. Es ist nach wie vor selbstverständlich, dass sie im Alltag für die Kinder sorgt. Mütter, die ihre Kinder an den leiblichen Vater und dessen neue Frau abgeben, werden oft als Rabenmutter etikettiert. Selten wird ihnen Anerkennung und Respekt entgegengebracht, selbst dann nicht, wenn sie diesen Schritt zum Wohle ihres Kindes getan haben.

Mütter, die ihn trotz aller Bedenken gewagt haben, kommen aufgrund der widersprüchlichen Erwartungen in eine Situation, in der sie es einfach nicht richtig machen können: Einerseits sollen sie den Kindern die Sicherheit geben, dass sie nach wie vor geliebt werden, und Verantwortung für deren Wohlbefinden übernehmen. Andererseits dürfen sie sich nicht in die Erziehung bei der anderen Familie einmischen. Das Leid, das eine Mutter in einer solchen Situation erfährt, bleibt oft ungesehen und ungehört.

Stiefväter

Das gesellschaftliche Bild des Stiefvaters ist im Vergleich zu dem der Stiefmutter positiv. Er wird häufig als Retter gesehen und weniger als Konkurrent des Vaters. Im Gegensatz zu einer Stiefmutter, die sofort unter Bewährungsdruck gerät, kann er sich gemächlich in seine Rolle einfinden. Er muss sich nicht als Keil zwischen eine heilige Mutter-Kind-Einheit drängen und kann sich vorerst aufs Geldverdienen und auf den Schutz der Familie gegen außen konzentrieren. Aber dafür ist er einer äußerst scharfen Beobachtung durch die leibliche Mutter ausgesetzt: Ist er sorgfältig im Umgang mit den Kindern? Vermittelt er die richtigen Werte? Sind seine erzieherischen Maßnahmen angemessen? Die Versuche seitens der Mutter, auf sein Verhalten Einfluss zu nehmen sind viel ausgeprägter als diejenigen, die eine Stiefmutter in der Regel vonseiten des leiblichen Vaters erlebt.

Wenn Stiefväter sich in den extern lebenden Vater einfühlen können und sich dessen Rolle bewusst machen, können sie Konkurrenzprobleme mit dem leiblichen Vater verhindern.

Auch für Stiefväter gibt es typische Fallen, in die sie tappen können.

Typische Stiefvaterfallen

Falle 1: Der Retter-Stiefvater auf dem Schleudersitz

Neben der Liebe gegenüber der neuen Partnerin hegt der Rettertypus unter den Stiefvätern die Fantasie, als Held auf der Bildfläche erscheinen zu können. Diese Form von Stiefvaterschaft wird genährt durch die gesellschaftliche Rollenzuschreibung. Männer, die gerne zupacken, Probleme aktiv und zügig lösen wollen und eher zu autoritärem Verhalten neigen, geraten oft in diese Rolle. Mann sieht, wie die arme alleinerziehende Mutter sich durch den Alltag müht und sich die Zeiten für Dates mit ihm erkämpfen oder manchmal mittels Notlügen erschleichen muss. Er erlebt, wie sie bei den Einkäufen die Preisschilder dreimal vergleicht, und vielleicht auch, dass ihre jugendlichen Kinder sie nicht ernst nehmen und sie langsam in ihren Erziehungsbemühungen resigniert. Da kann er nicht anders, als tatkräftig und rettend einzugreifen.

So entwickelt sich eine problematische Dynamik: Die Mutter ist zuerst erleichtert über die Unterstützung. Sie lehnt sich dankbar zurück und überlässt das Erziehungsgeschäft zunehmend ihrem Partner. Je passiver sie wird, umso aktiver wird der Stiefvater. Die Mutter lebt ihren Erziehungsstil, der durch Liebe und Nachsicht geprägt ist und weniger auf Konsequenz und Strafe als Erziehungsmittel setzt. Der Stiefvater, der diese Haltung als zu wenig streng einschätzt, kompensiert durch mehr Härte und männliche Präsenz. Damit schließt sich der Teufelskreis.

Die Kinder ihrerseits wollen herausfinden, ob ihre Mutter hinter ihnen oder hinter dem Geliebten steht. Sie provozieren, damit die Mutter Position bezieht. Bald kommt es so weit, dass sich die Mutter schützend zwischen ihren Partner und eines ihrer Kinder wirft, weil der Mann brachial durchzugreifen droht. Irgendwann bricht dann der Konflikt zwischen den Partnern offen aus. Und wenn nicht, setzt das Kind noch einen drauf, indem es sagt: *Du bist nicht mein richtiger Vater, du hast mir nichts zu befehlen.* Die Mutter fühlt sich immer mehr gedrängt, sich zwischen ihren Kindern und dem Partner entscheiden zu müssen. Fast immer fällt die Entscheidung für die Kinder aus und es folgt die Trennung. Der Schleudersitzmechanismus ist ausgelöst.

Falle 2: Der defensiv-leidende Stiefvater

Ist der Stiefvater ein Typ, der weder gern bestimmt und entscheidet noch Verantwortung übernimmt, kann er sich in der folgenden Rolle wiederfinden: Er unterstützt seine Partnerin tatkräftig, wo er kann, nimmt ihr alles ab – außer der Verantwortung für die Kindererziehung. Dadurch hat er weit größere Chancen, eine gute Beziehung zu den Stiefkindern aufzubauen als sein Kollege »Schleudersitz«. Er wird von den Kindern geliebt oder zumindest geschätzt. Dafür läuft er Gefahr, ausgenutzt zu werden, weil er sich nicht genügend abgrenzt, sondern immer der gute Trottel ist: Er chauffiert zu Sportanlässen, löst EDV-Probleme, montiert Steckdosen und erledigt Einkäufe, bekommt aber weder von der Partnerin noch von den Stiefkindern Anerkennung.

Das alles tut er, damit seine Partnerin wieder mehr Luft hat, weil er sich nach den Zeiten der Verliebtheit zurücksehnt, als alles so schön und harmonisch war. Er hofft, dass ihn die Partnerin aufgrund seiner Leistungen mehr wahrnimmt, durch ihre Dankbarkeit die alte Intensität zurückkommt und das Paar schließlich wieder mehr Zeit füreinander hat. Aber meist kommen nur neue Probleme hinterher, und er geduldet sich weiter in der Hoffnung, wieder gesehen und geliebt zu werden. Oft wartet er zu lange.

Er geht zwar nicht das Risiko ein, rausgeschmissen zu werden, dafür aber depressiv und lustlos zu werden, weil der Tag nie kommt, an dem die schöne Zweisamkeit von früher wieder aufleben kann. Sein Eigenleben lässt er langsam, aber sicher in Vergessenheit absinken. Bis ihm irgendwann alles zu viel wird und er seine Hoffnung auf erfüllende Partnerschaft aufgibt. Er verkündet, wieder auszuziehen. Und schlimmstenfalls widerspricht nicht einmal jemand.

Bessere Alternative: Stiefvater auf der Ersatzbank

Keine Gefahr, in die Stiefvaterfallen zu tappen, läuft der Typ »Stiefvater auf der Ersatzbank«. Dieser hat sein Ziel, nämlich die neue Partnerschaft am Leben zu erhalten, nie aus den Augen verloren. Die Stiefvaterrolle wird nicht zur Hauptbeschäftigung. Er will sich weder bei den Kindern anbiedern noch die Frau in Abhängigkeit bringen. Er ist auf die Partnerin fokussiert und unterstützt sie in ihrer Erzieherrolle mehr durch Rat als durch Tat. Ihm ist klar, dass die Beziehung zum Stiefkind der Beziehung zu seiner Partnerin untergeordnet und davon abhängig ist. Die Partnerin ist das Bindeglied zu seinem Stiefkind.

Er ersetzt die leiblichen Eltern jeweils nur für gewisse Zeiten, wenn sie nicht auf dem Spielfeld stehen können und ihm den Auftrag für einen Einsatz geben.

Empfehlungen für Stiefväter

✘ *Übernehmen Sie Verantwortung für Ihre Stiefkinder, indem Sie Ihre Partnerin unterstützen, ohne ihr die Erziehungsverantwortung abzunehmen.*

✘ *Begrenzen Sie Ihre erzieherischen Tätigkeiten auf den mit Ihrer Partnerin abgestimmten Rahmen.*

✘ *Stellen Sie Ihrem Stiefkind Ihre Fähigkeiten zur Verfügung, ohne sie ihm aufzudrängen.*

✘ *Wenn Sie allein für Ihre Stiefkinder verantwortlich sind, lassen Sie sich Ihre Aufgaben und Kompetenzen klar delegieren und halten Sie sich an diese Richtlinien. Holen Sie bei Bedarf den Rat Ihrer Partnerin.*

✘ *Stellen Sie sich bei Konflikten zwischen den Stiefgeschwis-*

tern nicht blindlings hinter Ihr eigenes Kind. Klären Sie, wie
der Konflikt entstand und ob er mit der Stieffamilien-Situati-
on zu tun hat. Besprechen Sie sich mit Ihrer Partnerin auf
der Erwachsenenebene, bevor Sie Stellung beziehen.

✗ *Grundsätzliche Entscheidungen, die die Zukunft der Kinder*
betreffen, sollen die leiblichen Eltern fällen.

✗ *Unterlassen Sie jegliche Konkurrenz zum leiblichen Vater.*
Suchen Sie stattdessen die Kooperation mit ihm, um eine op-
timale Ergänzung zu erreichen.

✗ *Mischen Sie sich nicht in die Auseinandersetzung zwischen*
Ihrer Freundin bzw. Frau und deren Expartner ein.

Väter, die von ihren Kindern getrennt leben

Bei Scheidungen bleiben die Kinder in aller Regel bei der Mutter.
Ein Vater, der für das Sorgerecht kämpft, wird vom Umfeld nur dann
positiv beurteilt, wenn die leibliche Mutter völlig ausfällt, zum Beispiel aufgrund schwerer Erkrankung nicht ausreichend für die Kinder sorgen kann, sich prostituiert oder die Kinder massiv vernachlässigt. Ansonsten werden ihm eher scheidungstaktische Motive
unterstellt. Erwartet hingegen wird, dass der Vater finanziell gut für
die Kinder sorgt – auch wenn er dabei ins Existenzminimum gerät.
Sich emotional um die Kinder zu kümmern wird eher als Zusatz-
nutzen gesehen, aber häufig nicht als notwendig erachtet.

Für die meisten Väter aus Familien mit traditioneller Rollenver-
teilung ist es ungewohnt, sich nach der Trennung plötzlich allein
um die Kinder zu kümmern. Die mütterlichen Erwartungen können
Väter dann meistens nicht erfüllen.

Auch das Leid der Väter, wenn sie sich zunehmend ausgegrenzt
fühlen, findet in der Gesellschaft heute immer noch kaum Beach-
tung. Auch wenn sich Väter im Alltag wenig mit den Kindern beschäftigt haben, bedeutet der Verzicht auf den täglichen Kontakt
für sie einen großen Verlust.

Europaweit haben sich heute unter der Trennung leidende Väter
zu Verbänden formiert, die mehr Rechte einfordern und Beratungen

anbieten. Solche Beratungen können der Einsamkeit und dem Gefühl, ausgegrenzt zu sein, entgegenwirken. Oft gelingt es den Vätern mit beraterischer Hilfe auch, das Kriegsbeil mit der Exfrau zu begraben.

Leider gibt es aber auch Männer, die sich nur Informationen zu Herzen nehmen, die ihnen im Kampf gegen die Expartnerin nützen, wodurch sich der Krieg zwischen den Elternteilen dann verschärft.

Chancen für Stiefeltern

Die Versuchung, den Traum einer Kernfamilie zu träumen, ist groß. Viele Stieffamilien erliegen ihr und versuchen, »richtige Familie« zu spielen. Dagegen wehren sich die Kinder dann meist, indem sie durch auffälliges Verhalten die Familienidylle zerstören.

Die Liebe des neuen Paares und die Bereitschaft, sich aufeinander einzulassen, ermöglichen, die Alltagssorgen und -probleme manchmal einfach in den Hintergrund zu schieben. Mit der in der Zweisamkeit gewonnenen Kraft können sich die Partner gegenseitig ihre Ängste und Befürchtungen die neue Situation betreffend als Stiefelternpaar anvertrauen und die Probleme gemeinsam lösen. Wenn sich beide über die Unterschiede ihrer Rollen als Mutter und Stiefmutter bzw. als Vater und Stiefvater klar werden, sind die Chancen für eine erfolgreiche Patchworkfamilie am größten.

Empfehlungen für Stiefeltern

✘ *Definieren Sie sich primär als Partner und nicht als Eltern.*

✘ *Nehmen Sie die Stiefeltern-Situation als Herausforderung an, um sich persönlich weiterzuentwickeln.*

✘ *Tauschen Sie sich über Ihre Erfahrungen aus, die Sie in früheren Partnerschaften oder Familienleben hatten. Sie können voneinander lernen und werden so realistischer und selbstkritischer in Ihren Einschätzungen bezüglich der neuen Situation.*

✘ *Widerstehen Sie der ständig auftretenden Versuchung, sich mit »normalen« (also Kern-)Familien zu vergleichen und so zu tun, als ob Sie eine Kernfamilie wären.*

✘ *Wenn Ihnen der Gegenwind der Gesellschaft entgegenweht: Nehmen Sie die Kritik als Gelegenheit, Ihr eigenes Bewusstsein zu schärfen. Entscheiden Sie selbst, welche Erwartungen und Ansprüche Sie erfüllen wollen und welche nicht.*

✘ *Definieren Sie Ihre Rolle selbst, ohne sich von den Rollenerwartungen der Umgebung bestimmen zu lassen.*

✘ *Bauen Sie Ihre Beziehung zu den Stiefkindern langsam auf – und intensivieren Sie diese dann parallel zum wachsenden Vertrauen.*

✘ *Haben Sie Verständnis für die Schwierigkeiten Ihres Partners mit Ihren eigenen Kindern, und versuchen Sie nicht, die Probleme wegzureden.*

✘ *Wenn Ihr Partner die eigenen Kinder Ihrer Meinung nach ungünstig erzieht oder falsch mit ihnen umgeht, dann sprechen Sie ihn darauf an. Versuchen Sie nicht, zu demonstrieren, wie es besser wäre.*

✘ *Grundsätzliche Entscheidungen, die die Zukunft der Kinder betreffen, müssen die leiblichen Eltern fällen.*

✘ *Sehen Sie Ihren Expartner nicht als Feind – auch wenn er Sie provozieren will. Nehmen Sie seine Ideen ernst, und binden Sie ihn in Entscheidungen ein, die die Kinder betreffen.*

✘ *Machen Sie sich bewusst, dass Ihre Liebe zum Partner und die Liebe zu den Kindern auf zwei verschiedenen Ebenen liegen und sich nicht ausschließen.*

✘ *Versuchen Sie nicht, gleichzeitig auf Partner und Kind fokussiert zu sein – wechseln Sie ab.*

7. Das gesamte Patchworksystem

Sammeltopf »Patchworkfamilie«

Die meisten Herausforderungen sind für Stief- und Patchworkfamilien dieselben. Wenn ein Stiefelternpaar noch ein gemeinsames Kind bekommt, wird die Stieffamilie zu einer Patchworkfamilie. Dadurch ergeben sich zusätzliche Herausforderungen. Im Folgenden zeigen wir die Entwicklung von der Eineltern- zur Stiefeltern- und schließlich zur Patchworkfamilie auf.

Von der Eineltornfamilie zur Stieffamilie

Warnungen, dass Paare sich vor dem Zusammenziehen Zeit lassen sollten, haben wir bereits reichlich erwähnt. Damit wollen wir sie nicht vom Gründen einer Stieffamilie abhalten, ihnen aber dringend empfehlen, sich vor diesem großen Schritt ein »Stieffamilien-Experiment« zu gönnen. Das gemeinsame Wohnen soll also erst einmal ausprobiert werden. Sollte ein solches Experiment im Alltag wegen der Distanz zwischen den Wohnorten und Schulen nicht möglich sein, eignet sich der Urlaub für die Durchführung. So können sich die Partner über längere Zeit gegenseitig in der Rolle der Mutter oder des Vaters erleben. Und sie sehen, ob der andere geduldig und verständnisvoll ist, ob er sich von den Kindern abgrenzen kann oder ob jedes Erwachsenengespräch sofort unterbrochen wird, wenn ein Kind ruft. Im probeweisen Zusammenleben kann man beobachten, wie der Kontakt zwischen dem Partner und den Kindern ist, wie sich die gemeinsame Planung von Aktivitäten gestaltet und wie die anfallenden Arbeiten gemeinsam bewältigt werden. Wo entstehen Konflikte, wo ist man sich nah, wo driften die Haltungen völlig auseinander und worin besteht sofort Einigkeit?

Vorteile des Zusammenlebens

Das gemeinsame Leben als Patchworkfamilie ist reichhaltiger und abwechslungsreicher als in Kernfamilien, und das Förderungspotenzial für die Kinder ist größer: Sie haben neue Ansprechpartner, mehr Anregungen und mehr Möglichkeiten, sich Unterstützung zu holen. Gerade Einzelkinder profitieren davon besonders.

Durch Stiefgeschwister lernen sie, für sich einzustehen und sich durchzusetzen, aber auch auf andere zu achten und zugunsten anderer zu verzichten. Auch wenn etwa das Streiten zwischen den Stiefgeschwistern am Anfang eine große Herausforderung darstellt, ist es für die Entwicklung der Sozialkompetenz doch sehr wichtig.

Im Jugend- oder jungen Erwachsenenalter können sich die Stiefgeschwister gegenseitig Dinge beibringen, von denen die Eltern nichts verstehen, zum Beispiel den Umgang mit den sozialen Netzwerken und neuen Technologien. Wenn sie ein gutes Verhältnis miteinander haben, vermitteln sie einander auch Kontakte zu Freunden.

Für Kinder eines unglücklichen Alleinerziehenden bedeutet der neue Partner von Mutter oder Vater eine Entlastung. Nachdem sie eine spannungsgeladene Trennung und danach vielleicht einen unglücklichen Elternteil erlebt haben, sind sie nun von glücklichen Erwachsenen umgeben und leben in einer entspannten Atmosphäre. Sie müssen sich keine Sorgen mehr um ihren Vater oder ihre Mutter machen und haben wieder Raum für die eigene Entwicklung.

Für die Erwachsenen liegen die Vorteile auf der Hand: Sie erleben mehr Nähe, wenn sie in einer Wohnung leben. Sie bewältigen den Alltag leichter, weil es nicht mehr zwei Haushalte zu führen gibt. Sie haben mehr Möglichkeiten, sich Paarzeiten oder Momente für sich allein zu gönnen.

Herausforderungen

Wenn ein Paar mit Kindern zusammenzieht, wird es schnell merken, dass Besuche und Zusammenleben zwei Paar Schuhe sind. Denn das Zusammenleben im gleichen Haushalt stellt neue Herausforderungen: Die Erwachsenen werden die neuen Rollen als Stiefeltern einnehmen, in denen sie von den Kindern erstmalig als erzieherisch tätige Erwachsene erlebt werden. Selbst wenn sich die Kinder bisher gut mit dem neuen Partner verstanden haben, muss das nicht heißen, dass sie ihn in seiner neuen Rolle ebenso gut akzeptieren und dieser dann mit etwaigen Provokationen gut umgehen kann. Es wird Situationen geben, in denen ein Stiefelternteil etwas von den Kindern verlangen oder ihnen Grenzen setzen muss. In solchen Schlüsselmomenten zeigt sich erst, wie der leibliche Elternteil den Umgang seines neuen Partners mit den eigenen Kindern erlebt. Nicht selten kommt es zu Irritationen und Überraschungen, die das neue Stiefelternpaar gemeinsam bewältigen muss. Manchmal opponieren Kinder im Zusammenleben so stark, dass das Paar den Zusammenzug rückgängig machen muss. Zu solchen Situationen kommt es häufig, wenn die Kinder früher als die Erwachsenen spüren, dass diese ihre Unterschiede in den Erziehungsstilen noch nicht überbrücken können und das Zusammenziehen zu früh stattgefunden hat.

Empfehlungen für das Zusammenziehen

✘ *Es lohnt sich, vor einem definitiven Zusammenzug einen »Stieffamilien-Testlauf« durchzuführen: d. h. mindestens einen gemeinsamen Urlaub zu machen oder probeweise im Alltag zusammenzuleben, z. B. einen Monat in der gleichen Wohnung. Danach können Sie Ihre Entscheidung auf einer realen Grundlage fällen.*

✘ *Stellen Sie sich darauf ein, dass Sie neue, auch unangenehme Seiten an sich und Ihrer Partnerin entdecken. Seien Sie offen für diese Entdeckungen und tauschen Sie sich darüber aus.*

✘ *Falls Ihre Kinder den neuen Partner ablehnen, hinterfragen Sie Ihre eigenen Gefühle in Bezug auf das Zusammenleben. Stehen Sie dem Zusammenleben vielleicht selbst ambivalent gegenüber?*

✘ *Machen Sie den Kindern klar, dass Sie den Zusammenzug wünschen und die Verantwortung dafür übernehmen. Achten Sie auf ihre Bedürfnisse und Reaktionen, aber übernehmen Sie die Verantwortung für die endgültige Entscheidung für oder gegen einen Zusammenzug.*

Von der Stieffamilie zur Patchworkfamilie

Für alle Beteiligten ist die Ankunft des neuen Menschleins ein Anlass zur Freude. Dennoch bringt das kleine Wesen auch Schwierigkeiten für die ganze Familie mit sich.

☞ *Auf diese Auswirkungen eines gemeinsamen Kindes wiesen wir bereits in den Abschnitten des Kapitels 4 »Entthronung durch ein gemeinsames Kind« (S. 273 f.) und »Gemeinsames Kind als Kitt« (S. 277) hin.*

Risiko: Entthronung, Neid und Eifersucht

Zur Erinnerung: Das Hauptrisiko eines gemeinsamen Kindes ist, dass die Stiefkinder entthront werden und es dadurch zu Problemen kommt. Zu dieser Entthronung kommt es umso eher, wenn das Baby für einen der beiden Partner das erste eigene Kind ist. Die Erfahrung, das eigene Kind auf die Welt kommen und heranwachsen zu sehen, ist überwältigend. Die Liebe zu diesem Kind drängt die Zuneigung zu den Stiefkindern zwingend in den Hintergrund. Wenn sich dann auch noch die Verwandtschaft des jungen Vaters bzw. der jungen Mutter nur auf das neue Kind stürzt und die Stiefkinder vergisst, spitzt sich die Situation zu. Um zu verhindern, dass sich die älteren Kinder übergangen fühlen, muss das Paar der Verwandtschaft gegenüber klar Stellung für sie beziehen. Im Familienalltag muss das Paar das Thema Eifersucht und Neid im Auge behalten und mit den Kindern besprechen. Die Patchworkeltern sollten zum Beispiel mit einem älteren Kind besprechen, dass es bei einem spannenden Ausflug nicht dabei sein kann, weil es seinen Vater besucht, aber dass sie für diesen Verzicht einen Ausgleich suchen werden.

Zunehmender Organisationsaufwand

Bringen beide Patchworkeltern Kinder mit in die neu gegründete Familie, müssen sie dafür sorgen, dass diese regelmäßig Kontakt zu den außerhalb lebenden Elternteilen pflegen können. Die Beziehungspflege der verschiedenen Menschen zu unterschiedlichen

Zeiten ist mit einem hohen Organisationsaufwand verbunden. Bevor sich die neuen Partner für ein gemeinsames Kind entscheiden, das auch nochmals viel Zeit und Zuwendung braucht, sollten diese Abläufe schon eingespielt sein.

Empfehlungen, wenn ein gemeinsames Kind dazukommt

✘ *Seien Sie sich bewusst, dass die Beziehung zum gemeinsamen Kind eine ganz andere ist als jene zu den Stiefkindern. Achten Sie darauf, dass die Qualität der Beziehungen zu den Stiefkindern nicht unter dem Familienzuwachs leidet.*

✘ *Bereiten Sie die Stiefkinder auf die neue Situation vor, und schaffen Sie Zeiträume, um die Beziehung zu ihnen weiter zu pflegen.*

✘ *Machen Sie den Kindern klar, warum ihre Beziehungen zu den Erwachsenen unterschiedlich sind, warum diese Beziehungen sich durch ein neues Kind verändern und warum sie nicht alle denselben Alltag haben. Aber schaffen Sie Ausgleich, indem Sie regelmäßig mit den eigenen Kindern auch alleine etwas unternehmen.*

✘ *Achten Sie als Patchwork-Elternpaar darauf, dass Großeltern und übrige Verwandte die Stiefkinder nicht plötzlich vergessen oder fallen lassen, weil nun der Thronfolger da ist.*

✘ *Seien Sie sich bewusst, dass es Ihr gemeinsames Kind in vieler Hinsicht leichter hat, da sein Platz zwischen seinen Eltern der sicherste ist.*

Alltag in der Patchworkfamilie

Wenn eine Patchworkfamilie entsteht, stellt der Zuwachs an Bezugspersonen und Verwandten für die Kinder meist eine Bereicherung dar. Es gibt mehr Ansprechpartner, mehr Anregungen durch unterschiedliche Interessen, mehr Gelegenheiten, sich einer Aktivität anzuschließen. Die Summe der Begabungen, zwischenmenschlichen Erfahrungen, Fähigkeiten und Unterstützungsmöglichkeiten ist größer geworden. Das Leben in einer Patchworkfamilie ist also im Vergleich zum Leben in der Einelternfamilie anregender.

Aber zu solch einem Leben gehören ständig Entscheidungen. Besonders bei Festen oder Feierlichkeiten tauchen Fragen auf, wer alles eingeladen werden soll: Soll der neue Partner mit seiner Tochter zum Geburtstagsfest der Großmutter mitkommen? Oder die unterschiedlichen Gewohnheiten, Haltungen und Familientraditionen werfen Fragen auf: Soll Weihnachten nach Art der einen Familienseite oder nach Art der anderen gefeiert werden? Welchen Stellenwert bekommen materielle Werte und wo müssen Ungleichgewichte ausgeglichen werden? Ist es okay, dass die reiche Großmutter ihre Enkel mit Fahrrädern beschenkt, während die anderen Kinder der Patchworkfamilie von ihrer Oma selbst gestrickte Socken bekommen? Immer wieder müssen die Familienmitglieder ihren Umgang mit Räumen, Gegenständen und Familienkulturen neu definieren.

Rituale

Jede Familie entwickelt im Laufe der Zeit kleinere oder größere Rituale: Die eine Familie trifft sich immer zum Morgenkaffee, für die andere ist das gemeinsame Abendessen oder der Sonntagsbraten sakrosankt. In der einen Familie wird den Kindern vor dem Schlafen eine Geschichte vorgelesen, in der anderen sitzen alle Kinder im Pyjama gemeinsam mit den Eltern vor dem Fernseher. Manche Kinder bekommen jeden Abend einen warmen Kakao, für andere wird das Pausenbrot in einer bestimmten Dose zurechtgemacht. Es gibt unzählige kleine alltägliche Abläufe, die für die Kinder Ritualcharakter haben. Kinder lieben Rituale, da sie ihnen Sicherheit und Vorhersehbarkeit in einer ständig sich ändernden Umwelt, insbesondere in einer neuen Patchworkfamilie, geben. Wenn die zwei Familienteile zusammenkommen, sollten möglichst viele der alten Rituale beibehalten werden. Auch Erwachsene, die viel Energie für den Aufbau eines neuen Familiengefüges benötigen, profitieren von diesen wiederkehrenden Abläufen, denn sie helfen, Energie zu sparen.

Patchwork-Experimente statt Routine

Da es Patchworkfamilien in fast beliebig vielen Variationen gibt und in jeder andere, unterschiedliche Charaktere aufeinandertreffen, können wir keine grundsätzlichen Rezepte abgeben, wie man das gemeinsame Leben organisieren soll. Jede Patchworkfamilie ist ein Unikat und jede muss selbst herausfinden, wie das Familienleben am besten funktioniert. Deshalb sollte sich die Patchworkfamilie auf häufiges Experimentieren einstellen. Diese Experimente betreffen einerseits, wie sie die Beziehungen pflegen, andererseits, wie sie den Alltag gestalten. Da die Familie ja nicht vorherwissen kann, ob gemeinsame Ausflüge wirklich für alle ein Gewinn sind, sollte sie ihre Unternehmungen in verschiedenen Konstellationen ausprobieren: mal nur ein Kind mit beiden Erwachsenen, mal alle Kinder mit einem Erwachsenen, in allen möglichen Variationen. Auch wer dies bestimmt, kann variiert werden: Einmal bestimmen die Erwachsenen, wer mitmachen soll, einmal die Kinder. Auch bis der Alltag sich eingespielt hat, müssen die Familienmitglieder miteinander in unterschiedlichen Situationen Erfahrungen gemacht haben: Eventuell bewährt es sich, wenn die ganze Familie am Samstagvormittag den Hausputz und Großeinkauf macht, oder es funktioniert besser, wenn für jeden Aufgaben festgelegt werden, die er während der Woche einmal erledigen muss. Es kann Vorteile haben, wenn immer die gleichen Personen die gleichen Aufgaben haben, es kann aber auch vorteilhaft sein, wenn jede Woche die Ämter neu verteilt werden.

Empfehlungen zum Experimentieren in der Patchworkfamilie

✗ *Sehen Sie Ihren Patchwork-Alltag als Experiment an. Probieren Sie immer wieder Neues aus und behalten Sie bei, was sich bewährt.*

✗ *Führen Sie Beziehungsexperimente durch: Beobachten Sie, wer mit wem etwas gerne und gut macht.*

✗ *Setzen Sie sich regelmäßig zu gemeinsamen strukturierten Familiengesprächen zusammen, um sich über Erfahrungen auszutauschen und neue Experimente anzusetzen. Ein Gespräch während einer Mahlzeit reicht dafür nicht aus. Sammeln Sie Themen. Achten Sie darauf, dass alle zu Wort kommen und Beschlüsse gemeinsam gefasst werden.*

✗ *Erfinden Sie Rituale, die vor allem kleinen Kindern Sicherheit und Halt geben.*

✗ *Bestimmen Sie eine Zeitspanne, während der die geplanten Experimente laufen. Falls etwas nicht klappt, bedeutet es kein Scheitern, sondern einen Erfahrungszuwachs.*

Umgang mit Expartnern

Der Umgang mit Expartnern ist meist die größte Herausforderung. Da sie als Elternteile der Kinder mit der Patchworkfamilie eng verwoben sind, können sie nicht einfach außer Acht gelassen werden.

Reaktionen nach dem Zusammenzug

Sobald das Paar eine Patchworkfamilie gegründet hat, investiert es verständlicherweise den Großteil der Energie in das Neue, Lustvolle und Schöne. Sie wollen das Alte ruhen lassen und die neu gebildete Familie vor Problemen schützen, um zusammenwachsen zu können. Ein häufiger Wunsch der neuen Patchworkeltern ist, sich nicht mehr mit dem Ex auseinandersetzen zu müssen, sondern nur noch nach vorn zu schauen. Natürlich kann der Expartner das nicht nachvollziehen. Er wird von intensiven Gefühlen übermannt, seine Familie an einen Konkurrenten verloren zu haben. Er wird manchmal sogar misstrauisch, und er will genau wissen, wer der oder die Neue ist und wie er oder sie mit seinen Kindern umgeht.

Je nachdem, wie viel Zeit seit der Trennung vergangen ist und wer die Initiative dazu ergriffen hatte, je nachdem, wie groß die Verletzung oder die Scham darüber ist, fallen die Reaktionen des Expartners verschieden aus. Resignation und Rückzug, Eifersucht und Kampf gegen den Rivalen sind wohl die häufigste Reaktion, vor allem dann, wenn der Expartner noch auf eine Wiedervereinigung hofft. Vor allem hat er Angst, die Kinder an den neuen Stiefvater zu verlieren. Auch die Befürchtung, die Kinder kämen zu kurz, weil die Frischverliebten nur noch Augen füreinander haben, kann sich unter diese anderen Gefühle mischen.

Grenzverletzungen sind eine andere Form von Reaktion des verlassenen Partners: Er oder sie sucht Vorwände, um Zutritt zur Wohnung des Expartners zu bekommen, oder er diffamiert den Expartner an dessen Arbeitsstelle.

Expartner reagieren höchstens dann erleichtert auf die neue Liebe, wenn sie vorher große Schuldgefühle hatten, etwa weil sie diejenigen waren, welche die Trennung vorangetrieben hatten. Sie haben sich seit der Trennung stark mitverantwortlich für das Leben des alleinerziehenden Expartners und der Kinder gefühlt. Jetzt erhoffen sie sich Entlastung.

Im folgenden Unterkapitel zeigen wir, welche Folgen die häufigsten Reaktionen des Expartners haben können und wie Patchworkeltern damit umgehen können.

Gefahren

Rückzug des Expartners akzeptieren
Beim allein lebenden Elternteil können die Trennung und das neue Patchworksystem das Gefühl auslösen, dass ihn niemand mehr lie-

be, er nicht mehr wahrgenommen werde und seine Leistung als Elternteil nichts mehr zähle. Vor allem Väter, die durch die Unterhaltszahlung an ihr Existenzminimum geraten und gleichzeitig ihre Kinder nur selten sehen, werden vom Gefühl überwältigt, alles verloren zu haben, missachtet und gedemütigt zu werden. Manchmal ziehen sie sich gekränkt zurück und geben sich abweisend. Manche beschränken sich auf die Pflichtkontakte mit den Kindern.

Diese Verhaltensweise wird in der neuen Patchworkfamilie komplett anders wahrgenommen: Die Frau ärgert sich darüber, dass sich der Expartner kaum mehr um die Kinder kümmere, und findet, er könne es auch ganz bleiben lassen. Der Expartner wird als überflüssig empfunden, und die Kontakte zwischen ihm und den Kindern werden dem Zufall oder den Kindern selbst überlassen. Im schlimmsten Fall wird der Kontakt sogar torpediert. Diese Entwicklung ergibt sich am ehesten dann, wenn sich die Konflikte schon vor der Trennung darum drehten, dass sich der andere zu wenig um die Kinder gekümmert hat. Die Gefahr besteht, dass sich beim allein lebenden Ex die negativen Gefühle noch weiter verstärken, bis sie in aggressive Ausbrüche oder Depression übergehen.

Dämonisierungsprozess

Wir haben im Abschnitt »*Phasen einer Trennung*« im Kapitel 3 (S. 248 ff.) und »*Beziehung zu Expartnern*« im Kapitel 5 (S. 287) darauf hingewiesen, dass Reaktionen der verlassenen Expartner zu großen Schwierigkeiten führen können. Die Konflikte nehmen bei extremen Reaktionen immer größere Ausmaße an und können weite Kreise ziehen: Verwandtschaft und gemeinsamer Freundeskreis werden in den Konflikt der Expartner einbezogen. Durch gezielte Verleumdungen versuchen die beiden, das Bild des Expartners ins Negative zu verzerren. Sie versuchen, gemeinsame Bekannte zu potenziellen Koalitionspartnern zu machen, und nötigen diese, Partei zu ergreifen. Solche Situationen nennt man in Fachkreisen Dämonisierungsprozess.

Die Gefahr, dass ein solcher Dämonisierungsprozess in Gang kommt, ist umso größer, je mehr ungeklärte Konflikte zwischen den Expartnern bestehen: Alles, was der andere sagt, wird als Zeichen der Entwertung, Verachtung, Aggression, Demütigung und gegen sich gerichtet erlebt, und die ganze Verwandtschaft macht mit.

Begünstigt wird dieser Prozess durch erste Konflikte in der neuen Beziehung. Der gemeinsame Feind »Expartner« schweißt das neue Paar wieder zusammen: Es schiebt seine Schwierigkeiten auf die Probleme mit dem Ex. Auf Dauer hilft das allerdings nicht.

Scheidungskrieg an den neuen Partner delegieren

Manche Menschen fühlen sich durch die zermürbenden Auseinandersetzungen mit dem Ex so ausgelaugt und hilflos, dass sie den Kampf dem neuen Partner übergeben. Zunächst übernimmt der neue Partner die Kommunikation die Kinder betreffend mit dem Expartner. Nicht selten kümmert er sich dabei auch darum, den Konflikt im Sinne der Partnerin auszutragen. In solchen Fällen ist die Eskalation vorprogrammiert. Der alte Paarkonflikt kann so jedenfalls mit Sicherheit nicht geklärt werden, weil es die falschen sind, die miteinander streiten. Stattdessen kommt es nicht selten zu lautstarken Auseinandersetzungen bis hin zu körperlichen Übergriffen und Schlägereien zwischen dem neuen und dem Expartner.

»Ménage à trois«

Eine besonders delikate Situation ergibt sich bei Paaren, die sich zwar örtlich getrennt haben, aber trotzdem noch vieles gemeinsam unternehmen. Oft brüsten sich solche Eltern mit ihrer Traumscheidung und damit, dass sie sich nie gestritten hätte. Manche trennen sich den Kindern zuliebe auf diese Weise, die meisten aber, weil sie sich noch nicht ganz voneinander gelöst haben. Wenn sich einer der beiden neu verliebt, verliert er nicht den Wunsch, die Beziehung zum Expartner weiter zu pflegen, doch er wird ihn in der Regel geheim halten. Dazu kommt das Bedürfnis, den neuen Partner ins Familienleben zu integrieren.

Natürlich wird der neue Partner nicht begeistert sein, wenn er sieht, wie der Ex seiner Frau in der gemeinsamen Wohnung ein und aus geht, als würde er selbst noch dort wohnen. Er will die spontanen Besuche unterbinden und wünscht sich, dass der Kontakt zwischen dem Ex und den Kindern klar geregelt wird, damit seine Partnerin Zeit für ihn und die neue Beziehung hat.

Es kommt vor, dass zu diesem Zeitpunkt die ganze Trennungsdynamik zwischen den getrennt lebenden Eltern mit Schmerz und Wut um Jahre verzögert doch noch in Gang kommt und die neue Partnerschaft einer harten Bewährungsprobe ausgesetzt wird.

Empfehlungen zum Umgang mit den Expartnern bei der Bildung einer Patchworkfamilie

Solche Situationen sind lösbar, wenn die Betroffenen sich nicht als Opfer sehen, die den Geschehnissen ausgeliefert sind, sondern ihre Gestaltungsmöglichkeiten aktiv ausschöpfen.

✘ *Gehen Sie offen und klar mit dem Expartner um. Wenn Sie eine neue Partnerschaft eingehen, informieren Sie ihn als Ersten über die neue Liebe. Wenn er den Eindruck bekommt, alle hätten vor ihm davon gewusst, ist er zu Recht verletzt.*

✘ *Versuchen Sie, sich in die Situation Ihrer Expartnerin einzufühlen: Bringen Sie ihr Verständnis oder zumindest Akzeptanz entgegen. Dazu muss man manchmal über den eigenen Schatten springen und über Kränkendes hinwegsehen. Manchmal gelingt es besser, die Trennung zu verarbeiten, wenn sich das Expaar gemeinsam Hilfe von Außenstehenden sucht.*

✘ *Fädeln Sie den Kontakt zwischen Ihrem neuen und dem ehemaligen Partner sorgfältig ein: Es braucht Fingerspitzengefühl, um zu entscheiden, wann und in welchem Kontext sich die beiden kennenlernen sollen. Es sollte nur dann zu einem Treffen kommen, wenn Sie alle drei Bereitschaft signalisieren. Falls der neue Partner Anlass für die Trennung war, dürfte es etwas länger dauern. Ist der Expartner auch schon wieder gebunden, wirkt ein Vierertreffen ausgleichend.*

✘ *Falls sich Ihr Expartner gegen die Patchworkfamilie stellt, bleiben Sie neutral: Verzichten Sie auf Rechtfertigungen und reagieren Sie nicht auf Bösartigkeiten. Wenn er in der Ver-*

wandtschaft und im Freundeskreis Schlechtes herumerzählt, ist es nicht einfach, neutral zu bleiben. Rüsten Sie aber ebenfalls auf, dreht sich die Eskalationsspirale weiter. Gehen Sie stattdessen aktiv auf den Ex zu, indem Sie über Ihr gemeinsames Interesse, besonders die Kinderbelange, sprechen. Irgendwann wird Ihre Haltung: »Über mein Leben entscheide ich. Wie du lebst, ist deine Sache«, *auch bei ihm ankommen.*

✗ *Sollte sich Ihr Expartner aus der elterlichen Verantwortung zurückziehen, erinnern Sie ihn an seine Kontaktpflicht den Kindern gegenüber und fordern Sie die Umgangszeiten ein: Es gibt nicht nur ein Kontaktrecht, sondern auch eine Kontaktpflicht gegenüber den Kindern. Kommt der Expartner dieser Pflicht nicht nach, müssen notfalls Behördenvertreter eingeschaltet werden. Denn Kinder erleben einen Kontaktabbruch immer als Katastrophe und vermuten meist, sie seien daran schuld.*

✗ *Setzen Sie die gemeinsame Elternschaft fort. Ihre neue Partnerin ersetzt nicht die Mutter, sie kommt dazu.*

✗ *An Schulanlässen und -gesprächen sollte das Eltern- nicht das Stiefelternpaar teilnehmen.*

✗ *Ein Hinweis auf eine geklärte Situation ist, wenn beide einsehen, dass sie zu 50 Prozent verantwortlich für die heutige Situation und all die entstandenen Verletzungen sind, und dann auch beide ihren Teil der Arbeit für die Lösung auf sich nehmen.*

Eltern der Expartner

Der Umgang mit den Schwiegereltern kann in jeder Ehe ein brisantes Thema sein. Oft wird sich das Paar nicht darüber einig, wie und wie oft die Schwiegereltern am Familienleben teilnehmen sollen, worüber sie informiert werden sollen oder ob sie sogar als Ratgeber bei Problemen fungieren dürfen. Oft stellt sich auch die Frage, ob beide Schwiegerelternpaare gleich stark einbezogen werden müssen, auch wenn der Umgang mit dem einen schwierig ist.

Sowohl bei Stief- als auch bei Patchworkfamilien kommen noch mindestens ein zusätzliches Eltern- bzw. Schwiegerelternpaar sowie ein etabliertes Großeltern-Enkel-Beziehungsgefüge hinzu. Diese Familien stehen vor denselben Fragen wie Kernfamilien, doch bei ihnen kommt erschwerend hinzu, dass sie sie lösen müssen, ohne dass sich vorher alle Beteiligten aneinander gewöhnen konnten. Dazu kommt, dass sie einen Rahmen schaffen müssen, damit die Kinder die Beziehung zu den Eltern des Expartners weiterhin pflegen können.

Großeltern-Enkel-Beziehung

Eine Trennung der Eltern und die Bildung eines neuen Familiengefüges dürfen nicht dazu führen, dass die Beziehung zwischen Großeltern und Enkeln abbricht. Besonders wenn die Beziehung intensiv ist, sind Großeltern eine wichtige Ressource und bieten den Kindern Halt. Ob die Kontaktpflege anstrengend oder leicht ist, hängt einmal mehr davon ab, wie die Eltern die Trennung vollzogen haben. Bei jüngeren Kindern müssen die Erwachsenen dafür sorgen, dass die Beziehung fortgesetzt wird. Fast immer ist die Liebe der Großeltern zu ihren Enkeln so stark, dass sie trotz innerer Widerstände über ihren Schatten springen. Auch die meisten Eltern lassen es früher oder später zu, dass diese Kontakte weiter gepflegt werden. Kinder, die nicht zu sehr eingeschüchtert sind, fordern den Kontakt oft auch selbst ein.

Inwieweit die Eltern des neuen Partners mit den Stiefenkeln in Kontakt kommen, hängt davon ab, ob auch ein leiblicher Enkel in der neuen Familie lebt. Wenn die Atmosphäre gut ist, kommt es immer wieder vor, dass dann die Großeltern kaum mehr einen Unterschied zwischen den leiblichen und Stiefenkeln machen.

Ein guter Großeltern-Enkel-Kontakt bringt für alle Beteiligten Vorteile. Es gibt mehr Betreuungsangebote und größeren Beziehungsreichtum für die Kinder. Weil Kinder gerne alle ihre Lieben um sich haben, schaffen sie es mit Hilfe der Großeltern manchmal sogar, dass sich die zerstrittenen Expartner zu bestimmten Anlässen wieder begegnen können, ohne sich gleich zu streiten.

Empfehlungen zum Umgang mit den Großeltern

✘ Respektieren Sie die gewachsenen Großeltern-Enkel-Beziehungen.

✘ Lassen Sie der älteren Generation Zeit, sich an die neue Situation zu gewöhnen.

✘ Verhindern Sie Konkurrenz zwischen den Großelternpaaren, indem Sie wertschätzend oder zumindest wertneutral über die jeweils andere Verwandtschaft sprechen.

Übrige Verwandtschaft und Freundschaften

Wenn eine Patchworkfamilie entsteht, vergrößert sich die Verwandtschaft aller Beteiligten deutlich, die Kontaktgestaltung ist komplizierter als in Kernfamilien. Wenn das Patchwork-Elternpaar es verpasst, den Kindern all die Menschen, die sie neu kennenlernen, näherzubringen und für einen Kontakt zu sorgen, fühlen sie sich verunsichert und überfordert.

Alle Freunde und Bekannten einer Patchworkfamilie zusammenzuführen ist kaum möglich. Die Patchworkeltern sollten sich deshalb überlegen, wen sie wann in Kontakt mit ihrer neuen Familie bringen wollen. Manche Beziehungen lassen sich leichter aufrechterhalten, wenn sie die Partner alleine pflegen, ohne die Familie einzubinden. Da Patchworkeltern nicht genug Kraft bleibt, alle Beziehungen zu erhalten, müssen sie sich auch überlegen, auf welche Beziehungen sie in Zukunft verzichten werden.

Symmetrie und gerechte Entscheidungen gegenüber allen Verwandten, wer zu welchem Anlass eingeladen wird, sind kaum mehr möglich und können deshalb auch von niemandem erwartet werden. Die Eltern können deshalb nach Lust und Laune, nach Vorlieben der Kinder und nach mutmaßlicher Sympathie zwischen den Geladenen entscheiden. Wichtig ist, dass sie hinter den Entscheidungen stehen können – und bei Bedarf auch wieder neue Entscheidungen treffen.

Bis der Zuwachs an Beziehungen zu einer Bereicherung wird, braucht es Zeit und Klarheit im Umgang miteinander. Wenn die

Familienzusammenführung erfolgreich abgeschlossen ist, ergeben sich daraus eine Menge Vorteile für alle Beteiligten: Die Erwachsenen gewinnen neue Ansprechpartner, vielleicht auch Unterstützung und mehr Auswahl an Betreuungspersonen für die Kinder. Mit etwas Glück hat das Paar in Zukunft eher die Möglichkeit, auch mal einen Abend allein als Paar zu verbringen. Auch die Kinder haben mehr Beziehungsmöglichkeiten und Anregungen.

Empfehlungen zum Umgang mit Verwandten, Bekannten und Freunden

✘ *Machen Sie sich klar, dass Sie bei der Gründung einer Patchworkfamilie nicht mehr alle Ihre alten Beziehungen so pflegen können, wie Sie es gewohnt waren, da Ihr Energievorrat nicht unerschöpflich ist.*

✘ *Sie als Patchworkeltern treffen die Entscheidung, wen Sie in die Familie einführen wollen und wen nicht.*

✘ *Informieren Sie Ihre Kinder gut über den Verwandtschaftsgrad oder wessen Freund oder Freundin jemand ist.*

✘ *Überlassen Sie es den jeweils Betroffenen, wie sie ihre Beziehungen gestalten wollen.*

✘ *Bei Veranstaltungen oder Einladungen: Suchen Sie individuelle Lösungen und berücksichtigen Sie auch die Wünsche der Kinder.*

✘ *Wenn ein Kind oder Jugendlicher in einer Situation zu wenig Zuwendung bekommt, sorgen Sie für Ausgleich in einer anderen Situation.*

✘ *Beugen Sie vorauszusehenden Kränkungen nicht berücksichtigter Verwandter vor, indem Sie das Gespräch mit ihnen suchen.*

✘ *Seien Sie sich bewusst, dass es bei der Auswahl und Pflege von Beziehungen nicht immer gerecht zugehen kann. Bleiben Sie mit Ihrem Partner im Gespräch darüber und suchen Sie miteinander Ausgleich.*

Familienkulturen und -traditionen

Wenn zwei kinderlose Menschen eine Familie gründen, können sie ihre Familientraditionen, ihre Kommunikation und ihre Rituale schon vor der Geburt des Kindes sukzessive aneinander anpassen oder gemeinsam neu entwickeln.

Bei der Gründung einer Patchworkfamilie bricht plötzlich eine völlig neue Familienkultur mitten ins gewohnte Familienleben hinein. Die Partner sehen in ihrer Verliebtheit mögliche störende Unterschiede und Reibungsflächen nicht. An den Kindern sehen sie sie dafür umso mehr. Diese bekommen bald zu spüren, dass der Stiefelternteil sie nach seinen Wertvorstellungen und Maßstäben nacherziehen will. Erst wenn Konflikte auftreten, werden unterschiedliche Haltungen, Wertvorstellungen und Maßstäbe offensichtlich. Diese haben jedoch nichts mit den Kindern zu tun, sondern vor allem mit den unterschiedlichen Familientraditionen.

Umgangsformen und Kommunikationsstil

Am schnellsten zeigen sich die Unterschiede an den Tischmanieren der Kinder und ihrem Umgangston den Eltern gegenüber. Die Kinder aus der einen Familie erheben sich am Tisch, wann sie wollen, oder greifen quer über den Teller des Tischnachbarn, die anderen verhalten sich, wie es Knigge empfahl. Die einen gehen mit den Eltern anständig und respektvoll um, die anderen behandeln sie wie Dienstpersonal.

Ostern und Weihnachten werden nicht nur abhängig vom Kulturkreis unterschiedlich begangen, sondern auch von Familie zu Familie. Aber auch die vielen anderen Rituale, wie etwa zum Einschlafen, variieren und müssen beim Zusammenzug besprochen werden. Entscheidungen und Kompromisse sind angesagt.

Kommunikationsstile differieren von Familie zu Familie genauso wie die Wortwahl und die Art des Sprechens. Automatisch zieht man daraus Rückschlüsse, aus welcher Gegend und aus welchem Milieu jemand kommt. In der Regel zeigt sich auch, in welcher Familienatmosphäre jemand aufgewachsen ist. Ist es üblich, eher direkt und konfrontativ miteinander umzugehen? Wird eine gehobene Sprache gesprochen, oder wird mit Schimpfwörtern locker umgegangen? Wird in einer Familie eher viel oder wenig über Persönliches geredet? All diese unterschiedlichen Stile treffen in einer Patchworkfamilie unvermittelt aufeinander. Sind die Unterschiede sehr groß, braucht es einige Zeit, bis sich ein Gleichgewicht eingestellt hat. Manchmal braucht eine Familienfraktion Unterstützung, etwa weil sie es nicht gewohnt ist, viel zu reden, und in der anderen dauernd debattiert wird. Damit die Kinder der schweigsamen Fraktion nicht überfahren werden, weil sie sich schlecht äußern können, brauchen sie besondere Spielregeln wie »talking stick«[14] oder eine Regel, die jedem den gleichen Redeanteil bei Tisch gewährt.

Glaube, Lebenseinstellung, Werte

Mit dem Glauben und den Wertvorstellungen verhält es sich ähnlich wie mit den Tischmanieren: Bei den Kindern stellen die Erwachsenen die Unterschiede rascher fest als bei sich selber. Zu entdecken, dass es Unterschiede gibt und welche Wirkung sie auf jeden haben, sind wichtige Diskussionsanstöße für die Erwachsenen über ihre Werte und Grundhaltungen.

Kinder bis zur Pubertät übernehmen elterliche Haltungen kritiklos. Auch wenn ein Kind nicht täglich beten muss und von den religiösen Praktiken der Eltern kaum tangiert wird, übernimmt es die elterlichen Moralvorstellungen. Dasselbe gilt für andere Wertvorstellungen wie die Grundhaltung der Natur, anderen Lebewesen oder den Mitmenschen gegenüber. Ob ein Kind egoistisch ist und nur für sich sorgt oder teilt und Rücksicht nimmt, wird in erster Linie von der elterlichen Haltung beeinflusst.

Viel Konfliktpotenzial verbirgt sich im Männer- und Frauenbild,

---

14 Ein »talking stick« ist ein mikrofonähnlicher Gegenstand wie ein Kochlöffel, der dem gereicht wird, der sich zu Wort meldet. So wird verhindert, dass mehrere Personen gleichzeitig sprechen.

das die Kinder in die neue Familie einbringen. Geht ein Junge davon aus, dass Haushaltsarbeiten Frauensache sind, oder hilft er selbstverständlich mit? Hört man einen leicht abschätzigen Unterton, wenn er über eine Frau spricht? Gibt sich ein Mädchen betont hilflos, wenn ein Mann in der Nähe ist, oder macht es sich ständig lustig über Männer? Auch hier kommen die Familienmitglieder nur weiter, wenn sie das Gespräch miteinander suchen und nicht darauf warten, dass sich schon irgendwann alles von allein einspielen werde.

Räume und materielle Werte

In jeder Familie gibt es Verteilungskämpfe genauso wie in jedem anderen Arbeitsteam. Entweder wird hierarchisch verfügt, wer wann wo sein darf, wem was gehört und was wem zur Verfügung steht. Oder die Familien- bzw. Teammitglieder müssen es gemeinsam aushandeln. Beide Varianten haben je nach Kontext Vor- oder Nachteile. Patchworkeltern sollten deshalb in jeder Situation abwägen, ob sie eine Entscheidung alleine treffen, oder alle in die Entscheidungsfindung miteinbeziehen.

Grenzen und Territorien

Der Umgang mit Grenzen ist ebenfalls oft eine Folge der Gewohnheiten in der Vorfamilie. Große Unterschiede führen zu Irritation und mit der Zeit zu Konflikten. Die Familienkultur der Offenheit prallt oft auf diejenige der Abgrenzung.

Um Grenzen deutlich zu machen und Territorien zu markieren, sind (zumindest am Anfang) Türschilder, Zeitpläne und Absprachen über den Umgang mit fremden Räumen hilfreich.

Die Benutzung allgemeiner Räume wird sehr unterschiedlich gehandhabt. In den einen Familien liegen überall Spielsachen der Kinder herum und in den Kinderzimmern herrscht Chaos pur. In anderen dürfen Kinder nur in ihrem Zimmer spielen und müssen allabendlich alles aufräumen. Sollten sich derart unterschiedliche Teilfamilien zusammentun, muss vorab geklärt werden, welchen Mittelweg man einschlägt. Ebenso müssen Absprachen darüber getroffen werden, was offene und geschlossene Türen bedeuten und wie damit umgegangen wird.

Zimmerverteilung

Wenn eine Patchworkfamilie eine gemeinsame Wohnung bezieht, ist der Verteilungskampf vorprogrammiert und sein Ausgang kann jahrelange Auswirkungen haben. Kinder erleben sich zu Recht als Opfer der elterlichen Willkür, wenn sie sich bei der Zimmerverteilung benachteiligt fühlen. Insbesondere wenn sie vor dem Zusammenzug ein größeres oder schöneres Zimmer hatten, werden sie den neuen Partner oder die Stiefgeschwister ihre Enttäuschung spüren lassen.

Bei gemeinsamem Sorgerecht kann es vorkommen, dass die Kinder an beiden Orten benachteiligt werden, da sie jeweils nur einen Teil der Woche dort zu Hause sind. Sie erleben es als Strafe, wenn sie das kleinste Zimmer bekommen, obwohl sie den Stress auf sich nehmen, zweimal die Woche von einem Haushalt in den anderen umzuziehen. Solche Dilemmata und Territorialfragen sind der harte Anfang einer Familienfusion.

Bei Beratungen von Patchworkfamilien ist ein häufiger Konfliktpunkt die ungenügende Ordnung eines Kindes, das nur die Wochenenden in der Familie verbringt. Bei genauerem Hinsehen zeigt sich, dass diese Kinder zwar Ordnung halten wollen. Innerlich wehren sie sich aber dagegen, mangels Zimmer oder sogar Schrank aus dem Koffer zu leben, während sich ihre Stief- und Halbgeschwister im eigenen Zimmer ausbreiten können. Das Herumliegenlassen muss dann als stiller Protest gegen den fehlenden Raum verstanden werden.

Es gibt, wie meist, keine Patentlösungen. Aber wenn nicht alle Beteiligten miteinander reden und die Entscheidungen auch gemeinsam tragen, kommt es unweigerlich zu Spannungen, die sich später in der Familienatmosphäre niederschlagen.

Empfehlungen zur Zimmeraufteilung in der gemeinsamen Wohnung

✗ *Haben die Eltern das gemeinsame Sorgerecht, müssen sie vereinbaren, in welcher Wohnung das Kind sein Hauptzimmer hat.*

✗ *Dort, wo das Kind nur jedes zweite Wochenende verbringt, kann ihm ein kleineres Zimmer zugeteilt werden. Wenn ihm kein eigenes Zimmer zur Verfügung steht, braucht es zumindest einen privaten Schrankteil, den es eventuell sogar abschließen kann.*

✗ *Beachten Sie folgende Faustregeln: Jüngere Kinder sollten näher beim Elternzimmer schlafen. Je älter das Kind, umso größer sollte das Zimmer sein. Jugendliche sollten, wenn möglich, ein eigenes Zimmer bekommen.*

Privatsphäre

Jeder braucht die Sicherheit, dass seine persönlichen Grenzen geschützt bleiben und Geheimnisse gewahrt werden können. Und jeder definiert seine Privat- und Intimsphäre für sich anders. Das bedeutet für das neue Paar nicht nur, dass es sich gegenseitig in den Bedürfnissen nach Privatsphäre kennenlernen und ernst nehmen muss, sondern auch, dass es die Privatsphäre der Exfamilienmitglieder schützt und nicht alle Familiendetails ausgeplaudert werden. Auch hier brauchen die Beteiligten viel Fingerspitzengefühl, um die Balance zwischen Offenheit und Verschwiegenheit zu halten.

Besitzansprüche und Geschenke

Die meisten Patchworkfamilien stellen bald fest, dass Besitz unterschiedlich definiert wird: In den einen Familien ist ein Spielzeug, das ein Kind einmal bekommen hat, in dessen festem Besitz und das Kind darf damit tun, was es will. In anderen Familien verschwimmen die Besitzverhältnisse und die Kinder spielen mit dem, was sie in die Hände kriegen. Prallen diese Gegensätze aufeinander, gibt es Streit.

Eine zweite Konfliktzone besteht in den unterschiedlichen Gewohnheiten der Familien, ihre Kinder zu beschenken. Die einen bekommen nur zu Geburtstagen und Weihnachten etwas, die anderen auch zu anderen Festtagen oder spontan als Überraschung. Auch die Sachwerte differieren. Ein solches Ungleichgewicht innerhalb von Patchworkfamilien führt natürlich zu Spannungen. Ein Geburtstagsgeschenk, das mit einem »Nur für dich« gegeben wird, kann Konflikte entfachen, wenn die anderen Kinder nicht auch solche exklusiven Geschenke bekommen. Auch Kommentare wie »Diese Süßigkeiten musst du nicht mit deinen Stief- und Halbgeschwistern teilen« machen den Beschenkten und der Patchworkfamilie das Leben schwer. Oder die Großmutter väterlicherseits schenkt dem Enkel eine Spielkonsole mit dem Vermerk: »Nur beim Papa zu verwenden«.

Solche Situationen können Hinweise auf noch ungelöste Konflikte in der Familie sein: Beispielsweise stehen diese Verwandten der neuen Patchworkfamilie kritisch gegenüber, oder die Großmutter will darauf hinweisen, dass der extern lebende Vater zu wenig präsent ist und zu wenig einbezogen ist.

Unterschiedliche Erziehungsstile

Im Abschnitt »*Die Vielfalt von Erziehungsvorstellungen*« im Kapitel 1 (S. 230 ff.) wurden die wichtigsten pädagogischen Strömungen erwähnt. Im Kapitel 4 »*Kinder und Jugendliche in Trennungs- und Patchworksituationen*« (S. 251 ff.) wurde gezeigt, wie schwierig es sein kann, nach der Trennung den Erziehungsstil des Expartners zu akzeptieren.

Erst recht viel Zündstoff entsteht, wenn zwei Familienteile mit unterschiedlichen Erziehungspraktiken unter einem Dach leben. Die Patchworkeltern geraten in einen Konflikt, weil jeder vom anderen erwartet, seinen Erziehungsstil dem eigenen anzugleichen.

Die Kinder fühlen sich ungerecht behandelt, weil mit unterschiedlicher Strenge beurteilt und sanktioniert wird. Die Kinder geraten in Konflikt, weil sie gegenseitig neidisch sind auf die angenehmere Erziehung, die offenbar die anderen genießen.

Sobald die Auseinandersetzung darüber in der Patchworkfamilie zu eskalieren beginnt, werden die externen Elternteile auf den Plan gerufen, weil sie durch die Kinder von angeblich ungerechten Sanktionen erfahren. In Extremfällen werden auch Anverwandte und andere Personen einbezogen. Wenn diese auch noch besondere Qualifikationen oder Berufsausbildungen mitbringen und zu wissen meinen, wie man richtig erzieht, wird die Situation chaotisch.

Da sich die Komplexität eines Systems in jeder Kleinigkeit eines ganz normalen Patchworkalltags zeigen kann, wollen wir hier einige Grundsätze zur besseren Bewältigung anbieten.

Empfehlungen zu unterschiedlichen Erziehungsstilen in der Patchworkfamilie

✘ *Versuchen Sie, eine wertfreie Haltung gegenüber Familienkulturen und -traditionen einzunehmen. Nutzen Sie die Unterschiede als Diskussionsanlass.*

✘ *Sprechen Sie über Erziehungsstile und Menschenbilder, sodass klar wird, wem welche Grundsätze besonders wichtig sind. Binden Sie die extern lebenden Eltern mit ein und suchen Sie auch mit ihnen das Gespräch über Werte und Erziehungshaltungen.*

✘ *Sprechen Sie über Ihre gemeinsamen Erfahrungen, die Sie mit Ihren Kindern gesammelt haben, um auf Unterschiede der Umgangsformen und die dahinterliegenden Erziehungsstile aufmerksam zu werden.*

✘ *Stellen Sie gemeinsam Leitplanken auf, und geben Sie Ihren Kindern dadurch Halt und Grenzen. Denn sie müssen lernen, dass jedem Familienmitglied ein gleichwertiger Platz im gemeinsamen Leben zusteht.*

✘ *Suchen Sie Lösungen mit allen Kindern und bei Bedarf mit allen Elternteilen und anderen Verwandten.*

✘ *Muten Sie allen zu, dass es nicht immer eine gerechte Lösung gibt. Versuchen Sie aber, gegebene Ungerechtigkeiten mit einem Ausgleich zu kompensieren.*

✘ Verlangen Sie nicht voneinander, dass die Kinder des anderen nach Ihren Leitsätzen erzogen werden. Jeder Patchworkelternteil muss den eigenen Erziehungsstil praktizieren können.

✘ Teilen Sie Verantwortlichkeiten klar auf und übertragen Sie bei Ihrer Abwesenheit die Erziehungsvollmacht auf den Partner. Auch wenn beide Partner anwesend sind, kann vereinbart werden, wer die Erziehungshoheit hat – eine gute Übung in Loslassen und Vertrauenaufbauen.

✘ Erkennen Sie an, dass die eigenen Regeln und Prinzipien nur in den eigenen vier Wänden bzw. in den Zeiträumen gültig sind, in denen Sie die Verantwortung für ein Kind tragen. So weiß jeder, bei wem was gilt, und respektiert dies auch.

✘ Gehen Sie achtsam sowohl mit den persönlichen Dingen der anderen Mitbewohner, deren Eigenheiten und Grenzen um – egal ob es sich um Kind oder Erwachsene handelt.

✘ Schaffen Sie eine positive Atmosphäre nach dem Motto: Gemeinsam lösen wir das.

Schluss

Sowohl die Geschichte von Beate und Lars als auch der Theorieteil haben aufgezeigt, dass Patchwork reichlich Beziehungsarbeit mit sich bringt. Viele Betroffene fragen sich irgendwann, ob es nicht sinnvoller ist, aufzugeben, statt sich durchzubeißen.

Wir sind der Meinung, dass es sich in den allermeisten Fällen lohnt, um die neue Liebe und die neue Familie zu kämpfen. Nicht nur, weil der sehnliche Wunsch in Erfüllung geht, die eingegangene Liebesbeziehung möge funktionieren und halten, sondern auch, weil eine Patchworkfamilie allen Beteiligten Chancen zur persönlichen Entwicklung bietet und den Erwerb sozialer Kompetenzen bei den Kindern fördern kann.

Wer sich ernsthaft mit seinem Partner auseinandersetzt und nach seinen eigenen Anteilen am Funktionieren oder Scheitern einer Beziehung sucht, fördert seine Fähigkeit zur Selbstreflexion und Selbstkritik und lernt auch, Kritik von außen anzunehmen. Mit der Übung fällt es nach und nach leichter, das Bild zu akzeptieren, das andere von einem haben, und man beginnt, Aspekte des Fremdbildes in sein eigenes zu integrieren. Dieser Prozess führt zu mehr Flexibilität in Bezug auf den eigenen Standpunkt und somit zu einer besseren Kommunikationsfähigkeit.

In einer Patchworkfamilie findet diese Auseinandersetzung mit sich selbst noch intensiver statt, weil die Umstände dem Liebespaar mehr abverlangen: Man erlebt sich gegenseitig nicht nur in der Rolle des Partners, sondern auch in jener eines Elternteils und/oder eines Stiefelternteils. Die Erwachsenen müssen sich dauernd mit diesen unterschiedlichen Rollen auseinandersetzen und lernen so, zwischen Elternebene und Stiefelternebene mit den jeweiligen Ansprüchen und Aufgaben zu differenzieren.

Nicht zuletzt müssen sich Patchworkeltern auf ihre Expartner mit deren Wünschen, Ängsten und Verletzungen einlassen, um den Kindern eine stabile erzieherische Zusammenarbeit als getrennte Eltern zu bieten. Gerade in diesem Prozess ist es hilfreich, wenn die

Fähigkeit geschult wird, auch nicht offen geäußerte Meinungen und Wünsche, also nonverbale Aussagen in Bezug auf den gesamten Kontext zu verstehen.

Patchworkelternpaare werden nicht nur vor besondere Herausforderungen innerhalb der Familie gestellt, sondern sind auch stärker als andere Elternpaare Vorurteilen und Erwartungen von außen ausgesetzt. Um für das komplexe Beziehungsgefüge ihrer Familie maßgeschneiderte Lösungen zu finden, müssen sie sich von gesellschaftlichen Rollenfixierungen, außenstehenden Meinungen und Ratschlägen unabhängig machen. In diesem Prozess lernen sie, sich abzugrenzen und zwischen den eigenen Sichtweisen und Bedürfnissen und denjenigen anderer zu unterscheiden.

Doch nicht nur die Erwachsenen haben im Patchworkgeflecht die Möglichkeit, sich ihrer Angst vor Konflikten zu stellen, eine klare, aber respektvolle Kommunikation zu üben, ihre Entscheidungsfähigkeit zu verbessern, unterschiedliche Beziehungen und ihre Qualitäten zu unterscheiden und ihre Bedürfnisse besser kennenzulernen. Auch den Kindern werden diese sozialen Kompetenzen vorgelebt, die sie sich durch Nachahmen ebenfalls aneignen. Sie lernen früh, zu unterscheiden, wann Anpassung notwendig ist und wann sie selber Entscheidungen aktiv und selbstverantwortlich treffen müssen, um ihr Leben in die eigenen Hände zu nehmen. So sind sie für einen eigenen, aber nicht egozentrischen Weg im außerfamiliären Alltag bestens gerüstet.

Damit das Projekt Patchworkfamilie auf lange Sicht gelingen kann, ist es unumgänglich, sich diese Kompetenzen anzueignen. Um genügend Kraft und Ausdauer für diesen herausfordernden Prozess aufzubringen, müssen alle Beteiligten viel Toleranz, Liebe und Akzeptanz füreinander aufbringen – und bekommen diese dann auch zurück.

Literaturverzeichnis

Ainsworth, M. D. S. (1995): Epilogue. Considerations Regarding Theory and Assessment Relevant to Attachments Beyond Infancy. In: M. T. Greenberg, D. Cicchetti, E. M. Cummings: Attachment in the Preschool Years. Theory, Research, and Intervention. Chicago, London (The University of Chicago Press), p 463–488.

Baierl, A. u. O. Kapella, (2014): Wussten Sie, dass Patchworkfamilien ein »Motor« für die Fertilität sein können? *beziehungsweise, Informationsdienst des Österreichischen Instituts für Familienforschung der Universität Wien* (Juni-Ausgabe) S. 5.

Bowlby, J. (1995): Elternbindung und Persönlichkeitsentwicklung. Therapeutische Aspekte der Bindungstheorie. Heidelberg (Dexter). [engl. Orig. (1988): A Secure Base. Clinical Applications of Attachment Theory. London (Routledge).]

Bundesamt für Statistik der schweizerischen Eidgenossenschaft (2013): Medienmitteilung vom 11.4.2013: Erstmals Zahlen zu den Patchworkfamilien (http://www.bfs.admin.ch/bfs/portal/de/index/themen/01/22/press. html?pressID=8678).

Bundesministerium für Familie, Senioren, Frauen und Jugend Ausgabe 31. (2014): Stief- und Patchworkfamilien in Deutschland. Monitoring Familienforschung. http://www.bmfsfj.de/RedaktionBMFSFJ/Broschuerenstelle/ Pdf-Anlagen/Monitor-Familienforschung-Ausgabe-31,property=pdf,bereic h=bmfsfj,sprache=de,rwb=true.pdf

Dechmann, B. u. C. Ryffel (2001): Vom Ende zum Anfang der Liebe. Ein Leitfaden für die systemische Beratung und für Paare, die zusammenbleiben wollen. Weinheim/Basel (Beltz).

Jung, C. G. (1973): Seelenprobleme der Gegenwart. Olten und Freiburg i. Br. (Walter).

Juul J. (2011): Aus Stiefeltern werden Bonuseltern. Chancen und Herausforderungen für Patchworkfamilien. [dänisches. Orig. (2010): Bonusforaelder. Copenhagen (Published by agreement with Leonhardt & Hoier Literary Agency A/S).], München (Kösel).

Gschwend, G. (2009): Mütter ohne Liebe. Vom Mythos der Mutter und seinen Tabus. Bern (Hans Huber).

Mahler, M. S., F. Pine u. A. Bergman (1975): The Psychological Birth of the Human Infant. Symbiosis and Individuation. London (Hutchinson & Co).

Ochs M. u. R. Orban (2008): Familie geht auch anders. Wie Alleinerziehende,

Scheidungskinder und Patchworkfamilien glücklich werden. Heidelberg (Auer).

Riehl-Emde, A. (2000): Paartherapie als Trennungsbegleitung. *Kontext;. Zeitschrift für Familientherapie* 31 (2): 139–155.

Statistik Austria (2014): Stieffamilien (»Patchworkfamilien«) nach Familientyp, Zahl der Kinder, Bundesländern und Gemeindetyp – Jahresdurchschnitt 2013.

Weiterführende Literatur

Beerli, D. u. S. Ecker (2012): Patchworkfamilie, ja! 9 Bedingungen, damit's gelingt. CH-Zumikon (Hirschy + Troxler).

Dörig, D. (2009): Glückliche Patchwork-Kinder. Zu Hause in mehreren Familien. Stuttgart (Kreuz).

Frei, K. (2005): Gute böse Stiefmutter. Sieben Porträts und ein Leitfaden.

Krähenbühl, V., H. Jellouschek, M. Kohaus-Jellouschek u. R. Weber (2007): Stieffamilien. Struktur – Entwicklung – Therapie. 6. Aktualisierte Aufl. Freiburg i. Br. (Lambertus).

Sieder, R. (2008): Patchworks – das Familienleben getrennter Eltern und ihre Kinder. Stuttgart (Klett-Cotta).

Wilk, L. u. U. Zartler (2004): Leben mit Stiefeltern. Wie Kinder sich fühlen und was sie brauchen. Wien (öbv & hpt VerlagsgmbH& co).

Dank

Folgenden Menschen möchten wir danken – und zwar chronologisch geordnet:

Am Anfang danken wir den Patchworkfamilien, die unsere beraterischen Dienste beanspruchten und durch die wir lernen konnten, dass Patchwork ein eigenes Thema ist. Sie trugen dazu bei, dass wir uns näher mit den Hintergründen ihres Leidens zu befassen begannen.

Dann ist Carola Twrsnick zu nennen, mit der das Buchprojekt Gestalt anzunehmen begann, indem sie die Idee einer Leidensgeschichte mitentwickelte. Ohne ihre witzigen Einfälle und frechen kritischen Fragen an uns zwei Therapeuten wären wir wohl nicht zu dem hier vorliegenden Buchkonzept gekommen.

Dann danken wir unseren Familien, die uns immer ertragen haben, vor allem wenn sie uns in Ferien- und Freizeiten ständig schreibend oder diskutierend vorfanden. Die Drohung unserer Kinder bzw. Stiefkinder, ein eigenes Buch über Patchwork zu schreiben, hat uns selbstkritischer gemacht und unser Schreibtempo erhöht.

Unsere Probeleserinnen Gabi Hammelmann, Kathrin Boesefeld Hess, Avani Flück und Bettina Twrsnick haben uns ermutigt, das Buch weiterzuschreiben und irgendwann auch einmal zu beenden. Und unsere Intervisionsgruppe (Syl Edelmann, Christiane Ryffel und Arnold Truog) begleitete und ermutigte uns unermüdlich.

Wolfgang Hastenrath schließlich verhinderte Gott sei dank, dass wir uns auf unsicheres juristisches Terrain begaben.

Unserem Lektor und Verlagsleiter Claus Koch danken wir für die gute Zusammenarbeit. Er gab uns wichtige Hinweise und verursachte einige Mehrarbeit, was letztlich zu besserer Lesbarkeit führte.

Werte als Kompass für Familien

Auf welchen Werten können Erziehung und Partnerschaft beruhen, wenn sie der Situation heutiger Familien wirklich gerecht werden wollen? Die Umbruchphase, in der wir leben, braucht ihre eigenen, neuen Wertmaßstäbe.

An zahlreichen Beispielen aus dem Familienleben zeigt der international bekannte Familientherapeut aus Dänemark, wie Mütter und Väter Werte als Kompass nutzen können: damit die Beziehung der Eltern zueinander und zu den Kindern stabil und tragfähig bleibt – auch in schwierigen Zeiten.

»Lieber Gott, mach, dass dieses Buch von möglichst vielen Eltern gelesen wird. Wenn es Eltern gelingt, auch nur die Hälfte dessen umzusetzen, was Jesper Juul hier aufgeschrieben hat, so wird das nicht nur ihr eigenes Glück und das ihrer Kinder, sondern auch das Ausmaß der Vernetzung von Nervenzellen in ihren Gehirnen mindestens verdoppeln. Garantiert!«
Gerald Hüther, Hirnforscher und Professor für Neurobiologie

Jesper Juul
Was Familien trägt
Werte in Erziehung und Partnerschaft
Ein Orientierungsbuch
Beltz Taschenbuch 905, 168 Seiten
ISBN 978-3-407-22905-2

Damit die Liebe auch im Alltag hält

Dieses Buch zeigt auf einzigartige Weise, wie wir der Liebe im Alltag eine neue Dimension geben können, so dass sie immer tiefer und lebendiger wird. Ein unentbehrlicher Begleiter für Menschen, die sich eine dauerhafte Beziehung wünschen.

Was lässt Beziehungen gerade dann besonders werden, wenn sie viele Jahre dauern – danach fragen die bekannten Paartherapeutinnen Birgit Dechmann und Elisabeth Schlumpf aus Zürich. Und sie zeigen die Quellen, die wir miteinander auftun können, um neue und nachhaltige Formen des Glücks zu entdecken. Ein spannendes Buch, das Zuversicht für Liebesbeziehungen ausstrahlt, und das viele Anregungen und Beispiele vermittelt, wie man als Paar Beziehungskrisen überwinden und gemeinsam wachsen kann.

Birgit Dechmann, Elisabeth Schlumpf
Lieben ein Leben lang
Wie Beziehungen immer besser werden
Gebunden mit Schutzumschlag, 320 Seiten
ISBN 978-3-407-85864-1

BELTZ